KB123393

근대 건강담론과 신체 자료집 (3)

이 저서는 2018년 대한민국 교육부와 한국연구재단의 지원을 받아 수행된 연구임

(NRF-2018S1A5B8068518)

신체정치 자료총서 3

근대 건강담론과 신체 자료집 (3)

초판 1쇄 발행 2021년 12월 31일

엮은이 | 청암대학교 재일코리안연구소
발행인 | 윤관백
발행처 | 도서출판 선인

등 록 | 제5-77호(1998.11.4)
주 소 | 서울시 마포구 마포대로 4다길 4 곳마루 B/D 1층
전 화 | 02)718-6252/6257   팩 스 | 02)718-6253
E-mail | sunin72@chol.com

정가 39,000원

ISBN 979-11-6068-649-4 94900
        979-11-6068-319-6 (세트)

·잘못된 책은 바꿔 드립니다.

신체정치 자료총서 3

근대 건강담론과 신체 자료집 (3)

청암대학교 재일코리안연구소 편

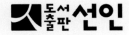 도서출판 선인

▌자료집을 내면서 ▌

이번에도 자료집의 일관성을 유지한 것이 무엇보다 뿌듯하다. 기본틀이 반듯한 것도 그러하거니와 첫 원칙에 따라 시기별·분야별로 자료를 체계화한 것도 흡족하다. 이번 자료집(3)도 1부, 2부, 3부 모두 1926년에서 1930년까지 신문·잡지·교과서 등에 실린 건강 담론과 신체 이미지를 대상으로 삼았다. 다만 1부 〈매체 속의 신체 담론〉에서 교과서 관련 사항은 설명이 필요하다.

1부 '매체 속의 신체 담론'에 수록된 교과서 내용은 신문, 잡지에 적용된 기준인 1920년대 후반 게재 글이라는 것과는 달리, 여전히 1920년대 전반기에 출판된 것이다. 이 점에 대해 독자들은 '일관성의 결여'라는 인상을 갖게 될 것이다. 이렇게 된 이유는 다음과 같다. 먼저 1920년대 후반에 새로 발행된 교과서는 없다. 1922년 조선교육령의 개정에 따라 발행된 1920년대 전반기 교과서는 1920년대 후반에도 그대로 사용되었다. 둘째, 자료집(2)와 차별성을 위해 초등학교(보통학교) 교과서 대신 중등학교(고등보통학교, 여자고등보통학교) 교과서 내용을 이번 자료집(3)에 실었다. 역시 1920년대 초반에 발행한 교과서이다. 1920년대 후반 발행 교과서가 없다는 같은 이유 때문이다. 중등학교 교과서를 수록함으로써 얻는 효과로는 초등학교 교과서와는 어떤 점에서 같고, 어떤 점에서 차이가 있는지 확인할 수 있다는 점을 첫손에 꼽을 수 있을 것이다. 1부에서 독자가 읽기 편하도록 뜻풀이를 하고 잘못된 곳을 바로잡거나 친절하게 해설한 것은 우리 연구진의 성실성을 보여준 것이라고 생각한다.

2부 『조선급만주』(朝鮮及滿洲)에 나타난 위생과 신체관'은 읽기 힘든 옛 일본 문장을 본 연구진이 오랜 시간을 두고 번역·교열한 내용이다. 자료집(1)과 자료집(2)에서도 2부는 여러 연구자로부터 좋은 평가를 받았다. 내용도 내용이지만 힘들게 번역한 것을 헤아렸기 때문이다. 이번 자료집(3) 2부에서 인상 깊은 몇 개의 자료를 소개한다. 첫째, 폐디스토마를 체계적으로 이해할 수 있게 한다. 「호랑이와 폐디스토마」에서 호랑이를 해부한 결과도 재미있지만, 「페디스토마의 매개가 되는 조선의 가재 이야기」, 「조선 기생충병의 회고」를 보면 1920년대 후반 페디스토마의 유행과 위험성을 자세하게 알게 된다. 둘째, 장티푸스 관련 기사들은 특히 눈길을 끈다. 장티푸스 관련 연구가 상대적으로 미비하다는 점에서 이번 자료집에서 소개하는 내용은 더욱 소중하다. 「경성의 티푸스 창궐」, 「전염병 이야기」, 「경성부의 위생상태, 경성의 수도」 등은 사료의 가치가 매우 높다. "티푸스에 걸리면 입원을 강제 집행당하고 동시에 거액의 입원비가 청구된다"라는 내용은 환자와 그 가족에게 닥친 고통을 짐작하게 해 준다. 셋째, 「조선인의 위생상태-많은 만성위장병 환자에 놀라다」에서는 조선인이 만성위장병에 시달리는 것은 고추, 후추 등의 몹시 강렬한 자극적인 물질을 늘 먹으며, 식물성 날 것을 그대로 식용으로 먹고 또한 소화하기 어려운 먹거리를 많이 먹기 때문이라고 진단했다. 넷째, 「두뇌와 인간」에서는 "신경쇠약증이 의학자로부터 처음으로 특별한 주의가 생긴 것은 1870년에 아메리카의 비야드라고 하는 사람이 아메리카인 사이에서 이것을 발견하고 그것을 '아메리카 신경병'이라고 이름 붙이고 상세하게 연구발표한 것에 의한다."라고 했다. 또한 거의 모든 청년과 학생이 신경쇠약의 징후가 있다고 소개했다. 1920년대부터 '시대의 병'이 된 신경쇠약에 대한 나름의 진단이다. 다섯째, 이번 자료집 2부에서는 의학사에 담긴 일상생활사 또는 문화사를 이해할 수 있는 내용이 많이 포함되어 있다. 「쓸데없는 풍문」에 실린 인삼 이야기, 성교육의 필요성을 이야기한 글, 금주운동에 맞서 「맥주의 영양가」를 주장하는 글 등이 그 보기이다. 「겨울철 실내 공기」에서 조선에 지은 일본 가옥의 특징을 지적한 것은 매우 인상 깊다. 의학사만이 아닌 생활문화사에도 관심을 기울인다면 이번 자료집의 활용도가 높음을 알 수 있을 것이다.

3부 '광고에 담긴 의료와 신체 이미지'는 예전에도 소개했지만, 연구자마저도 쉽게 접근하기 어려운 『경성일보』 전체를 대상으로 했다는 점에서 여전히 그 의의가 크다. 『경성일보』는 1906년 9월 1일에 창간하여 1945년 10월 31일까지 간행한 일본어 신문이다. 통감부와 조선총독부의 기관지인 『경성일보』는 식민지 조선의 공공기관과 조선에 사는 일본인 그리고 일본어를 읽는 지식층의 조선인 등을 대상으로 하였다. '관제 신문'일지언정 『경성일보』는 일제강점기 전체상을 이해하는 데 빠뜨릴 수 없는 자료이다. 다만 지면 관계로 많은 광고를 생략할 수밖에 없었다는 것은 크게 아쉽다.

차근차근 세심하게 자료집을 준비한 최재성, 황익구, 최규진 연구원의 노고에 감사드리며 변함없이 책을 정성스럽게 만들어 주시는 도서출판 선인 여러분께도 고맙다는 인사를 드린다.

청암대학교 재일코리안연구 소장
김인덕

▌목차▐

2부 『조선급만주』에 나타난 위생과 신체관

3부 광고에 담긴 의료와 신체 이미지

1부

매체 속의 신체 담론

Ⅰ. 의료와 신체관

1. 교과서

조선총독부, 『개수 고등국어독본』 권2, 1921년.

제22과 인체의 구조

아주 잘 생각해보면 사람의 신체처럼 교묘하면서 완벽하게 만들어진 것은 이 세상에 없을 것이다.

우리 인간을 위해 가장 귀중한 것은 귀와 눈일 것이다. 귀와 눈은 신체의 상부에 위치하여 외부의 사물을 보고 들으며 그것을 뇌에 보고하는 파수꾼이다. 눈에는 눈꺼풀이 있고 잠을 잘 때는 그것을 닫고, 눈꺼풀 끝에는 속눈썹이 있어서 먼지를 막고, 그래서 눈을 보호한다. 귓속, 고막으로 통하는 통로는 굴절되어 있고 점차 가늘어지고 끝에는 점액이 있어서 벌레 등의 침입을 막는다.

얼굴 중앙에는 코가 있다. 용모의 아름다움을 담당할 정도로 그 역할이 크다. 코가 입위에 위치하는 것은 음식의 냄새를 검사하기 위해서며 콧구멍이 아래로 향해 있는 것은 지상으로부터 나오는 각종의 냄새를 분별해서 맡기 위함이다.

입은 음식을 넣는 기관인 문이라는 것은 말할 것도 없다. 그러나 입을 덮고 있는 입술, 단단한 치아, 부드러운 혀, 강인한 성대, 이것들은 소위 발음기관으로서 우리는 그것에 의해 자유자재로 우리의 생각을 말할 수 있는 것이다. 언어의 힘은 슬퍼하는 사람을 위로하고, 분노하는 사람을 달래준다. 그렇지만 조심해야 할 것은 말을 너무 많이 하면 오히려 예측하지 못했던 재앙을 초래하는 경우도 있다. 그 때문에 선인은 "입은 화(禍)의 문"이라고 했다.

손은 오므렸다 폈다 자유자재로 된다. 그러므로 그것을 움직여서 다양한 일을 한다. 대개 일을 하는 데에 있어서 숙련된 사람을 "상수(上手, 능숙하다)"라고 하고, 그렇지 못한 사람을 "하수(下手, 서툴다)"라고 한다.

갑옷과 같은 늑골은 흉부를 감싸고 있으며 그 내부에 폐, 심장이 있다. 폐는 호흡에 의해서 더러워진 혈액을 청정하게 하며 심장은 그것을 신체의 각 부분에 순환시켜주는 역할을 한다. 그 외에도 위, 간, 장과 같은 내장은 모두가 각각의 임무를 가지고 있다. 그 구조는 실로 아주 복잡하다. 이 놀라운 큰 기계를 지탱하는 것이 두 개의 다리이다. 다리로 인해 걷기도 하고 달리기도 하고 뛰어오르기도 한다. 정말이지 인체의 구조는 교묘하면서 불가사의하다.

고양이의 시각은 아마도 사람보다 뛰어나다. 개의 후각은 아마도 사람을 능가할 수 있다. 발톱, 이빨의 날카로움, 깃털의 아름다움으로 이야기하자면 사람은 역시나 다른 짐승보다도 뛰어나다고는 할 수 없다. 그렇지만 호랑이나 늑대와 같은 맹수도 우리에 갇혀 동물원에서 사육되고 있으며, 곰이나 코끼리와 같이 거대한 짐승도 잘 훈련시켜 세상의 구경거리로 만드는 것은 어떤 힘일까? 그것은 실로 우리가 지닌 정신의 힘이다. 그러므로 말하기를 "사람은 만물의 영장이다."라고 할 수 있다. 〈99~103쪽〉

조선총독부, 『여자고등국어독본』권4, 1921년.

제20과 간병

세상에 환자처럼 불쌍한 것은 없다. 봄의 꽃, 가을의 단풍도 마음대로 보지 못하고 산해진미도 마음대로 맛볼 수 없다. 읽고 쓰기, 옷감을 자르고 꿰매는 것도 마음대로 하지 못한다. 그냥 방 안에 틀어박혀 종일 마음만 아플 뿐이다.

이 불쌍한 사람을 돌보고 위로하는 것은 가족의 임무이다. 특히 여자는 상냥하고 세심한 것에도 주의를 하는 것이 간병하는 태도로 가장 적합하다고 할 수 있다.

병실은 그때그때 열어두어 공기가 통하게 하고 탁한 공기가 머물지 않도록 해야 한다. 의복도 때때로 갈아주고 입을 때는 햇볕을 쬐게 하고 바람을 통하게 하며 더러워진 의복은 즉시 씻어야 한다. 이러한 것들은 건강한 사람에게도 필요하지만 환자에게는 특히나 신경을 써서 청결을 유지해야 한다.

병실은 항상 자주 정리하고 그때그때 꽃, 단풍 등을 깔끔하게 장식해야 두어야 한다. 병실에 잡다한 도구가 많거나 과한 장식은 모두에게 좋지 않다. 그밖에 병실에 출입하는 사람은 일상생활의 행동을 정숙하게 하고 환자의 마음이 안정되도록 해야 한다.

병실에서는 근심스런 얼굴을 하고 혹은 작은 목소리로 속삭여서는 안 된다. 이렇게 하면 환자는 자신의 병이 위중하다고 생각해서 마음에 상처를 받는다.

또한 환자에게 함부로 말을 걸어서 답변을 하게 해서는 안 된다. 그냥, 피해 주지 않고 재미있는 이야기 등을 말수를 적게 해서 들려주고 혹은 옆에서 조용히 일을 하는 것도 좋다.

이렇게 친절하게 세심하게 조용하게 재미있게 돌보아 주면 환자도 저절로 안심이 되어 고통을 잊고 쾌유도 의외로 아주 빠르다. 속담에도 "첫째는 간병, 둘째는 약"이라 해서 간병의 힘은 약의 효능보다 훨씬 뛰어나다고 할 수 있다. 〈91~93쪽〉

2. 신문

대학병원 소아과 이선근, 「우리들이 생명을 보존하랴면 웨 음식을 먹어야 하나(1) 먹은
　　것은 어떠케 몸으로 퍼지는가」, 『동아일보』, 1930년 11월 12일.

　　우리의 귀중한 자녀, 장래 국가의 중견이 될 제2국민인 어린이의 성장 발육하는 데 가
장 중대한 영양 문제를 말씀하려면, 먼저 음식물이 무슨 까닭으로 필요하다는 근본적 이론
을 이해해두는 것이 무엇보다도 먼저 해결할 문제라고 생각할 것입니다. 그러면 무슨 이유
로 음식물이 필요한 것인가. 누구나 다 아시는 바와 같이 간단히 말하면 '살기 위하여', '일
하기 위하여', '생명을 보전하기 위하여' 식물을 먹는 것이지요. 그러나 더 한 보 나아가 우
리가 일상 먹고 있는 음식물 중에는 어떠한 성분이 포함되었으며, 어떠한 것이 가장 필요
한 것이고, 어떠한 순서와 변화에 의하여 생명을 보장하는 것이며, 발육을 도와나가는 것
인가 하는 이론을 생각할 때에는 그다지 단순하고 간단한 문제라고 볼 수가 없는 것이요,
따라서 참으로 중하고도 큰 문제라 할 것입니다. 음식물의 첫째 필요한 조건으로 말하면
우리의 정신상이나 육체상 활동, 즉 팔다리를 움직이고, 울고 웃으며 생각하고 잠자는 운
동으로 말하면 우리가 항상 무의식적으로 행하고 있으나 이것은 우리의 신체 속에 이와 같
은 운동을 시키는 원동력이 있어서 그 한 부분이 변화하여 수족을 움직이고, 만반의 운동
을 시키는 것이며 이뿐만 아니라 심장이며 위장, 그밖에 여러 가지 기관을 활동시키는 것
입니다. 그러나 어린아이는 말할 것도 없이 불과 5척에 지나지 못하는 조그마한 몸속에 한
평생 사용할 만한 원동력이 저축되어 있다고는 생각할 수 없는 일이 아닙니까. 그러면 매
일 활동함을 따라 간단없이 소비되어 없어지는 원동력을 무엇으로 보충하여 나가는가 하는
의문이 반드시 일어날 것입니다. 즉 이 원동력을 보충하여 나감에 필요한 것이 음식물입니
다. 다시 말하면 음식물 속에는 우리의 신체를 활동시키는 원동력이 저축되어 있는 것입니
다. 그러면 다음에는 어떠한 형식으로 원동력이 음식물 속에 포함되어 있으며 여하한 경로
를 밟아서 신체를 활동시키느냐 하는 것이 문제입니다. 동서양을 물론하고 사람의 먹고사
는 주장되는 음식물은 식물성 음식물입니다. 즉 우리 동양 사람은 '쌀' 서양 사람은 '빵'이
주식물이요, '쌀'과 '빵'의 주성분 즉 중요한 성분은 전분질이며 이 전분질 속에 위에 말씀
드린 원동력이 포함되어 있습니다. 그러면 전분질 속에는 어떠한 형식으로 원동력이 저장
되어있는 것일까.

대학병원 소아과 이선근, 「우리들이 생명을 보존하라면 웨 음식을 먹어야 하나(2) 먹은 것은 어떠케 몸으로 퍼지는가」, 『동아일보』, 1930년 11월 13일.

식물은 뿌리로부터 땅속의 수분을 흡수하여 잎사귀로 보내주고 잎은 공기 중으로부터 탄산가스를 흡수합니다. 전분질의 성분으로 말하면, 위에 말한 탄산가스와 물의 두 가지로 되어 있으나, 그러나 탄산가스와 물을 적당한 비례로 혼합한다고 할지라도 결코 전분질이 되지 않습니다. 즉 일광이 나뭇잎을 비칠 때에 잎 속에 있는 엽록소의 고유한 작용에 의하여 탄산가스 중의 탄소와 물이 화합하여 전분질이 형성되는 것이니 그 얼마나 미묘한 것입니까. 이 관계를 표시하면 다음과 같습니다.

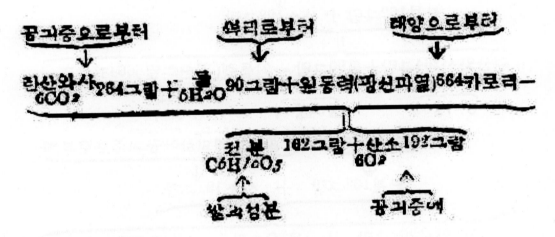

즉 일광으로부터 664칼로리의 원동력(원동력을 학문상 에네르기라고 하고, 에네르기의 단위를 칼로리라고 함)을 흡수하여 이것이 전분 속에 저장되는 것입니다. 그러하므로 만약 162그램의 전분을 불 속에서 태우는 경우에는 공기 중으로부터 192그램의 산소를 취하여 전분은 264그램의 탄산가스와 90그램의 물로 분해되며 동시에 광선과 열이 발생하는 것이며, 이 광선과 열의 분량을 합하면 664칼로리가 됩니다. 이것을 표시하여 보면 아래와 같습니다.[1]

---

1) 아래에 표시 없음.

대학병원 소아과 이선근, 「우리들이 생명을 보존하랴면 웨 음식을 먹어야 하나(3) 먹은 것은 어떠케 몸으로 퍼지는가」, 『동아일보』, 1930년 11월 16일.

위에 말한 것은 다만 한 예를 들어 그 이론을 말함에 지나지 못하는 것이나, 우리 사람이 전분을 먹은 경우에도 몸속에서 일어나는 화학적 작용이 이와 다름이 없을 것인가 하는 것도 한 의문이나, 역시 전분을 불에 태우는 경우와 조금도 다름이 없습니다. 즉 우리가 공기 중으로부터 호흡작용에 의하여 산소를 흡수하고 이 산소의 도움을 얻어 전분이 탄산가스와 물이 되며 탄산가스의 대부분과 물의 일부분은 호흡에 따라 공기 중에 배설되고, 나머지는 소변과 땀으로 나가며, 그 가운데 생긴 원동력이 우리의 체온이 되고 활동하는 힘이 되는 것이니 이 관계는 다음 표와 같습니다.

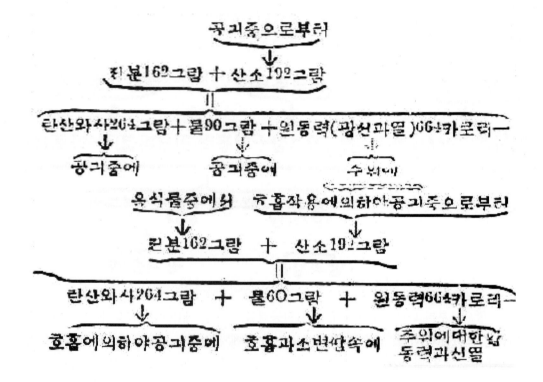

즉 전분이 분해하여 분리된 원동력이 우리의 육체와 정신의 활동을 시켜주는 것입니다.

다만 여기는 전분이라는 예를 들어 그 이론을 말함에 지나지 못하나 음식물의 성분에 따라서 이외에도 단백질, 지방, 함수탄소, 전분은 함수탄소의 일종 염류(鹽類) 수분(水分)(비타민) 같은 종류가 있어서 전분과 같이 절대로 필요한 것입니다. 여기에 대한 상세한 것은 후에 말씀하려 하며 위에 말씀드린 것이 너무나 과학적이 되어 아시기 어려우실 점이 없다고는 할 수 없으나 그러나 우리의 먹는 음식물이 무슨 이유로 필요하며 여하한 화학적 변화에 의하여 사람의 살이 되고, 뼈가 되며 활동력을 준다는 것을 아시려 하면 간단하게나마 이것을 잘 이해한다면 충분할 줄로 생각합니다. (끝)

3. 잡지

유기택, 「조선에 재한 의계의 요구」, 『조선문 조선』 103호, 1926년 5월.

사람 생명의 보장은 건강에 있고, 인생 사업의 확립도 건강에 있으며 인생 향락의 근저도 건강에 있으니 실로 건강은 우리 인생의 기초이라. 부(富)도, 명예도 건강이란 보물에 비하면 하나의 쓰레기[塵芥]와 같다. 그러면 질병을 연구하여 이를 인간사회에서 물리치고, 한편으로 질병의 원인과 성질을 강구하여 이를 아직 발병하지 않았을 때에 예방하는 의학이 얼마 〈83쪽〉 나 중대할 것을 가히 알 수 있으리로다. 그러므로 한 국가가 융성하려면 그 국가의 의학이 모든 학과보다 먼저 진보되는 것이다. 세계대전 이전에 독일의 찬연한 문명을 누구나 경탄하지 않음이 없거니와 그 문명의 선구(先驅)는 실로 의학이 있으므로 금일까지 세계 각국에서 의학을 연구하는 자는 먼저 독일어를 학습하는 것을 보는도다. 금일 일본이 불과 60~70년간에 능히 세계열강과 동맹을 다투어 감을 보고, 한편으로 일본의 문명사를 볼 때 타국 문명의 수입은 난학(蘭學: 유럽의 학문)에 있었고, 난학은 화란학(和蘭學: 네덜란드 학문)을 연구함에서 시작되어 일본 사람이 과학상으로 다른 학문에도 세계에 손색이 없지마는 의학은 더 한 층 발달된지라. 이로써 보건대 한 국가의 융성이 의학과 밀접한 관계가 있음을 알리로다. 조선에서도 이미 착안한 자가 있어 세계 문명 중 최초에 수입된 것은 의학이라 하겠도다. 조선 수부(首府)인 경성에 조선인의 공장이 생기기 전에 조선인이 경영하는 신의학 병원이 생겨 조선인이 다른 방면으로는 연구가 없어도 의학으로는 일본학회에서 상당한 발표가 있게 되었다. 그러나 금일 조선 의학계를 살펴보면 참으로 미미하고 혼돈한 상태이다. 조선에서 무엇이나 한 가지 그렇지 않음이 없으나 그중에 진보되었다는 의학계가 이러함을 볼 때에 과연 장탄식을 금치 못하겠도다. 경성 이하 각 지방에 시설(施設)된 병원에 입원하는 환자를 보면, 대부분은 한방약을 써보고 효과가 없으면 시험조로 와보는 사람이 많은지라. 내과는 아무리 하여도 한약이 좋아요, 서양약이야 어디 그것이 약이에요, 차먹는 것 같아요 하면서도 오는 것은 반드시 시험차로 오는 것이라. 그러면 외과는 어떠냐 하면 환자가 반드시 개복 수술을 받아야 할 것도 죽으면 죽었지 배를 째요 하고 응낙치 않음이 태반이라. 외과는 상처를 붕대로 감고 화농한 것을 째는 것인 줄 알면서도 다리나 팔이 통통 부어 고름이 잔뜩 들어도 조 고약, 무슨 고약 다 써보고야 마지못해 오는 사람뿐이다. 이를 말하면 조선에 일반 교육이 보급되지 못한 이유이겠지마는 상당한 교육을 받은 사람도 한방의라는 것이 인습적으로 두뇌에서 떠나지 못하는 것도 사실이라. 그러하면 한방의에 대하여 상식과 이해가 있으며 한약에 대하여 근거가 있는 지식이 있느냐 하면 그렇다고 대답하기 어렵도다. 당신은 어디가 불편하여 오셨습니까 하고 물어보면 요새 두통이 심해요. 아마 바람인가 봐요 하는 사람도 있고, 요새 전신이 가려워서 견딜 수 없어요. 아마 바람인가 봐요 하는 사람도 있으니, 〈84쪽〉 그 소위 바람이란 것이 무엇인지 모르나 어렴풋이 바람이란 말로 그 병을 아는 것같이 생각하는 모양이라. 그와 같이 화(火)니 냉(冷)이니 음(陰)이니 양(陽)이니 하는 그 막연한 말로 설명하고, 그 이상 바람은 무엇이며 화(火)라는 것은 무엇이며 냉(冷)이란 것은 무엇인지를 탐구하여 보려고 하지 않고 아는 것과 같이 자기를 속이고 타협하는 것이 아닌가 생각한다. 당신은 뇌빈혈이 있다든지 신장염이 있다든지 하면 고개를 기울이고 여러 가지를 물어보고 얼마 동안 의사를 떠나지 않으나 그것이야 물론 풍(風)으로도 그렇지요 하면 의사에게 더 물어보려고도 하지 않고 돌아가는 것을 보아도 그 풍이라 하는 추상적 말을 아는 것 같이 생각하는 것이 분명하도다. 그 원인을 가만히 생각해 보면 조선 사람이 어려서부터 교육을 받을 때에 가장 알기 어려운 하늘 천 따 지를 먼저 배워 1,2,3,4도 구별치 못하는 아동에게 천지현황이라는 참으로 현황(玄黃)한 문자를 가르쳤으니 그 두뇌에 추상 이외의 사물에 이해가 생기지 못했을 것이라. 그것이 또한 동양에 자연과학이 발달되지 못하고 추상적 학문이 비교적 발달된 원인의 하나가 될 줄로 생각한다. 동서 의학을 불문하고 경험과 이론으로 성립되었으나 동양의 의학은 경험이라는 사실을 추상적으로 철학적으로 설명하였으며, 서양의 의학은 경험이라는 사실을 탐구하여 해부하고 과학적으로 진보되었도다. 동식물학 물리 화학 기계 운동학 등의 발달에 따라 의학도 확실한 자연과학의 일파를 이루었으니 어두운 밤이 불야성이 되게 하는 전기학을 믿고, 세계 천공을 정복하는 비행기를 믿을진대 서양 의학에야 그러한 진리를 깨달을 수 있을 것이라. 그러나 필자는 서양 의학에만 진리가 있는 줄로 믿으며 동양 의학자들이 다른 학문의 보조가 없이 단독히 존중한 경험과 절대한 노력으로 가치 많은 업적을 우리에게 끼쳐 주었으니 얼마나 감사한지 모르는도다. 본초강목, 동의보감, 경악회서(景岳會書) 등을 떠들어볼 때마다 그 절대한 노력과 치밀한 주의에 감복한 바이다. 그러나 선철(先哲)의 후계가 없어 금일은 다만 그 유업(遺業)이 있을 뿐이요, 점차 퇴보하여 왔으니 심히 유감 되는 바이다. 한방 약재 중에 신약(神藥)이 많고, 한방의의 설명 중에도 그 방식을 조금만 변하면 심오한 이치와 기묘한 추리가 많은 줄로 믿는다. 그러므로 지금부터는 서양 의학을 연구하는 자는 한방 약재를 과학적으로 나누고, 한방의학의 설명으로 과학적을 해부하여 그의 진보를 기도(企圖)하며 동양 의학을 연구하는 자는 그 경험과 이론을 해 〈85쪽〉 명하여 서양의학의 설명을 충분히 하도록 하며 일반 민중도 다만 풍(風)이라, 화(火)라는 막연한 말에 만족치 말고 좀 더 해부적으로 이해를 구하도록 노력하여 한약을 먹어도 그 이해를 충분히 하고, 한방의의 진찰을 받아도 그 애매한 설명과 추상적 문자에 구애되지 말고 다른 상식에 비춰서 가능성이 있는가 생각하기를 바라노라.

대개 개인의 건강 문제는 그 사람의 성공을 좌우하는 것이니 우리가 각각 자영 상(自營上) 일반 위생학의 강령과 자체 해부의 대략과 각 장기의 생리적 기능의 요령을 알도록 노력하여 일반 이화학적(理化學的) 상식으로 의약을 판단하게 되면 조선에 위생 보건 문제가 점차 진보되어 일반 사회사업의 능률을 높이게 될 것은 명백한 이치라. 사람이 생을 이 세상에 받아 누구나 행복을 구하지 않으리오. 사람의 행복은 각 그 지위와 경우를 따라 다를 것이요, 행복의 평가는 언제든지 주관적일 것이므로 타인의 행복을 비판하지 못할 것이다. 그러나 모든 사람의 공통된 행복은 건강이라 칭할 수 있으리라. 누구든지 한 번 병석에 신음하는 사람은 평시에 요구하던 재산과 명예도 다 잊어버리고 마는 것이 아닐까. 그러므로 필자는 조선 사람의 위생 사상이 하루라도 바삐 진흥되기를 열망(熱望)하노라. 〈86쪽〉

의학박사 박창훈,[2] 「위생 강좌-세균에 대한 이야기로부터 전염병에」, 『조선문 조선』 125호, 1928년 3월.

지금 경성 내에는 장티푸스(속칭 염병)라 칭하는 무서운 전염병이 맹렬히 유행하여 인심을 편치 못하게 한다. 이 병에 대한 상세한 이야기를 함에는 각종 전염병을 발생시키는 병원체, 즉 세균이라는 것이 무엇이라는 것부터 간단히 말하지 않으면 안 되겠다.

세균이라 하는 것은 최하등 식물의 일종으로 지구상의 천만종 생활물 중에서 제일 간단한 구조를 가진 것이다. 이 세균에는 분열균, 분아균, 사상균의 3종류가 있어 그 중 분열균은 협의의 세균이니 박테리아라고 칭하는 것으로 이 종류의 세균 즉 박테리아라는 것이 병원체 중 가장 주요한 것인 동시에 급성 및 만성의 각종 전염병의 대부분은 오로지 이 종류의 기생 증식에 기인〈67쪽〉되어 발생되는 것이다.

분열균 즉 박테리아를 형태에 의해 다시 구균, 간상균, 나선상균의 3종으로 구별할 수 있나니 이번 유행하는 장티푸스라는 전염병의 병원체인 장티푸스균은 간상균의 일종에 속하는 것이다.

세균은 인체의 외피(피부 및 점막), 소화기(입, 위, 장 등) 및 호흡기 등으로부터 체내에 침입하여 급속도로 배수 증식(1개의 세균이 단시간에 2개로[3], 2개가 4개로, 4개가 8개로)

---

2) 1928년 3월 현재 조선총독부의원 의관이었다(조선총독부관보).
3) '2개로'는 원문에 없으나 문맥상 필요하여 추가함.

하는 동시에 인체에 유해한 독(독소라 칭함)을 산출함으로 인해 위독한 각종 전염병에 걸리게 되는 것이니 이와 같이 인체 내에 침입하여 병을 발생시키는 세균을 병원균이라 칭하며 각종 병원균으로 인해 발생되는 모든 병은 한 환자로부터 다른 건강한 사람에게로 점차 만연(전파)되는 고로 전염병이라 지칭한다.

전염병에는 급성과 만성의 2종이 있는 중 급성 전염병은 만연이 빠르며 경과가 급한 고로 특히 두려워할 만한 병이니, 그중에서도 가장 위험하며 두려운 것을 법률상으로 지정하여 법정 전염병이란 명목하에 단속하게 되었다. 이에 속한 것을 열거하면 콜레라(쥐통), 적리(붉은 이질), 장티푸스(염병), 파라티푸스, 두창(천연두), 발진티푸스, 성홍열(양독발반), 흑사병 및 유행성 뇌척수막염 등이다. 이상의 병이 발생한 때에는 환가(患家)로부터나 의사로부터 소관 경찰서에 보고할 의무가 있으며, 위생 당국은 환자의 격리, 환가의 소독, 일반 예방에 대한 시설을 강구치 않으면 안 되는 것이다. 이번 돌발된 장티푸스도 이미 제1기를 지나 소위 제2기 전염기 즉 보통 말하는 전염기에 있어서 환자로부터 직접 다른 건강인에게 전파되는 위험시기에 있을뿐더러 이후 경성이라는 한 지역으로부터 다른 지역으로 만연(파종)될 염려도 없다 하지 못할 것인즉 각자가 함께 조심하여야 할 것이며 또한 이에 대한 상식을 가질 필요가 크다고 하겠다. 〈68쪽〉

淺利三郎,[4] 「조선의 경찰과 위생」, 『조선문 조선』 144호, 1929년 10월.

위생 시설

1.

옛날 조선의 위생 상태는 극히 불량하여서 우연히 질병에 걸리는 자가 있어도 의료를 불긍(不肯)하고 먼저 무녀, 점쟁이 등의 말을 듣는 풍습이 있고, 따라서 그 미신을 이용하여 의식을 구하는 악배(惡輩)가 많은 데 비하여 학식 기능이 있는 의사는 거의 없고, 또 공중위생 시설이 심히 불비하여 음료수 등도 극히 불량하여 항상 각종 전염병이 유행하고, 그중에도 폐디스토마 및 십이지장충병 등이 각지에 만연하여 거의 저지할 바를 몰랐다. 1910년 병합과 동시에 신정(新政) 시행에 즈음하여 이 점에 특별히 주의하고 먼저 의료기관을 확장하기로 하고, 경성에 있는 총독부 의원 외에 각도에 자혜의원을 설치하여 널리 구료를 개시하고, 또 병합 시에 하사하신 임시 은사금으로써 벽지 거주인에 대하여 널리 구료를 행하기로 하고, 기설 13 자혜의원 외에 전라남도 제주도 외 5개소에 자혜의원을 증설하고,

---

4) 1926년 11월과 1928년 12월 현재 조선총독부 경무국장이었다(조선총독부관보).

또 순회 진료를 개시하여 벽지 주민에게 대하여 널리 구료를 행하고, 또 조선에는 나병자가 많으므로 전라남도 소록도에 이 환자 요양소를 신설하여 이에 요양의 길을 강구하게 되었다. 그 후 다시 1914년 4월부터는 공의(公醫)제도를 발포하여 의료기관 불비한 지방에는 공의를 배치하여 일반에게 의약의 편리를 꾀하고 〈50쪽〉 또한 공의제도 설치 후 수차의 증원을 행하여 1928년도 말에는 공의 인원 332명에 달하는데, 지방에 있는 중요한 의료기관이 되어 활동하는 중이다. 특별히 종래 국경 대안 지방 거주민에 대하여는 초산 및 회령 양 자혜의원에 명하여 순회 진료를 행하게 하고, 특히 간도 및 훈춘지방 거주인은 이주자가 다수하여 의료기관이 적은 지방이요, 무고한 궁민이 다수 존재하므로 간도에 자혜의원을 증설하고 또 훈춘·국자가·두도구·백초구에 촉탁의를 배속하여 역외의 궁민에 대하여도 성은에 균점하게 하였다. (후략) 〈51쪽〉

경기도, 「경기도의 사회사업과 위생시설」, 『조선문 조선』 144호, 1929년 10월.

위생
'모르핀' 중독자 치료 시설
'모르핀' '코카인' 및 그 염류(鹽類) 또는 아편연 중독자가 자기는 물론이요, 그 가정, 재산, 나아가서는 그 사회 공안, 풍속에 악영향을 파급함이 심다한 것은 세상이 주지하는 사실이므로 사회정책상 이 삼멸(芟滅) 방법을 강구함은 당연한 일이다. 다시 중독자 자기 자신의 구제 치료도 자못 중요하고 또 불가결함에도 불구하고, 의학상으로나 실제 사회문제로나 그다지 문제로 삼지 않는 것은 이상한 일이다. 그러나 1922년경부터 점차 본건이 사회의 여론이 되어 1923년 경기도평의회에서 이 구제의 제일성이 있은 이래 식자 간에서도 사회문제라 하여 상당히 연구하게 되고 한편 관청 측에서도 이 구제 삼멸에 관하여는 물론 환자의 성질상 범죄에도 지대한 관계가 있는 것을 확인하고, 형사 정책상으로서도 이를 등한시할 수 없게 되어 그 환자 치료를 실시하기로 결정하였다. 이의 수용 치료방법은 (1)범죄에 의하여 형에 처한 중독자는 유치장에 구속하여둔 기간을 이용하여 치료하기로 하고, (2)형에 처하지 않은 중독자로서 치료를 희망하는 자는 이를 치료소에 수용하여 치료하도록 하였다. 전자를 절대 치료, 후자를 임의 치료라 칭한다.
1925년 6월 15일에 그 제1회 강제 치료를 개시하고, 치료 방법은 점감 요법을 취하고 중증자는 15일, 경증자는 8일간 주〈176쪽〉사를 중지하고 최대 20일간에 전치(全治)케 하였으나 그간 환자는 심히 고통으로 여기므로 주야 감시에 분주하여 자못 곤란이 심하였으나, 백방으로 연구한 결과 1925년 10월에 치료약 '산지모-루'를 발명 사용케 됨으로부터 점감

요법에 비하여 용이하고 또한 단시일로 치료를 하게 되었다. (후략) 〈177쪽〉

「가정응급치료, 지상 병원」, 『별건곤』 제27호, 1930년 3월.

(전략)
식물의 중독
(치료) 식물에 중독된 것을 알면 목에 손을 넣거나 혹은 비눗물을 풀어서 토할 것입니다. 그리고 의사에게 부탁하여 위를 씻어낼 것입니다. 독약을 먹었을 때에는 의사를 청할 것이지마는, 될 수 있으면 속히 토하게 할 것이니 응급치료로서는

1. 쥐잡는 약의 중독에는 유산동(硫酸銅) 1그램을 먹여서 토하게 할 것.
1. 승홍수(昇汞水) 중독에는 우유와 계란의 흰자를 많이 먹일 것.
1. 청산가리(靑酸加里)는 1~3퍼센트의 과산화수소수(옥시풀)를 한 술씩 여러 번 먹일 것.
1. 초산은(硝酸銀) 중독에는 갈분(葛粉) 우무(寒天)를 먹일 것.
1. 염산 모르핀 중독에는 1~3퍼센트의 과산화수소수(옥시풀)을 먹일 것.

독물을 먹었을 때에 속히 간호만 하면 위세척(胃洗滌)으로 대개는 생명을 구할 수가 있습니다.
급성 전염병
(주의) 콜레라, 장티푸스, 이질 등은 무섭게 전염하는 것인 고로 결코 숨겨서는 안 됩니다. 디프테리아는 어린이에게 많고, 목과 코 안에 백태가 쓰는 것입니다. 열(熱)이 높고 원기가 없어져서 치료를 늦게 하면 생명이 위독합니다. 빨리 면역 혈청주사(免疫血淸注射)를 맞으면 곧 낫는 것입니다.
(소독) 환자 주위에 가깝게 있는 식기 기물들은 뜨거운 물, 석회수(石灰水), 표백분(漂白粉), 석회유(石灰油), 리졸[5] 등으로 충분히 소독할 것입니다. 할 수 없는 것은 태워 버릴 것이며, 햇볕에 쪼여도 균이 죽기는 하지마는 그늘에 있던 부분은 할 수 없으니 완전한 소독을 하기는 어려운 것입니다.
기타
(치료) 1. 목에 가시가 걸렸을 때에는 손가락과 핀셋으로도 꺼낼 수 없으면 질하든가 환자를 엎드려 뜨리고 배에다 베개를 괴이고 머리를 낮게 한 후 등을 두드릴 것. <175쪽>
1. 눈에 티가 들어갔을 때에는 당황해하지 말고 조용히 눈을 감고 눈물과 같이 흘러나오

---

5) 크레졸에 비눗물을 섞은 것.

기를 기다리는 것이 제일이며, 결코 부벼서는 안 됩니다. 그 후에 붕산수(硼酸水)로 씻을 것.

1. 귀에 벌레가 들어갔을 때에는 올리브유, 참기름, 머리에 바르는 기름 등 어떤 기름이든지 귀에 넣어서 벌레를 죽인 후에 핀셋으로 집어 내일 것.

1. 코로 들어간 것은 다음에 목으로 넘어옵니다.

가정에 준비하여 둘 기구와 약품

검온기(체온을 검사하여 보는 것), 완장기(浣腸器), 빙침(얼음 베개), 빙낭(얼음 넣는 주머니), 유단보(함석으로 만든 통에 더운물을 넣어서 따습게 하는 것), 회로(懷爐), 흡입기, 붕대, 가제, 약솜, 핀셋 이상은 기물입니다.

약품으로는 피마자유(설사하는 약), 글리세린(浣腸劑), 올리브유(데인 때 응급 치료하는 것), 알코올(소독제로도 쓰고 알코올램프에도 씀), 옥도정기(균을 죽이기 위하여 바르는 것), 옥시풀(상처를 소독하는 데 씀), 리졸(소독약), 가루 붕산[찜질에도 쓰고 양치질 흡입용 세안용(洗眼用)], 핏크씨깽고(독빼는 고약), 반창고(붕대 대신으로 사용하는데 상처부에 그것만을 붙여서는 안 됩니다), 석탄산(소독제), 아연화(데었을 때 바르는 것), 리멘트(벌레, 벌, 빈대, 모기, 쏠새기에게 쏘였을 때에 바르는 것)<176쪽>

II. 위생과 청결

1. 교과서

조선총독부, 『신편 고등국어독본』 권1, 1924년.

제27과 청결

신체를 건전하게 하고 정신을 건강하게 하기 위해서는 청결에 주의해야 한다. 불결은 병의 근원으로서 가끔 무서운 전염병을 유행시키기도 한다. 만약 사람이 전염병에 한 번 걸리면 자기 자신의 불행뿐만 아니라 부모, 자식, 형제에게도 화가 미친다. 심각한 경우에는 이웃에서부터 전 촌락, 전 마을에도 전염되어 아주 큰 혼란을 초래하기도 한다. 간담이 서늘하지 않을 수 없다.

보기에 괴로울 정도로 불결한 의복은 사람에 대해 불쾌감을 줄 뿐만 아니라 자신의 품위를 손상시키기도 한다. 의복이 아무리 낡았어도 세탁한 것은 때 묻은 비단옷보다 나은 경우가 많다. 조선의 일반 부인이 세탁은 여자의 중요한 임무라고 하는 것은 청결을 좋아하는 일종의 좋은 습관이라고 할 만하다. 그러나 의복의 청결과 함께 신체의 청결을 소홀히 해서는 안 된다. 신체의 청결을 위해서는 목욕을 하는 것이다. 목욕은 정신을 상쾌하게 한다. 정신이 상쾌해지면 일도 잘되고 결국 자기 자신에게 이익이 된다. 냉수마찰은 때를 벗겨내고 피부를 강하게 하며, 감기를 예방하는 데 효과가 있다.

또 우리는 주거의 청결을 소홀히 해서는 안 된다. 그것은 위생상 필요할 뿐 아니라 정신을 상쾌하게 한다. 옛사람들도 "거처는 마음을 바꾼다."라고 말하지 않았던가. 그래서 거실의 청소를 게을리 해서는 안 된다. 또 "햇볕이 잘 드는 집에는 의사가 오지 않는다."라는 속담도 있듯이 우리는 될 수 있는 한 햇빛이 집에 잘 들어오도록 해야 한다. 침구 등은 자주 햇빛에 말려주고 소위 일광소독을 할 필요가 있다.

자신의 의복, 신체, 주거를 청결하게 할 뿐 아니라 많은 사람이 모이는 곳이나 다니는 곳은 각자 청결하도록 명심해야 한다. 학교는 자신이 매일 다니며 지덕을 수양하는 곳이고 제2의 가정이라고도 할 수 있는 곳이므로 결코 기구를 함부로 하거나 낙서 등을 해서 더럽혀서는 안 된다. 장소에 상관없이 가래나 침을 뱉고, 종이 쓰레기나 연필 깎은 쓰레기 등을 버리고, 음식이나 먹물 등을 흘리는 등의 행동은 사려 깊지 않은 행동이라고 할 만하다. 〈123~126쪽〉

조선총독부, 『신편 고등국어독본』 권3, 1924년.

10과 박테리아

박테리아는 아주 미세한 생물로서 현미경을 사용하지 않으면 볼 수 없다. 가장 미세한 것은 수천 배 이상으로 확대해야 비로소 볼 수 있다.

박테리아에는 구 형태의 것이 있고, 짧은 원주 상태의 것도 있으며, 나선형의 것도 있어서 형태가 일률적이지 않다. 번식은 대개 자체 분열에 의한 것으로 외부 환경이 가장 적합할 때는 약 20분 내지 30분마다 1회의 분열을 한다고 가정한다면 1개의 박테리아는 1시간 후에 2개가 되고, 2시간 후에는 4개가 되며, 3시간 후에는 8개가 되며, 하룻밤이 지나면 1,677만 7,216개의 많은 수가 될 것이다. 5일 후가 되면 그 용적은 전 세계의 해양을 충분히 채울 수 있을 것이다. 그러나 실제로는 이러한 큰 번식이 일어날 여지는 없으며, 또 영양분도 동반되지 않는다면 결국 그 분열을 멈출 수 있다.

박테리아는 어디든 생존하지만, 특히 쓰레기더미, 오수, 부패물 등에 많다. 인체에 기생하는 것 중에서는 아주 무서운 것이 있다. 콜레라, 티푸스, 디프테리아, 흑사병, 결핵 등 여러 종류의 전염병은 모두 이 박테리아의 기생에 의해 일어나는 것이다. 박테리아는 실로 인류의 강적이라고 할 만하다. 그러나 건전한 신체에 들어오면 번식할 수 없으며, 금세 사멸하게 되는데 우리는 항상 신체를 건전하게 하고 박테리아가 맹위를 떨치게 할 여지가 없도록 하는 것이 중요하다. 박테리아는 그 종류가 아주 많고 그중에는 어떠한 해를 끼칠 뿐만 아니라 오히려 인류에게 이익을 주는 것도 역시 많다. 식초, 간장, 된장, 청국장 등은 발효에 의해서 만들어진 식용품으로서 이런 종류의 발효 작용은 박테리아의 힘에 의한 것이다. 물질이 부패하면 박테리아가 번식하기 때문에 우리 인류에게 불이익을 주는 경우도 많지만, 만약 세상에 부패라는 것이 없다면 과연 어떠한 결과가 나올까? 아주 오래전부터 오늘날에 이르기까지 사멸한 생물의 사체는 지구상에 곳곳에 쌓여있고 비참한 광경은 보기에도 견딜 수 없을 정도일 것이다. 다행스럽게도 이 참상을 보지 않아도 되는 것은 박테리아가 있기 때문이다. 생물이 죽음에 따라 그것을 부패시켜 신진대사의 공(功)을 완성시키

는 것이다. 〈52~57쪽〉

조선총독부, 『개수 고등국어독본』 권1, 1921년.

24과 청결

콜레라는 무서운 병이다. 걸렸다고 생각하면 심한 구토를 몇 번이나 하고 곧 죽어 버리는 경우가 있다. 그뿐만이 아니다. 한 명이 걸리면 그 세균이 다른 사람에게 옮겨 즉시 형제도 걸리고 부모도 걸리며 심한 경우에는 일가가 전멸하는 경우도 있다. 결국에는 근처 이웃에 전염시켜 바로 전체 마을과 동네에 퍼져 대소동이 벌어진다. 그 얼마나 무서운 병이 아닌가?

콜레라는 신이 주신 것이라며 여러 가지 미신적인 것을 행하는 사람이 있는데 그것보다는 파리 등과 같은 것 때문이다. 세균이 퍼진 썩은 물고기나 생물, 생수를 먹지 않도록 주의하고 신체, 식기, 의복 및 실내외를 항상 청결하게 하고 세균이 있을 만한 곳이 없도록 하는 것이 가장 중요하다.

물건을 청결하게 하는 것은 그다지 손이 많이 가는 일이 아니다. 항상 씻어야 하는 것을 깨끗이 씻으면 되는 것이다. 사람 몸에서 땀 냄새가 나거나 옷이 더러워지거나 하면 사람들이 싫어하기도 하고 또한 초라해진다. 의복이 아무리 낡아도 세탁한 것은 때 묻은 비단옷보다 나은 경우가 많다. 옛날에는 "산발한 머리에 때 묻은 얼굴"을 한다든지, "벼룩을 잡고 천하의 것을 논하다(사람을 두려워하지 않는 태도로 세상이나 정치를 논하다)."라고 해서 영웅 행세를 하는 사람도 있었지만 지금은 그것이 통하지 않는다.

목욕을 하면 기분이 좋다. 기분이 좋으면 일이 잘된다. 그만큼 자기 자신에게 득이 된다. 매일 아침 냉수마찰을 하면 때도 벗겨지고 피부도 튼튼해지고 감기에도 걸리지 않게된다. 머리도 자주 감고, 이도 매일 닦는 것이 좋다. 손톱도 때때로 잘라야 한다. 거실은 매일 청소하고 걸레질을 할 수 있는 곳은 걸레질을 하는 것이 좋다. "일광이 잘되는 집에 의사가 오지 않는다."라는 말이 있듯이 되도록 햇볕이 집에 들어올 수 있도록 하는 것이 좋다. 침구 등은 자주 햇볕에 말리는 것이 좋다.

자신의 신체나 집을 청결하게 하는 것뿐 아니라 사람들이 많이 모이는 곳이나 다니는 곳은 서로 청결하게 하도록 해야 한다. 학교는 자신이 매일 다니고 지덕을 수양하는 곳으로 제2의 집이라고 해도 과언이 아닌 곳이기 때문에 더럽히지 않도록 해야 한다. 길거리에 종이 쓰레기를 버리거나 공원의 의자, 전차, 기차의 바닥을 더럽히는 것은 문명국가의 국민으로서 할 짓이 아니다. "거처는 마음을 바꾼다."라는 말이 있다. 깨끗한 곳에 있으면 마음

도 깨끗해지고 불결한 곳에 있으면 마음도 불결해지기 쉽다. 〈92~97쪽〉

조선총독부, 『여자고등국어독본』 권2, 1920년.

11. 물

우리는 하루라도 물을 마시지 않는 일은 없다. 물을 마시지 않더라도 물이 섞인 것 또는 물로 만든 것을 마시고 먹지 않은 일은 없다.

따뜻한 물, 차, 국은 말할 것도 없고 술, 식초, 된장, 간장 등에서 밥, 떡, 과자 등에 이르기까지 이것들을 만드는데 재료의 하나로 물이 없어서는 안 된다. 과일에도 수분이 있고, 야채에도 수분이 포함되어 있다.

우리는 매일 아침, 얼굴을 씻고 입을 헹구는 데 모두 물이 필요하다.

의복을 세탁할 때도 역시 필요하다. 또 가끔 목욕탕에 들어가 신체를 깨끗이 씻는다. 신체를 깨끗이 하지 않으면 때가 껴서 불결해진다. 불결해지면 병에 걸리기 쉽다. 냉수욕, 해수욕 등은 모두 피부를 강하게 하고 신체를 강하게 해서 마음을 상쾌하게 하는 효과가 있다.

이처럼 물은 우리의 생활에 하루라도 없어서는 안 되는 존재이다. 그렇다고 해서 더러운 물을 마시고 혹은 썩은 물로 조리한 음식을 먹으면 큰 병에 걸리게 된다. 주의해야 한다. 〈54~56쪽〉

조선총독부, 『여자고등국어독본』 권2, 1920년.

12. 공기

부채를 사용하면 바람이 일어나고, 채찍질을 하면 소리가 난다. 이것은 우리 주위에 공기가 있기 때문에 가능하다.

공기에는 정해진 형태도 없고, 색도 없고, 맛도 없고, 또한 냄새도 없고 둥실 둥실해서 지구를 감싸고, 구를 면으로 감싸는 것과 같이 비슷하다. 물은 항상 낮은 곳으로 흘러가는데 공기는 틈만 있으면 상하, 좌우에 상관없이 반드시 흘러들어와 이것을 막는다.

실험 삼아 컵의 바닥에 종잇조각을 붙이고 그것을 쓰러뜨려서 조심스럽게 물속에 넣고 잠시 후에 그것을 끌어올려 보자. 종잇조각은 조금도 젖지 않을 것이다. 이것은 컵 속에 공기가 있어서 물이 들어가는 것을 허락하지 않은 것이다.

불은 공기의 도움으로 탄다. 소화 항아리의 불이 꺼지는 것은 공기가 부족하기 때문이다. 불을 부채로 부치면 화력이 강해지는 것은 새로운 공기가 주입되어 불을 도와주기 때문이다. 그래도 공기의 유통이 너무 강하면 오히려 불이 꺼지는 경우가 있다. 등잔불이 바람에 불려 꺼지는 것은 이런 원리이다.

사람의 생활에서 가장 중요한 것은 공기이다. 물이나 음식은 며칠간 섭취하지 않아도 생명을 잃는 일은 없다. 공기는 몇 분 동안이라도 호흡을 하지 못하면 생명이 위험해진다. 사람이 공기를 호흡하는 동안에는 이것을 "살아있다"라고 한다. 호흡이 멈추면 "죽었다"라고 한다.

바람은 공기가 유동하는 것을 말한다. 돛단배가 물 위를 떠다니고, 연이 하늘 높이 나는 것은 모두 공기가 유동하는 힘에 의한 것이다.

세상이 진보함에 따라 바람의 힘을 이용한 기기도 많이 만들어졌다. 대장간 풀무는 불을 일으키는 데 쓰이고, 풍구는 쌀과 겨의 껍질을 날려서 분리하는 데 쓰이며, 오르간, 손풍금은 음악에 쓰이고, 선풍기는 시원함을 취할 때 사용한다. 〈57~61쪽〉

조선총독부, 『여자고등국어독본』 권3, 1921년.

11. 청결

물건을 청결하게 하려는 일에 그다지 돈이 들어가는 것은 아니다. 늘 씻어야 할 것을 성실하게 자주 씻으면 되는 것이다. 사람들 속에 있다가 나오면 땀을 흘리기도 하고 옷이 더러워지기도 하는데 이는 다른 사람에게 혐오감을 주기도 하고 또한 천해 보이게 한다. 의복이 아무리 낡았더라도 세탁한 것은 때 묻은 비단옷보다 나은 경우가 많다. 조선의 일반 부인이 세탁은 여자의 중요한 임무라고 하는 것은 청결을 좋아하는 일종의 좋은 습관이라고 할 만하다.

목욕을 하면 기분이 좋다. 기분이 좋으면 일이 잘된다. 그만큼 자기 자신에게도 득이 되는 것이다. 매일 아침 냉수마찰을 하면 때도 벗겨지고 피부도 튼튼해지며 감기도 안 걸린다. 손톱도 때때로 깎아야 한다. 거처는 매일 청소하고, 걸레질을 할 수 있는 곳은 열심히 닦는 것이 좋다. "햇볕이 잘 드는 집에는 의사가 오지 않는다."라는 말이 있는 것처럼, 될 수 있는 한 햇볕이 집에 잘 들게 하는 것이 좋다. 침구 등은 종종 햇볕에 말려준다. 소위 일광소독을 할 필요가 있다.

자신의 신체나 가옥을 청결하게 할 뿐 아니라 사람이 많이 모이는 곳이나 다니는 곳은 서로 청결하게 해야 한다. 학교는 자기가 매일 다니며 지덕을 수양하는 곳으로 제2의 가정이라고도 할 수 있는 곳이므로 더럽히지 않도록 해야 한다. 길거리에 종이 쓰레기를 버리거나 가래를 뱉거나 공원 의자, 전차, 기차의 바닥을 더럽히는 일은 문명 국민이 할 짓이 아니다. "거처는 마음을 바꾼다."라는 말이 있다. 깨끗한 곳에 있으면 마음도 깨끗해지고 불결한 곳에 있으면 마음도 불결해지기 쉽다. 〈44~47쪽〉

조선총독부, 『여자고등국어독본』 권4, 1921년.

　10. 요리

　주부에게 요리의 소양이 있으면 한 가정이 행복해지고 그것이 없을 때는 가정이 불행해진다. 음식은 같은 재료를 사용하더라도 요리하는 방법에 따라서 전혀 다른 음식 맛이 나고 또는 요리 솜씨가 좋으면 아주 적은 비용으로도 식탁의 즐거움이 더해진다. 따라서 주부라는 사람은 요리 방법과 재료를 선택하는 법을 잘 알아서 매일 3번의 식사에도 반드시 스스로 손수 만들어 가족들에게 식사의 만족감을 주도록 노력해야 한다.

　요리의 메뉴를 정하기 위해서는 우선 위생, 경제, 맛의 3가지를 고려하지 않으면 안 된다. 위생상으로 말하자면 가능한 자양분이 많고 소화에 좋은 것을 선택해야 하며, 경제상으로 말하자면 가능한 저렴한 것을 버림 없이 사용해야 하며, 또 맛으로 말하자면 가능한 많은 사람들의 입맛에 맞도록 해야 한다.

　재료는 계절에 적합한 것을 선택해야 한다. 추울 때는 신체가 따뜻해지는 육류, 그 외, 지방분이 많은 것을 선택하고 더울 때는 위장을 해치가 쉬우므로 담백하고 소화하기 쉬운 것을 사용해야 한다. 어류든 야채든 전부 그 계절의 식품을 사용하면 가격도 저렴하고 맛도 좋고, 소화도 좋고 여러 사람의 입에도 맞을 것이다.

　음식에는 변화가 없으면 안 된다. 아무리 맛있는 것도 여러 번 먹을 때는 누구라도 질리기 쉽고 신체를 위해서도 역시 좋지 않다. 따라서 센스 있는 주부는 음식을 자르는 법, 나열하는 법, 색의 조합까지도 생각해야 한다.

　부엌은 음식을 두고, 삶고, 씻고, 솜씨를 부리는 곳이기도 하며 싱크대, 선반을 비롯해 요리 도구, 식기, 행주 등에 이르기까지 열심히 그것을 청결하게 하고, 또 필요할 때는 보지 않고도 손으로 찾아낼 정도까지 잘 정리 정돈해 두어야 한다. 〈41~44쪽〉

조선총독부, 『여자고등국어독본』 권5, 1922년.

　19. 전염병

병에는 급성인 것과 만성인 것이 있다. 또, 전염성인 것과 비전염성의 것도 있다. 전염병 중에서도 가장 악성으로 극악한 것은 콜레라, 이질, 장티푸스, 천연두, 발진티푸스, 성홍열, 디프테리아 및 페스트 8종이다. 이러한 병들이 한번 유행을 할 때는 그 피해가 너무나도 참혹할 정도로 크기도 하며 그것의 예방에는 더욱더 노력해야만 한다.

콜레라의 병원은 콘마상 세균이다. 이 병은 주로 위장을 침투하여 환자의 토사물, 특히 대변 속에 아주 많은 병원균이 있고 모르는 사이에 우물물, 하수 등에 섞여서 또는 음식물 등에 부착하여 전염되는 것이 일반적이다. 그러나 완전한 수도 시설이 갖추어진 도시에서는 그냥 물을 사용하면 된다는 것은 말할 필요가 없다. 그 설비 없는 곳에는 식수를 비롯하여 식기를 씻는 물에 이르기까지 반드시 그것을 한번은 끓여서 또는 잘 걸러서 사용해야 한다. 만약 이 병의 유행 조짐이 보일 때는 특히 폭음·폭식을 삼가고 그 외 잘 익지 않은 과일, 부패한 음식물 등, 위장을 손상시킬 수 있는 위험이 있는 것은 절대로 먹어서는 안 된다.

이질은 콜레라와 마찬가지로 물이나 음식물을 매개로 전염하는 것으로 그 예방법은 콜레라의 경우와 다르지 않다. 그러나 이질은 그 병의 상태가 콜레라와 같이 격렬하지 않다면 많은 사람들이 주의를 소홀히 하는 경우가 있다. 그 때문에 가족과 이웃에 전염시킬 우려가 특히 많다. 또한 지방에서는 하천에서 불결한 의류, 변기 등을 씻는 나쁜 습관이 있다. 그 때문에 병균이 만연하여 많은 인명을 위험에 빠뜨리는 경우가 있다.

장티푸스는 옛날에는 이른바 상한(傷寒)이라고 해서 가을에서 봄에 걸쳐 가장 많이 발생한다. 이 병의 초기 증세는 아주 흔한 감기와 비슷하다고 할 수 있는가 하면 열이 높은 환자는 신속히 의사에게 진료를 받고 치료를 받아야 한다. 환자는 격리시켜 양생을 해야 하고, 그 오물 및 의류, 침구 등 모든 것은 잘 소독을 하지 않으면 안 된다.

천연두는 무서운 유행병이지만 종두가 발명되면서 쉽게 그것을 예방할 수 있다. 따라서 문명국에서는 각 사람들이 자발적으로 종두를 맞고 만약 안 맞는 사람이 있으면 관청에서 그것을 강제로라도 맞을 수 있도록 한다. 우리 조선도 종두 접종에 계속해서 힘씀에도 불구하고 여전히 그것을 안 맞는 사람은 적지 않다. 그 때문에 매년 다소의 환자가 나오는 것은 부끄러운 일이며 또 두려워해야만 한다. 종두 접종자는 향후 10년간 천연두 면역력을 가지지만 이 기간이 지나면 다시 감염될 위험이 있다. 그러므로 종두 접종자라고 해도 대략 10년 주기로 다시 종두 접종을 해야 좋다. 천연두를 경험한 사람도 결코 방심해서는 안 된다. 천연두를 경험했던 80세 노인이 다시 천연두에 걸린 사례조차 있을 정도이다.

발진티푸스 및 성홍열은 모두 피부에 빨갛게 발진하는 열병이지만 발진티푸스는 우리나라에는 다행히도 그 수가 드물다. 이러한 병은 환자에게서 직접 전염될 뿐 아니라 공기 중으로 전염하는 경우도 있다. 환자의 의류는 충분히 소독해야 한다. 왜냐하면 5개월, 10개월 지난 환자의 의복에서 전염되는 사례도 적지 않다.

디프테리아는 어른의 경우는 드물고 4, 5세의 아이에게 많다. 최근에 발명한 혈청요법은 그 효능이 아주 뚜렷하기에 사람들은 그 병의 무서움을 잊어버린다. 그래서 환자의 수는 오히려 종래보다도 증가하는 경향이다. 소아가 많은 집에 불행히도 환자가 생길 때는 예방법으로서 다른 건강한 아이에게 혈청주사를 맞히는 것이 좋다. 환자의 가래, 침, 의류, 침구 등은 특히 유념해서 소독하고 소아는 물론, 소아가 접하는 모든 것은 가능한 환자에게 가까이하지 않도록 해야 한다.

페스트는 특히 무서운 전염병으로 예방하는 데 아주 주의해야 할 것은 집쥐에 의한 페스트이다. 쥐는 페스트균에 대한 감수성이 가장 강하고 병균에 접하면 바로 그것에 감염되어 결국에는 인류에게 전염시키는 위험이 있다. 그러므로 페스트 예방의 첫째 방법은 페스트가 전파될 수 있는 위험이 있는 집쥐를 모두 없애는 것이다. 벼룩 또한 이 병의 전파가 되는 매개이므로 그 발생을 저지시키려면 가옥을 청결히 해야 하는 것 또한 예방 방법이다. 또 이 병균은 피부에 난 상처로 들어오는 경우가 많기 때문에 상처가 외부에 접촉되지 않도록 주의할 필요가 있다.

이상 8종류의 급성 전염병 외에도 결핵, 한센병, 결막염, 말라리아 등도 또한 전염이 되는 병이다. 결핵이 폐에 생기면 흔히 말하는 폐병으로 환자의 객담 속에 있는 병원균이 날려 튀는 현상에 의해 전염된다. 한센병은 옛날에는 유전병이라고 생각했는데 지금은 전염병이라는 것이 확실해졌다. 결막염의 병원은 환자의 눈에서 나오는 눈곱에 있다. 따라서 타인의 손수건을 사용하는 것은 특히나 위험한 행위이다. 말라리아는 속된 말로 학질이다. 이 병은 일종의 모기에게서 매개되는 것으로 모기에 물리지 않도록 주의하는 것이 중요하다. 〈96~103쪽〉

조선총독부,『여자고등보통학교 수신서』권1, 조선서적인쇄주식회사, 1925년.

12. 청결

신체나 의복의 청결이 위생상 중요하다는 것은 새삼스럽게 말할 것도 아닙니다. 또 각자가 그 품격을 유지하는 데 있어서도 아주 필요한 것입니다. 또 다른 사람에게 불쾌감을 주지 않도록 하기 위해서도 아주 필요한 것입니다. 그렇기 때문에 우리는 항상 신체나 의복을 청결하게 하는 것을 잊어서는 안 됩니다. 침구류는 일반적으로 타인의 눈에 띄지 않는 것이기 때문에 자칫하면 불결해지기 쉬운 것입니다. 그 때문에 때때로 세탁을 해서 청결을 유지하고, 또 종종 햇볕을 쬐게 하는 것이 위생상 아주 중요한 일입니다.

의복 다음으로 청결해야 할 것은 주거입니다. "주거는 기분을 바꾼다."라고 해서 좋은 마음가짐만으로도 병을 막기에 충분합니다. 불결은 전염병의 매개가 되는 경우가 많기 때문에 늘 집 안팎의 청소를 소홀히 하지 않도록 하고, 또 통풍에 주의하지 않으면 안 됩니다. 특히 부엌은 청결하게 하고, 구석구석까지 청소를 잘하도록 신경을 쓰지 않으면 안 됩니다. 부엌과 화장실을 보면 그 집의 주부의 마음가짐은 대략 알 수 있다고 할 정도이기 때문에 이처럼 불결하기 쉬운 장소는 특히 청결에 주의를 바라는 바입니다.

여기에서 주의해야 하는 것은 청결과 아름다움을 혼동하지 않도록 해야 합니다. 겉모습이 좋아 보여도 혹시 불결하게 해 둔다면 결코 진정한 아름다움이라고 말할 수 없습니다. 진정한 아름다움은 반드시 청결이 동반되지 않으면 안 됩니다. 또 아름다움이 크게는 표면적인 것이지만, 청결은 사람의 눈에 띄지 않는 곳까지 해당되는 것입니다.

또 우리는 단지 신체나 의복, 가옥 등의 청결에 신경을 쓸 뿐만 아니라 더 나아가 자기가 거주하는 지역도 청결히 하도록 모두가 주의하지 않으면 안 됩니다. 전염병의 대부분은 불결한 지역에서 발생하고 유행하는 것입니다.

이상에서 기술했듯이 청결은 여러 방면에서 볼 때 아주 필요한 것이기 때문에 우리는 모두 청결에 주의하지 않으면 안 됩니다. 특히 청결을 좋아하는 정도가 어느 정도인가에 따라 일반 문화 발달의 정도도 알 수 있기 때문에 우리는 우선 청결의 중요함을 알고 더욱이 나아가서 청결을 좋아하는 습관을 기르도록 주의하지 않으면 안 됩니다. 〈52~56쪽〉

조선총독부, 『여자고등보통학교 수신서』 권1, 조선서적인쇄주식회사, 1925년.

13. 용의

우리는 자신에 맞게 지위에 따라서 각자 어울리는 품격을 가지도록 노력해야만 합니다. 그렇게 하기 위해서는 용의에 주의하는 것이 필요합니다. 그러나 세간에 자칫하면 겉모습 치장에만 신경을 쓰고 실제로는 용의를 잘 갖추는 것을 모르는 사람이 있습니다. 그러므로 우리는 우선 어떻게 용의를 갖추면 좋은지를 알아야 합니다.

용의를 갖추기 위해서는 첫째, 복장에 주의하는 것이 중요합니다. 사람은 그 지위나 신분에 따라서 각자 그에 맞는 복장을 해야 합니다. 물론, 누구나 아름다운 의복을 입고 싶은 것은 사람의 욕구입니다만, 그러나 항상 자기의 지위나 신분을 잊지 않도록 해야 합니다. 만약에 지위나 신분에 맞지 않는 복장을 하고서 그것으로 품격을 유지할 수 있다고 생각하는 사람이 있다면, 그것은 큰 착각입니다. 특히 복장의 여하에 따라서 그 사람의 마음가짐도 엿볼 수 있기 때문에 우리는 항상 화려하고 아름다운 겉치레를 경계하도록 주의함과 동시에 검소하며 청아한 복장을 잘 갖추는 것이 숙녀로서 무엇보다 기품 있는 사람이라는 것을 잊어서는 안 됩니다.

다음으로 용모를 갖추는 것은 용의를 갖추는 데에 아주 필요한 것입니다. 사람의 마음 상태는 저절로 용모에 나타나는 것입니다. 눈매나 입가의 모양 등은 특히 주의하지 않으면 안 됩니다. 또 머리카락이 헝클어진 것은 특히 보기 싫은 것이기 때문에 우리는 항상 이것을 주의해야 합니다. 그렇다고 해서 멋대로 유행을 쫓고, 새로움을 뽐내고, 사람의 눈을 끄는 것은 경계해야 합니다. 일반적으로 머리카락은 청결하고 산뜻하게 묶도록 주의해야 합니다. 또 자세를 바르게 하는 것도 용의를 갖추는 데 아주 중요합니다. 상체를 굽힌다든지 허리를 숙인다든지 책상에 기대어 턱을 괸다든지 다리를 뻗는다든지 하는 등, 바르지 않은 자세를 하는 것은 외견상 보기 흉합니다. 그 뿐만 아니라 모든 구부리는 자세는 아랫배의 혈을 간장이나 배의 혈관에 머무르게 합니다. 그래서 수족이 차지기도 하고, 기분이 우울해지기도 하고, 신경쇠약을 일으키기도 하는 것이기 때문에 건강을 유지하는 데에도 자세를 바르게 하는 것은 대단히 중요합니다. 특히 자세는 습관이 되어 우리도 모르는 사이에 이러한 자세에 지배되는 것이기 때문에 평소에 자세를 바르게 하는 습관을 기르도록 노력해야 합니다.

모든 용의는 우리의 마음이 자연스럽게 여기에 나타나기 때문에 마음에 긴장감이 있으면 용모나 복장이나 자세도 저절로 단정해집니다. 그러므로 용의를 갖추기 위해서는 우선 근본적으로 정신의 수양을 소홀히 하지 않도록 해야 합니다. 〈56~62쪽〉

2. 신문

「생명을 위협하는 파리와 모긔」, 『동아일보』, 1926년 4월 24일.

날이 점점 따뜻하여 감을 따라 파리와 모기와 빈대, 벼룩이 번성하여 갑니다. 우리나라는 다른 나라와 같이 공중위생이 발달되지 못하였기 때문에 집집마다 아무리 깨끗하게 한다 하더라도 그러한 더러운 벌레가 많이 생기게 되었지마는, 그러나 각 개인이 다 각각 주의를 하여 자기 몸과 집을 깨끗이 하면 어느 정도까지는 막을 수 있는 것입니다.

빈대와 벼룩 같은 것은 직접으로 무서운 병독을 옮겨 주는 것이 아니지마는, 파리와 모기 같은 것은 사람의 생명을 빼앗는 병독을 직접 가지고 다니기 때문에 이것을 없이하는 것이 생명을 안전케 하고 안전케 못하는 가장 중대한 문제가 되는 것입니다. 그중에도 더욱 무서운 것이 파리입니다. 모기는 밤에만 나오는 것이요, 모기장을 치고 자면 이것이 직접 우리의 살에 와 닿는 것을 피할 수 있을 뿐 아니라 모기가 매개되어 생기는 병은 오늘날까지 발견한 바에 의지컨대 학질이라는 것밖에 없습니다.

그러나 파리는 음식이 많이 벌어져 있는 낮에 날아다니며 온갖 더러운 오예물이란 오예물에는 다 가 앉았다가 발에다 수천, 수만의 무서운 병독을 묻혀 가지고 사람이 먹을 음식에 가 함부로 앉습니다. 이리하여 우리는 파리발에서 묻어온 온갖 더러운 것과 병증을 먹게 되며, 이리하여 우리는 무서운 병독에 걸리게 되는 것입니다.

허영숙, 「가정 위생-생명을 위협하는 파리와 모긔」, 『동아일보』, 1926년 4월 27일.

아직은 날이 냉랭하여 파리가 없습니다마는 조금 있으면 많이 생길 것이올시다. 생기려고 하는 지금부터 시작하여 막으시면 올여름은 안전히 지낼 수가 있을 것입니다. 파리는 뒷간과 쓰레기통과 기타 더러운 수채에서 생깁니다. 일주일에 한 번씩 그러한 곳에 석유유제(石油乳劑)나 혹은 회를 뿌리시면 파리가 결단코 생기지 아니합니다.

여름 동안을 내리 두고 그러한 소독제를 사서 뿌리려면 돈냥이나 듭니다. 그러나 돈냥이 드므로 말미암아 한여름을 파리의 성화를 받지 아니하고 사는 것이 얼마나 좋으며, 이렇게 하므로 독한 병에 걸리지 아니할 터이니 얼마나 안전한 일입니까?

모기는 더러운 물이 고여 있거나 웅덩이 같은 데서 생깁니다. 독에다 빗물을 오래 받아 둔다든지 길게 뽑고 덮지 아니한 유구가 막혀서 물이 고여 있는 데서 생기는 것입니다. 그러므로 그것을 주의하여 잘 처치하면 모기는 피할 수 있는 것입니다. 이왕 모기 이야기가 났으니 말이지요, 학질은 꼭 모기로 해서 생기는 것입니다. 모기가 학질병균을 가지고 다니다가 사람을 뜯어 먹을 때 피 속에다 넣어 주어 그 사람을 학질에 걸리게 하고, 또 다른 모기가 학질 걸린 사람의 피를 빨아먹어 병균을 몸에 지니고 다니다가 또다시 성한 사람을 빨아먹을 때에 병균을 넣어주는 것입니다.

조선 사람은 이 관계를 잘 알지 못하기 때문에 여름에 모기를 무서워하지 아니하며, 피하려고 하지 아니합니다. 집집마다 주인은 여름에 모기장을 치고 자지마는, 하인들과 기타 아래 사람들은 모기장이 없이 모기가 퍽퍽 덤벼드는 곳에서 뜯기면서 괴로운 잠을 자는 것입니다.

그러므로 그 사람들이 먼저 학질이 걸리고 뒤를 이어서 집안 식구가 걸려드는 일이 많은데, 이것이 이 위에 말한 바와 같이 학질의 균을 가지고 다니는 모기에게 뜯겨서 생기는 것입니다.

다만 모기장에 대하여 뿐 아니라 우리 가정에서는 하인을 너무 천대하며, 또 하인도 너무 무식하기 때문에 하인으로 말미암아 먼저 생기는 병이 많습니다. 그러므로 그 집 안에 전염병을 막으려면 먼저 아랫도리에서 도는 사람[6] 먼저 주의를 시켜야 될 것입니다. 여름에 학질을 면하시려거든 먼저 모기에 뜯기지 마실 것이오. 둘째는 집안사람을 모두 모기에 뜯기지 않게 하여 하인까지라도 모기에 뜯기지 말게 하는 것에 있습니다.

여의(女醫) 유영준, 「개인위생과 사회위생(1) 의학상으로 본 의, 식, 주」, 『조선일보』, 1926년 5월 6일.

우리나라에는 아직까지 위생 사상이 매우 박약하다 할지니, 날마다 먹고 입고 사는—즉 다시 말하면 의식주(衣食住) 이 세 가지를 어떻게 해야 몸이 튼튼하고 즐겁게 잘 살 수 있다는 것을 스스로 의식(意識)하지 못하고 엄벙덤벙 그대로 살게 되니까 사는 사람이 아마 태반이나 된다고 해도 과언은 아닐 것이다. 개인 개인마다 위생을 잘해야 그 사회가 건전하고 화려할 것이요, 따라서 그 국민 전체가 건강하고 그 국가 전체가 화려할 것이다. 그러므로 개인위생이 즉 공중위생이 되며, 사회위생이 되고, 국가위생이 되는 것이니 우리는

---

6) 아랫도리—사람: 지위가 낮은 계급.

무엇보다도 먼저 우리 생활과 직접 관계되는 의식주 세 가지를 위생에 가장 적당케 하기로 힘써야 할 것이다. 이것은 물론 그 개인 자체를 위해서도 반드시 필요한 것이거니와 어언간 공중을 위해 행하는 것이 될 뿐 아니라 반드시 공중을 위해 행해야만 될 것이다. 동서양 어느 나라를 가릴 것 없이 공중위생을 잘하기 위해 그 도시의 설비와 기타 모든 점을 정부에서 먼저 가장 완전히 해 주어야 할 것이며, 개인 개인은 그 범위 안에서 의복, 음식, 주택에 대한 설비를 또한 위생에 적당케 해야 하겠다. 그러면 우리는 여러 사람이 다 같이 잘살고 오래 살고 즐겁게 살기 위해 위생에 주의하자.

1. 의복

의복이라는 것은 첫째로 체온을 조절시켜 주고, 둘째로 피부가 더러워지는 것을 막고, 셋째로 벌레가 쏘고 짐승이 깨물며 몸을 다치지 못하게[外傷])하는 예방이 되고, 넷째로 몸의 더러운 것을 가리기를 목적함이다.

체온이 내렸을 때에는 체내의 산화작용을 증진시키며, 탄산 배설량이 증가하나니 보온력이 적은 의복을 입으면 탄산 배출량이 많아지는 것을 보아서 능히 짐작할 수 있다. 그런고로 의복을 입지 않고 체온을 평균하게 보전하려면 음식물을 많이 섭취해야 된다. 아프리카 야만인들이 옷을 벗고 사는 것은 기후가 더워서 체내의 온도를 체외에서 빼앗아 가지 않는 것도 큰 원인이 되려니와 음식을 많이 먹음으로 인하여 체온을 조절하는 것도 원인의 하나라고 말할 수 있다. 의복을 입고 사는 나라 사람들은 의복이 체온을 보전하는 고로 자연히 음식물을 섭취하는 분량이 벗고 사는 사람들보다 적어지는 것이다. 기온이 11도로 12도 될 때에 1시간의 탄산 배출량은 여름옷을 입으면 28.4그램이요, 겨울옷을 입으면 26.9그램이요, 털옷을 입으면 23.6그램이 된다. 먼저 의복이 체온을 보전하는 작용을 말하자면, 첫째 온기의 방산(放散)하는 것을 막고, 둘째 온기의 전도(傳導)함을 막는 것이니 의복은 피부보다도 조조(粗糙)[7]하여 방산력이 적은 것이다. 피부의 온도 기온이 약 15도가 되었을 때에 나체로는 평균 31.8도요, 의복을 입되 모직 옷을 아랫도리에만 입으면 28.5도요, 거기다 베옷과 셔츠를 더 입으면 24.8도요, 또한 그 위에 사루마다[8]를 입으면 22.4도가 되나니, 이와 같이 의복을 많이 입을수록 표면 온도는 내려가는 것이다. 그리고 무명에 풀을 먹여 의복을 해 입은 것이 만일 그 방산량이 100이라 하면, 찬란한 비단의복은 96.0이요, 세탁한 무명 의복은(풀 안 먹인 것) 116.6이요. 털실 섞인 융 의복은 124.0이요, 비단 메리야스는 124.2요, 털실로 짠 메리야스는 125.3의 비례로 볼 수 있다. (계속)

---

7) 질(質)이 거칠고, 감촉이 꺼칠꺼칠한 것.
8) 일본의 남성용 속바지. 허리에서 허벅지까지 덮는 속옷.

여의(女醫) 유영준, 「개인위생과 사회위생(4) 의학상으로 본 의, 식, 주」, 『조선일보』, 1926년 5월 11일.

　따라서 열과 운동을 일으키는 순환적 단백(循環的蛋白)이 있다. 그리고 식물성 단백과 동물성 단백도 분간해 있는 것이다. 지방은 체내에 들어가면 운동과 열을 일으키며 함수탄소(含水炭素)[9]도 지방과 같이 역시 열과 운동을 일으키는 것이오. 기호품으로 설탕과 술, 후춧가루, 고춧가루 등도 우리가 취하게 되는 것이오. 또한 우리는 밥과 반찬을 따로 취하기도 하고, 혼합해 비빔밥을 만들기도 하며 음식을 만들 때에 빛깔과 쓰는 것이 일정하지 아니하고, 각기 만드는 사람의 성질을 따라 다른 것은 개인 개인의 기호에 맡길 것이요, 별로 어떠한 법을 세워야 될 것은 없다고 생각한다. 음식의 영양량은 아침밥이 20%이면 점심은 46%요, 저녁은 34%의 비례가 되나니 저녁밥은 오래 앉아 천천히 먹는 것이 영양에도 도움이 될 것이다.

　음식의 온도는 자기의 체온과 비슷한 것이 가장 적당하며 너무 덥거나 너무 찬 것은 치아와 소화기를 해하기 쉬우며, 아무리 차다할지라도 10도 이하 더 내려가지 말게 하고 아무리 더울지라도 50도 이상 더 올라가는 것은 좋지 못하며, 향료를 섞어서 음식의 맛을 돋우고 요리할 때에 잘게 썰어서 소화액을 잘 스며들게 하는 것이 마땅하고, 세균이 부착되었을 듯한 것은 잘 삶을 것이요, 그릇은 평면이 좋고 울퉁불퉁한 것은 때가 끼기가 쉬우므로 불가하며, 금속 즉 구리나 놋그릇은 독이 있기 쉬운즉 사시절 사기그릇을 사용하는 것이 위생에 적당하다. 부엌은 넓고 높고 광선이 잘 들어오며 공기의 유통이 잘 되고 더러운 물을 내버리기에 편리하고, 또한 잘 배출되게 설비함이 좋을 것이오. 개인 개인의 음식을 잘 먹고 못 먹는 것은 국민영양에 큰 관계가 있으므로 어떠한 나라든지 정부에서 농업과 어업을 장려시키며, 교통을 편리하게 하고 식료품에 대한 관세를 저감하며 원료를 실비로 국민에 파는 등 백방으로 국민의 편의를 돕는 것이다. 그런데 음식은 조금만 부주의하면 큰 위험이 이르나니 음식에 병균이 들어갔거나 독이 있거나 음식이 부패하였거나 과자 등속에 좋지 못한 채색을 하는 것은 사람에게 큰 해를 미치게 하기 쉽다.

여의(女醫) 유영준, 「개인위생과 사회위생(5) 의학상으로 본 의, 식, 주」, 『조선일보』, 1926년 5월 12일.

　그 다음으로는 주택에 대해 이야기하자. 우리가 일정한 가옥을 정하고 사는 것은 첫째로

---

9) 탄소와 물분자로 이루어진 유기 화합물. 탄수화물의 옛 명칭.

체온을 조절하고, 둘째로 풍우를 침입치 못하게 하며, 셋째로 재산을 보호하는 것이 큰 목적이 될 것이다. 그리고 가옥의 구조를 위생에 적당하게 하고 못함으로 인해 여러 가지 병을 예방하고, 또는 걸리게 하나니 가옥 그 물건을 잘못 지음으로 말미암아 류마티스, 감기, 신장염, 결핵, 어린아이 콜레라, 기타 전염병을 발하기 쉽다. 시가지의 설치는 아무쪼록 높은 터를 택하며, 도로 좌우에 나무를 심고 개울을 파서 맑은 물이 흐르게 할 것이며, 적당한 위치에 공원을 설치하고 화초를 배양해 눈을 즐겁게 할 것이오. 도로에 공동수도를 놓아 길 가던 사람으로 하여금 자유롭게 쓰게 하고, 아동의 유희장, 부인들의 유희장 같은 것도 특별 시설을 하는 것이 좋을 것이다. 도로를 만드는 방식은 혹은 방선식(放線式) 혹은 삼각식 혹은 직각식으로 각 나라의 방침이 다르니, 프랑스 파리성이나 중국 다롄 등지의 시가 도로는 방선식이라 할 수 있고, 경성 시내의 시가 도로는 장차 직각식이 되려는 모양이다. 인도 폭은 도폭(道幅)의 10분의 4가량을 하는 것이 되며, 나머지 10분의 6은 차도로 사용할 것이요, 전차, 마차, 자동차, 인력거가 연락 부절할지라도 조금도 먼지가 일어나지 않게 해야 할지니 먼지가 일어나는 비례를 보면 아스팔트 1.0, 나무로 만든 길은 2.5, 석도(石道)는 5.0, 머캐덤[10]은 12.0이다. 위생에 적당하게 우리가 가옥을 건축하려면 무엇보다도 먼저 튼튼하게 하기를 힘쓸 것이요, 토지가 건조하고 청결하며 넓고 높은 기지 위에 짓는 것이 좋을 터이고, 겨울에는 따뜻하고 여름에는 서늘하게 할 것이며, 선선한 공기가 잘 들어오고 광선을 잘 받아들이게 해야 하겠고, 가옥 건축지의 3분의 1일은 공지로 두어야 할 것이다. 그리고 집을 크게 짓고, 여러 가족이 함께 모여 사는 것은 매우 해로우니 결핵, 재귀열(再歸熱), 성홍열, 기타 전염병을 발생하기 쉬운 고로 조금만큼씩 여러 개를 지어 부부 본위로 따로 갈라사는 것이 위생에도 적당하고, 의견 충돌이 되지 않아 화평하고 원만하게 살 수 있을 것이다. 집을 너무 높게 지으면 온도를 조절하기 곤란해서 혹은 유산(流産)이 되는 폐해가 있고, 어린아이 콜레라가 발생되기 쉽고, 또는 죽은 아이를 낳는 일까지도 있은즉 아무리 문화생활을 한다 해도 5층 이상 더 짓지 말 것이요, 객실은 북편으로 하고 침실과 일상 사용하는 방은 남향으로 하게 할 것이다.

여의(女醫) 유영준, 「개인위생과 사회위생(5)[11] 의학상으로 본 의, 식, 주」, 『조선일보』, 1926년 5월 15일.

벽은 대개 돌, 벽돌, 나무, 쇠, 진흙을 사용하나니 각각 거기에 대한 특장[12]이 있는 것이

---

10) macadam: 머캐덤 도로(쇄석을 깐 포장도로).
11) 연재 순번으로는 (6)이 맞음.
12) 특장(特長): 특별한 장점.

며, 방안은 아무쪼록 저절로 공기 유통이 되도록 할 것이요, 일부러 문을 열어놓거나 창을 열어야만 환기가 되게 해서는 안 될 것이다. 그리고 방이 얼른 더웠다 찼다 해서는 위생에 좋지 못하니 광선을 잘 받아들이고 잘못 받아들이는 관계와 또는 광선을 흡수하였다가 해만 지면 즉시 온도가 변하는 것이 있으니 이 점에 주의해야 하겠다. 온도를 전하는 비례는 공기가 정지되어 흔들리지 않을 때는 0.04요, 나무는 0.1~0.2, 돌은 2~4, 납은 14, 철은 28, 동은 69이다. 벽을 바르는 재료를 말하려면 여러 가지가 있으니, 석회로 바르는 것이 가장 위생적이라 하겠고, 백로지[13]에 풀칠을 해 바르는 것은 균을 발육하는 데 도움이 되는 고로 매우 좋지 못하며 기름을 먹여서 만든 종이는 통기성(通氣性)이 좋지 못하고, 비소지(砒素紙)는 독이 있으며 벽 빛은 살균하는 힘을 가진 것이라야 하겠으니, 예를 들어 말하면 모기가 알을 까지 못하게 하는 빛 같은 것을 이름이다. 지붕은 우로[14]를 막으며 태양을 직사하지 못하게 하는 것이 원래 목적이지마는, 지붕으로 말미암아 방 안의 온도를 잃지 않고 또는 환기가 잘 될 것을 하는 것이 좋다. 그리고 온도를 얼른 전하는—다시 말하면 양철 지붕과 같이 햇볕이 나면 금세 쩔쩔 끓다가 해가 지면 금세 싸늘해져서 겨울에는 몹시 춥고 여름에는 몹시 더운 것은 좋지 못하며, 지붕으로 가장 적당한 것은 짚이니 농가에서 짚으로 지붕을 해 덮는 것은 무엇보다도 이상적이라 하겠다. 그 다음은 나무 지붕이요, 금속은 부적당하며 그중에도 금속에 검은 칠을 하거나 기름을 먹인 것은 매우 해롭다. 천정 속에는 쥐와 균을 번식치 못하도록 해야 할 것이다.

「보는 대로 듯는 대로 생각나는 대로…망중한인」, 『동아일보』, 1926년 7월 7일.

'파리'와 '모기'

바야흐로 여름이 깊어 간다. 심상[15]하고 무서운 파리[蠅]와 하잘것없고도 괘씸한 모기[蚊]의 전성시대가 왔다. 밥상을 대하면 숟가락 들기 전에 먼저 밥을 뺏은 놈은 파리란 놈이다. 심하면 똥까지 싸고도 시치미를 떼고 날아가지마는, 그보다도 더 무서운 것은 그 더러운 발가락 터리[16]에 감추어 둔 무서운 병균을 털어놓는 것이다. 더워서 옷만 벗으면 달려들어 피를 빨아먹는 놈은 모기란 놈이다. 먹고는 반드시 의산(蟻酸)[17] 주사까지 놓아 가렵

---

13) 白露紙: 품질이 낮은 서양식 종이의 하나.
14) 우로(雨露).
15) 심상(尋常): 보통이어서 중요하게 여길 만하지 않고 예사로움.
16) '털'의 방언.
17) 포름산. 원문에는 '의산(蛾酸)'으로 표기되어 있으나, '의산(蟻酸)'이 맞을 듯함.

게 하고, 화나게 하지마는, 그보다 더 괘씸한 것은 '학질'이란 무서운 병독을 전염시키는 것이다.

남의 '밥'을 빼앗아 먹고도 도리어 병균을 주며, 남의 '피'를 빨아 먹고도 도리어 병독을 주는 괘씸한 파리와 얄미운 모기! 칼로 목을 자를 수도 없고 주먹으로 뺨을 때릴 수도 없고…… 이놈을 어떻게 하면 처치할까! 이것들이 만일 미물이 아니고 고등 동물이었다면, 이것들이 만일 사람보다 약하지 않고 강한 놈이었다면, 이렇게 전성하도록 버려두지 아니할 것이다.

물[水災]과 불[火災]도 사람의 생명을 위협하며 파리와 모기까지도 사람을 괴롭게 한다. 밤새도록 방황하다가 볕 좋은 담벼락 밑에서 한숨 자려는 거지에게는 이 파리의 위협이 더욱 크며, 해가 지도록 날품을 팔다가 '모기장' 없이 선선하게 자려는 오막살이 살림에는 이 모기의 위협이 더욱 클 것이다.

「보는 대로 듣는 대로 생각나는 대로…망중한인」, 『동아일보』, 1926년 9월 14일.

'주의'와 '강제'

걸리기만 하면 대번에 죽은 '호열자'가 유행한다. 호랑이보다도 무서운 '구토 설사병'이 필경 조선에도 들어오고야 말았다. 일본에도 호열자! 중국에도 호열자! 이렇게 앞으로 뒤로 위협받는 조선도 필경 사정없는 독균의 침해를 받게 되어 참혹한 소식은 국경 방면의 평북지방으로부터 시작한다.

날것을 먹지 말아라! 생선과 푸성귀 등속을 주의하여라! 하고 관청에서는 극력으로 주의를 시킨다. 이런 주의'는' 얼마든지 좋다. 그 쓸데없는 '주의'들을 한데 모았다가 이런 때에 통틀어 써도 일반 민중은 성가시게 알지 않을 것이다.

예방주사를 넣어라! 주사 증명서가 없이는 통행을 못한다! 하고 관청에서는 강제로 예방주사를 실시한다. 이런 강제'는' 얼마든지 좋다. 사리에 당치도 않은 '강제'를 좀 절약하였다가 이런 때에 한꺼번에 써도 일반 민중은 넉넉히 참을 수 있을 것이다.

그러나 '주의'와 '강제'란 원래 받기가 좋은 것이 아니다. 제 스스로 주의치 않고 제삼자의 주의를 받는다는 것은 일종의 치욕이다. 제 자신이 하고 싶어 하지 않고 제삼자의 강제를 받는다는 것은 일종의 유린이다.

일반 민중은 각자의 귀중한 목숨을 위하여 남의 주의를 받기 전에 주의하라. 일반 민중은 공동생활의 중대한 책임을 위하여 남의 강제가 이르기 전에 할 일을 해나가자.

제 스스로 제 몸을 단속하지 못하고 제 스스로 제 일을 다스리지 못하는 백성은 하잘것

없는 백성이다. 보잘것없는 백성이다. 그리고 가망 없는 백성이다.

「류행성 감모 치료법, 가장 유력한 예방법은 매일 세번 양치질할 것」, 『동아일보』, 1927년 1월 13일.

　해마다 겨울에 감기라는 병이 없는 곳은 없지마는, 유행성 감모(感冒)[18]라 하는 것은 보통 감기와 종류가 다른 것으로 한 번 유행하기 시작하면 수백 수천의 생명을 빼앗는 무서운 전염병입니다. 우리나라에도 9년 전에 맹렬히 유행되어 이 좁은 경성에서만 하루에 80, 90명의 사망자를 낸 것은 아직 우리의 머리 가운데 기억이 새로운 끔찍한 일입니다. 이 무서운 병마가 금년에는 구라파 일대를 엄습[19]하여 현재 무서운 형세로 퍼져 나가는 중에 있고, 일본에서도 유행성 감기가 유행되어 많은 생명을 위협하고 있다고 합니다.
　아직도 겨울이 많이 남았고, 바다 하나를 격한 일본에서 유행되는 것이니 언제 조선에 올지 모르는 것이니 우리는 미리부터 예방법과 치료법을 잘 알아둘 필요가 있습니다.
　1. 예방법
　평상시에 일반 건강 상태를 잘 보전해 두면 아무리 전염병이 유행하더라도 겁낼 것이 없습니다. 일반 건강 상태를 잘 보전하려면 위장(胃腸)을 정돈시켜야 합니다. 음식이 체하거나 속이 거북한 때에 흔히 감기가 듭니다. 그러므로 감기 아니 들게 하는 예방법의 하나는 음식을 적당히 먹어 위장을 정돈시키는 데 있습니다. 다음에는 잠을 잘 잘 것입니다. 잠을 부족하게 자면 등이 으스스 춥고, 머리가 아프니 유행성 감모의 병균은 이러한 때를 엿보아 우리의 몸으로 들어갑니다. 유행성 감모는 '인플루엔자 박테리아'의 침입으로 되는 병인데, 이 병균은 먼지 가운데 섞여 날아다닙니다. 그러므로 먼지를 입에 못 들어가게 하는 것이 가장 유리한 예방법입니다. 먼지를 먹지 아니하려면 거처를 깨끗이 하는 것은 물론이요, 밖에 나가 다닐 때에는 '마스크'를 입과 코에 씌우는 것이 좋습니다. 이 병자가 집안에 생길 때에는 성한 사람과 거처, 음식을 반드시 따로 할 것이니, 따로 하더라도 집안에 한 사람이 생기면 흔히는 온 집안 식구가 모두 앓게 되는 것입니다. 최근에 독일에서 실험한 결과 가장 유력한 예방법은 하루 세 번 소독약으로 양치질을 하는 데 있다고 합니다.
　2. 치료법
　의사가 이 병을 치료할 때에는 보통 '아스피린' '사르칠'산(酸) 소다[曹達],[20] '키니네'와

---

18) 감기.
19) 엄습(掩襲): 적군 따위가 갑자기 들이닥치거나 덮침.
20) 나트륨이나 나트륨 화합물을 일반적으로 부르는 이름. 원문의 사르칠산 소다는 살리실산 소다로 보이

같은 해열제를 복용시킵니다. 최근에 독일에서 발표한 바에 의지컨대 회복기 혈청(血淸)을 주사하면 특효가 있다고 합니다. 회복기 혈청이라 하는 것은 회복기에 있는 유행성 감모 환자의 피에서 뺀 혈청을 가리켜 말합니다. 기타 가정 치료법으로는 따뜻한 자리에 고요히 누워있어 끓는 물에 위스키 혹은 뿌란데를 타서 가끔 마시게 할 것입니다.

「사설-조선인과 위생, 악선전의 일례」, 『동아일보』, 1927년 2월 1일.

1

조선총독부 관리가 조선 사정이나 조선 인심에 관하여 자기네의 지위 보존상 또는 자기네의 공적을 자랑하기 위하여 사실과 전연 위반되는 선전을 내외에 함부로 하여 세인(世人)으로 하여금 조선을 실상 그대로 인식시키지 않을 뿐 아니라 조선인에게 불쾌한 감정을 격발(激發)시키는 일이 적지 않지마는, 위생에 관한 일부 일본인 악선전도 그릇된 선전 중 하나라고 할 것이다. 즉 상당한 책임 있는 자로도 조선인의 위생 상태를 말하는 중에 이러한 말을 흔히 한다. 조선인은 위생 사상이 유치하므로 그 불결한 것을 관변에서 간섭하였더니 그것에 반감을 많이 가졌었다. 그리하여 그 반감이 3 · 1운동의 한 중대한 원인이었다고, 심한 자는 조선인은 청결을 싫어하고 불결한 습관을 좋아한다고까지 악담을 하는 자가 있다.

2

이와 같이 말하는 자들의 관찰이 그릇되었다는 것을 말하기 전에 우리는 먼저 조선인의 위생 상태를 실상 그대로 들어볼 필요가 있다. 현금 조선인의 위생 상태가 일반적으로 일본인에 비하여 미급한 바가 있는 것은 사실이다. 단 이것도 일본에 보통교육이 보급된 이후의 일본에 비교하여 하는 말이다. 그러므로 우리는 현재 조선인의 위생 상태가 일본인에 미급하다는 것은 그 원인이 오직 교육의 미보급에 있다는 것을 단언한다. 다시 조선인의 중류 이상 생활 정도자는 결코 일본인 중류 이상 생활 정도자에 비하여 더욱이 그 교육 정도가 대등되는 조선인 중의 위생 상태는 결코 일본인에게 손색이 없는 것으로 보아서도 이것이 증명되는 줄 믿는다. 그러므로 세계 중 위생이 으뜸이 간다고 자랑하는 일본인에 비하여 이러한 조선인은 세계적으로 보아서 위생적 열등의 민족이 아닌 것을 명언(明言)할 수 있다. 물론 그 수의 비례로 보면 중산계급의 수가 적고 교육이 보급되지 못한 조선 민족인 고로 일본 민족에 비하여 미급한 바가 있다는 것은 우리도 이를 인정하는 바이나, 그러

는데, 이는 살리실산에 있는 카복시기의 수소가 나트륨으로 치환된 화합물이다. 무색의 고체로, 물에 잘 녹는다. 해열제, 진통제, 여러 가지 보존용 약품으로 쓴다.

나 이것은 그 원인이 교육에 있는 것이요, 민족성에 있는 것은 아니다.

　3

　그런데 조선총독부 관리는 이것을 잘못 알고 그러는지 또는 알면서도 고의로 그러는지 그것은 우리가 관지(關知)할 바가 못 되거니와 여하간 악선전을 하는 것만은 사실인 듯하다. 지방에 있어서 농민에게 관헌이 청결 시에 가하는 폭행을 불평 중 하나로 많이 말하는 것을 듣고 영리한 조선총독부 관리들은 이것은 조선인이 불결한 습관을 버리기 좋아하지 않는데, 헌병이나 경관이 강제로 시키는 고로 반감을 가지는 것이라고 해석을 붙인다. 그리하여 조선 민족이 위생상으로 보아서도 유치한 민족이라는 것을 표시한다. 또 다시 말하면 지방 농민이 불평 중 하나로 청결에 언탁(言託)하고 매년 몇 차씩 정기 또는 부정기적으로 농민에게 가하는 구타와 모욕은 다른 기회에 있어서 헌병이나 경관이 인민을 억압 멸시하는 정도 이상으로 농민의 감정을 상한 결과 그 청결법에까지 반감을 가지게 된 것을 알고도 그러는지, 알지 못하고 그러는지 알 수 없으나 이것을 가리켜서 조선 민족은 청결을 싫어하는 민족이라고 패를 붙인다. 우리는 위정자가 자기네의 정책을 옹호하기 위하여는 수단을 가리지 않는 것이 많이 있는 사실이니 요만한 것을 별로 문젯거리로 삼고 싶지 않지마는, 이러한 역선전, 악선전이 널리 외국에까지 전파되는 경향이 있는 데에 대하여는 그 관리자의 양심을 의심하는 동시에, 이와 같이 명료하고 평범한 일에까지 속는 인사가 있다는 데는 놀라지 않을 수 없다.

의사 방규환, 「사회와 가정에 대한 외과적 위생」, 『조선일보』, 1927년 3월 25일.

　1. 사회에 대한 외과적 위생. 번잡한 도회지로부터 향촌에 이르기까지 일반 교통기관과 거주하는 건축물과 우리 생활상에 필요한 전기와 가스 등 기타 설비의 완전 여부를 따라 민중의 육체 활동에 행복을 조종할 수 있으니, 다시 말하면 공중에 비행기가 있고 땅에 기차, 전차, 자동차 기타 교통기관이 설비되어 있는 20세기 현 시대에 있어서 도회는 번잡한 데 비례해 교통기관이 불완전하면 우리 육체 활동상 불행이 날로 심하고 도저히 안락한 생활을 도모할 수 없을 것이다. 가령 예를 들어 말하자면 조선에서 표준 되는 경성과 같은 도회로 볼진대 비록 수십 년 전 도로 형식에 비하면 괄목시 할만큼 개정되었다 할 수도 있겠지마는, 우리의 활동상 충분한 만족을 주어야 할 이 대도회지에서 아직까지 처처의 교통 도로가 불완전하기 짝이 없어 해마다 6, 7월경 장마 때에는 그 곤란을 형언키 어려우니 한강 연변 특별히 이촌동과 같은 곳은 제방(堤防)이 불완전함으로 말미암아 홍수가 침입해 다수한 가옥이 무너지고 수많은 생명을 잃게 되며 수많은 불구자를 내게 되는 것은 우리

가 익히 보는 바이다. 시내에도 청계천 좌우편 도로에는 실로 통행인의 막대한 불편을 느끼게 해 차마[21]가 충돌하며, 겨울에는 빙판이 져서 어린아이들이 미끄러 떨어지고, 자칫 잘못하면 인력거가 떨어지고 밤길 걷는 이들이 실족해 타박상 혹은 골절 뇌진탕과 같은 위험한 고장을 일으키는 일이 비일비재한 것이다. 그러므로 우리는 도회의 번잡한 데 따라서 모든 설비가 완성되기를 바라야 할 것이요, 만약 도시의 교통 설비가 불완전하다면 우리는 이 번잡한 도시 생활에 극히 주의할 점이 많은 것이다. 즉 도로를 통행하는 규칙과 전차나 기타 교통기관의 통행하는 방향과 시간상에 주의해 우리 육체에 악착한[22] 고장이 발생되지 않도록 주의해야 할 것이니, 전차나 자동차 내왕에 부주의하고 도로를 횡단하든지 혹은 인도를 내어두고 차마의 통행 도로로 걸어가다가 충돌되어 상처를 받으며, 기타 4,5세 혹은 6,7세의 아동이 부모의 부주의로 거리에 내어놓아 길에서 방황하다가 차마 눈으로 볼 수 없는 참극을 연출하는 일이 많은즉 이러한 일은 반드시 각 가정, 각 개인이 깊이 주의해야 할 것이다.

의사 방규환, 「사회와 가정에 대한 외과적 위생(2)」, 『조선일보』, 1927년 3월 26일.

그리고 가옥 건축에 관한 온돌, 전기, 가스 등 여러 가지 설비에 많이 주의해 신문지상에 자주 자주 보도되는 바와 같은 각양각색의 불행을 예방해야 할 것이올시다. 기타 사회적 관념으로 관찰할 점은 있어도 안 되고 없어도 안 될 화류계라 할지니, 화류계에는 화류병 즉 매독, 임질 그 밖에 형형색색의 질병이 전파되어 직접 혹은 간접으로 우리에게 해독을 끼쳐 한 사람의 몸을 망하게 할 뿐 아니라 그 불행이 처자에게 미치고, 심하여는 대대손손이 유전하는 지경에까지 이르며, 그로 말미암아 한 가족, 한 사회가 멸망하게 되는 것이다. 경성 시내로만 말할지라도 이러한 추악한 질병에 걸려 날마다 무쌍한 고통에 부대끼는 이의 수효를 몇 천, 몇 만으로 헤아릴 수 있을 것이니 과연 무엇보다도 먼저 주의하지 않을 수 없을 것이다.

2. 가정에 대한 외관적 위생. 조선에 수부[23]되는 경성을 표준삼아 말할진대 호수가 6만여, 인구가 30만 이상을 점령하지마는, 병원과 의원의 수가 합해 50,60에 불과하며 날마다 병원을 찾아오는 환자의 수가 총독부 의원, 세브란스 병원, 적십자병원 같은 큰 병원에는 일본사람까지 해야 한 병원에 백여 명가량 되고, 개인병원에는 매일 평균 10여 인 혹은

---

21) 차마(車馬).
22) 악착齷齪한: 아주 끈질기고 모진.
23) 수부(首府).

20인에 지나지 못하니 전 인구와 병원에 오는 환자 수를 비교하면, 조선 사람은 거의 다 건강한 신체를 가졌다고 할 수 있겠지마는, 실지 내용을 조사하면 환자의 수효는 다른 나라에 비교해 몇 배나 많되 병이 발생되는 즉각으로 의사를 찾는 이가 적은 까닭이라 하겠다. 그러므로 의사들 사이에는 종종 이러한 말을 서로 들을 수 있다. 서양 사람은 자동차를 타고 병원에 달려와서 의사에게 진찰을 받을 때에 의사가 병의 발생되던 시초를 물으면 그들은 몇 시간 전부터 그렇다는 대답을 하고, 일본사람은 인력거를 타고 달려와서 의사에게 진찰을 받을 때에 역시 그 병이 발생된 때를 물으면 수일 전부터 그렇다 하고, 조선 사람은 10여 일 전 혹은 1개월 전, 심하게는 수개월 전부터 그렇다는 대답을 하는 것이 상례이다. 필자가 10여 년 동안 의사 생활에 경험한 바를 비춰볼지라도 가령 손발이나 또는 구간(軀幹)[24]에 종저가 생기면 그것을 조선 고약이나 기타 상약(常藥)[25]으로 치료를 해 다행히 얼른 낳으면 좋되, 그렇지 못하고 그것이 덧나기 시작하면 그로 말미암아 생명을 버리는 지경에까지 이르는 것을 흔히 발견하는 것이다. 그것은 첫째로 치료할 시기를 놓치고, 둘째로 치료하는 방법을 그릇치는 까닭이니 작은 병으로 인해 마침내 생명까지 버리는 것은 이 얼마나 어리석은 이요, 또한 애석한 이랴? 그러므로 병이 들기만 하면 집에서 서투르게 치료에 착수하지 말고 곧 전문의사의 진찰을 받아야 할 것이다.

「정결한 부엌은 건강의 첫거름, 음식 그릇과 행주는 물론이오, 박아지와 도마와 선반 위까지, 남김없이 다 깨끗하게」, 『동아일보』, 1927년 7월 16일.

한 가정의 건강의 원천인 부엌의 위생은 한 가정 사람들이 모두 연구 고려치 아니하면 아니 될 문제이지만, 더구나 그 가정의 주부 된 사람에 있어서는 누구보다도 책임이 중하다고 아니 할 수 없습니다.

부엌은 남향이나 동향이면 더 말할 것도 없이 좋습니다마는, 오늘날 우리 조선사회의 일반 사정을 비추어보아 그런 주문만 하고 있을 수는 없는 사정이니 대관절 어떤 편으로 향해있든지 그는 불문하고 주부 자신의 손으로 부엌을 위생적으로 정리하였으면 좋겠다는 것입니다.

쥐를 없이 하라

우리 조선 가정의 어떤 부엌을 보든지 쥐가 많이 왕래합니다. 이와 같이 쥐가 많이 왕래하게 되는 것은 다른 것이 아니라 우리 가정에서는 대개 저녁을 밤늦게 지어 먹습니다. 저녁이 늦음을 따라 부엌이 어두우니 설거지 같은 것이나 음식물 같은 것을 잘 치우지 아니

---

24) 몸통.
25) 주로 가정이나 개인의 경험에 따라 만들어 쓰는 약.

하는 고로 쥐가 많이 끓게 됩니다. 쥐를 없애는 방법으로는 밤의 부엌의 정리를 할 때에 음식물 같은 것을 잘 거두어 두어야 합니다. 그리고 쥐가 드나드는 곳에 쥐덫 같은 것을 장치하는 것이 좋습니다. 그리하면 얼마 되지 아니하여 쥐의 그림자도 보기 어렵게 됩니다.

바가지를 청결히

우리 조선 가정에서는 어떤 가정을 물론하고 다 바가지를 씁니다. 그런데 바가지를 쓴다음에 대개는 그대로 어떤 곳이든지 내버려 뒀다가 쓸 때에 그대로 찾아 씁니다. 이는 대단히 위험한 일입니다. 종일 축축한 채로 두면 곰팡이도 나기 쉽고 심지어 썩기까지도 합니다. 썼으면[26] 자연히 파리 같은 것이 그곳에다가 '쉬'[27]같은 것을 뿌리기 쉬우니 얼마나 위험한 일입니까. 그런고로 조석이 끝나면 반드시 솔로 닦아서 볕에 말려야 됩니다. 그리하면 바가지 빛도 변치 아니하고 위험한 일도 없습니다. 더구나 요새같이 연일 볕 빛을 보지 못하게 되는 장마 때에는 더 주의가 필요합니다. 볕에 말리지 못하는 대신 쓴 다음에 잘 닦아서 밥이나 국밥 지어 먹는 솥전[28] 더구니[29] 같은 데다가 말리는 것이 좋습니다. 바가지가 썩을 염려가 있는 때에는 불에다 잠시 쪼여서 말리는 것도 좋습니다. 또는 때로 끓는 물에다 넣어서 소독하는 것도 좋습니다.

행주를 자주 빨라

행주는 식기를 닦는 수건입니다. 그런 데도 불구하고 보기에도 끔찍한 것을 무심히 쓰는 가정이 많습니다. 이것 역시 위험천만의 일입니다. 안심하고 쓰게 하려면 매일 저녁밥 후에 부엌을 정결히 할 때에 비누를 물에 타가지고 한 번 끓여서 빨아 쓰는 것이 좋습니다. 그리하면 해질 때까지 깨끗하게 쓸 수 있습니다. 만일 바빠서 매일 삶아 빨 수가 없을 때는 뜨거운 물에다가 붕사(硼砂)를 타서 빨고 일주일에 한 번씩은 비누를 풀어서 삶아야 합니다.

선반을 끓는 물로

부엌에 맨 선반을 때로 끓인 물로 닦아야 합니다. 그대로 두면 음식 같은 것이 떨어져서 불결하기 쉽습니다. 닦은 다음에 축축하거든 숯 부스러기를 그대로 담아다가 올려놓으면 습기가 없어집니다.

도마를 깨끗이

조석으로 여러 가지를 써는 도마를 깨끗하게 하여야 합니다. 때때로 비누를 끓인 물에 타서 솔로 닦습니다. 나중에 맑은 물로 씻어서 말립니다.

식기를 닦는 법

---

26) '썩으면'의 오식으로 보임.
27) 파리의 알.
28) 솥이 부뚜막에 걸리도록 솥의 바깥 중턱에 둘러댄, 가장자리가 조금 넓적하고 평평한 부분.
29) 전-더구니: '전'을 속되게 이르는 말.

우리가 삼시로 쓰는 식기는 하루 한 번씩은 비눗물에 끓이거나 그것이 불편한 때에는 그대로라도 솥에다가 넣은 후 끓여 써야 합니다.

이상 말한 바와 같이 부엌을 정리하면 파리 같은 것도 별로 꼬이지 않습니다. 그래도 파리가 다소 꼬이는 때에는 파리통을 한 개 혹은 두 개쯤 놓으면 좋을 줄 압니다. 이와 같이하면 우리의 부엌은 그래도 진보하였다고 할 수 있고, 따라서 우리의 건강도 얼마쯤 증진하여 갈 것입니다. (끝)

「민중 보건 문제에 대한 의학계 제씨의 관견, 건강을 얻는 비결과 방식은 여하」, 『조선일보』, 1928년 1월 2일.

> 인생의 모든 활동이 건강을 제하고는 말할 수 없다. 흉중에 경천동지의 대 포부가 있을지라도 안색이 창백하고 병석에 신음하는 몸이 되면, 도저히 그 실현을 기할 수 없을 것이다. 그런데 조선인 같이 경제상 질곡을 받는 사람들로는 상당한 영양을 섭취하고 상당한 운동을 해 개인의 건강 내지 민족 보건 문제는 극난한 처지에 있다. 가도에 내왕하는 백의인의 창백한 안색을 볼 때에, 농촌 자녀의 사망률이 현저히 증가한다는 말을 들을 때에, 우리는 이 민족 보건 문제를 앞에 놓고 어떤 송연한 전율을 느끼는 동시에 궐연히[30] 이 대책을 위해 분투하지 않으면 안 되겠다. 이 당면 문제를 앞에 놓고 일상에 민중 보건 문제에 온축이 깊은 행림계(杏林界)[31] 제씨의 고견을 들었으니 이것이 이 중대 문제 해결에 일조가 된다면 행심(幸甚)[32]이다. (일 기자)

독일 의학박사 이갑수(李甲秀), 「규칙 생활, 이것이 건강 비결」.

건강! 즉 우리 신체의 건전은 인류사회에서 가장 무엇보다도 제일 필요로 느낍니다. 간단히 말하자면 1만 성사(成事)의 어미가 될 것입니다. 황금으로도 살 수 없는 무형적 보물인 이 건강을 어찌 유지할까? 하는 것이 일대 난문제일까 생각합니다. (중략) 우리도 항상 규칙적으로 생활을 계속해 평소부터 육체를 근본적으로 조련시켜야 체내 세포 조직의 발

---

30) 매우 기운이 가득하고 힘차게.
31) 행림계: 의원들에 관계되는 사회.
32) 매우 다행.

육이 촉진될 뿐 아니라 체질의 저항력이 강대해져— 건강을 유지할 수 있습니다. 말하자면 우리의 생활상 4대 요무(要務)인 노동, 운동, 휴식 및 수면을 일정한 시간에 일정한 한도로 적당히 해야 할 것이며, 생활상 3대 요건인 의복, 음식, 주택에 대해 일체 청결히 하는 동시에 일정한 조절을 행해야 합니다. 이상에 말한 바 노동, 운동, 휴식, 수면 및 의식주 중에서 1가지라도 부족하거나 또는 과도한 때에는 우리 육체상 생활력의 균형이 실조(失調)되어 결국 건강을 해롭게 하며 따라 질병을 발생케 하는 것입니다. 그러므로 적당히 육체적으로나 정신적으로나 노동하며, 적당히 운동 또는 산책하며, 적당히 휴식하며, 적당히 수면하며, 매일 일정한 시간에 식사해야 할 것입니다. 즉 1일은 24시간이므로 8시간은 노동하고 8시간은 취침하고 6시간은 휴식하고 약 2시간 동안은 운동하거나 또는 산책해야 할 것입니다. 이와 같이 엄격한 규칙적 생활을 실행하는 동시에 의식주에 대한 청결을 힘써 각종 병원균의 침입 또는 전염을 방어하면 자연 우리는 항상 건강한 신체를 유지할 수 있습니다. 이렇다고 절대로 질병이 발생치 아니하고 종신토록 건강할 것이냐고 반론이 없지 아니할 것이나, 적어도 우리의 건강 비율이 한층 증가할 것은 명백한 사실입니다. (후략)

의학박사 윤치형, 「예방협회, 빈민엔 건강보험」.

건강을 증진함에는 병을 치료해 건강을 회복케 하는 것(소극적)과 병의 침습을 미연에 예방하고 체력을 강장케 해 병의 침습을 받더라도 발병치 않게 하는 것이 즉 예방의학(적극적)과 또 병이 발생되더라도 치명적 병이 안 되게 하는 것이 즉 환언하면 경증으로 경과케 하는 것이 좋을 줄 압니다. 그리고 건강 증진의 실시 방법에 있어서는 여러 가지가 있으나 나는 대개 다음의 여러 조건을 주장해서 건강 증진의 운동을 하였으면 합니다.

1. 급성 전염병에 대해서는 다언을 불요하고, 법규를 두어 주치 의사의 지도를 따를 것
1. 만성 전염병 예방협회를 설치할 것(결핵병, 화류병, 나병 등)
1. 위생 사상을 보급시키는 기관을 설치할 것
1. 일반 빈민 계급을 위해 건강보험회사 등을 설립케 할 것

독일 의학박사 이성용, 「소아 건강, 성인보다도 급무」.

건강을 증진하려면 무엇보다도 생활을 개선해야 하겠으나 우리의 현재 생활이 생활인만

큼 급격하게 생활을 개선할 수는 없으니 가급적 범위에서 위생에 주의를 하였으면 합니다.

그리고 우리나라 사람의 사망률 중에 아동의 사망률이 제일 많은 듯한데, 불건강한 성인을 건강케 하려고 애쓰느니보다는 소아를 건전히 양육해서 건전한 성인을 만드는 것이 좋을 듯합니다.

그리고 우리나라 사람은 병이 발생해도 돈이 없어서 그것을 완전히 치료치를 못하니까 무슨 간이보험회사 같은 것을 설립해 어려운 사람의 병을 치료할 기관을 만드는 것이 좋겠으며, 민족 보건을 위해 무슨 민족적 영양연구소 같은 것을 설립하였으면 합니다.

의학사 유홍종, 「금과오조, 건강의 좌우명도」.

건강 증진법에 대해 나는
1. 의식주를 인체 생리에 합치케 할 것
2. 심신 사용을 규칙적으로 할 것.
3. 운동은 건강 증진의 제일방이 되므로 일생을 두고 힘써 행할 것.
4. 수면과 식사 시간을 귀중히 알고 준수할 것.
5. 정신 수양을 병행할 것

등의 5개 조건을 제창합니다마는, 그 세세한 내용은 다 생략하겠으며, 끝으로 이 사람이 항상 심신 건강 증진법의 표어적 좌우명이라 할 만한 한 가지 말씀을 드리고자 합니다. 신수(身守) 위생(衛生)하고 심행(心行) 이도(理道)해 전의(專意) 사업(事業)하라.

닥터 홍석후, 「비(鼻)의 위생, 코감기가 위험」.

나는 나의 전문인 이비인후과 중에 특히 코에 대해서 말하고자 합니다.

우리나라 사람들은 대개 감기를 우습게 여기는 중에 더한층 코의 감기를 아주 우습게 생각하는 것 같습니다. 그러나 코감기는 감기 중에 제일 많은 것이며, 따라서 몸 감기보다 중하면 중하지 결코 아주 우습게 여길 그런 가벼운 병은 아닙니다. 그런데 코감기라는 것은 호흡기가 불결한 데 겸해 몸이 허약할 때에 콧속에 있는 세균이 발동해 생기는 것인데, 코감기가 한번 들면 전신(全身)에 영향이 미치게 되며, 마침내는 뇌에까지 침범해 항상 불유쾌, 비관, 우울병 등이 생겨서 감각이 극도로 둔해지므로 완전한 건강을 보합(保合)하려면, 청결하고 건강한 코를 가져야 하겠습니다. 입으로써는 소화병을 일으키고 코로써는 호흡기

병이 생기기 쉬운 것이며, 따라서 코의 질병이 인체에 미치는 영향은 막대한 것이니까 건강을 증진하려면 특히 코에 대한 위생을 항상 주의해야 하겠습니다.

닥터 오긍선, 「예방 의학, 전염병 예방책」.

나는 특히 전염병에 대해 말하고자 합니다. 전염병은 대개 진개, 음료수, 식물 등을 매개물로 해 발생되는 것이므로 그것을 미리 방비하려면 적어도 다음 세 가지 주의가 필요합니다.

1. 진개(塵芥)

항상 방의 먼지를 잘 터십시오. 세균이 오는 불결 공기를 마시면 감기나 폐결핵에 걸리기 쉬운 것입니다.

2. 음료수

음료수는 보건상 가장 주요한 요소인 고로 항상 주밀(周密)한 주의를 해야 하겠습니다. 불결한 물을 마시면 장티푸스, 콜레라, 이질 등의 무서운 병이 걸리기 쉬우니까요. 그렇기에 향촌 같은 데에서는 특히 물을 끓여 잡수십시오.

3. 식물(食物)

식물은 구강으로 장위(腸胃)에 들어가 직접 전염되는 것이므로 불결한 음식을 절대로 섭취치 말아야 하겠습니다. 예를 들면 우유 같은 것도 결핵이 있는 어미소에서 짠 것[乳]이면은 그것이 금방에 전염되는 것이니까요. 그런데 끝으로 말씀할 것은, 조선사람들은 일반이 전염병에 걸려서 그것이 세상에 소문이 나면 곧 순화병원으로 가게 되어 사망하는 줄만 알고 절대로 병난 것을 숨겨서 병을 더하게 하는 악풍이 있는 듯합니다마는, 그것은 좋지 못한 일인 줄 압니다. 아무리 혹독한 전염병이라도 순화병원에 가지 않고 자택에서 의사에게 치료받을 수가 있으니까요. 그리고 대체 전염병의 세균이라는 것은 섭생을 잘해서 신체가 강건한 사람에게는 감히 침범을 못하는 것이며, 어쩌다가 침범한다 하더라도 하등의 발작을 못하고 그대로 죽어 버립니다. 그러나 섭생을 부주의해서 원기가 쇠약해진 신체에는 금방에 병균이 침범한 그것입니다. 우리의 주위에는 어디든지 병균이 가득한 공기가 항상 따라다니는 것이니까요. 그리고 현금 의학은 치료 의학이라 할 수 있으나 장래에는 반드시 예방 의학이 될 줄 압니다. 따라서 병이 발생한 뒤에 고치려고 애쓰는 이보다는 병이 나기 전부터 예방에 노력하는 것이 건강에 큰 도움이 될 줄 압니다.

경대(京大) 생리학실 이갑수(李甲洙), 「운동 당적,[33] 식후 냉수를 권면」.

나는 건강 증진법에 대해 특히 아래의 3가지를 말하고자 합니다.

1. 운동에 대해

일반으로 건강을 증진하고 신체의 강건을 보지하려면 무엇보다도 운동을 하는 것이 좋다 하여도 운동을 하는 것이 좋다 하여[34] 너나 할 것 없이 함부로 운동을 장려하는 것 같습니다마는, 나는 아무리 운동이 신체에 좋다 하더라도 그것이 그 사람의 진정 취미에 적합한 운동이 아니면 유익이 되기는커녕 도리어 막대한 해가 된다는 것을 말하고 싶습니다. 그러니까 마음에 싫은 운동을 몸에 좋다고 함부로 권하는 것은 적지 않은 폐단일까 합니다. 그리고 특히 도회지에 사는 사람으로서는 항상 유쾌한 운동-특히 교외 운동 같은 것을 하고 상당한 자양물을 섭취하는 것이 매우 필요한 것입니다.

2. 한약에 대해

서양에 양약이 있고, 동양에 특히 조선의 한약이 있는 것은 동서양의 대조적이라고 볼 수 있습니다. 그러나 한약은 한낱 오랜 역사의 경험으로만 지금까지 전해 내려올 뿐이고, 약효에 대해 다시 학리적으로 아무 증명이 없는 것은 매우 유감이라고 할 수가 있습니다. 그러나 비록 아직까지 학리적 증명은 없다할 망정, 오랜 경험으로는 보아서 다대한 효과가 있는, 또한 만족할 수 없는 사실 아래에나 물(物)의 보약이라고 일반이 각자 복용하고, 또한 먹고 싶어 애쓰는 녹용에 대해서 한 말하고자 합니다. 녹용의 성분은 적혈구 중에 있는 헤모글로빈 성분에 불과한데 그것을 미신적으로 과신해 다대한 비용을 들여가며 먹는 것은 아무리 생각해도 알 수가 없는 일입니다. 그렇기에 나는 아무 효과가 없는 녹용 같은 보약을 먹는 이보다는 차라리 그 비용을 가지고 두고두고 고상한 자양품을 섭취하는 것이 좋다고 생각합니다.

3. 음수에 대해

종전에는 식후에 음수를 많이 하면 위중에 있는 소화액이 묽어져서 소화가 잘 안 된다는 말이 있었으나, 최근에 이르러 나의 경험에 의하면 도리어 식후에 드시는 반 냉수를 두서너 컵씩 마시면 도리어 소화가 잘되어서 자체가 건강하게 되는 것을 발견하였습니다. 그러니까 위장병이 있는 사람은 물론이나 위장병이 없는 사람이라도 자체가 허약한 사람에게는 반드시 식후에 냉수 음용을 권하고자 합니다.

---

33) 적당의 오식인 듯.
34) '운동을 하는 것이 좋다 하여' 부분이 중복.

의학사 김탁원, 「정신 단련, 병을 겁내지 말고」.

근래에 와서 갑자기 위생이라는 말이 퍽 많아진 듯하나 현금의 의학으로 건강을 완전히 보전할 수는 없는 줄 압니다. 그리고 위생‥ 위생‥하고 매우 위생에 주의를 하는 결백한 사람이 한층 병이 많은 것 같으며, 위생이라는 '위'자도 모를 듯한 더럽게 지내는 시골 농부나 노동자가 도리어 건강한 것은 웬일일까요?

나는 병이 생기는 것은 풍한서습(風寒暑濕) 등의 의식주로 인해 생기는 병과 우수, 사려, 공포 등의 정신적 타격으로 생기는 병 두 가지로 볼 수가 있으며, 따라서 현대 서양 의학은 전자에 속한 의학이요, 후자에는 너무나 등한한 의학이라고 볼 수가 있으므로 이는 서양 의학을 물질 의학이라고 생각합니다.

그리하여 위생을 찾는 민중들은 그러한 물질 의학에만 포착되어 소극적 연구에만 몰두하는 까닭에 마침내는 세균 공포증, 결벽증, 질병 공포증 등이 여기에 없던 병이 새로 생깁니다. 그와 같이 병을 적극적으로 치료할 생각은 아니 하고, 쓸데없이 병을 두려워하므로 소위 위생을 안 하는 사람에는 더 병이 많을 것입니다.

그리고 지금의 조선에는 의학의 불완전, 소극적 위생 생활의 불충실, 사상의 혼돈 등으로 신경병이 제일 많은 것 같습니다. 그러므로 나는 건강 증진에 대해 다음의 몇 조를 들고자 합니다.

1. 운동을 너무 정도 이상으로 과도히 하지 말라.
2. 병을 겁내지 말고 정신을 단련하라.
3. 신문 같은 데 나는 매약 광고를 ■■하고 함부로 약을 쓰지 말라. ■■만 신뢰를 두지 말고 감화 ■■■스자
4. ■■■■선과 정신의 수양을

의사 김은선, 「생활개신과 아동보건문뎨, 위생에 대하여 힘쓰십시다」, 『조선일보』, 1929년 5월 17일.

조선의 아이들은 외국 아이들에게 비해 체육과 체질은 물론 그 영리한 품까지 나으면 나았지, 못할 것이 없지마는 불행히도 그 기르는 법과 그 건사하는 방법에 모순과 봉착된 점이 많고, 그 가르치는 법에 틀림이 많아서 넉넉히 살릴 수 있을 아이를 죽게 하며, 훌륭한 사람 될 아이를 일개의 범부를 만들고 마는 일이 많았습니다. 어이 귀엽고 아름다운 그들을 위해, 아니 우리의 희망이요 장래 주인이요 일꾼 될 그들을 위해 이 어찌 통탄할 바가

아닙니까. 참으로 그들을 길러 온 이날까지의 방법은 틀림이 많았습니다.

울면은 울적마다 번번이 젖을 주었습니다. 그렇기 때문에 그들은 체하기 잘하였고 따라서 간기[35]를 많이 일으킨 것입니다. 그들은 감기가 들어도 푸른 뒤를 본다 보채고, 푸른 뒤 이것은 유체[36]라고 체약[37]을 씁니다. 이 까닭에 그들은 무서운 폐렴을 일으키는 일도 많았습니다. 홍역은 구실이라고 아무 약도 쓰지 않았기 때문에 애먼히[38] 목숨을 바치게 하는 일도 있었습니다. 성홍열은 앓고 난 사람, 특히 그 벗는 허물에서 전염이 잘 되는 것인데, 이것을 모르고 병이 다 나았다고 학교를 보냈기 때문에 귀여운 남의 아이에게 그 병을 옮겨 주게 하는 일도 왕왕 있었습니다.

선병질(腺病質)인 아이를 무리하게 학교에 보내기 때문에 연주, 늑막염, 폐병을 일으켜 죽게 하는 일도 있었습니다. 이 외에도 이와 같이하여 오늘까지의 모든 잘못을 들어보면 한이 없을 것입니다. 그러나 이 잘못은 무지에서 나왔고 좋지 못한 전통적 폐습에서 나온 것이지 결코 어린아이를 범연히 보고 소홀히 군 데서 원인한 것은 아닐 것 같습니다. 오히려 너무 지나쳐 그를 사랑하고 보호하는 데에서 잘못된 일도 많았겠지요. 주사를 맞히라는 것을, 수술을 하라는 것을 일시 측은하고 액새[39]한 마음에 거리끼어 그를 거절하였기 때문에 병구의 신음을 일시라도 속히 없이하기 위해 훌륭한 의사의 권고도 듣지 않고 이리저리 명의를 고르고 바꾸어대다가 화를 보는 일이 없지 않아 있는 것입니다. 그러므로 이제부터 우리는 무지에서 깨어나지 않으면 아니 됩니다. 다시 말하면 위생에 대한 지식을 배워 두지 않으면 아니 되겠습니다. 위생이라는 것은 우리 인생이 어떻게 하면 건강하고 더 오래 살 수 있을까를 연구하는 학문이니 그러므로 위생이라는 것 말의 뜻은 대단히 커서 우리의 생활 전체를 지배하는 것입니다. 옷, 집, 먹는 것은 물론 이에 달린 범백의 사소한 일에도 위생은 따라다닙니다. 다시 말하면 위생은 인간 생활의 전체와 관련되어 있는 것입니다.

건강이라는 것은 무병하고도 튼튼하다는 말입니다. 그러므로 건강하려면 병이 들지 않도록 또 그 몸이 충실하도록 방법을 쓰지 않으면 아니 된다 하겠습니다. 온갖 병은 불결한 데서 많이 생깁니다. 그리하여 몸조심을 게을리 하는 사람에게 지접[40]합니다.

어린아이들은 철이 없기 때문에 더러운 것이 무엇인지, 몸조심이라는 것이 무엇인지 전혀 무관심하기 때문에 그들에게는 병이 많은 것입니다.

그러므로 우리들은 그들이 장성해 스스로 그 몸을 다스릴 때까지 그 몸을 대신해 위생을

---

35) 간기(癎氣: 갑자기 온몸에 경련이나 의식 장애 따위의 발작이 일어나는 질병)를 가리키는 것으로 보임.
36) 유체(濡滯: 막히고 걸림)를 가리키는 것으로 보임.
37) 체한 데 먹는 약을 가리키는 것으로 보임.
38) 일의 결과가 다르게 돌아가 억울하게 느껴지게.
39) '액색(阨塞: 운수가 막혀 어렵고 군색함)'의 의미로 쓴 것으로 보임.
40) 지접(止接): 1. 한동안 머물러 삶. 2. 몸을 붙여서 의지함.

해주지 않으면 아니 됩니다.

그 위생에 있어서 가장 요긴한 것은 청결이니 청결한 곳에 병은 생기지 못하는 까닭입니다.

우선 거처를 깨끗이 해야 합니다. 비록 우리의 생활이 윤택치 못해 아동실, 식당, 침실의 설비는 없다 해도 오직 한 칸 방, 반쪽의 퇴[41]라도 깨끗이 쓸고 걸레질해 더럽지 않으면 좋을 것입니다. 또 그들의 몸은 깨끗이 해 주지 않으면 아니 됩니다.

철이 없는데 또한 장난이 심하므로 그들의 몸은 더럽기 쉽습니다. 그러므로 그들은 우리들보다 더 많이 씻김질을 해주지 않으면 아니 됩니다. 우리 집에 욕실 없는 것을 한탄할 필요는 없나니 한 대야의 더운 물로도 그들을 깨끗이 할 수 있는 고로 자주 자주 붙잡아 씻기면 위생에 족합니다. 더욱이 병은 입으로 들어가는 일이 많으므로 입 안과 손은 늘 청결히 갖게 해야만 됩니다. 그들의 옷을 깨끗이 하는 것도 위생상 필요한 일이니, 그들은 옷을 아낄 줄 모르므로 더럽기 쉽습니다.

그러므로 어른보다는 옷의 여유를 만들어서 자주 새 옷과 갈아입히지 않으면 아니 됩니다. 만약 그러한 여유가 없으면 가끔 빨아서 입히지 않으면 아니 됩니다. 만약 이조차 어려우면 적어도 속옷을 가끔 바꾸고 옷 동정이라도 가끔 갈아 주도록 하십시오.

의사 김은선, 「생활개신과 아동보건문뎨(2), 위생에 대하여 힘쓰십시다」, 『조선일보』, 1929년 5월 18일.

음식물은 영양상 대단히 필요한 물건인 동시에 병과 또한 관계가 깊으니 특히 주의치 않으면 아니 됩니다. 어린아이의 위장은 약하고 그 식욕은 강성하므로 매양 과식하기가 쉽습니다.

그러나 그 건강을 해하는 원인은 단순한 과식보다도 그 음식물이 깨끗하지 못하거나 신선치 못한 데 의하는 일이 많으니 음식물의 청결도 또한 필요한 일입니다. 특히 하절에는 음식물이 부패하기 쉽고 또 더러운 파리가 앉기 쉬운데 비록 냉장고는 사용치 못한다 하여도 서늘한 곳에 덮개를 하여 먼지와 파리가 앉지 않도록 할 것입니다.

청결 다음에 필요한 것은 몸의 조심 즉 섭생입니다.

어린이는 자연에 대하여 익고 길들지 못하였으니 다시 말하면 기후 풍토에 순화치 못하고 따라서 그들은 저항력이 약합니다.

저항력이 약함으로써 그들은 병들기 쉬운 것입니다.

---

41) 퇴(退): 1. 원래의 칸살 밖에다 딴 기둥을 세워 만든 조금 좁은 칸살, 2. 방과 마당 사이에 있는 좁은 마루.

그들은 추위와 더위를 모두 잘 참지 못한다고 여름의 더운 날 잠깐만 밖에 내세워도 땀을 흘리고 졸다가 쓰러지고 추운 날 조금만 바깥 공기를 쏘여도 곧 감기가 들고 맙니다. 이는 모두 그 몸이 자연에 능숙치 못한 까닭입니다. 다시 말하면 어린아이는 자연 현상에 대하여 이를 막아 가고 눙쳐 갈 힘이 적은 것입니다. 그러므로 어린이들은 될 수 있는 대로 자연에 익어 가도록 이를 지도하지 않으면 안되겠습니다.

이 방법에 보호와 단련의 두 가지가 있으니 풍한서습(風寒暑濕)을 막고 가리어 주는 것이 전자요, 적당한 운동과 기의[42]의 모임을 시키는 것이 후자에 속하는 방법입니다. 근래 향학열이 높아서 빈곤한 가정의 아이들도 학교를 많이 가게 되었습니다. 이러한 아이들이 비 오는 날 우산을 받지 못하고 옷과 몸이 젖어 학교를 간다, 학교에는 이 젖은 옷과 몸을 말릴 만한 설비가 없다, 으스스한 몸을 가지고 몇 시간 학과를 마친 뒤에 식어 빠진 벤또[43]를 먹는다, 그것이 순순히 삭을 이치가 없다, 관격[44]이 된다, 생사의 지경에서 벗어난대도 며칠 학교는 결석하여야 하고, 없는 돈은 우산 값의 몇 갑절이 드는 것입니다. 이러한 단련, 이러한 모험은 극히 삼가야만 합니다.

의사 김은선, 「생활개신과 아동보건문뎨(3), 위생에 대하여 힘쓰십시다」, 『조선일보』, 1929년 5월 19일.

어린아이에게 운동은 필요합니다. 첫째는 신체의 발육을 돕고, 둘째는 몸을 튼튼히 하고, 셋째는 저항력을 왕성케 합니다. 그러나 과격한 운동은 오히려 몸 피곤케 하여 식욕을 감하고, 신체의 발육을 저해하며 저항력을 감쇄케 할 뿐인 고로 어린아이에게는 그다지 피로를 느끼지 않을 만한 정도의 운동 혹은 유희로써 흥취를 잃지 않을 것을 택하여 시킬 필요가 있습니다. 자연과 사귀고 또 이에 익혀 가게 하는 것으로는 봄의 들놀이, 여름의 물놀이, 가을의 등산, 겨울의 얼음지치기 같은 것이 제일 적당합니다. 그러나 반드시 어른의 보호와 감독하에 시켜야 합니다.

사람은 먹어야 삽니다. 특히 어린아이들은 고치를 짜려는 누에와 같이 잘 먹기도 하려니와 또 잘 먹어야 잘 크고 튼튼하여지는 것입니다. 여기에 먹이의 문제 즉 영양이라는 문제가 또 필요케 됩니다. 우리의 생활은 풍족치 못합니다. 그러므로 어린아이만을 줄 음식을 매양 따로 만든다는 것은 일반으로 그다지 쉽다고 말할 수 없으나, 이날까지의 해 내려

---

42) 기의(機宜): 시기나 형편에 잘 맞음.
43) 도시락.
44) 관격(關格): 먹은 음식이 갑자기 체하여 가슴이 답답하고 계속 토하며 대소변이 통하지 않는 위급한 증상.

온 바를 살펴보면 너무 무관심한 점이 많았다고 보노니, 우선 어린아이가 젖을 떼려고 하여 다른 음식을 찾게 되면 암죽이나 죽 같은 것을 먹이다가 그것을 잘 삭이는 여부를 보아 밥이나 과자를 먹일 것을, 흔히는 밥상머리에 안고 앉아서 꼬들꼬들한 밥알을 그대로 입에 넣어 주는 것입니다. 암만 먹기에 들린 아이라도 그 밥알이 그대로 삭을 리가 없습니다. 꼭 밥알 하나를 먹였는데 이렇게 되었습니다하고 그 이튿날 어머니는 병원을 찾았습니다.

좀 큰 아이는 반찬을 찾습니다. 새우젓국이나 장조림을 해주는 어머니는 참 위생가입니다. 콩나물을 대가리 붙인 채로 콩자반을 그대로 김치 줄거리를 저 먹자는 대로 줍니다.

돌이 지나도록 애지중지 기르던 아이를 이러한 조그마한 실책으로 잃는 사람은 소위 신여성이라는 문명한 어머니에게도 있는 것을 보았습니다. 그 아이가 좀 더 커지면 어른이 지정해 주는 음식만을 먹으려고 아니합니다. 짠 것, 매운 것, 신 것, 누린 것을 제 마음대로 먹고자 합니다.

어린아이의 몸은 연하고도 약하고 따라서 그 장위도 약한 것이니 그러므로 음식물도 그 나이를 따라 연하고 부드러운 것에서 질기고 단단한 것으로, 싱거운 것에서부터 짠 것으로 차차 징위[45]를 만들어 가면서 높여 갈 것입니다.

「일의 능률과 방 안 공기와의 관계, 방 안의 온도 습도를 따라 일의 능률에 대차가 잇다」, 『동아일보』, 1929년 12월 23일.

우리들의 건강과 사무의 능률은 환경 여하에 따라서 비상히 다른 것은 누구든지 경험한 바입니다. 우리들 환경의 요소가 되어 있는 것은 온도와 습도와 기동(氣動)입니다. 이 세 가지 요소의 조합된 것이 책을 본다면 책을 볼 만큼, 사무를 보려면 사무를 볼 만큼, 노동을 하려면 노동을 할 만큼 적당한 상태가 되면, 우리들의 일하는 기분이나 노동하는 기분이 좋아서 모든 일의 능률이 올라가고 건강에도 대단 유익하여집니다. 온도가 낮을 때는 거기에 따라 습도가 높아야 하며 반대로 온도가 높을 때는 습도가 낮아야 합니다. 이 온도와 습도의 관계는 다시 기동의 영향을 입어서, 즉 기동이 강할 때는 온도와 습도도 높아져도 좋으나, 기동이 약할 때는 온도와 습도도 낮아지지 않으면 안 될 것입니다. 이 관계를 보는 데는 '아메리카'사람 '레오랄드 힐'이 발명한 일종 알코올 한난계를 사용하여 공기의 냉각도(冷却度)는 냉각률, 즉 우리의 체온을 공기가 빼앗아 가는 도수를 알게 됩니다. 이 냉각률은 의자에 앉아서 일 볼 때에는 6도가 제일 적당하고 고되지 않은 노동을 할 때는

---

45) '충위'의 오식으로 보임.

10도가 적당하다고 합니다. 따라서 이 냉각률은 그때 주위 공기의 온도, 습도, 기동의 관계를 아는 숫자입니다. 이 숫자의 여하는 우리들의 건강에 적당하여 일을 유쾌하게 하는 것과 그러하지 못하는 것이 사무의 능률과 중요한 관계를 맺고 있습니다. 조선의 온도는 겨울이 몹시 추워서 온돌을 사용하지 않고는 지낼 수 없으나 이 온돌이란 것이 사무를 보는 데에도 퍽이나 능률 관계가 있는 것인 듯합니다. 암만해도 조선의 온돌방은 위생에는 좋을지는 알 수 없으나 사무 보는 데는 부적당합니다. 한창 추울 때는 요 밑에 손이나 집어넣고 지내기가 좋지만, 책을 본다든지 글을 쓴다든지 해도 손이 시리고 귀가 시려서 견딜 수 없습니다. 이것은 조선에서는 사무라는 것에는 그다지 큰 관계를 생각하지 않고 거주 제도를 만든 것 같습니다. 이제로부터 우리의 가옥 제도는 이러한 점을 매우 생각하여야 될 것입니다.

3. 잡지

「건강난-사람 잡아먹는 파리」, 『동광』 제2호, 1926년 6월.

여름이 또 옵니다. 모든 여름 병의 근원은 파리외다. 금년 여름에는 파리가 한 마리도 없는 데서 살아봅시다. 시방 한 마리의 파리를 잡으면 두 달 후에 백만 마리 잡는 것보다 낫습니다. 보이는 대로 한 놈이라도 모조리 잡아 없앱시다.

일종의 미물인 파리가 어떻게 사람을 잡아먹을까? 그러나 이 이야기를 들어보면 의심이 풀어진다. 하루는 어린아이가 자기 부친의 약국에서 놀다가 우연히 흰 가루약 한 봉지를 발견하고 거리에 가지고 나와 우물에 넣었더니 그것이 독약인지라 물먹는 사람이 다 죽었다. 약한 아이로되 독약을 우물에 넣으므로 많은 생명을 빼앗았다. 그와 꼭 마찬가지로 파리는 미물이로되 독한 균을 전파하므로 수 없는 생명을 죽이는 것이다. 우리나라에도 파리로 인하여 죽는 사람이 매우 많은데 파리가 사람 죽이는 줄은 모른다. <60쪽>

「건강난-장질부사(염병), 파리를 없애고 물을 끓여 먹을 것」, 『동광』 제4호, 1926년 8월.

아직도 조선에서는 여름이면 장티푸스가 한철이외다. 장티푸스로 죽는 사망률의 높고 낮은 것이 그 나라의 위생 지식의 표준이 됩니다. 위생이 발달된 나라일수록 이 병으로 죽는 사람이 드뭅니다. (중략)

예방하려면 (중략) 첫째는 장티푸스 병자에게서 나오는 모든 배설물을 소독할 것입니다. 이것만 바로 하여도 장티푸스는 거의 다 없어질 것이외다.

둘째는 장티푸스균을 지나고 다니는<29쪽> 보균자를 주의하여야 할 것이외다. (중략) 그다음에는 '아이스크림', 굴, 조개 같은 데로 전염이 됩니다. (중략) 다음은 파리외다. 파리가 발에 균을 묻혀다 줄 수 있습니다. 그런 고로 모든 음식은 반드시 덮어둠이 필요하고, 파리는 보는 족족 없이 할 것이외다.

마지막으로 장티푸스 예방주사를 맞을 것이외다. 이것은 의학상의 큰 발견 중의 하나이니 고치기 어려운 이 병을 능히 예방할 수 있으니 얼마나 다행입니까. 옛날부터 알기를 한번 장티푸스에 걸린 사람은 다시는 아니 걸린다 하였습니다. 이것을 면역이라 하는데 인조로도 면역을 생기게 할 수 있습니다. 장티푸스균 죽은 것을 사람 몸에 주사하면 몸속에 그 균을 죽이는 물질을 생기게 하여 뒤에 균이 들어올지라도 살아 있지 못하는 것이외다. 예 방주사의 효과는 현저하여 미국과 스페인의 전쟁 때보다 유럽 대전란에는 장티푸스로 죽는 이가 330분의 1로 줄었습니다. (중략)

　장티푸스의 원인과 예방을 한마디로 하면, 물 조심, 개천 개량, 파리 없애는 것, 또 그 병이 유행할 때는 예방주사를 맞는 것이외다. <30쪽>

윤도원,「朝鮮의 飮料水와 水質」,『동광』제12호, 1927년 4월.

　조선의 기후, 풍토 또는 거처, 음식이 구미(歐美)와 자연 서로 차이됨이 많음에도 불구 하고 우리는 한갓 그네들의 학설에만 맹종하기에 그침으로 아직도 조선 음료수에 대한 실 제적 기록이 없음을 크게 유감으로 안다. 그런데 나는 조선의 수질에 대하여 다년간 실제 상 경험과 연구한 바가 있기로 이에 참고에 공(供)하기 위하여 조략(粗略)하나마 우리의 생 활상 가결하지 못할 음료수에 대한 것을 약간 기술하여 보려고 한다.

　물은 공기나 일광(日光)같이 동식물의 생활상 가장 긴요한 것이다. 물이 인체 조직의 주 요분으로 체중의 3분의 2를 점하였다. 사람이 발한 호흡, 배설 등 여러 작용으로 다량의 수분을 체외로 배출하나니 이를 보충함에는 물이 필요하다. 그리고 또 사람이 기아로 인하 여 체내의 지방 및 단백질은 잃어도 생명에는 큰 관계는 없으되, 수분은 소량이라도 잃으 면 생명에 큰 관계를 준다. 동물 실험에 의하면 수분 10%를 손실하면 질병에 걸리고, 20% 이상을 손실하면 생명을 유지하지 못한다. 인생에게 수분이 얼마나 필요한 것은 이로써 가 히 미루어 알 것이다. 물은 또 인신을 청결하게 하여 용해하게 하는 성질이 있으므로 식 물 소화를 증진하며 특히 음식물을 조리하는 등 그 공용(功用)이 다대하다. 그러나 물이 사 람에게 이익을 주는 일방에는 또 건강을 해하기도 용이한 것이다. 즉 질병에 매개되는 것 이다. 물론 화학적 순수한 물은 그렇지 않겠으되, 천연의 물은 다수의 물질을 용합하여 있 다. 또 물은 경수 연수의 별(別)이 있어 경수에는 다수의 석회, Magnesium, 염류가 함유 하여 있고, 연수에는 함유하지 아니하였으니 이는 위생상 공업상 크게 주의를 요할 것이 다. <64쪽>

淺利三郎,[46] 「도위생과장사무타합회에 대하여」, 『조선문 조선』 120호, 1927년 10월.

이에 각 도 위생과장의 사무 타합회를 개최함에 당하여 소회의 일단(一端)을 술(述)함은 내가 흔쾌로 하는 바이다.

작년 가을 만주로부터 내습한 콜레라는 대안 안동현(安東縣)에서 온양(蘊釀) 며칠에 미쳐, 이 사이 피차 수륙(水陸)의 빈번한 교통으로 인하여 급히 조선 내에 전파하였음에 불구하고, 도 당국의 민속하고 주도한 방역시설과 관계 지방민의 자위적 활동에 의하여 극(克)히 그 피해를 최소 한도로 그치게 하였음은 각위(各位)의 노력한 바 커서 심히 그 노(勞)를 많다 하는 바이라. 그러나 늘 있는 전염병에 이르러서는 해마다 그 수를 증가하여 적(適)히 각위의 노력에 상반하는 관(觀)이 없지 않으니 이것이 혹은 의료기관의 보급에 따라 환자 발견의 수를 증가하였음과 다른 면으로 교통기관의 발달에 수반하여 병독 만연의 기회를 번(繁)케 하는 결과라 할지라도 또 하나는 공중위생에 대한 민중의 자각이 핍(乏)함과 하나는 아직 예방시설이 충분치 〈2쪽〉 못함에 기인하는 것으로 인정치 않을 수 없나니 각위도 또 다시 일단(一段)의 연구를 응(疑)하여 적절한 시설 계획이 있기를 바라노라.

보건 위생에 관한 시설은 그 볼만한 것이 심히 적음을 유감으로 여기나니 이는 본래 지방 재정의 핍(乏)함과 지방 민도가 그렇게 하는 바일지라도 각위는 항상 잘 지방의 실정을 구(究)하여 그 지방에 적응한 시설을 계획하여 민중의 자각과 서로 맞춰 그 향상 발전을 기하기를 바라노라.

수역(獸疫)의 예방에 관하여 국경지방 우역(牛疫) 면역지대의 구성을 비롯하여 각반의 예방 시설에 힘쓰는 중이나 아직 소기의 효과를 가져올 수 없어 특히 1922년 이래 발생한 우역 폐역(肺疫)은 그 후 간헐적으로 발생 유행하여 현재 올해 평안북도 내에 발생한 우폐역은 1924년 이래의 대유행을 극(極)하여 다수의 병든 소 및 감염 의심 소를 내서 단지 조선 축산계에 주는 타격만 클 뿐 아니라 이출 소의 원활을 결(缺)하여 조일 경제계에 미치는 영향이 적지 않음은 심히 유감으로 여기는 바인즉 관계 도는 물론이요, 인접 도 기타 소의 집산에 관계를 가진 각 도에서는 이번 참에 특히 예방 경계에 힘써 속히 이의 박멸을 기하기를 바라노라.

기타 의료기관의 보급 개선, 약품 영업의 단속, 지방병 및 기생충의 구제 등 조선 위생 행정의 장래는 자못 일이 많아 각위에게 기대하는 바도 또한 심한 것이 있으나 각위는 잘 책무의 중대함에 비춰 더욱 정려(精勵)하여 이 길의 발달 향상에 공헌하기를 간절히 바라노라. 또 이 타합회에 계속하여 다시 '모르핀' 중독자의 치료 및 성홍열 예방 주사에 관한 기술관의 타합회를 개최하여 이들 기술상의 연구 타합을 하기로 하였다.

---

46) 1926년 11월과 1928년 12월 현재 조선총독부 경무국장이었다(조선총독부관보).

유래 '모르핀' 중독자의 문제는 이미 다년의 현안에 속하여 조선총독부 및 지방청에서 제반의 시설에 힘써왔으나 〈3쪽〉 누습(陋習)의 장구한 것으로 하루아침에 해결을 기할 수 없어 이제 조야의 문제가 되며 이에 더해 단지 국민 위생상의 중대 문제가 될 뿐 아니라 보안, 산업 등의 각 방면으로 보아도 일이 극히 중대함에 비춰 한편으로는 법령으로써 '모르핀' 및 그 염류(鹽類)와 이의 중독자에 관한 단속을 엄히 하고, 다른 면으로 이 중독자가 가장 많은 몇 도에 대하여는 올해부터 국고 보조금을 교부하여 일제히 치료의 방법을 강구하여 두 가지가 서로 맞춰 이 문제의 해결에 당하고자 하나니 각위는 충분히 이 뜻을 양득(諒得)하여 마땅히 총독부의 방침과 서로 책응(策應)하여 그 실적을 거둠에 전력을 기울이기를 바라노라. 특히 그 성적은 금후에 있는 치료에 대하여 지대한 관계를 가진 것으로 인정하는 바인즉 신중히 일에 당하여 진실로 치료상의 과오를 초래함과 같은 일이 없도록 특히 주의하기를 바라노라.

다음 성홍열에 대하여는 종래 그 예방 방법이 없어 학동(學童) 등의 걸린 환자가 적지 않으므로 각 도가 모두 이의 대책에 부심하여 온 바이나, 최근 이의 예방 주사의 길이 발견되어 인접 남만주 등에서 양호한 성적을 보여 이의 예방상의 효과를 나타내는 중인 상황에 비춰 조선에서도 이의 예방 주사를 실시하여 그 방알(防遏)을 기하려 하나니 각위는 이번 타합회를 기회 삼아 충분히 이 길의 연구를 마쳐 이 실시에 즈음해서는 특히 세심한 주의를 하여 유감없음을 기하기를 바라노라.

이를 요컨대 '모르핀' 중독자의 구료 및 성홍열 예방의 문제는 공중 위생상 각하(刻下)의 2대 중요 문제로서 그 성적의 거부(擧否)는 조야가 일제히 주시하는 바인즉 장래의 위생 시설에 영향하는 바도 또한 심대한 것이 있을 것을 용의(容疑)치 않나니 각위는 잘 이 뜻을 양득하여 최선의 방법을 강구하여 이 길의 효과를 거둠에 노력하기를 바라노라. 〈4쪽〉

高野六郎,[47] 「농촌의 위생시설」, 『조선문 조선』 123호, 1928년 1월.

농촌과 도회

완성치 못한 도회는 일시 불위생의 상태를 보이는 것으로 결핵이라든지 화류병 등은 도회에 많으며 일반 사망률, 소아 사망률 등도 도회에 높다. 그러나 도회가 충분히 발달하면 위생 상태도 개선되는 것인바 장래의 도회는 가장 건강한 지역이 될 가망이 있다.

농촌에는 원래 위생상의 이익이 갖춰져 있나니 농촌에는 신선한 공기가 있고 풍부한 햇

---

47) 1914년 10월 부산중학교 교유에 임명되었다(조선총독부관보).

빛이 있으며 자양에 풍부한 먹을거리가 있다. 일상생활이 곧 문밖의 노동이므로 저들에게는 임간(林間)학교도 해빈(海濱)학교도 필요치 않다. 농촌민은 저들이 본래 향유한 자연의 은혜를 현명히 이용만 하면 능히 건강을 지킬 터이다.

그러나 실제에서는 농촌민이 반드시 건강치 않다. 농촌인과 도회인의 건강을 비교하면, 혹은 도리어 도회인의 우월한 점이 많다. 농촌에는 기생충과 '도라홈ー'[48]이 많으며 소화기 전염병도 향촌에 많고 신체의 발육도 향촌이 열등한 듯한 경향이 있나니 이는 농촌에서 일반적으로 위생 시설이 불충분하여 생활이 현저히 불결하며 기생충이며 '도라홈ー'은 전염의 기회가 많되 예방 치료의 수단이 타태(惰怠)하고 영양 공급도 불량하며 신체의 과로 혹사도 희귀치 않다 함과 같은 상태의 결과이다. 농촌에 위생 시설을 강구함에는 먼저 어느 것부터 착수하는 것이 좋은 순서일까. 이를 생각하여 보지 않으면 불가하다.

변소와 우물

숙고해 보건대 농촌 불위생의 근원은 변소인바 이의 갈망이 되지 못하고서 위생을 논하는 것은 오착(誤錯)인 듯한 관(觀)도 있다. 농민은 분뇨와 가장 친한 생활을 하는바 노농(老農)은 분즙(糞汁)을 맛보아 그 비료 가치를 안다고 할 만큼이다. 농업은 맨손으로 똥 덩어리를 찬(撰)함이라고 믿는 자도 있 〈88쪽〉 다. 따라서 분뇨를 불결시하며 위험시하며 이를 기염(忌厭)함은 본래의 농업 정신에 배(排)하는 것이다. 그러나 그 결과는 어떠할까.

농촌 유일의 위생이라고도 할 만한 것은 '티푸스'[49]며 이질 발생할 즈음의 예방 시설, 격리 병사, 소독 등이나 그 근원을 고구(考究)하면 주로 분뇨를 갈망치 못함으로부터 오는 것이다. 또 일본 전체의 농민을 고뇌케 하며 그 발육 영양을 해하여 각종 질병의 소인(素因)을 만드는 것은 회충, 십이지장충 등을 비롯하여 각종의 기생충류이나 이도 물론 분뇨를 갈망치 못함이 유일의 원인이다.

만약 변소를 개조하여 이상의 병원(病原), 세균이며 기생충란이 모두 소독된다 하게 되면 소화기 전염병과 기생충병은 이를 일본에서 구축하기 가능할 것이다. 현재 내무성에서 추장(推奬)하는 개량 변소가 전국에 보급하면 반드시 이 목적을 달할 수 있을 것이다. 이 중대한 문제를 버려두고 발생한 환자를 격리하며 소독함에 망쇄(忙殺)하고 혹은 또 구충제를 때때로 복용케 한다 하더라도 해마다 동일한 일을 반복하는 것에 다름아니니 동일한 일을 반복하고 있어서는 진보가 안 된다. 분뇨를 비료로 이용함을 금하려는 것은 결코 아니다. (단 서양인에게 이 이야기를 하면 인간의 배설물로 야채를 재배하는 등 일은 중국과 일본뿐이라 하여 경멸히 여기지만) 분뇨 이용은 크게 훌륭하나 이를 안전히 하는 길을 강구한 뒤에 이용하도록 하기를 희망하는 바이다.

---

48) 트라코마(trachoma: 클라미디아 트라코마티스에 의해서 발생하는 눈의 만성 염증).
49) 리케차류의 병원체에 의해서 일어나는 감염증을 통틀어 이르는 말.

다음에 우물의 문제인데, 농가의 음료수는 대저 판 우물에서 두레박으로 길어 올리거나 혹은 흐르는 물을 그대로 음용한다. 지표를 흐르는 물도 지하에서 솟는 물도 본래는 청정 안전한 것이나 어찌하나 인간이 거주하는 곳에 이를 오물로 더럽혀 버린다. 오물이란 것은 자체로부터의 배설물의 것으로 분뇨의 일부가 어느 틈에 물에 혼입하여 물을 불결히 하여 위험하게 하는 것이다. 분뇨로 더럽힌다는 의미는 분뇨 중의 병원체를 혼입한다는 것이다. 서양인은 분뇨를 강에 유입케 하거나 지중에 침입케 함을 원칙으로 하므로 말미암아 물을 비상히 두려워한다. 위생의 근본은 물의 경계라고 믿는다. 일본에서는 분뇨를 변소 안에 저치(貯置)하였다가 이를 퍼내서 밭에 주나니 곧 경지에서 여과하여 경지 중에서 정화하므로 비교적 물을 해함이 적은 듯은 하나 그러나 실제에는 변지(便池)에서 누출하는 것도 있으며 밭에서 침출하는 것도 있고 비를 만나면 밭에서 유출하는 것도 있으며 또 생생〈89쪽〉한 비료통을 강에서 세척하거나 우물가에서 세척을 한다, 또 분뇨를 만진 손으로 두레박을 잡으며 혹은 부근에 떨어진 더러운 씻은 물이 우물에 삼입(滲入)하는 등 결국 직접으로 농민의 음수는 불결한 것이 되는 위구(危懼)가 비상히 많다. 실은 물을 공포하는 것은 물에서 티푸스며 이질 등의 소화기 전염병이 만연함을 두려워하는 것으로서 물을 공포하는 것은 곧 분뇨를 공포하는 것이다. 분뇨로부터의 오염이 없으면 물은 흐르는 물이든지 우물을 파서 마시든지 아무런 불안도 없을 터이다. 극단으로 말하면 변소가 완전히 되면 우물은 아무리 하여도 좋다고 하겠으나 가령 변소가 이상대로 개선되었다 하더라도 불결한 물에 의하여 우물물을 더럽힐 위험이 절무(絶無)하다고는 할 수 없으며, 또 한편으로 수조 변소 등이 보급함에 수반하여 그 정화 장치에 불완전한 것도 있을지며 또 도회 전체로 하수 처분을 행하는 경우에도 그 정화가 이상적으로 될 수 있다하기는 대단 곤란한 것이다. 고로 변소로 개선하고 음료수는 음료수로 안전을 기하여 두 가지 서로 맞춰 만전을 기함이 필요 하다.

물은 이상 서술함과 같이 그 질에서 우량함을 필요로 하나 동시에 그 양이 풍부함도 필요다. 사람의 생활에 물이 필요함은 이제 다시 논할 필요도 없거니와 생활이 향상하며 특히 청결한 생활을 하려고 하면 하여간 풍부한 물을 요한다. 물 부족의 생활은 반드시 불결히 되어 비위생적이 된다. 로마인의 생활에 어떻게 대량의 물을 소비하였던가 함은 그 유적에 의하여도 알 수 있을 정도로 물이 충분치 못한 곳에는 좋은 생활이 없는 것이다. 얼굴을 씻는 물, 입욕의 물, 의류 세탁의 물, 먹을거리를 씻는 물, 잡물 등의 사용 물이 부족한 경우의 불결 불쾌는 누구든지 상상되리라. 또 양은 많아도 항상 탁한 물, 나쁜 빛을 띤 물을 사용하는 마음도 그다지 유쾌치 못하다. 악질 물은 신체뿐 아니라 마음까지 더럽힌다. 그리하여 그 불결한 생활에 짝하여 '도라홈-'이며 기생충이며 전염병이 솟아난다.

'도라홈-' 유행지를 검견(檢見)하니 수질 불량한 곳이 많으며 온천장이라든지 ■류(■

流) 잔원(潺湲)[50]한 곳에는 '도라홈–'은 유행치 않는다. 한 대야의 물로 가족 일동이 얼굴을 씻고 한 장의 수건으로 ■을 닦음과 같은 장소에 '도라홈–'은 많은 것이다. 간이수도를 설치한다든지 우물의 굴착 방법을 공구(攻究)한다든지 여하간 풍부한 물의 공급에 의해 이와 같은 불결 병은 흘려보내기 가능할 줄로 사유된다. 먼저 〈90쪽〉 우물의 개량으로는 모처럼 지하로부터 용출하는 안전한 물을 지표에서 불결히 하지 않도록 구조(構造)할 것이다. 즉통(喞筒)[51]을 사용하여 될 수 있는 대로 면밀히 우물의 위쪽을 폐색(閉塞)하여 삼수(滲水) 기타로 우물물 오염할 위험을 줄임을 바란다. 모쪼록 관정(管井)이라는 구조를 채용하기를 바라는 바이다.

의료 보급

농촌 병이라 할 것은 기생충, '도라홈–', 장티푸스, 이질, 최근 결핵 등도 추차(追次) 만연하는 터이나 병은 대단히 중병이 되지 않으면 의사에게 진찰받지 않으며, 혹은 지방에 의하여 진찰받으려 해도 의사가 없는 곳도 있다. 이와 같이 치료의 편의도 여간 결핍한 고로 농민 일반이 치료 이상의 예방에 대하여 생각한다 함은 먼저 ■사(■事)이다.

변소며 우물의 개량은 예방 시설이므로 농촌의 사람들에게 이를 양득케 하고 실행케 하며 이를 철저케 하는 것은 일조일석의 일이 아니다. 따라서 변소며 우물이 완전히 되기까지는 이미 발생한 환자의 처치가 중요한 문제이며 또 이 환자의 처치 여하에 의하여는 예방상의 효과도 상당히 거둘 것이다. 예를 들면 기생충 환자는 농촌에는 비상히 많은바 때에 따라 주민 전부가 하등(何等)의 충(蟲)을 장내에 가지고 있는 정도이다. 이를 변소 완성까지 버려둘 수는 없으므로 역시 적당히 구충약을 복용시키지 않으면 불가하다. 이 기생충 구제도 촌민 각자에 방임하여서는 생각한 바와 같은 성적을 거둘 수 없다. 거촌(擧村) 협동하여 구충일이라도 정하고 촌의(村醫)의 손에 의해 충분한 투약을 하도록 하면 기생충의 해를 면하는 데 상당한 효과가 있을 것은 명료하다.

도라홈–과 같음도 마찬가지로 촌민의 생활이 향상하여 청결적이 될 날을 기다릴 수도 없는 터이므로 먼저 환자에게 치료를 행하여 병독 전파의 기회를 줄임을 힘쓰지 않으면 불가하다. 이 치료로 논하여도 촌민 각자에 방임하여서는 도저히 충분한 치료 성적을 거둘 수 없는 것이다. 촌역장(村役場)이며 위생조합 등이 이를 편달 장려하여야 할지니 즉 개인적 시설로 할 것이 아니라 공중 위생 시설로 하여 촌민 간에 충만한 병독 박멸을 실행할 것이다.

이 점에 관하여 심히 유감되는 것은 현재의 농촌에 거의 위생 사상의 결핍한 점이다. 정촌(町村)에 가서 그 예산을 엿보아도 위생비용은 거의 영에 가깝다. 위생이란 것은 급성 전

---

50) 물살의 흐름이 잔잔하고 조용함.
51) 물을 높은 곳으로 빨아올리는 기계.

염병이 발생한 경우의 응급처치뿐이라고 믿으며, 티푸스라도 발생하면 그때에야 임시의 지출을 하〈91쪽〉는 것이 위생의 전부라고 생각하는 듯하며, 위생은 현청(縣廳) 등의 관원의 일이라고 생각하고 있는 듯하다. 촌민의 건강을 증가한다든지, 전염병 질환을 미연에 막는다 함과 같음은 전혀 고려중에 두지 않나니 이와 같아서는 농촌 위생시설 등이 향상될 리가 없으며 또 농민 스스로 자가의 건강 유지를 생각지 않는 듯하여 농촌진흥 등은 실현할 듯도 하지 않다.

　응급책과 근본책

　고로 촌에는 위생을 아는 주임자와 예방의학에 이해있는 촌의(村醫)가 필요하며 혹은 유력한 위생조합이 생겨서 그 지도자에 적재(適材)를 얻음도 훌륭하다. 요컨대 위생 시설의 중추가 될 두뇌가 농촌에는 특히 결핍한 듯이 사유된다. 이 중추가 생겨서 그 결과로 농촌에 있는 위생 사상이 보급한 연후에 응급 위생책과 근본 위생 시설이 고려되는 순서가 된다. 응급의 책으로는 현존한 환자를 대상으로 하는 시설로 예를 들면 기생충 구제, 도라홈― 치료 등이며 근본책으로는 변소와 우물을 개량하여 농촌병 박멸을 척(拓)함과 같은 시설이다. 농촌에는 재력에 한정이 있어 일시에 각종의 사업을 완성하기는 물론 불능하므로 이것저것 함부로 되는대로 산탄적(散彈的) 위생책을 행함보다도 사업을 한 일에 집주(集注)하여 1건씩 정리하여가는 편이 옳을 줄로 생각한다. 소위 1정촌 1사업주의로 먼저 이 일 하나가 끝나거든 다음의 일 하나라 함과 같이 점진의 방침으로 행하면 변소나 우물의 개선도 그다지 긴 연월을 요하지 않고 될 터이다. 물론 행할 의사가 없으면 몇 년을 거쳤다 하더라도 도로아미타불에 불과할 것이다. 이미 한 마을이 전체로 변소를 내무성식으로 개선한 곳도 있으며 농가 전반에 관정(管井)이 보급된 곳도 있다. 농가의 변소가 콘크리트로 되고 두레박이 즉통으로 됨은 결코 건방지거나 사치가 아니라 실로 견실한 문화가 농촌에 발달하여 하는 전구(前驅)이다. 변소며 우물이 개량된 후에는 주택도 개량되고 먹을거리도 개량되어 결국은 생활 전체의 위생 개선이 완료하게 되리라. 〈92쪽〉

의학박사 정석태, 「하기(夏期) 중 흔히 유행하는 장질부사 그에 대한 위생과 예방」, 『별건곤』 제22호, 1929년 8월.

　하기(여름철)에 흔한 장티푸스라는 것은 어떠한 병인가? 우리나라에서는 이 장티푸스를 '상한(傷寒)'이니 '장감(長感)'이니 하는 모호한 해석을 한다. 또 그 원인은 장상(腸傷)·장한(腸寒)이 되어 감기가 쇠어서 장감이 된다는 우매한 18세기적 위생 사상이 아직까지도 그대로 남아 있는 어리석은 무리가 있는 것 같다. (중략)

다음으로 이 병에 걸리는 사람을 볼 것 같으면 대개가 20,30의 청년이나 장년으로서 몸이 평소에는 튼튼하던 사람이 걸리기가 쉬운 것이고, 어린아이나 아주 나이 많은 사람은 비교적 발병이 잘 안 되는 것이며, 이것이 이 병의 특유하는 성질이라고 할 수가 있겠다. 또 한 가지 이상스러운 것은 어느 병이든지 일생에는 몇 번이고 앓을 수가 있는 것이지만은, 이 병만은 한 번만 겪어놓으면 다시는 평생에 두 번 앓는 법이 없다는 것이 또 한 가지의 재미있는 특색이다.

별명이 장감이라는 이만큼 병의 경과가 오래 계속이 되며, 평균 4, 5주일 동안은 앓아야 할 것이다. 시초의 증세는 하릴없이 감기나 몸살 모양으로 팔다리가 쑤시고 전신이〈169쪽〉 노곤하면서 차차로 발열이 되어 따라서 구갈(口渴)이 심하고 설태까지 나기 시작을 하면서 정신상태가 혼몽하여지며 헛소리를 하는 것이 우리가 늘 보는 보통 감기와는 다른 증세이다. 이러므로 속방(俗方)으로 처음에는 감기약을 써보다가 종시 낫지를 아니하므로 할 말이 없으니까 이름 좋게 장감-오래 앓는 감기라고 하여 왔던 것도 같다. (중략)

다음에 이 치료법으로서는 흔히는 감기 같다 하여 해열제만을 사용하는 일이 많아 이러한 오진으로 생명을 잃게 하는 일이 많으니만큼 해열제를 사용하는 시기에는 각별한 주의를 요하여야 할 것이며, 그렇다고 의사가 아닌 보통 사람으로서 간단한 치료법이 있느냐 하면 이제 소개를 한다기에도 너무 겁이 나고 도저히 될 수도 없는 일이다.

다만 그에 대한 주의할 바 몇 가지를 말하라면 절대로 해열제만을 쓰지 말 것이고, 절대로 안정이 필요하며 또한 음식물에 많은 주의를 하지 아니하면 아니 될 것이다. 음식물에 대한 주의는 발병하기 전에 평상시도 의례 주의할 것이지만, 발병한 후에는 더구나 특별한 주의가 있지 아니하면 안 될 것이다.

그러나 이 장티푸스에 대한 치료법과 위생에 관하여서는 간단하게 말할 수 없는 복잡한 방법으로가 아니면 도저히 될 수가 없은즉 만약에 발병 시초에 병세를 보아서 빨리 전문의사에 보이지 아니하면 대단히 위험한 것이다.

다음에 이에 대한 예방은-비단 이 병뿐이 아니지만은, 풋과일, 냉수, 폭식을 삼갈 것이며, 또는 이의 예방주사가 있는 미리 주사를 맞아두는 것이 특히 효력이 있다. 만일에 환자가 생긴 뒤에는 반드시 다른 사람과 가까이 하지 말고 항상 따로 있어 주위를 청결케 할 것이며 병균이 많이 섞여 나오는 환자의 대소변은 일정한 방식으로 소독을 하여야만 한다는 것은 일반이 다 아는 바이므로 이에 생략하는 바이다. 〈170쪽〉

Ⅲ. 건강, 체육 담론

1. 교과서

조선총독부, 『여자고등국어독본』 권1, 1920년.

　30. 자연과 건강

　학교에는 체조가 있어서 규칙적으로 운동을 합니다만 가정에서는 자칫하면 불규칙적인 습관으로 자신도 모르는 사이에 위생의 도리에서 벗어나기 쉽습니다. 그렇다고 해서 일상의 일을 내버려 두고 운동만 하고 있을 수 있는 것은 아닙니다. 그래서 가정에서는 즉 실용적인 일을 하면서 운동이 될 수 있는 방안을 생각하는 것이 좋다고 생각합니다. 그렇다고 해서 지금 당장 돈을 모으라고 하는 것은 아닙니다. "만사를 이치에 맡기고 마음을 즐겁게 한다."라는 것입니다. 즉, 정원에 나와서 언니는 풀을 뽑고 동생은 빗자루를 들고 정원을 쓰는 것과 같은 것으로 한편에서는 운동이 되고, 한편에서는 집 안을 정리합니다. 이와 같은 것이 가정에서 할 수 있는 운동법으로서 가장 바람직하다고 생각합니다.

　"노력해서 자연과 친해져라." 이것이 건강을 유지하는 비결이라 생각합니다. 옛날에는 맨발로 걸어 다녔습니다만 세상이 문명화되면서 게다(나막신)이나 신발을 신고, 자동차를 타면서 점차, 자연과 멀어지게 되었습니다. 서양의 어느 나라에서는 양생원(養生院)이라고 해서 이곳에 가면 반드시 맨발로 흙이나 풀 위를 걸어서 돌아다니다 발을 물로 씻어서 들어가게 되어 있습니다. 거기에서는 원래 다른 사람 앞에서 신발을 벗는 것은 몹시 실례되는 일이지만 특별히 이 양생원에서는 이런 규정을 만들어서 자연과 접하는 건강법을 취하는 것입니다. 옛날 사람은 아침, 저녁으로 냇가에서 몸을 씻고 비를 맞기도 했는데 이것은 좋은 양생법이며, 대부분은 건강을 유지하면서 장수하였습니다. 최근 '냉수욕'이라든지 '해수욕'이라든지 하는 것이 점점 위생 전문가의 입에 오르내리고 있습니다만, 그것은 그야말로 옛날 사람이 했던 것으로 돌아가는 것입니다. 또한 신체를 태양 광선에 쬐는 것이 정말 필요합니다. 특히 번화한 지역에서는 주택으로 복잡해서 햇볕을 쬐는 일이 부족합니다. 그리고 가업에 쫓겨 바쁜 사람 등은 하루 종일 조금도 햇볕을 쬐지 못하고 하루가 끝나는 경우가 많습니다. 이것은 상당히 건강에 해가 됩니다. 최근, 어떤 사람이 중병에 걸렸는데 목욕도 산책도 금지되어 병실에 갇혀 지내고 있습니다. 그런데 그 환자가 말하기를 "나는 회복될 몸이 아닙니다. 살아있는 동안의 소원이니 제발 햇빛을 보게 해주지 않겠습니까?"라고 해서 해가 보이는 쪽으로 자리를 잡아서 환자를 데리고 나왔습니다. 햇볕은 따스하게 비추고 바람은 기분 좋게 살랑살랑 불어옵니다. 환자는 낙원에라도 간 것처럼 유쾌함을 느꼈습니다. 그리고 난 후 매일 밖으로 나와서 햇볕을 쬐고, 바람을 쐬게 되었습니다. 그런데 사지(死地)에 몰려있던 환자가 마침내 건강을 회복했습니다. 신체를 털로 덮고, 옷감으로 걸쳐서 조금도 바람이 통하지 못하는 복장, 이것이 또한 문명의 폐해입니다. 그렇다고 해서 지금 세상에 도리에 맞지 않는 복장이나 나체로 다닐 수는 없습니다. 적어도 집에 있을 때만이라도 소매 폭이 넓고 편한 옷을 입고 신체에 통풍이 잘되는 것이 좋다고 생각합니다.

이상은 자연에 접촉하는 것을 땅을 밟고, 냉수로 씻고, 햇볕을 쬐고, 바람을 쐬는 4가지에 대해서 간단히 말씀드렸습니다.

그런데 신체의 건강은 그 사람의 행복은 물론, 한 가정의 건전, 한 나라 부강의 초석이 되기 때문에 사람들은 날마다 태만하지 말고 강건한 신체를 만들도록 양생 단련을 하는 것이 가장 중요합니다. 〈135~141쪽〉

조선총독부, 『고등보통학교 수신서』 권2, 1923년.

4. 신체의 단련

우리가 이 세상을 살아간다는 것은 단순히 생명을 유지하는 것만이 아니다. 사람으로서 가치 있는 활동을 하기 위함이다. 진정으로 사람으로서 활동을 지속하려고 한다면 때로는 배고픔이나 갈증과 싸울 때도 있고 눈과 비, 더위와 추위의 천재지변을 당하는 경우도 있다. 병고를 참아내지 않으면 안 되는 경우도 있을 것이다. 그 외에도 다양한 고통과 어려움이 계속해서 분명 엄습해 올 것이다. 이러한 경우에 그 어려움을 잘 견뎌낼 수 있는 것은 단련된 신체이다.

강하고 튼튼한 신체를 만들기 위해서는 위생을 중시하고 신체를 보호하는 것이 필요하다. 하지만 보호도 도가 지나치면 신체는 오히려 허약해지고 저항력을 잃게 된다. 그 초목의 그늘에서 자라서 비바람을 맞지 않은 것은 굵어도 여리고 약하여 그다지 강하지 않은 바람에도 금방 꺾이는 것과 같다. 부호의 자녀가 자칫하면 허약하고 어려움에 견뎌내는 힘이 약한 것은 신체를 과보호했기 때문이다. 재산이 없는 집안의 자녀가 대부분이 강하고 튼튼하며 어려움에 잘 견뎌낼 수 있는 힘을 가진 것은 평소 자신도 모르는 사이에 신체가 단련되었기 때문이다.

단련된 신체가 기후의 격변을 견디고 병고의 엄습을 막고 근로에 견뎌낼 수 있는 것은 물론 과도한 면학 노동을 해도 피로해지는 경우는 적다. 그래서 크게 되려고 하는 우리는 신체를 단련하는 것이 좋다.

청소년의 신체는 발육 시기에 있기 때문에 단련에 가장 적합하다. 또 이 시기에 단련시킨 신체는 언제까지나 쇠약해지는 일이 없다. 가쓰카이 슈(勝海舟)는 "나는 많은 어려움과 싸웠지만 쇠약해지지 않고 늙어서도 점점 왕성해지는 것은 소년 시절에 신체 단련을 한 덕분이다."라고 말했다. 위대한 일을 이룩한 사람은 불요불굴의 정신을 가진 사람임과 동시에 모두 신체를 어린 시절부터 잘 단련한 사람들이다.

학교에서 수업 시간에 하는 체조는 신체의 단련을 도와주는 것이므로 아주 열심히 배우는 것이 좋다. 사계절을 통해서 냉수욕, 냉수마찰을 열심히 하고 더울 때는 해수욕 등을 하면 피부의 건강을 유지함과 동시에 감기 등 병에 걸리는 일이 없고, 여행, 소풍, 등산 등을 할 때는 배고픔과 갈증에 잘 견뎌내는 습관을 기르고, 근육을 강하고 튼튼하게 한다. 우리의 신체는 단련에 따라 어느 정도까지의 신체의 저항력은 변하는 것이다. 옛날 그리스에 기이한 사람이 있었는데 항상 알몸으로 지냈다. 어느 추운 날, 평소처럼 알몸으로 산책을 하고 있었다. 어떤 사람이 "어째서 추운 날에 알몸으로 다니는가?"라고 묻자 기인이 대답하기를 "당신은 어째서 얼굴만 찬 기운을 맞게 하고 있는가? 내 신체는 전부 당신의 얼굴과 같은 것이다."라고 답변했다고 한다.

신체를 단련하는 것은 좋은 것이다. 하지만 그 방법과 주의를 그르치면 오히려 신체를 해할 수 있다는 것을 잊어서는 안 된다. 단련은 체질을 생각해서 점진적이고 지속적으로 또 시간과 장소를 정하지 않으면 안 된다. 급격한 단련과 체질을 생각하지 않은 단련은 오히려 신체의 건강을 해하는 경우가 많다. 〈16~21쪽〉

조선총독부, 『고등보통학교 수신서』 권3, 1923년.

4. 원기의 충실

청년은 생기가 넘치고 원기가 충실하다. 게다가 청년이 청년답기 때문에 장래에 향상도 발전도 기대된다. 만약 청년인데도 우울증에 빠지고 의기소침해 있는 것은 장래의 향상도 발전도 기대하지 못한다. 그러므로 우리는 어디까지나 원기의 충실에 힘쓰고 청년이 청년다움을 잃지 않도록 하는 것이 좋다.

인생은 고되고 과감하지 않으며, 재미없다는 식으로 말하는 것은 자칫 사람이 내뱉는 탄성이지만 이것은 보는 사람의 마음가짐에 따른 것으로 인생은 결코 그런 것이 아니다. 기합이 들어간 것처럼 마음먹은 것에 따라 무엇이라도 변하는 것이다. 인생이 고된 것이라고 해도 그것을 즐기고 유쾌하게 지내려고 노력하는 곳에 인생의 보람이 존재하는 것이고 삶의 기쁨을 느끼는 것이다. 대부분 인간으로 태어난 이상은 아무리 생각해도 인간 이외의 생활은 할 수 없다. 이것이 가능하지 않은 이상 우리는 어떻게 하든 인생을 즐겁게 지내는 법을 강구하지 않을 수 없다. 이 방법은 항상 심신의 건강을 생각하고 원기를 충만히 해서 일을 대하는 것이다. 원기만 충실하면 인생의 고통을 타개하고 거기서 즐거운 인생을 발견할 수 있다.

세상에는 신체가 허약해서 성업의 전망을 세우지 못해 비관하고, 빈곤을 고통스런 병으로 생각해서 비관하고, 두뇌가 좋지 못하다고 해서 학업을 이루지 못하여 비관하고, 심하게는 어려운 자신이 인생을 허무하게 자살하려고 하는 사람조차 있다. 물론 사람으로서 그 자신의 불행, 불우를 생각해서 슬프다고 느끼지 않는 사람은 없다. 그렇지만 우리는 자신의 불운을 헛되이 비관하기 전에 그것을 행운으로 이끌도록 노력하는 힘이 필요하다.

신체가 허약하면 섭생과 단련으로 건강을 도모하는 것이 좋을 것이다. 집이 빈곤하다면 그것을 슬퍼하기 전에 근면히 일을 시작하는 것이 좋을 것이다. 두뇌가 좋지 않다면 열심히 배움에 힘쓰고 하루라도 게을리 하지 않고 원기를 가지는 것이 좋을 것이다. 그렇게 하면 비관은 낙관이 되고 인생의 기쁨을 느끼게 될 것이다. 원기에 충실할 때는 마음이 항상 상쾌함을 느끼고 어떤 일을 하더라도 쾌활하게 할 수 있다. 쾌활하게 되면 사람을 응대할 때에도 다른 쾌감을 주고, 친근함을 느낀다. 사람의 친근함을 느낄 때에 가장 인생의 유쾌함을 느끼는 것이다.

세상에는 완력을 자랑하고 폭력을 휘두르며 사람을 능욕하는 것을 가지고 힘이 있다고 하는 사람이 있다. 또 실력이 따르지 않는데 원기를 과시해서 부당한 기대를 갖고, 앞뒤 생각도 없이 무턱대고 그것을 이루려고 초조해하는 사람도 있다. 전자는 난폭함이 헛되고, 후자는 허세를 부리는 종류로 어느 것도 원기 있는 사람이라고 할 수 없다. 그것은 실은 겁쟁이며 의심이 많고, 일단 곤란해지면 공포와 번뇌로 인해 일을 처리하는 방법을 모르는 사람이 많다. 진심으로 경멸해야 할 것이다. 〈16~21쪽〉

조선총독부, 『고등보통학교 수신서』 권4, 1924년.

2. 활동

사람은 적어도 삶을 하늘과 땅으로부터 받은 이상은 각자 그에 응하여 그 능력을 발휘하고 그것을 작게는 일신 일가를 위해, 크게는 사회국가를 위해 가치 있는 활동을 해야 한다. 건전한 신체를 가지고 있으면서 아무 일도 하지 않고 노는 것에만 빠지고 안일한 것을 추구하는 사람은 실로 이 사회의 기생충이라고 할 만하다. 우리가 오늘날 학교에서 배우고 덕을 닦고 있는 것은 교양 있는 사람이 되고 장래에 사회에 나와서 가치 있는 활동을 하기 위함이다.

활동은 사람이 가진 뛰어난 재능이다. 우리가 생존을 하고 가치 있게 하느냐 하지 않느냐는 우리의 활동 여하에 따른 것이다. 그래서 우리는 자기의 능력이 허락하는 한 많은 활동을 하는 것이 좋다. 그러나 그 활동은 바르고 선한 이상을 성취하고, 자기의 일신을 위할 뿐만 아니라 넓게는 사회국가에 이익을 주는 것이 아니면 안 된다. 목적의 선악을 따지지 않고, 또 그 목적을 수행하는 방법, 수단의 옳고 그름을 논하지 않고, 그냥 활동을 하면, 즉 할 수 있다고 생각하는 것은 상당한 실수이다. 자기 자신의 이익만을 위해 전념하여 다른 사람을 곤경에 빠뜨리고 힘들게 하는 것을 걱정하지 않는 것은 정말로 부정한 활동이며, 세상의 도리와 인정에 아주 큰 해가 된다.

우리는 자주 이러한 생각을 하고 항상 바르고 선하게 이상에 맞는 활동을 지속하는 것이 좋다. 그것을 끝까지 해낼 때 비로소 그 사람은 인간으로서 가치 있는 활동을 했다라고 할 수 있다.

활동의 진가는 부단한 노력을 쌓고, 우리가 그 이상을 실현시키는 데 있다. 급격한 활동은 심신의 활동력을 소모하기 쉽고 그 때문에 그 활동을 오래 지속시킬 수 없다. 그러므로 이상을 실현시키는 것이 불가능한 경우가 많다. 활동을 존중해야 하는 것은 싫증 내지 않고 굴복하지 않으며 착실하게 전진하여 이상에 도달하려고 하는 것에 있다는 것을 잊어서는 안 된다.

지속적인 활동을 하는 능력의 많고 적음은 그 인류의 문화 수준을 알 수 있는 상징이 되기도 한다. 대부분의 미개인은 일시적으로 노력을 할 수 있으나 지속적인 활동성은 부족하다. 예상대로 그들에게는 이상이 없고 배고픔이나 갈증에 의해서만 생활을 한다. 그런데 문명인은 이상을 세우고 그것을 달성하기 위해 어떠한 근로도 싫어하지 않으며, 연구와 활동을 지속한다. 그래서 그 사회는 더욱 진보하고 문화는 반짝반짝 빛을 발하고 있다.

활동은 사람이 가지고 있는 뛰어난 재능이기 때문에 우리는 이 세상에 생존하는 동안은 그것을 지속하지 않으면 안 된다. 그럼에도 불구하고 세상에는 가끔은 하찮은 부귀나 지위에 만족하고 일찍부터 활동을 멈추고, 혹은 화조풍월을 벗 삼기도 하고, 또는 아무 일도 하지 않고 빈둥빈둥 놀며 안일한 생활에 빠진 사람이 있다. 이러한 사람은 활동이 사람의 본령(本領)임을 모르는 사람이다. 또 단순히 일시적인 명예와 이익 외에는 어떠한 숭고한 이상을 가지지 못한 사람이다. 우리는 이러한 나약한 마음을 가지지 말고 사회의 이익, 행복을 위해서 영원히 활동해야 하는 것을 잊어서는 안 된다. 〈6~12쪽〉

조선총독부, 『고등보통학교 수신서』 권4, 1924년.

3. 심신의 건전

활동을 하려고 하면 당연히 활동력을 양성하는 것이 좋다. 수십 년이라는 같은 수명 동안에 어떤 사람은 보통 사람이 할 수 있는 것도 다 못 해내지만 어떤 사람은 보통 사람보다 몇 배 혹은 수십 배의 사업을 이룩한다. 하나는 평범하다고 하고 또 하나는 뛰어나고 칭해지는 것은 그 활동력의 양성과 운용에 큰 차이가 있기 때문이다. 활동력이 뛰어난 사람은 어떠한 일에 부딪히더라도 항상 쾌활한 기분으로 임하고, 상당한 노력을 하며, 그 일의 완수를 기대하고 더욱이 침착하면서 또한 여유가 있다. 그와 반대로 활동력이 떨어지는 사람은 아주 작은 일에도 금방 권태와 피로를 느끼고, 무엇 하나 성취 못 하고 끝나기 일쑤이다. 그러므로 이러한 창피를 당하지 않으려면 활동력을 크게 양성하는 것이 좋다. 활동력의 우열과 대소는 선천적인 것에 의하지만, 수양의 힘에 의한 것이 대단히 크다. 가령 우수하고 천부적인 소질을 가지고 있어도 수양을 게을리 하면 위대한 활동력을 발휘할 수 없다. 선천적으로 그다지 우수하지 않아도 수양을 게을리 하지 않는다면 결국에는 우수한 활동력을 발휘할 수 있다.

활동력을 양성하기 위해서는 심신의 모든 능력이 건전하게 발달을 할 수 있도록 노력하는 것이 좋다. 심신의 건전한 발달만 된다면 자연히 활동력은 양성된다. 신체의 건전을 기하기 위해서는 섭생을 지키고 단련을 하는 것이 중요하다.

일상의 음식에 주의하고, 폭음, 폭식을 삼가며, 특히 음주, 흡연 등은 가능한 피하는 것이 좋다. 면학, 휴식, 운동 등은 규칙적으로 행하고, 한쪽으로 치우쳐서는 안 된다. 정욕의 만족은 자칫하면 우리의 심신을 해롭게 하고 수양을 방해하기 쉽기 때문에 무엇보다 주의하는 것이 좋다.

많은 활동을 하려고 한다면 소극적으로 신체의 섭생을 지키고, 그 건강을 유지하는 것만으로는 부족하다. 적극적으로 그 신체를 단련하는 것이 중요하다. 그러나 큰 활동은 큰 역경을 만나는 경우가 많고, 그 어려움을 견뎌내기 위해서는 단련된 신체가 필요하기 때문이다. 청년 시절에는 신체의 발육이 왕성하고, 단련하기에 좋은 시기임을 알고, 우리는 때로는 검소한 식사에 감사하고, 때로는 배고픔과 갈증을 견디며 순리에 따르고, 또 어떤 때는 눈보라를 무릅쓰고 소풍을 가고, 혹은 뙤약볕 아래서 운동을 시도하는 등 아주 많이 신체를 단련해서 장래에 실제로 사회 활동을 함에 앞서 충분히 견뎌낼 수 있을 정도의 신체를 만들어 두는 것이 좋다.

건전한 정신은 건전한 신체에서 나온다. 그러나 건전한 신체가 반드시 늘 건전한 정신을 만든다고는 할 수 없다. 세상에는 건전한 신체를 가지고 있으면서도 정신 수양이 부족해서 활동력을 발휘하지 못하고 헛되이 일생을 무의미하게 끝내는 사람도 적지 않다. 우리가 신체의 건전을 생각하는 것은 그 자신을 위한 것만이 아니라 더욱더 건전한 정신을 만들고, 그 생명에 따라서 활동하기 위함이다. 그러므로 정신이 불건전하면 애써 건전하게 단련한 신체도 아무런 가치가 없어진다.

정신은 그것을 知(지), 情(정), 意(의) 3개의 작용으로 나누어서 생각할 수 있다. 건전한 정신은 이 3개의 작용의 조화로운 발달을 뜻한다. 지식이 아무리 풍부하더라도 실행하는데 기력이 부족하거나, 의지가 아무리 강하더라도 동정심이 많거나, 실행력이 있어도 선악을 변별하는 힘이 떨어지는 것은 모두 정신의 일부에 결함이 있는 것으로 건전한 정신이라고 할 수 없다. 우리는 항상 수양을 게을리 하지 않고 지, 정, 의에 조화로운 발달을 기하는 것이 좋다. 그렇지 않고서는 충분한 활동력을 발휘하는 것은 결코 할 수 없다.

신체의 건전과 정신의 건전은 서로 맞물려서 인간의 활동력을 발휘시킨다. 어느 한쪽이 아무리 건전하더라도 다른 한쪽이 불건전하면 활동은 충분한 것이라고 할 수 없다. 그러므로 충분히 심신의 수양에 힘쓰는 것이 좋다. 특히 청년 시기는 심신의 발달 변화가 왕성할 때이다. 이 시기의 수양의 여하에 따라서는 건전하지 않은 심신도 건전해지고, 혹은 건전한 심신도 불건전하게 되기도 한다. 더욱이 일단 이 시기에 길러진 성질, 습관은 성장한 후에 바꾸려고 해도 쉽게 바뀌는 것이 아니다. 이러한 의미에서 청년 시기는 인생의 위기라고 할 수 있는 일생 중 가장 긴장해야 할 시기이다. 우리는 그것을 잘 자각하여 충분히 심신의 수양에 노력해야 한다. 〈12~19쪽〉

조선총독부, 『여자고등보통학교 수신서』 권1, 조선서적인쇄주식회사, 1925년.

14. 기거동작

용의를 단정하게 하는 것이 우리들의 품격을 유지하는 데 필요한 것과 같이 일상생활의 행동(기거동작)에 주의하는 것도 품격을 유지하는 데 매우 필요한 것입니다. 특히 여자는 여자답게 일상생활의 행동을 하지 않으면 평소 소양 정도로 여겨져 정말로 부끄러운 일입니다.

모든 일상생활의 행동은 쾌활하며 게다가 차분하게 하는 것이 중요합니다. 수족의 동작법 등을 조용하고 차분하며 거칠게 하지 않고, 애교가 있고, 부드럽고 쾌활하게 더욱이 기품이 있는 것이 가장 좋은 것입니다. 다른 사람과 마주 앉아 있을 때, 행실이 좋지 않은 것은 상대방에게 불쾌감을 줍니다. 또 다른 사람과 이야기할 때 얼굴을 옆으로 향하거나 아래를 향하거나 해서 이야기를 하는 것도 좋지 않습니다. 우리는 바르게 상대방을 보고 느긋하게 이야기를 하지 않으면 안 됩니다. 또 길을 걸어가면서 스쳐 지나가는 사람을 뒤돌아보면서 비평을 하거나 타인의 집을 들여다보거나 하는 것도 여자다운 여자가 하는 행동이 아닙니다. 또 학교생활의 행동에도 우리가 주의해야 할 것이 여러 가지 있습니다. 출입구 문이나 화장실 문 등을 거칠게 열고 닫는다든지, 혹은 열어 둔 채로 놓아두는 일은 바람직하지 못합니다. 수업이 끝나고 귀가할 때, 서둘러서 돌아가려고 보자기를 뒤집어서 책이나 노트 등을 싸거나 칠칠하지 못한 방법으로 싸다가 물건을 떨어뜨리거나 하는 것도 바람직하지 못합니다. 잘못 쓴 종이로 코를 푸는 것 등도 여자의 행위로서는 보기 좋은 것은 아닙니다. 잉크병을 넘어뜨리거나 묵을 묻히거나 해서 의복을 더럽히는 것은 과실이라고 한다면 과실이 되겠지만, 대부분은 부주의와 행동이 경솔한 것 때문이기에 우리는 항상 주의해야 합니다.

동작을 활발하게 하는 것은 우리에게 필요합니다. 그러나 자칫하면 경솔하다는 결점이 따른다는 것을 피할 수 없습니다. 실수로 그릇을 깨뜨리는 경우가 많은 사람에게는 아무래도 이러한 결점이 있는 경우가 많은 것입니다. 또 우리는 온화하고 품위가 있어야 함은 말할 것도 없습니다. 그러나 자칫하면 무기력에 빠지는 것을 피할 수 없습니다. 그래서 우리는 동작을 활발하게 하도록 신경을 씀과 동시에 여자답게 온화하며 품위 있게 행동하도록 노력하지 않으면 안 됩니다. 〈62~66쪽〉

조선총독부, 『여자고등보통학교 수신서』 권2, 조선서적인쇄주식회사, 1925년.

4. 섭생과 단련

사람이 건강하다면 신체에 활력이 충만합니다. 그리고 활발한 원기도 생기고 상쾌한 기분도 솟아오릅니다. 이에 반해서, 건강하지 않으면 활력이나 원기가 결핍되고, 때로는 정신적으로 우울증에 빠져서 불유쾌한 날들을 보내는 일도 적지 않습니다. 특히 여자는 훗날 한 가정의 주부로서 가정 화목의 중심이 되고, 한 가정이나 자손의 행복을 좌우하는 지위에 있기 때문에 건강을 유지하고 증진하는 것이 필요하다는 것은 말할 나위도 없습니다.

건강의 유지 및 증진을 위해서는 두 가지의 방법이 있습니다. 하나는 좋은 섭생을 하는 것이고, 또 하나는 신체를 단련하는 것입니다.

선천적으로 약한 사람이라도 항상 음식이나 운동, 휴식, 수면 등에 주의하고, 좋은 섭생을 하면 건강을 유지하는 것은 어려운 일이 아닙니다. 스스로도 약하다는 것을 자각하고, 사람들로부터도 똑같이 약하다고 인정받는 사람이 비교적 병에 걸리는 일도 적고 더욱이 장수하는 일은 결코 적지 않습니다. 이들 모두는 평소 섭생에 신경을 쓰고 신체를 소중하게 아끼기 때문입니다. 비교적 강건하다고 스스로가 믿고, 사람들로부터도 그렇게 인정받는 사람이 때로는 생각지도 못한 병에 걸려서 혹은 단명으로 끝나는 경우가 있는 것은 많게는 자기의 건강을 자만하고 섭생에 신경을 쓰지 않았기 때문입니다.

온실에서 자란 꽃은 햇볕에 쬐면 바로 시듭니다. 그늘에서 자란 초목은 그다지 강하지 않은 바람이 불어도 바로 꺾어져 버립니다. 우리는 이런 온실에서 자란 꽃이나 그늘에서 자란 초목과 같이 허약한 사람이 되어서는 안 됩니다. 생각해 보면 우리는 일생을 통해서 그 생활이 언제나 평온하고 무사할 것이라고 생각할 수 없습니다. 때로는 밤새 부모의 병간호를 해야 하는 일도 생길 것입니다. 혹은 심한 추위와 더위를 참고 아주 분주하게 노력해야 하는 일도 생길 것입니다. 혹은 고통을 참고 장시간 노무에 복무해야 하는 일도 생길 것입니다. 이처럼 대단히 힘든 경우를 만나더라도 그 변화에 견딜 수 있는 힘은 평소에 단련된 신체에 의해서 비로소 얻을 수 있습니다. 특히 우리는 나중에 어머니가 되어 자녀를 보육하고 양호해야 하는 무거운 임무를 지고 있기 때문에 이 무거운 임무에 견딜 수 있는 강건한 신체를 지니도록 평소에 단련하는 것이 몹시 중요합니다.

단련 방법으로는 체조나 운동, 유희 등도 좋지만, 또 이것 외에도 적당한 방법을 취하는 것이 좋습니다. 냉수마찰을 하든지, 등산이나 소풍을 가든지 해서 단련하는 것도 유익합니다. 또 가정에서 집안일을 돕거나 근로를 하거나 하는 것도 단련하는 데에 유익합니다. 검소한 옷, 검소한 식사에 만족하고, 추위와 더위를 견디고, 가난, 고통, 부족함을 견디는 일 등도 역시나 유익합니다. 그래서 우리는 체질에 따라 각자 적당하게 단련을 하도록 명심해야 합니다. 〈13~18쪽〉

2. 신문

「피부의 겨울 위생」, 『동아일보』, 1926년 2월 1일.

겨울이 되면 차고 매운 바람이 불어 피부는 거칠어지기 쉽고, 이것이 더하면 터지게 된다. 우리나라 사람은 피부라 하면 으레 얼굴과 손만 생각하고 온 육체를 싼 피부는 생각할 줄 모르는 이가 많다. 이것은 겨울에 목욕을 잘 아니하시는 분이 많은 것을 보아 알 수가 있다.

손과 얼굴에 나타난 피부는 온 육체를 싼 피부에 비하여 극히 적은 것이다. 손과 얼굴의 피부가 불완전하므로 받은 건강의 해는 별로 없지마는, 온 전신을 싼 피부가 불완전함으로 인하여 받는 건강의 해독은 자못 큰 것이다. 그러므로 여기에 피부의 위생을 세 가지로 나눠 그 간수하는 방법을 설명하려 한다. 첫째는 피부 전체에 대한 위생, 둘째는 얼굴에 대한 위생, 셋째는 손에 대한 위생 이것이다.

1. 피부 전체에 대한 위생

서양 여자들은 아무리 추운 겨울에도 팔꿈치 위까지 드러내놓고 젖가슴 위까지 드러내놓는 엷은 옷을 입고 밖에 나올 때만 두껍게 외투를 입기 때문에 육체의 피부를 썩 잘 간수한다. 그리고 여자의 화장법 하면 다만 얼굴을 가리킴이 아니요, 몸까지 들어가는 것이다. 그들은 피부를 어찌 위하는지 매일 아침 목욕물에 생우유를 큰 통으로 한 통씩 타서 하는 이까지 있다고 한다. 그러나 이것은 옳지 아니한 일이다. 우유를 얻어먹지 못하며 굶는 아이가 있는데 우유 목욕을 한다니 이것은 우리가 본받을 바가 아니지마는 돈 4전만 내면 누구나 할 수 있는 목욕이야 자주 못할 까닭이 어디 있나.

어떤 사람은 말하기를 목욕을 너무 자주 하면 피부가 거칠어진다고 한다. 이것은 목욕하기 싫은 게으른 사람의 지어낸 말이다. 그야 온천 같은 데가 있어서 하루에 2,3차씩 몸을 씻으면 피부가 거칠어질는지 모르지마는 하루 걸러나 이틀 걸러 15분이나 20분씩 들어갔다 나오는 목욕에 왜 피부가 거칠어질 리가 있나. 도리어 피부에 때가 끼지 않기 때문에 피지선의 지방을 내보내는 힘이 자유로워 윤택하여지는 법이다.

「피부의 겨울 위생」, 『동아일보』, 1926년 2월 2일.

둘째 음식물

피부를 곱게 하고 거칠게 하는 데 음식물과 관계가 있다는 것은 얼른 생각하기 어려운 일이다. 그러나 이것은 여러 의학자가 증명하는 바이요, 우리가 경험하는 바이다. 매운 것을 많이 먹거나 음식을 먹고 속이 거북하거나 설사를 하거나 하면 반드시 피부가 거칠어진다. 우리나라 음식은 피부를 보호하기에 적당치 못하다. 고추장이라든지 고춧가루, 후춧가루, 겨자 이러한 자극성을 가진 음식을 많이 먹으므로 위생을 몹시 자극시키며 위장을 약하게 만들므로 혈액의 순환이 고르지 못하여 피부가 윤택한 빛을 잃어버리게 되는 것이다.

우리나라 사람은 늘 그와 같이 자극성이 많은 음식을 먹어 버릇하였기 때문에 습관이 되어 모르지마는 그러한 자극성 음식을 안 먹는 사람이 한두 번 먹는다고 하면 피부가 좋지 못하여지는 것을 현저히 알 수가 있는 것이다.

겨울이 되면 체온의 발산이 많이 되므로 아무쪼록 기름진 음식을 먹어야 피부가 윤택해지는 것이다. 겉으로 아무리 간수를 잘하더라도 내부적으로 오는 원인을 없이 하지 않으면 피부는 고와지지 않는 것이다. 저번에 목욕을 잘하라고 말하였거니와 아무리 피부에 좋은 목욕이라도 음식을 적당하게 먹고 소화가 잘되는 위장을 가지고야 비로소 피부를 윤택케 하는 효력이 생기는 것이요, 내부적 원인은 그대로 두고 목욕만 잘한다 하면 피부는 점점 거칠고 말 것이다.

우리나라 여자의 피부가 서양 여자나 일본 여자의 피부에 비하여 거칠고 깔끄러운 것은 목욕을 잘 안 하는 것이 한 원인이지마는, 그보다도 근본적 원인은 음식에 자극성이 많은 것과 과학적으로 음식의 재료를 택하지 않기 때문에 사람의 몸에 필요한 성분을 골고루 취하지 못하는 것이라고 생각한다.

이 위에 설사를 잘하는 사람은 피부가 거칠어진다고 말하였거니와 이와 반대로 변비증이 있어 늘 뒤를 잘 보지 못하는 사람의 피부도 거칠고 윤택이 없는 것이다. 그러므로 피부를 윤택케 하고 아름답게 하려면 뒤를 잘 보도록 하지 않으면 안 되는 것이다. 변비되는 사람은 이에 대한 치료를 하여 하루 한 번씩 꼭 뒤를 보도록 할 것이다.

「피부의 겨울 위생」, 『동아일보』, 1926년 2월 3일.

이 위에는 체질이 원래부터 약한 사람에게 대한 섭생법을 말하였거니와, 이와 반대로 선천적으로 좋은 육체와 건강을 타고나서 얼굴빛도 좋고 위장도 든든하며 건강함을 스스로 자랑하는 종류의 사람은 40세까지는 심히 안전하지마는, 40이 훨씬 넘어 50을 바라보게 되면 몸이 폭 빠지고 약해지며 여러 가지 병이 생기는 사람이 많다. 이것은 그들이 건강을 믿고 여러 가지 부주의를 하였기 때문이다. 음식을 함부로 너무 많이 먹으며 정신과 육체를 너무 과로시키고, 술을 먹고 담배를 먹어 심장이 약해지고 신장병이 생기며 혈관이 굳어지는 것이다. 이 심장병 신장병, 혈관이 굳어지는 병으로 하여 죽는 사망률이 그러한 사람 가운데 가장 많은 것이다. 그러므로 선천적으로 아무리 든든한 사람도 이와 같이 위생에 맞지 아니하고 생리적 법칙에 어그러진 생활을 하였으므로 말미암아 쉬 죽게 되는 것이다.

선천적으로 든든한 몸을 타고 난 사람이 40되기까지에 너무 몸을 함부로 가지고 술 먹고 담배를 먹어 50이 가까워올 때에 몸이 몹시 약하여진 이에게 대한 위생과 섭생법을 특별히 아래와 같이 써 보려 한다.

셋째 운동

겨울에는 아무쪼록 방 속에 들어 있어 바깥출입을 안 하여 찬바람을 피하면 피부가 고와지는 것 같지마는, 사실은 이와 반대로 아무리 날이 춥고 바람이 차더라도 아무쪼록 방에 들어앉아 있지 말고 밖으로 나다니는 것이 피부 위생에 썩 좋은 것이다. 방 속에만 꼭 들어앉았던 사람이 갑자기 바람을 쏘이고 돌아다니면 그야 살이 터지고 거칠어지지마는, 늦은 가을부터 늘 찬바람을 쏘이고 돌아다니는 습관을 지으면 피부는 찬바람에 대한 저항력이 생겨서 웬만한 바람을 쏘이더라도 터지거나 하는 일이 없는 것이다.

겨울이 되면 흔히는 사람들이 가만히 집안에 들어 앉아있다. 더군다나 우리나라 사람은 겨울에 게을러진다. 따뜻한 봄가을에는 운동깨나 하고 돌아다니는 사람들도 겨울에는 다 집어치우고 들어앉는다. 그래서 태양 빛도 쏘이지 못하고 공기도 마시지 못하여 피부 빛이 노랗고 몸에 신진대사가 잘 되지 못하여 윤택이 없어지고 거칠어진다.

「피부의 겨울 위생」, 『동아일보』, 1926년 2월 4일.

그래서 찬바람에 부딪히게 되면 곧 터지는 것이다. 겨울에 운동을 잘하는 것이 1년을 병 없이 살 수 있는 원동력을 얻게 되는 것이다.

이 위에 음식물에 대하여 말할 때에 변비증이 있어 뒤를 잘 못 보는 사람은 피부가 거칠어진다고 말하였거니와, 운동을 적당히 하면 변비증은 저절로 없어지는 것이요, 별로 약을 먹거나 치료를 아니 받아도 관계치 않게 되는 것이다.

변비증뿐 아니라 적당한 운동을 하면 위장의 소화력을 도와 소화불량이 안 생기는 동시에 혈액순환을 잘 시켜 피부를 윤택하게 하는 것이다. 서양에서는 육체의 미를 극히 숭상하게 되어 겨울에 피부를 윤택하게 하기 위하여 버터와 우유 같은 기름진 음식을 취하며 테니스나 스케이트 같은 운동을 적당히 하며 또 한편으로는 목욕을 잘하고 '크림'이나 '글리세린' 같은 피부를 윤택케 하는 약을 바르며 또 거칠지 않게 하기 위하여 그 위에 분가루를 바른다고 합니다. 웬만한 사람은 목욕한 후에 반드시 분가루를 바른다고 합니다.

「피부의 겨울 위생」, 『동아일보』, 1926년 2월 7일.

이 위에는 전신 피부에 대한 위생을 말하였거니와 다음에는 얼굴에 대하여 말하려 한다. 물론 얼굴도 몸과 똑 같은 피부로 싼 것이니 몸에 대한 것과 같은 위생을 해야 하고 이 위에 말한 것이다. 여기에 필요한 것이 된다. 그러나 얼굴을 늘 드러내놓고 다니는 것이요, 또 미적 조건이 붙는 것이므로 온 전신의 피부를 위하는 위생을 하는 동시에 특별히 다른 방법을 쓰지 아니하면 아니 되는 것이다.

사람의 체질을 따라 얼굴에 기름기가 많은 이도 있고 얼굴에 기름기가 아주 없는 이도 있다. 그러므로 얼굴을 거두는 방식도 이 두 가지를 따라 각각 다른 것이다. 얼굴에 기름이 많이 끼는 이는 겨울에 별로 터지거나 거칠어지는 일이 없다. 그러나 얼굴이 보송보송하고 기름기 하나 없는 이는 찬바람에 부딪히는 대로 싹싹 부어진다.

얼굴에 그와 같이 기름기 없는 이는 세수할 때에 비누를 수건에 묻혀서 북북 문지르지 말고 손바닥에 묻혀 살살 발라 때를 씻고 비눗기가 없도록 맑은 물에 잘 씻은 다음에 '와싱 크림'이라는 것이나 혹은 보통 '크림'이나 '글리세린'이나 발라서 잘 문질러야 한다. 그 위에다 그냥 분을 바르면 잘 안 먹는 것이니 맑은 물에 씻어내 버리고야 분을 바르는 것이 좋다.

추운 겨울에 바람이 몹시 심할 때는 아침에 세수할 때에 그렇게 하고, 잘 때에 또 한 번 그렇게 하되 분을 바르지 말고 잘 것이다. 그러면 그 이튿날 살결이 썩 고와 보이며 분이 잘 먹는 것이다. 너무 더운 물에 세수를 하면 당장은 피부가 윤택하여지는 것 같지마는, 나중에는 깔깔해지는 것이니 미지근한 물에 세수를 하는 것이 가장 좋다.

얼굴에 기름기가 지르르 흘러가지고 있는 이는 이 위와 같은 방법을 써서는 도리어 보기 흉하다. 얼굴에 기름이 많은 것은 대저 건강한 표이지마는 어떤 사람은 약하면서도 얼굴에만 개기름이 도는 일이 있다. 그러한 이는 아무쪼록 세수를 자주 하는 것이 좋다. 얼굴에 기름기가 돌면 때가 많이 끼며, 때 가운데는 미균이 많아서 부스럼이나 여드름 같은 것이 많이 나는 것이다. 그러므로 아무쪼록 세수를 자주 할 것이다. 그리고 애여[52] '크림'이나

---

52) '구태여' 또는 '애써'의 뜻으로 쓴 글자로 보임.

'글리세린' 같은 것을 바르지 말고 분을 발라도 가루 분을 바르는 것이 좋다.

　겨울이면 화롯불이나 난롯불을 흔히 쪼임으로 얼굴의 피부 가운데 있는 수분이 다 증발되어 잘 터지는 것이다. 그러므로 얼굴을 위하는 이들은 결코 화롯불 가까이나 난로 가까이 얼굴을 대어 밀지 아니한다고 한다.

「입학시험긔와 수험자의 위생, 가장 그 주의할 것은 신경계통과 소화긔」, 『조선일보』, 1926년 3월 2일.

　중등 정도 각 남녀 학교의 입학시험은 앞으로 며칠이 남지 않았습니다. 봄철이 되어 신체 조직에 새로운 변화가 생기고 뇌 신경을 남비(濫費)하기 쉬운 금일 생활에 입학시험이라는 무거운 짐은 한참 발육이 왕성한 소년기와 청년기에 큰 장애가 되는 것이올시다. 종일토록 책상 옆에 쪼그리고 앉았으니 운동 부족이 될 것은 다시 더 말할 바가 없거니와, 입학시험을 일생의 운명이나 결정하는 듯이 생각하는 그들의 젊은 가슴에는 반드시 조릿조릿한[53] 애를 태우지 않고는 견디지 못할 것이올시다. 따라서 시험 예비에 몹시 피곤해진 그들은 건강에 큰 해를 입을 것은 물론이요, 입학시험을 치르는 중도에 졸도를 하는 무서운 일도 있고, 심하여는 입학 허가가 발표됨과 동시에 사망하는 끔찍한 일도 일어나는 터인즉 시험을 받으려고 준비하는 이들은 무엇보다도 먼저 신체와 정신을 건전하게 가지기에 힘써야 할 것이올시다. 수험기에 가장 주의하지 않을 수 없는 것은 신경계통과 소화기계통에 대한 위생이니 이것이 건전하지 못할 때에는 생각지 아니한 실책을 하기가 쉽습니다. 뇌의 기능을 충분히 활약시키려 할진대 첫째로 신경계통을 건강케 할 것이요, 그중에도 특별히 수면의 부족을 느끼지 않게 할 것이올시다. 수면의 부족이나 수면의 불안은 전 신경계통을 파괴할 뿐만 아니라 소화기와 호흡기, 오관기(五官器)까지도 악영향을 받게 됩니다. 수면 부족으로 인해 사람이 받는 해는 이것을 동물에 시험해 보아도 밝히 알 수가 있습니다. 예를 들어 말하면 수십 시간을 재우지 않은 동물의 혈액을 건전한 동물의 혈액에 주사를 하면, 건전한 동물은 당장에 졸도를 하는 것이올시다. 이것은 과도한 수면으로 인해 발생한 수면독이 혈액에 들어간 까닭이니 과도하게 공부를 하는 수험생들은 뇌신경을 몹시 쓴 연고로 피로독이 발생할 것입니다. 수면의 장해로부터 수면독이 발생한다면 아무리 건강한 청년이라도 신체에 큰 고장이 생기지 않을 수 없을 것이니 이로 말미암아 수면의 절대적 필요가 일어나는 것이올시다. 나폴레옹은 하루에 2시간밖에 더 자지 않고 공부를 하

---

53) 조릿조릿하다: 조바심이 나고 애가 타서 불안하다.

였다는 둥, 이틀 밤 사흘 밤을 새우기는 여반장으로 알았다는 말을 하며 졸음을 억지로 참고 독서들 하는 그들에게는 자기도 모르는 사이에 어느덧 수면독과 피로독이 발생할 것을 예상치 않을 수 없습니다. 공부하는 중간에 피곤해지는 것은 신경계통이 장해를 받는 제일보라 하겠습니다. 일반으로 신경쇠약증은 여자보다도 남자가 많고 20세부터 50세까지가 제일 많다 합니다. 몸이 피곤해질 때에 일어나는 신경쇠약의 징후는 흥분하기 쉽고 두통이 나며 귀가 쩽하고 현훈증[54]이 있고 무서운 꿈을 꾸며 드디어 잠을 이루지 못하고 소화불량이 생기며 변비가 되고 설사가 나며 땀과 소변이 많이 난다 합니다. 이러한 징후가 있을 때에는 벌써 신경쇠약이 극도로 들어가는 소위[55]인 줄 알고 한시라도 빨리 공부를 중지하지 않으면 안 되겠습니다. (계속)

「입학시험긔와 수험자의 위생(2), 가장 그 주의할 것은 신경계통과 소화긔」, 『조선일보』, 1926년 3월 3일.

성적 방면에 부주의하는 것도 신경쇠약의 한 원인이라 할지니 그로 인해 오관기가 장애를 입어 독서할 때에 몸이 피곤해지고 글자가 아롱아롱하며 잘 보이지 않는 일까지도 있다 합니다. 이것을 신경성의 안정(眼精) 피로라 하나니, 원기가 왕성한 청년 수험생에게 특별히 주의하기를 부탁합니다. 그리고 수면이 잘 되지 않는 이들 중에 대개 수면약을 남비하는 이가 많음을 보았습니다. 이것도 크게 생각할 문제라 하겠습니다. 이 약제는 일반적으로 극약의 종류라 할 수 있은즉 조금이라도 분량을 잘못 쓰면 큰 해를 입게 되는 것이올시다. 약제에는 습관성이 생기기 쉬워 복용하면 복용할수록 효력이 약해지고 따라서 점점 분량을 많이 하지 않으면 아무 효력을 볼 수 없게 됩니다. 수면약에는 더욱 이 작용이 현저하다 하겠습니다.

프롬 가리(加里)와 같이 프롬을 함유한 약제를 항상 복용하면 마치 담배로부터 니코틴 중독, 술로부터 알코올 중독이 일어나는 것과 마찬가지로 프롬 중독이 나타나는 것이올시다. 그러므로 수면약은 결단코 이러한 종류의 약을 연용(連用)하지 않는 것이 좋다고 생각합니다. 그러나 똑같은 프롬의 제제(製劑)일지라도 푸롬랄—이나 갈모진 혹은 아다린 등은 체내에서 프롬이 흩어지지 않는 고로 항상 복용하지만 않으면 별로 큰 해는 없으며, 부득이 수면약을 사용해야 될 경우에는 푸롬랄—을 택하는 것이 제일 나을까 합니다. 비[56]로

---

54) 현훈증(眩暈症): 정신이 아찔아찔하여 어지러운 느낌이나 증세.
55) 소위(所爲).
56) '비'는 비(鼻) 즉, 코를 가리키는 것으로 보임.

부터 파 냄새를 맡으면 불면증이 낫는다는 말도 있지마는, 이것은 대단히 불합리한 일이니 여러 가지 휘발유와 유화(硫化) 아릴— 등이 그 가운데 포함되어 있으므로 도리어 신경을 흥분케 할 뿐이올시다. 그런데 신경계통을 건전케 하려면 인분(燐分)[57]을 섭취하는 것이 매우 유력하니 인분이 많이 있는 신선한 야채를 많이 먹는 것이 대단히 필요합니다. 인분은 무엇보다도 뇌를 건전케 하는 묘약이라 할 수 있습니다. 수면을 충분히 해야 될 것을 잊어버려서는 안되겠습니다. 또한 수험기에는 운동이 부족한 까닭으로 목욕을 자주하는 것이 좋습니다마는, 더운물에 오랫동안 들어앉아 있는 것은 해롭고 더운물에 들어앉았다 나올 때에 갑자기 눈이 캄캄해지고 어뜩어뜩하는 것은 신경쇠약에 걸린 증거라 할지니 그러한 사람은 특별히 오랫동안 목욕을 하거나 너무 뜨거운 물에 목욕을 하는 것이 좋지 않습니다. 그뿐만 아니라 운동이 부족함으로 인해 수험생에게는 각기(脚氣)와 치질이 많이 생긴다 합니다. 3시간이나 5시간 동안을 책상 옆에 꼬부리고 앉아서 책만 들여다보는 것보다는 방 안에서라도 괜찮으니 1시간 만큼에 1번씩 잠깐 동안 일어나서 방문을 훨씬 열어놓고 가벼운 운동이라도 하는 것이 무엇보다도 유익한 것이올시다. 수험 중에는 결단코 과격한 운동을 하는 것이 해롭고 가벼운 각기와 가벼운 치질은 그다지 염려할 필요는 없다고 생각합니다.

「입학시험긔와 수험자의 위생(3), 가장 그 주의할 것은 신경계통과 소화긔」, 『조선일보』, 1926년 3월 4일.

특별히 수험생에게는 변비 또는 설사를 하기 쉽습니다. 변비가 되면 뇌의 활동이 지둔[58]해지는 고로 이삼일만 계속하게 되거든 곧 약을 먹는 것이 좋을 줄 압니다. 그리고 설사를 조금만 하면 뇌가 민첩해진다고 중학생들이 연종[59] 시험 때에 일부러 설사를 하는 일도 있습니다. 그러나 이것은 대단히 큰 오해라 할지니 설사를 하는 그대로 건강에 큰 해를 입을 것이올시다. 만약 부주의함으로 말미암아 수험기에 설사가 나거든 하루라도 빨리 막히도록 하지 않으면 안 되겠습니다. 또한 수험생은 정력을 소비하는 때문에 그 대신 육류를 많이 먹으려 합니다마는, 생계란이나 육류 등의 단백질은 많이 먹지 않는 것이 좋고, 신선한 채소와 과일 및 당분을 많이 먹는 것이 뇌에 매우 이로운 것이올시다. 절대로 소화하기 어려운 것은 먹지 말 것이며 당분이 피곤함을 회복하는 것은 운동 선수들이 체험한 결과 우리

---

57) 인의 성분.
58) 지둔(遲鈍)하다: 굼뜨며 어리석고 둔하다.
59) 연종(年終): 학년말.

가 익히 아는 바입니다. 정신적 노동에도 당분은 이같이 필요한 것이올시다. 동물성의 자양제로는 간유(肝油)와 버터를 먹지 않는 것이 좋고, 진한 엽차나 홍차는 신경을 흥분시키는 고로 이것도 마시지 않는 것이 좋으며 남학생들의 책을 보면서 담배를 퍽퍽 피우는 것도 신경계를 흥분시키는 터이므로 역시 해로운 것이올시다. 여자 수험생은 특별히 월경기에 주의를 해야 할지니 그때에는 정신을 얼마큼 휴양하는 것이 좋습니다. 당장에 남보다 성적이 못해지는 것을 아깝게 여겨 과도히 뇌를 사용하는 것은 도리어 후환을 염려치 않을 수 없는 것이올시다. 하여간 수험생에게는 규칙적 생활이 절대로 필요합니다. 끝.

「어린이에게 위험한 홍역에 대한 주의, 환자는 아못조록 격리하고 잡증세 안 나도록 더욱 주의」, 『조선일보』, 1926년 5월 8일.

아기들을 기르시는 가정이나 유치원 당국자들에게 대해 홍역이 유행하기 쉬운 이때에 가장 주의할 점을 말씀하려 합니다. 홍역은 일생에 한 번은 걸리고야 마는 병이니, 그것이 7, 8세로부터 10세까지 사이에 걸리게 되면 이거니와 그렇지 않고 10세 이상이 되어 걸리게 된다면 매우 위중하게 되는 것이올시다. 홍역은 발열성의 전염병으로 환자의 눈물, 호기(呼氣),[60] 땀, 주위의 공기로부터 많이 전염되나니 그 증세로 말하면 1주일부터 10일 가량쯤 잠복기가 있어 잘 주의해 보지 않으면 알 수 없을 뿐 아니라, 모르는 동안에 벌써 다른 아이에게 전염을 시키게 되는 것이올시다. 잠복기에 있는 아이는 항상 기운이 없어 보이고, 유희나 운동 같은 것을 즐겨하지 아니하며, 식욕과 구미가 없어지고 얼빠진 사람처럼 보입니다. 그러다가 잠복기가 지나면 39도로부터 40도가량의 열을 발하고, 코피가 나며 콧물이 흐르고, 또는 결막이 붉고 기침을 하며, 목이 쉬고 맥이 빠르며, 팔다리가 늘어지는 듯하고 속이 매스껍습니다. 이렇게 되면 환자는 열에 떠서 헛소리를 하며, 먼저 눈 근처로부터 좁쌀알 같은 것이 불긋불긋하게 돋습니다. 그리고 그것이 차차 온 얼굴에 퍼지며 목으로부터 전신에 나오는데 발진(發疹)한 지 7일경에는 극도에 이르렀다가, 그로부터 다시 열이 내리기 시작하며 발진된 것은 조금 창백한 빛이 돌다가 황색으로 변한 후 2, 3일을 지나면, 한편 스러져가며 동시에 식욕이 생기고 기침도 그치기 시작하며 발진되었던 곳에 껍질이 벗어지는 것이올시다. 기침은 1주일 내지 반개월 가량 나는데 그 경과가 위에 말한 바와 같이 순조롭게 지나가면 좋으려니와 티푸스성(性) 홍역이 되어 혼수상태에 빠지고 깨어나지 못한다거나 홍역이 매우 가볍게 지나간다고 그릇 생각하고 안심하며 바람을 쏘여

---

60) 내쉰 숨.

주면 백일해(당나귀 기침)혹은 폐렴(肺炎) 등의 여병(餘病)[61]을 일으킵니다. 또는 아무것도 돋지 않고 결막과 입안이 조금 붉어지며 눈물과 콧물이 나오고 열이 심한 홍역도 있으며, 수포가 생기는 결절성 홍역도 있고 출혈성 홍역도 있습니다. 티푸스성 홍역은 환자 1할 가량의 사망률을 볼 수 있고, 중이(中耳) 가답아(加答兒)[62], 가다루성 폐렴[加答兒性肺炎], 결핵증, 결막염 등은 홍역의 합병증으로 생기기 쉬운 즉 반드시 주의해야 하겠습니다. 환자는 멀리 외딴방에 두고 방안은 조용하며 어둑하게 할 것이요, 공기의 유통이 잘 되게 하고 또한 늘 덥게 할 것입니다. 열이 높을 때에는 환자가 이불을 걷어 차고 벌떡 일어나는 일이 많으니 잠시도 옆을 떠나지 말고 잘 보살펴 주어야 할 것이올시다. 음식은 생계란, 우유, 죽 같은 것을 먹이는 것이 좋으며, 홍역은 대개 가정에서 충분한 주의만 하면 별고없이 그대로 지나고 마는 것이지마는, 만일 열이 40도 이상이나 오른다든지 상태가 순조롭게 나가지 못하는 경우에는 즉시 의사를 불러 진찰을 받아야 할 것입니다.

「물과 건강, 물은 보약이오, 또한 화장품」, 『동아일보』, 1926년 6월 11일.

물은 세계 제일의 건강 증진제입니다. 어떠한 보약이라도 이 물만은 못한 것입니다. 그러나 세상 사람은 얻기 어렵고 값 많은 것을 보약으로 알뿐이요, 물이 귀한 보약인 것을 아는 이가 적습니다. 뿐만 아니라 물은 또한 유력한 화장품입니다. 만일 사람들이 인체의 생리적 작용을 조금씩 연구만 하면 적당히 물을 마시는 것이 얼굴을 아름답게 하고, 몸을 든든히 하는 데 얼마나 필요한 것인 줄 깨달을 것이올시다.

좋은 물을 적당히 먹으면 얼굴빛이 고와지고 깨끗해지며 호흡기와 피부에서 나오는 좋지 못한 냄새를 없애게 하는 것입니다. 그러면 어째서 물이 이렇게 필요한가, 그것은 아래와 같은 이치입니다.

사람의 생리적 작용은 그 부산물로 여러 가지 종류의 유독물을 분비하므로 그 유독물이 사람의 몸을 노쇠하게 하는 것입니다. 그리하여 사람은 결국 그 유독물로 죽는 것입니다. 건강한 육체는 간장(肝臟)이 그 유독물을 파괴시키는 작용을 하며, 신장(腎臟)과 장(腸)과 피부는 이것을 자꾸 배설시키므로 사람은 건강 상태를 유지하게 되는 것입니다. 유독물을 배설시키는 데는 신장이 가장 중요한 기관이요, 이것을 배설시키는 중개물은 즉 물입니다. 그러므로 우리는 물을 잘 먹지 않으면 안 되는 것입니다.

---

61) 합병증.
62) 가답아(加答兒): 점막 세포에 염증이 생겨 다량의 점액이 분비되는 상태.

「물과 건강(2), 물은 보약이오, 또한 화장품」, 『동아일보』, 1926년 6월 13일.

신체의 각 부분은 혈액에서부터 뼈며 손톱까지라도 수분을 요구하는 것입니다. 만일 혈액에 수분의 공급이 불충분할 때는, 혈액을 할 수 없이 수분을 결장(結腸) 또는 기타조직에서 수분을 흡수하게 혈액 가운데는 유독물이 들어가고 장을 건조해서 변비증이 생기는 것입니다.

그뿐만 아니라 소화력(消化力)이 불충분한 것도 물을 적당히 먹지 않는 까닭이라고 볼 수가 있습니다. 적당한 수분을 취하면서 음식도 먹으면 한편으로 위의 운동을 민활하게 하며 물의 물리학적 작용으로 음식을 장으로 움직여가는 힘이 빠르게 되는 것입니다.

그뿐만 아니라 얼굴빛이 윤택하지 못하고 머리에 광채가 없는 것, 얼굴의 긴장미가 없는 것이 모두 물을 적당하게 먹지 않은 결과라고 볼 수 있으며, 용모미(容貌美)의 4분의 3의 결점은 물을 마시는 분량이 적당하지 못한 까닭이라고 볼 수가 있습니다. 물은 위장을 깨끗하게 하고 혈액순환을 빠르게 하며 전신의 조절이 잘 되며 식사와 운동으로 인하여 생긴 폐물을 밖으로 속히 내보내므로 우리의 몸은 건강하고 든든해지는 것입니다.

그러면 날마다 물을 얼마나 마셔야 몸에 적당한 분량일까. 이것은 필요한 문제이니 우리나라 사람이 약수터에 가서 한꺼번에 두세 사발씩 마셔서는 아무리 좋은 물이라 하더라도 도리어 해롭습니다. 하루 세 번씩 식사할 때와 자기 전과 또는 그 사이에 먹는 물의 분량이 서양 찻잔으로 일곱 내지 여덟 잔쯤 되는 것이 몸에 가장 적당한 분량입니다. (계속)

「물과 건강(3), 물은 보약이오, 또한 화장품」, 『동아일보』, 1926년 6월 16일.

옛날 노인들은 밥을 물에 말아 먹어야 복을 받는다고 하였습니다. 한 주발 밥을 강다짐[63]으로 먹는 사람은 언제든지 한 번 밥을 굶을 일이 생긴다고 하였습니다. 중간에 와서 신식 사람들은 이와 반대로 물을 많이 먹어서는 안 된다고 하였습니다. 물을 많이 먹는 것이 위생에도 해롭고 보기에도 흉하다고 하였습니다. 밥을 다 먹고 나서 물을 대여섯 모금 착 마셔두는 것이 썩 점잖고 위생에 좋다고 합니다. 그러나 이것은 다 잘못된 생각입니다. 오늘날은 물을 많이 먹어야 위생에 좋고, 위생을 잘하는 점잖은 사람 노릇을 하게 되었습니다.

사람의 몸에는 일종의 악취가 반드시 따릅니다. 이 냄새는 사람을 따라 다 다르며 또는 나라를 따라 다릅니다. 서양사람에게서는 서양사람 냄새, 일본사람에게는 일본사람 냄새,

---

63) 1. 무리하게 억지로 하거나 강압적으로 일을 함, 2. 밥을 국이나 물에 말지 않고 맨밥으로 먹음, 3.남을 보수도 주지 않고 우격다짐으로 부림. 여기서는 2번의 뜻으로 쓰임.

중국 사람에게서는 중국사람 냄새, 조선사람에게서는 조선 사람 냄새가 있습니다. 이 불쾌한 냄새도 물론 많이 먹음으로 말미암아 없어지는 것입니다. 위에 말한 바와 같이 사람의 몸에 생기는 유독물을 물이 신장으로 끌고 나가 사람의 몸을 깨끗하게 만들므로 이에 따라 몸에서는 악취가 없어지는 것입니다.

또는 밥이 거의 다 내릴 때쯤 해서 물을 먹는 것이 필요합니다. 그렇게 하면 대변이 고르며 특별히 변비증이 있는 이에게 썩 좋은 것입니다. 웬만한 변비증은 이렇게 하는 것으로 고칠 수가 있습니다.

그러나 밥을 잔뜩 먹은 위에 물을 많이 마시는 것은 오히려 해롭습니다. 음식물이 위(胃)에서 다 잘 소화되지 않은 것을 물이 끌고 장으로 나가게 되므로 장을 해롭게 하고, 또는 설사를 하게 됩니다. 그러므로 물을 한꺼번에 너무 많이 마시지 말고 여러 번 나눠 자주자주 마시는 것이 좋습니다. 전번에 말한 바와 같이 하루에 7~8잔이 가장 몸에 좋다고 했거니와 이 이상을 넘기면 위와 심장과 신장이 다 피곤해져서 도리어 몸에 해롭습니다. 다만 물뿐이 아니라 모든 것이 다 그렇습니다. 아무리 몸에 좋은 보약이라도 적당한 분량을 맞춰 먹어야 그것이 이로운 작용을 하는 것이요, 적당한 분량을 넘기면 도리어 몸에 독약이 되는 것입니다.

「물과 건강(4), 물은 보약이오, 또한 화장품」, 『동아일보』, 1926년 6월 18일.

우리나라에서는 여름에 약수 먹는 풍습이 있습니다. 서울 근처만 하여도 악박골 약수, 성제움물, 벼락수 이렇게 꼽아보면 퍽 많습니다. 지방으로 삼방물, 석왕사물, 강서 약수 이것은 근래에 유명한 약물터요, 조선 사람들의 여름 한 철 놀이터올시다. 약수터마다 분석표를 붙이고, 세상에서 돌아다니는 병이란 병명은 다 써서 붙이고, 이것을 모두 이 물로써 고치노라고 하였습니다.

정말 약수를 먹는 것으로써 만병을 고칠 수 있을까. 이것은 아직까지 의문입니다. 어떠한 종류의 병을 가진 사람은 약수를 먹고 낫다고 하지만, 어떠한 종류의 병을 가진 사람은 조금도 효과가 없을 뿐 아니라 도리어 해로웠다고 하는 있는 것을 보아 반드시 약수가 만병을 고친다고 할 수가 없을 뿐 아니라 도리어 해로운 경우가 있는 것을 우리는 생각해야만 할 줄 압니다.

약수를 먹는 것은 세 가지 이익이 있는 동시에 세 가지 해가 있다고 봅니다.

이로운 점

1. 여름에 땀을 몹시 흘리기 때문에 사람의 몸은 수분을 많이 요구합니다. 그러므로 물

을 많이 먹는 것이 좋은데, 얼음이나 수통 물이나 우물물보다는 좋은 물을 먹는 것이 크게 이익할 것

2. 삼방이나 석왕사 같은 데는 공기도 좋고 서늘하므로 그러한 데 가서 여름을 지내는 것이 모든 건강에 유익할 것

3. 대개 약수 가운데는 탄산이 많이 섞인 고로 위장병 가운데 산과다증이 있는 이, 즉 늘 신트림이 나고 음식이 안 내려가는 분에게는 특별한 효과가 있는 것입니다. 이와 반대로 위액 가운데 산성이 적어서 일어나는 소화불량 즉 산 결핍증에는 도리어 크게 해롭습니다.

해로운 점

1. 대개 약수터에 모여드는 사람은 병 있는 이들입니다. 약수는 만병통치라 하여 별별 악중의 병을 다 가지고 모여듭니다. 그러므로 병이 옮을 염려가 있을 뿐 아니라 사실상 옮는 일이 있습니다. 한 여관에 별별 사람이 다 모여 식사를 같이하는 동안에 위험이 따릅니다.

2. 물의 분량을 딱 알맞게 먹었으면 좋으련만 약물이라 하여 많이 먹으면 이익할 줄 알고 한꺼번에 한 대접씩, 두 대접씩 먹으니 이것은 도리어 위와 신장과 심장을 피곤하게 하여 없는 병을 생기게 합니다. 더구나 위장병 가운데 위하수증 같은 병은 아무쪼록 소량의 음식을 여러 번에 취해야 되는데 물을 그렇게 많이 먹으면 병은 점점 더해질 것이올시다.

3. 석왕사와 삼방물, 강서 약수 가운데는 여러 가지 무기물이 너무 많이 섞여 체질에 따라 몸에 해로운 일이 많습니다. (끝)

「사설-학교와 체육」, 『동아일보』, 1926년 10월 4일.

1.

청추(淸秋)는 운동 시즌이다. 남녀 각 학교의 육상 운동회와 각처에 야구, 정구 등 각종 경기가 성행한다. 우리 조선에도 운동경기의 발달이 연래에 괄목할만하여 작년은 금년의 비가 아니요, 금년은 또한 명년의 비가 아니려 한다. 운동경기가 국민의 정신과 체질의 개조 증진에 가장 중대한 요인이 되는 이상 이렇게 운동경기가 일반의 심심한 주의와 흥미를 끄는 것은 극히 희하(喜賀)할 일이다. 그러나 이 기운을 당하여 특히 학교 당국자와 기타 교육에 관계하는 이에게 일언(一言)의 주의를 드릴 것이 있다. 대개 운동경기의 중심은 학생이기 때문이다.

2.

운동경기가 정신과 육체의 훈련과 발달을 목적으로 존재하는 이상 그것은 학교 내에 있

어서 학생 전체의 것, 학생 각 개인의 것이 되어야 할 것은 당연한 일이다. 그러므로 서양 그중에도 미국에서는 소학에서 대학에 이르기까지 학생 각 개인은 춘·추·동 각 절계(節季)를 따라 1종 이상의 운동을 택하여 매일 방과후 일시(一時)한 시간을 거의 강제적으로 행하게 한다. 그 러므로 학생은 각각 재학 중에 매일 무슨 운동을 하게 되는 것이다. 그래서 교실과 도서관과 이화학실과 아울러 운동장 마당만을 의미하는 것이 아니라 유영장(遊泳場), 트랙 등 각종 설비를 포함한 것을 학교의 4요소라고 하리만큼 중요시되는 이유가 여기 있는 것이다.

3.

그런데 우리 학교들의 현상을 보건대, 야구나 정구나 기타 무슨 운동경기나 전교 학생 중의 일 부분 기호자의 전유물인 감이 있어 가령 전교 학생을 500명이라 하면 그중에서 한 50명가량이나 운동에 참여하고 나머지 10분의 9는 운동과는 아무 상관이 없는 기현상을 보인다. 그래서 운동경기는 오직 선수양성을 위한 것이 되고 만일 일반적으로 의의가 있다 하면, 관극적(觀劇的) 효과에 그칠 뿐이 된다. 그래서 선수된 소수는 운동 과다의 폐에 빠지고, 선수 아닌 다수 학생은 운동 부족의 폐에 빠지게 된다.

4.

선수양성도 좋은 일이다. 선수는 사도(斯道)의 수일(秀逸)로 일반의 모범이 되는 점으로 그러하고 운동경기의 관극적 효과도 좋은 일이다. 그것이 일반관중에게 건전한 쾌감을 주고 아울러 운동의 정신을 고취하는 점으로 그러하다. 그러나 이것은 말(末)이요, 본(本)이 아니니 학생 전체가 모두 운동을 하면서 그중에서 초군(超群)한 이가 선수가 되는 것이 정당한 경로요, 이렇게 뽑힌 선수들이 특정한 기회와 처소에서 관극적 효과를 주는 것이 정당한 일이다. 선수의 양성만을 위한 운동과 관극적 효과만을 위한 운동경기 대회는 오직 무의미할뿐더러 도리어 유해한 일이다. 이는 명실(名實)과 본말을 전도한 것이라고 아니할 수 없다.

5.

그러므로 학교 당국자들은 운동경기의 종류를 풍부히 하여 전교 학생으로 하여금 각각 1종 이상의 운동경기를 택하게 하되 각종 부문에 능력 있는 지도자를 두어 규칙적으로 실행케 하여 과불급의 폐가 없이 정신과 육체의 단련을 골고루 받도록 하여야 할 것이다. 이 일을 위하여는 설비를 위한 경비 문제도 있고, 지도자의 인선 문제도 있어 일조일석에 완전을 기하기는 어려운 일이거니와 교육 당국자가 이 정신만 가지면 무슨 도리가 없지 아니할 줄을 믿는다.

6.

민족의 체질적 개조는 현금 우리 조선에 있어서 급중(急中)의 급무다. 신흥의 대업을 감당함에는 인(人)에 배(倍)하는 정신적 탄력이 필요한 동시에 이 대업의 간난과 신고를 이김에는 인(人)에 3배하는 육체적 탄력이 필요하다. 우리는 아직 체육의 필요를 자각함이 부족한 감이 있다. 민족적 건강의 요인은 도덕적 건전과 위생과 체육의 3자에 재(在)하다. 그런데 청년 시기에 있어서는 정당하게 지도된 체육은 도덕적 훈련과 위생적 훈련을 겸하여 주는 이익을 가진 것이다. 그러나 정당하게 지도되지 못한 운동과 경기는 도리어 도덕적 위생적으로 해독을 주는 결과를 생(生)한다. 이것이 감히 경애하는 교육자 제위께 신중한 고려와 단행을 청하는 소이(所以)다.

독일 의학박사 이성용, 「유아의 인공영양(2)」, 『조선일보』, 1927년 2월 23일.

인공영양을 말하기 전에 먼저 인공영양과 자연영양을 비교해 볼 필요가 있습니다. 자연영양물은 즉 어머니의 젖이요, 인공 영양물의 대표자는 즉 우유입니다. (중략) 유아에게는 단백질의 소화가 제일 잘 안 되며 80%나 요소의 형상으로, 10%나 암모니아 아크의 형상으로 다시 체외에 배출됩니다. 그러면 겨우 10%밖에 흡수가 되지 않습니다. 그와 반대로 당분으로 있는 유당은 곧 위 안에서 분해가 되어 유아가 요구하는 에너지를 주는 것입니다. 그 까닭에 단백질보다도 당분이 유아에게 더 필요합니다. 이 점에 있어서 모유가 우유보다 나은 것이며 소화가 잘되는 것입니다. 그 외에 우리나라에서는 인공영양으로 밥물이라든지 조미음 같은 것을 먹입니다. 이것은 우유보다도 더 괴악한 영양물이며 그로 인해 중한 영양 장해가 일어나는 일이 많습니다. 그러면 인공영양은 어느 때에 하는 것이냐 할진대 먼저 잠깐 말한 바와 같이 모체가 모유 영양을 공급하기 절대로 불가능한 때라야 합니다. 호강하는 부인네들 중에는 아기의 젖을 친히 먹여 기르면 쉬 늙는다 하여 유모를 대는 이가 많습니다. 한낱 허영심으로 귀한 자녀를 인공영양으로 기른다는 것은 인생의 가치상으로 보아 반드시 배척할 문제입니다. 모체가 유아에게 영양을 주지 못하는 경우로는 첫째로 모체가 사망한 때, 둘째로 모체에 전염병이 있는 때, 셋째로 유방의 분비가 유아 영양에 부족한 때, 넷째로 기형적 변태로 유즙 분비가 불가능할 때, 다섯째로 젖꼭지가 들어가서 아기가 빨 수 없는 때, 여섯째로 모체에 정신병이 있어 젖을 먹일 수 없는 때라 하겠습니다. 유아 자신의 원인으로는 유아의 젖 빠는 기능이 확실치 못한 때 또는 해산 시의 과로로 인해 젖을 먹기 싫어하는 때 또는 병이 있는 때나 기형적 변태가 있는 때 등입니다.

독일 의학박사 이성용, 「유아의 인공영양(3)」, 『조선일보』, 1927년 2월 24일.

그러므로 인공영양은 부득이한 경우 즉 어머니의 젖으로는 절대로 양육하기 불가능한 때와 또는 어머니의 젖이 부족한 때에 때때로 인공영양으로 보충하게 되는 경우를 제하고는 반드시 피하는 것이 좋습니다. 그러한 원인이 있어 어머니의 젖으로는 기를 수 없는 때에는 유모를 구해 대신하고자 노력할 것입니다. 그러나 그것은 경제적 문제이므로 우리나라 가정에서 일반적으로 하기는 어려울 것입니다. 그리고 우리나라 여자들은 연년이 아이를 낳다시피 하므로 모유의 부족을 더욱 심히 느끼게 됩니다. 그러므로 갓난아이의 인공영양 방법에 대해 적극적으로 연구할 필요가 있다 하겠습니다. 인공영양물로는 첫째가 인유(人乳)와 제일 근사한 성분을 가지고 있는 우유올시다. 우유 중에는 목장에서 가지고 오는 생우유와 우리나라에서 많이 사용하는 콘덴스 밀크와 건유(乾乳) 등이 있습니다. 그 가운데 생우유가 가장 유익합니다. 인공영양은 아기가 난 지 1주일을 지난 뒤에라야 됩니다. 1주일 동안은 어떠한 경우를 물론하고 사람의 젖을 먹어야 합니다. 우유 영양을 시작하려면 총 당분이 17%가 되도록 해야 하겠습니다. 그리하려면 생우유에 갑절 되는 분량의 물을 타서 먹여야 합니다. 즉 모유에 근사한 당분 분량이 되는 까닭이올시다. 이것을 제2일에는 두 번, 제3일에는 세 번이나 네 번, 제4일에는 네 번이나 다섯 번, 그 후로는 늘 다섯 번씩 주는 것이 가장 위생적입니다. 그리하여 여섯째 주일 되는 때까지 먹이고, 그다음에는 절반가량 되는 분량의 물을 곡즙(穀汁)으로 충용하는 것이 좋습니다.

독일 의학박사 이성용, 「유아의 인공영양(4)」, 『조선일보』, 1927년 2월 25일.

우유를 못 쓰는 경우에는, 곡즙을 사용할 수밖에 없습니다. 곡즙으로는 쌀, 보리, 밀, 조 등입니다. 이런 것은 적어도 1시간 내지 2시간 동안은 끓여야 합니다. 분량은 매일 1리터를 넘길 필요가 없습니다. 간혹 800그램의 영양으로 잘 자라는 것을 볼 수 있습니다. 어린 아이가 운다고 젖꼭지를 물리는 것은 그릇된 습관이며 일정한 시간에 젖을 먹여야 합니다. 정한 시간 외에 아기가 우는 것은 어떠한 다른 원인이 있는 것이요, 배가 고파서 우는 것은 아니므로 그 원인을 자세히 살필 필요가 있습니다. 인공영양을 하는 동안은 한층 더 주의해야 할 것이올시다. 첫째는 전신(全身) 상태니 건강한 아이는 보통 18~20시간을 자는 것입니다. 그리하여 배가 고프든지 오줌을 싸든지 또는 떠드는 소리가 나든지 병이 있어서 몸이 괴롭든지 해야 깹니다. 둘째는 피부이니 피부는 선홍색이라야 합니다. 습진이나 두드러기가 생기는 것은 보통 소화작용의 불충분으로 생기는 것입니다.

독일 의학박사 이성용, 「유아의 인공영양(5)」, 『조선일보』, 1927년 2월 26일.

셋째로는 체온이니 갓난아기의 체온은 바깥 찬 기운으로 말미암아 1.5도 내지 2.5도가 보통 체온보다 낮습니다. 24시간 후에라야 36도 5분 내지 7분의 온도가 되며 잘해야 2분의 차이밖에 안 납니다. 체온이 오르는 것은 병을 의미하는 것입니다. 넷째로는 대변이니 갓난아기의 대변은 흑녹색이며 쉰 냄새가 나는 대변은 사흘 후에라야 납니다. 건강한 아기의 대변은 푸른빛이 조금 낀 누른빛이라야 합니다. 그리고 24시간 동안 두세 번 혹은 너덧 번을 눕니다. 하루에 한 번밖에 더 누지 않는 아이도 있습니다. 다섯째는 체중이니 체중은 반드시 2주일에 1번씩 달아 볼 필요가 있습니다. 체중이 오르고 내리는 것은 젖 먹는 아이에게는 제일 필요한 건강표준이 되는 것입니다. 젖 먹이는 것은 보통 6주일 후에는 1번, 2번으로 제한하고 곡물을 주어야 하겠습니다. 우리나라 사람들같이 걸어 다니고 말하는 아이에게 젖을 빨리는 것은 모체에나 아이에게 해롭습니다. 낳은 지 6주일이 되면 처음에는 하루 1번만을 다른 음식을 주고 그다음부터는 차차로 젖 주는 횟수를 줄이며 그 대신 다른 음식을 먹이되 9달이 되기까지는 적어도 하루에 1번씩은 젖을 줄 필요가 있습니다. 그러나 그 후는 전혀 식물성 영양물을 주어도 좋을 뿐 아니라 이것이 위생에도 좋습니다. 그리고 만 2살 된 뒤에는 어른과 마찬가지로 하루 세 끼를 먹여도 괜찮습니다마는, 그 안에는 적어도 4번 즉 오전 9시, 정오, 오후 3시, 오후 6시로 시간을 정해 먹일 필요가 있습니다. 인공영양에 대해 지극히 간단한 설명으로 이에 그칩니다. (끝)

치의(齒醫) 이정신, 「치아의 건강-닛솔을 위아레로 쓰고 저녁 먹은 뒤에 닥그라」, 『동아일보』, 1927년 5월 29일.

나[64]는 오복에 둔다는 말이 있거니와 우리 선조 때부터 이[齒牙]에 대한 위생은 다른 나라에 비하여 떨어지지 않는 것은 사실입니다. 현재 우리 조선 사람들에 이가 건전한 것을 보아서도 확실히 증명하는 바입니다. 그러면 남에게 자랑할 만한 이를 가진 우리 조선 사람은 한층 더 구강에 대한 위생을 발휘시키지 않으면 안 될 줄 압니다.

이를 청결히 하면 그만이라고 생각하고 함부로 이를 닦는 까닭으로 이(치아)를 못 쓰게 하는 일이 많습니다. 그러므로 다음과 같은 방법으로 닦으면 좋을 줄 압니다.

이 닦는 법

이를 닦을 때는 처음부터 부드러운 잇솔에다가 물을 조금 묻혀 치분(齒粉)을 묻힌 후에

---

64) '이'의 오식으로 보임.

먼저 어금니(대소치)로부터 솔을 위아래로 하여 닦으면서 점점 앞니(전치)로 옮겨서 닦으면 이 전체가 잘 닦일 뿐 아니라 이와 이 사이에 있는 것까지 충분히 소제 할 수 있으며, 따라서 이의 영양을 발휘시킴으로 말미암아 건전한 이를 가지게 할 수 있습니다. 잇솔을 좌우로 닦으면 닦이는 부분만 닦여서 어떠한 해가 있는가라고 하면

1. 이 전체가 완전하게 닦이지 않습니다.

예를 들건대 손가락 사이에 묻은 때를 지울 때에 손가락 사이로부터 상하로 지울 것 같으면 잘 지워지지마는 그것을 좌우로 지운다고 하면 오히려 겉에 묻었던 때까지 묻게 됩니다.

2. 충치를 많이 생기게 합니다. 이와 같이 이와 이 사이가 더러운 것으로 채우게 되면 거기서 세균이 번식하여서 벌레가 먹게 되므로 이를 빼게 됩니다.

3. 마모치를 생기게 한다. 잇솔을 이로부터 좌우로 닦거나 혹은 잘 닦인다고 닦이는 그이만 닦을 때는 아무리 튼튼한 이일지라도 갈리며 또 파먹게 됩니다. 그뿐만 아니라 치 신경에 병이 들며 더 심하면 병독이 치 혈관을 통하여 전신에 퍼져서 위험한 상태까지 이르게 됩니다.

치분 택하는 법

치분에 대해서는 흔히 인단, 라이옹, 스모카 같은 수종의 치분이 유행되어 적당하다고 합니다. 그렇지만 제일 좋다고 생각하는 우리나라에서 흔히 많이 쓰는 소금(식염)인 줄 압니다. 습한 소금을 그대로 씀은 이를 부스러지게[脫解] 만드는 폐가 있으나, 그것은 조금 가운데서 슬이라는 염분 기타 나쁜 성분이 합하여 있는 까닭입니다. 소금을 잘 정제하여 쓰면 보통 유행되는 치분보다 좋을 줄 압니다.

소금(식염)을 경제하는 데는 먼저 해에 말려서 물을 잘 증발시킨 후에 부드럽게 갈아서 그 가루를 잇솔에 묻혀서 쓰면 그 이상에 좋은 치분은 없을 것입니다.

이 닦을 때

우리가 하루에도 여러 번 이를 닦는 것이 좋은 줄 알지만, 아침 식전과 저녁 식후 매일 두 번씩은 반드시 치아를 닦으셔야 합니다.

우리는 아침 기침 후에 이를 닦는 습관이 있지만, 흔히 저녁 식후에는 닦지 않습니다. 이것은 대단한 잘못입니다.

식전에 이 닦는 것은 모두 저녁 식후에 즉 자기 전에 닦는 것은 일반 위생상 전신 및 호흡기관에 심대한 이익을 줄 뿐만 아니라 직접 이의 건강에도 관계가 됩니다. 그러므로 아침보다 저녁 식후에 이 닦는 습관을 양성하시기를 바랍니다.

「건강한 신톄란 엇더한 것인가(1) 위선 표준부터 알어두라」, 『조선일보』, 1927년 6월 10일.

　위생이라고 하는 글자를 문자 그대로 해석하면 생(生)을 호위한다는 뜻이니, 다시 말하면 건강 거기에 지나지 못하는 것이올시다. 건강이라 하는 것은 사람의 몸과 마음을 아울러 그 생리적 작용이 순조롭게 나아가는 것이니 이것을 알기 쉽게 하기 위해 구체적으로 열거하면 대개 이러하다 하겠습니다.
　⑴ 식욕이 양호한 것. 음식에 잘 먹고 먹기 싫어하는 것이 있다든지, 보통 먹는 음식 이외에 가령 석유, 숯, 개흙[65] 등을 먹는 특수한 식성을 가진 이와 식량이 매우 적은 이는 불건강한 징조라 하겠습니다.
　⑵ 수면이 양호한 것. 자리에 드러누워도 잠이 얼른 들지 않는다든지 또는 숙면을 하지 못한다든지 하는 것도 건강하다고는 말할 수 없습니다.
　⑶ 뒤를 제 때에 보는 것. 하루 한 번씩 대개 일정한 시간에 너무 굳지도 않고 묽지도 않게 뒤를 보고, 소변도 하루 4~5차 이상 보면 적당하다고 하겠습니다.
　⑷ 몹시 피곤해지지 않는 것. 운동이나 기타 동작으로 인해 보통 사람보다 빨리 피곤하여지지 않는 이라야 건강체라 하겠습니다.
　⑸ 권태를 빨리 느끼지 않는 것. 정신적 일례를 들어 말하면 집무, 독서 등에 즉시 권태를 느끼거나 주의가 산만해지거나 정신을 집중하지 못하는 것은 건강치 못하다 하겠습니다.
　⑹ 체격이 바른 것. 설 때나 앉을 때를 물론하고 체격을 똑바로 가지지 못하거나 잠시 서 있는 동안에도 앉을 자리만 찾는다든지 벽이나 기둥에 기대어 서려고만 하는 이도 건강치 못한 징조라 하겠습니다.
　위에 말한 몇 가지는 누구든지 주의해 다른 사람과 비교해보면 자연히 알 것이올시다.
(계속)

「건강한 신톄란 엇더한 것인가(2) 위선 표준부터 알어두라」, 『조선일보』, 1927년 6월 11일.

　그다음으로는 일정한 장치와 기구로 말미암아 아는 방법이 있으니, 즉 의사가 행하는 건강진단의 중요한 표준은 이러합니다.

---

65)　1. 갯바닥이나 늪 바닥, 진펄같은 데에 있는 거무스름하고 미끈미끈한 흙. 2. '진흙'의 방언.

1. 신장, 체중 및 흉위[66]……신장과 체중 및 흉위는 척량(尺量)에 의지해 일정한 조사를 보존할 수 있는 이가 건강한 사람이라 하겠습니다. 살이 몹시 찐 이나 흉위가 신장에 비교해 짧은 사람 즉 몸이 여위고 키만 큰 이는 불건강한 이올시다.

2. 체온. 아침에는 36도 4분 부근, 저녁에는 36도 8분 부근이 정당합니다.

3. 호흡과 맥박. 호흡은 어른은 1분에 16회 내외, 아이들은 20 내지 25회 가량, 맥박은 장성한 남자는 1분 동안에 70 내외, 장성한 여자는 80 내외, 아이들은 85 내지 95 내외가 정당합니다.

4. 혈압. 20세의 남자는 120밀리, 20세의 여자는 110밀리 수은압(水銀壓)으로 이보다 1개년을 더 지날수록 5밀리를 증가해 가는 것이 보통이라 하겠습니다.

5. 소변. 소변은 짚 빛과 같은 황색이요, 투명한 것인데, 분량은 어른이 평상시에 하루에 1,500밀리 내외가 됩니다.

6. 눈. 시력은 5미터의 거리로 시력표의 1.2 이상을 읽고, 또한 색별(色別)에 하등의 이상이 없어야 할 것이니, 색맹이 있다든지 눈물이나 눈곱이 항상 많이 나오는 이는 건강한 몸이 못 됩니다.

7. 코. 양편 코로 호흡을 잘할 수 있고 콧물을 흘리지 않으면 건강하다고 볼 수밖에 없습니다.

8. 귀 분비물이 없고 7미터의 거리에서 수군거리는 말을 밝히 알아들을 수 있으면 건강하다 하겠습니다.

위에 기록한 바를 통괄해 말하면 자체에 이상 또한 피로를 느끼지 않고 항상 마음이 평안하면 그만이라 하는 것이올시다. 그런데 보통 사람은 평소에 건강하므로 그 은혜를 알지 못하나 특별히 위에 기록한 각 사항을 한번 자세히 볼 필요는 있습니다. 그리고 여기서 한 가지 말하고자 하는 것은 건강을 소극적으로 유지하려는 것만으로는 생존 경쟁이 극도에 달한 오늘날 낙오가 되어 필경은 승리를 얻을 수 없을 것입니다. 그러므로 우리는 위생, 건강에 대한 주의를 적극적으로 하지 않으면 안되겠습니다. (끝)

경성의전 축구부 효성(曉星), 「나의 본 축구(2)」, 『동아일보』, 1927년 11월 27일.

육체에 급하는 영향
어떠한 운동이든지 적당하게 우리의 신체를 놀림으로써 혈액순환을 왕성하게 하여 신진

---

66) 가슴둘레.

대사를 잘 영위하게 함으로 건강을 도모하는 것입니다. 보통적으로 쉽게 말하면 철기를 쓰지 않고 두면 녹이 스는 것과 같이 우리의 육체도 사용하지 않으면 권태소가 생겨서 쇠약하게 되는 것입니다. 축구는 이름과 같이 차는 운동 즉 하반신의 운동이 대부분인데, 기차 전차 할 것 없이 기계문명의 폐해로 점점 쇠퇴하여 가는 이 하반신 건강을 유지함에는 무엇보다도 좋을 것입니다. 겸하여 전부 다 달음박질이기 때문이며 호흡기를 튼튼히 하고 소화불량증은 다 구축되고 말 것입니다. 또는 심장 기능을 단련시켜서 인내의 힘을 증진시키는 이익이 있습니다. 이것을 증명함에는 운동가가 아닌 사람을 단 5분이라도 축구를 시키면, 입술이 파랗게 되고 숨이 차서 헐떡거리며 다음날에는 다리를 옮겨놓지 못할 정도로 하지가 아프다고 하며 밥맛이 좋다고 합니다. 이 모든 것이 각 그 부분의 기관에 운동 왕성을 급히 시킨 고로 생길 피로, 즉 평소부터 하면 그렇지 않다는 것을 반면에 의미하는 것인 줄 압니다.

2. 정신상 영향

상술할 바 '스포츠맨 스피릿' 그것은 물론 재론할 것도 없습니다. 신경을 사용하여 힘써 일하던 사람이 모든 것을 망각하고 한 번 찬 공이 공중으로 올라갈 때에 아무것도 생각함이 없이 한 마음 정력(精力)으로 이를 바라보며 무한한 쾌감을 느끼며 더 잘 더 높게 차려고 노력합니다. 이로 말미암아 신경의 피로는 일소, 탕진되어 축구와 함께 공중으로 날아가 버립니다.

뿐만 아니라 경기장에서 활발한 공격력, 골문으로 몰고 돌진하는 그 정신은 다른 것에 옮기면 반드시 사업을 함에 용감하게 전진하여 '골인'의 성공을 하고야 말겠다는 백절불굴의 정신을 양성합니다.

또는 일반 관중으로 하여금 장쾌를 보여서 우리의 악습인 '점잔'을 근본적으로 치료할만한 쾌활한 남아(男兒)다운 운동인 줄 확신합니다.

마지막으로 이 좋은 운동이 해를 거듭함에 따라 우리 반도 축구계가 점차 성하여 의의 있는 스포츠 되기를 바라 마지않습니다.

「사람에게 불쾌를 늦기는 구취와 그 원인, 입안 위생을 게을리 마라」, 『동아일보』, 1928년 1월 20일.

남녀를 물론하고 입에서 좋지 못한 냄새가 나는 사람이 왕왕 있습니다. 그 자신이 스스로 알 수 있는 경우도 있지만, 보통으로는 자기는 모르고 남이 그와 같이 말해주어 비로소 알게 되는 경우가 많습니다. 또 그것은 병으로 인하여 생기는 경우도 있지만, 아무 병도 없이 발생하는 경우도 있습니다. 병으로 되는 것은 다르지만, 병 없이 나는 구취는 가정위생에 주의하면 능히 없앨 수가 있는 것입니다. 어린애들이 구취를 발하는 수가 많습니다만, 그것은 대개 과식과 불규칙하게 음식을 먹는 것으로부터 되는 것입니다. 그와 같은 어린애들을 보면 대개는 입술 귀퉁이에 허연 것이 붙어있습니다. 그와 같은 어린애들은 대개는 소화불량증에 빠지게 됩니다. 그 점에 대해서 어머니 되는 분은 특별 주의하여 너무 과하게 먹이지 않도록, 또 불규칙하게 먹이지 않도록 하여야 합니다. 그리고 부인네들에 있어서는 월경 시에 구취가 발생할 때가 왕왕 있습니다만, 그것은 그다지 걱정할 정도의 것도 아니며 또 입안 위생에 주의하면 능히 없앨 수도 있는 것입니다. 그다음으로 병으로 나는 구취에 대해서 말하면 충치가 있는 사람은 구취가 납니다. 편도선에 팔이 있어서 그곳에 음식물이 붙어있게 되면 그것이 부패해서 구취가 나게 됩니다. 축농증 취비증(臭鼻症)을 가진 경우에는 코안의 더러운 것이 인후로 흘러 내려오기 때문에 구취를 발하게 됩니다.

중병의 예를 말하면 위가 약한 사람은 대개 구취가 있습니다. 인후에 고름이 생기는 각종의 병 인후 매독, 식도에 고름이 생기는 각종의 병 기관, 기관지 폐 등의 중병 또는 오랫동안 신열이 계속되는 정신병 등의 경우에 구취가 발생하게 됩니다. 이와 같이 병으로 인하여 발하는 구취에 대해서는 그 원인인 병이 근치되지 않는 한에는 도저히 없앨 수 없는 것이지마는, 그래도 음식물에 대하여 항상 주의하고 입안 소제를 게을리 하지 않고, 함소[67]를 계속해 하면 다소간 가볍게 할 수는 있는 것입니다. 여하간 구취는 옆 사람에게 불쾌를 주는 것이니 특별히 주의할 필요가 있을 줄 압니다. (끝)

경성제대의원 부속 명대혁, 「위생-학령아동 이비인후과의 질병(1)」, 『조선일보』, 1929년 1월 26일.

어느 시대, 어느 민족을 물론하고 위생 관념이 많고 적은 것과 그 시대 그 민족의 문화와는 항상 한결같이 나아가는 관계를 가지고 왔다. 이제 옛날의 그리스나 로마를 보아도 그 찬란한 문화는 또한 위생 사상의 발달과 보조를 같이하였다. 의성(醫聖) 히포크라테스가 그때의 사람인 것을 본다든지, 또 "건전한 정신은 건전한 신체에 있다."라는 천고의 금언이 그때로부터 흘러 내려온 것으로 보아 상고 문명이 한껏까지 올라갔던 그때의 위생 사상이 그 문화에 대등한 발달을 하였다는 것을 넉넉히 미루어 생각할 수 있는 것이다. 현대에 있어서 문화의 원천이라고 볼 수 있는 독일의 의학이 세계 의학계의 으뜸이 되는 것을

---

67) 함수(含漱: 이를 닦음)의 오식으로 보임.

보아서도 증명하기 어렵지 않다.

그러므로 이상의 사실로 보아서 문화 정도와 위생 사상의 깊고 얕은 것은 언제든지 평행의 관계를 가졌을 뿐만 아니라 서로 인과의 관계로서 항상 발달하는 것을 알 수 있다.

건전한 신체를 가지지 못한 민족은 건전한 정신을 가질 수 없는 동시에 따라서 건전한 문화를 낳을 수 없고 문화 정도가 낮은 민족에게서 발달할 의학적 지식을 찾을 수 없는 것이다.

현재 우리 조선 사회에 있어서 여러 가지 보도기관이나 민중 교화 운동에 있어서 의학적 지식 향상에 많은 찬동과 후원이 있는 것을 나는 무한히 기뻐하는 동시에 당면한 여러분에게 감사의 뜻을 표하는 바이다.

그리하여 신문지상이나 잡지에서 의학의 민중화를 시키는 주의 이래에 여러 가지의 종류를 본다. 나는 이 방면에 있어서 항상 주목을 하나 아직 이비인후과에 대한 기재를 보지 못한 것을 유감으로 생각한 것이 이 글을 쓰는 첫째 동기이며, 또 이비인후과의 병이 학생의 지능을 계발시키는 데와 체육 발달에 크나큰 한 영향이 있건마는 이 방면에 대한 일반의 주의가 너무나 등한에 부치는 경향이 있는 것이 둘째 동기[68]다.

여기에 이비인후과의 병이 학령아동에게 미치는 영향과 감능기관(感能器官) 보호에 대한 주의사항의 대강을 쓰고자 한다.

1. 이비인후의 질병이 학생에게 미치는 영향=이비인후과의 모든 병이 이 학령아동의 지능 계발과 체력을 증진하는 데 대단히 나쁜 영향을 미치는 점에 대해서 유럽이나 미국에서는 이를 인정하고 이 방면에 대한 문헌도 많을 뿐 아니라 이에 대한 대책을 연구하고 있다. 그러나 동양에 있어서는 일본이 근래로 차차 주의를 하는 것을 본다.

경성제대의원 부속 명대혁, 「위생-학령아동 이비인후과의 질병(2)」, 『조선일보』, 1929년 1월 27일.

이비인후과의 병 가운데에 사람의 생명에 위험이 있는 것은 급성·만성의 난취돌기염(亂嘴突起炎), 미로염(迷路炎), 부비강(副鼻腔), 악성종양, 괴달성(壞疸性) 편도선염, 디프테리아, 후두(喉頭) 종양 등과 같은 생명을 좌우하는 병이 없지는 아니하지만, 그 대부분에 있어서는 병이 겹쳐 나기 전에는 각각 병든 기관의 생리적 기능을 줄게 하고, 혹은 없이 함에 그치는 것인데 또 생리적으로 기능을 장애하는 것도 그다지 급속하게 별안간에 생기는

---

68) 원문에는 '생기'라고 되어 있으나, '동기'라 해야 문맥에 맞다.

것이 아니고 비교적 오래인 시일에 차차로 나는 까닭에 환자 자신도 확실히 알 수 없는 것이다. 더욱이 소학교 학령아동에게 병에 걸리는 아이가 많은 관계로 발견하기가 대단히 곤란하다. 따라서 그대로 내버려 두는 폐단이 여기에 원인이 된다고 할 수가 있다.

그러면 소학 아동에게 이비인후과 질병이 얼마나 많은가 하는 방면에 대한 이제까지의 조선에 있어는 전체에 대한 것은 물론 없지만, 그 부분적 보고까지도 찾아볼 수 없다. 지금 고월(高越) 씨의 강산(岡山) 어느 소학교 아동 1,396명을 전문적으로 조사해 본 결과를 보면, 아동의 약 72퍼센트 즉 약 천 명이나 되는 이비인후병 있는 아동을 발견하였다는 사실을 참조하더라도 놀라울 만큼 많은 것을 알 수 있다. 이제 그 내용의 세목을 보면 다음과 같다. (중략)

제1표와 같이 학동에게 다수의 이비인후과의 질병이 있지마는, 소학생 연령에 이 질병은 자각적으로 고통이 없는 관계로 학동 자신으로는 그 부모나 선생에게 말하지 아니한다. 따라서 근친자 혹은 선생 된 사람도 주의를 하지 못하게 된다. 또 병이 어디 있는지 비교적 깊은 곳에 있을 뿐 아니라 증상의 경도나 초기에 있어서는 의학에 대한 지식이 풍부치 못한 사람으로는 주의를 하기가 어렵게 된다. 이리하여 자연히 방임하는 동안에 병은 깊어가서 중태에 이르게 되는 때에 비로소 깨닫게 되어 치료를 요구하게 된다. 병에 따라서 단지 관능(官能) 장애 즉 난청이 되는 데 그치지마는, 화농성 중이염과 같은 것은 그대로 내버려 두는 까닭에 난청이 아주 불치 지경에 이르는 일이 있을 뿐 아니라 염증이 귓속까지 들어가게 되는 때에는 관능이 아주 못 쓰게 되거나 귀머거리가 된다. 이렇게 관능이 못 쓰게 된 후에 말을 할 나이가 되면 벙어리를 겸하게 된다. 그런 까닭으로 귀머거리와 벙어리의 두 가지 병신이 되는 것이다. 일반의 벙어리는 혀가 길고 짧은 것으로 그 원인을 찾지마는 이것은 오해이다. 흔히는 벙어리의 원인이 귀먹는 데에 있는 것을 알아야 한다.

이제 이 난관의 중대한 관계를 가진 것은 아동의 지력 발달이다. 지력 발달의 한참 때라고 볼 수 있는 학령아동에게 그 중요한 들창인 청각의 결함이 생기기 때문에 외계로서 지식이 들어가는 것을 방해한다. 특별히 말을 배우는 데 대단히 큰 장애요, 각 개인의 지력 발달에 적지 않은 영향을 준다. 이제 선진 학자들의 조사한 결과를 소개하면, 제2표와 같이 두 편의 난청자에 있어서 보면, 학업성적을 갑, 을, 병의 세 가지로 분류하면 갑의 성적을 가진 학생 100명 중에서 겨우 한 사람, 을의 성적을 가진 학생이 겨우 세 사람을 보게 된다. 또 한쪽 귀만 들리지 않을 때에는 그 학업 성적이 두 편 귀가 다 적은 것보다 훨씬 나은 것은 표로 보아 알 수가 있다. (후략)

경성제대의원 부속 명대혁, 「위생-학령아동 이비인후과의 질병(3)」, 『조선일보』, 1929년 1월 31일.

　이상은 일본 소학교 아동에 대한 고월(高越) 씨의 조사한 결과요, 이제 유명한 이과(耳科) 학자 베쫄드 씨가 독일 아동에 대한 조사에 의하면, 극히 가벼운 난청이라도 학업성적에 영향하는 것을 지적하고, 학급의 아동 수를 100으로 가정하면 평균 석차가 50이 된다. 난청과 석차와의 관계는 제3표와 같다. (중략)

　이상의 사실로써 난청이 학업성적에 크게 나쁜 영향을 끼치는 것과 난청의 정도가 학업성적의 우열과 밀접한 관계를 가진 것을 알 수 있다.

　이비인후과의 병이 이 학동에게 지력 방면에만 장애가 있을 뿐 아니라 체력 방면에도 많은 장애가 있다. 특히 비강(鼻腔), 인두(咽頭)[69]도 상기도[70]의 질병이 있을 때에는 병으로 인해 생리적인 코의 호흡이 저해되고 그 대신으로 비생리적인 구강호흡을 하게 된다. 그 결과로 신체의 발육 특히 가슴의 발달을 해롭게 하는 동시에 비생리적인 구강호흡은 아동의 수면을 방해하고 아동의 심신의 안정을 잃게 된다. 그러므로 건강 상태에 좋지 못한 영향을 줄 뿐더러 간접으로 지력 발달에 저해를 끼친다. 그 외에 상기도의 병은 왕왕히 중독한 전신병의 원인이 된다. 즉 디프테리아, 성홍열, 신장염, 관절 류머티즘, 심내막염(心內膜炎), 패혈증, 맹장염 등을 일으킨다는 예를 볼 수가 있다. 이러한 중독한 전신병을 일으키지 아니하더라도 상기도의 급성 혹은 만성의 질병은 소아기에 흔한 중이염의 주요한 원인이 된다. 이러한 점으로 보아 소학 아동에게 항상 이비인후과의 병이 있고 없는 것을 살펴서 일찍이 진단 치료들 받는 것은 제2세 국민의 보건상과 지능 향상의 점으로 보아서 당면한 교육자의 유의할 바이라고 생각한다.

　지식의 들어가고 나오는 곳이 감각기(感覺器)라는 것은 부인치 못할 사실이라 하겠다. 그중에도 시각을 가진 눈과 청각을 가진 귀가 중대한 관문이라고 할 수 있다. 만약 관문을 막아 놓는다면 지능 발달에 막대한 저해를 받을 것은 분명한 사실이다. 그 중요한 관문의 하나인 청각의 장애 즉 난청이 얼마큼 큰 관계를 가진 것을 미루어 생각하기에 넉넉하다. 그것은 추찰보다도 위에 말한 사실을 인증해 밝히 알 수 있다. 또 비강, 인두, 인후[喉頭]의 병이 발육기에 있는 아동에게 체육에 장해가 생길 뿐 아니라 간접으로는 청기병[71]의 원인이다.

　위에 말한 것과 같이 이비인후과의 병이 아동체육과 아울러 지력 발달에 큰 영향을 끼치

---

69)　구강과 식도, 비강과 후두 사이에 붙어있는 근육성 기관.

70)　上氣道.

71)　청각기관의 병을 가리키는 것으로 보임.

는 점으로 보아 아동기의 보건 문제와 위생 문제를 논함에 당해 다른 병에 비해 그 이상으로 주의하지 않을 수 없는 문제라고 생각된다.

그런 고로 학교 위생 문제에 당면한 사람은 물론이고 학령아동의 훈육 문제에 당한 교육자와 학령아동을 둔 가정에서 이비인후과에 대한 지식이 어느 정도까지는 필요하다. 그리하여 그 방면에 대한 예방과 일찍 치료할 것이 훈육 상에 큰 도움이 되리라고 생각하는 바이다. (끝)

동경고사[72] 김태식, 「하절 스포-쓰 수영의 예찬」, 『동아일보』, 1929년 7월 13일.

집필자 김태식군은 2고를 마치고 방금 동경고사 체육과 4년생으로 명춘에 조선 유학생으로 최초의 동과 졸업을 하게 된바, 이번 본사가 처음으로 수영대회를 개최하게 됨에 앞서 수영 생활 9년간의 풍부한 체험을 가진 군의 이 글을 실리게 됨은 약진하려는 초보의 수영계에 적지 않은 지도가 될 줄 믿는다. (일기자)

수영의 체육적 가치

수영은 전신적 운동이오. 신체의 좌우 각부의 모든 근육을 동등하게 사용하며, 또한 그 실시 방법 여하에 의하여 극히 완화한 운동도 되며, 극히 강하고 급속한 운동도 된다. 그러므로 남녀노소를 물론하고 각각 그 신체적 능력에 응하여 적당하게 행할 수 있다.

수영에 사용되는 근육은 대부분이 신근(伸筋)이므로 신체의 유연하고 균조(均調)한 발육을 조장시키며, 수영으로 발달한 근육은 신축성이 가장 풍부하며 경직성이 없으므로 운동가의 가장 필요한 근육이다.

나는 신체 각부의 근육을 원만하게 발달시키는 운동은 수영이라고 믿는다. 그러므로 육상경기에 대한 운동은 물론이요, 각력(角力), 역기 등에 대하여서도 그 예비운동에 수영이 가장 적당하다고 생각한다. 또 수영은 신체의 좌우 각부의 모든 근육을 동등하게 사용하므로 그 균제(均齊)한 발육을 조장시킬 뿐 아니라 부정한 자세를 교정함에도 막대한 효과가 있다. 그리하여 세계적 수영가의 체격을 볼 때에 다른 운동가에 비교하여 조화된 발달을 볼 수가 있다.

수영은 피부의 체조라고 어떤 독일 체육가가 말하였다. 과연 수영의 피부에 대한 효과는 막대한 것이다. 피부가 건강하다는 것은 건강상, 위생상 직접 관계가 있는 것이니 대개 모든 병이 피부의 빈약으로 인하여 발생한다고까지 말하는 것을 보아 피부의 건강이 중대함

---

72) 도쿄고등사범학교.

을 알 수 있을 것이다.

수영을 행하는 장소는 대저 해안이나 강변이나 호수 등지이므로 그 공기가 신선할 것이니 이 점만 보아도 얼마나 위생적일 것인가. 특히 해안의 공기는 오존이 풍부하므로 사람의 폐와 호흡기를 건전하게 함에도 막대한 효과가 있다. 폐나 ■ ■ ■ ■ [73] 약한 사람이 해안으로 가는 것은 이 오존이 풍부한 공기를 호흡하려는 때문이 주요한 목적이다. 이와 같이 폐와 호흡기를 건전하게 발육시키며, 따라서 혈액순환을 왕성(旺盛)시키며 인생 생명의 근본이 되는 심장을 건전하게 함에도 수영 이상의 가치 있는 운동은 없다. 수영을 일언(一言)으로 말하면 인생의 참 건강을 위한 가장 이상적 운동이라고 하겠다.

「충치는 이러케 된다, 자기 전 반드시 이를 닥급시다」, 『조선일보』, 1930년 2월 2일.

이에 대한 위생이 전혀 없을 때부터 단것을 좋아하는 사람은 이가 나쁘다고 전해왔습니다. 물론 그 자세한 이유는 몰랐을 것이며, 의학상으로 이 이유가 증명된 것은, 지금으로부터 불과 4,5년 전 일입니다. 즉 사탕이나 또 이와 같은 여러 가지 전분질은 이 틈에나 오므라진 곳에 붙어있으면 여러 가지 미균[74]이 거기에서 변식해 지면서 유산(乳酸)으로 변하게 됩니다. 본래 이는 대부분이 석회분으로 된 것이므로, 이 유산의 작용으로 그만 녹아버리게 되어 작은 구멍이 생기게 됩니다. 그러면 그 위에 다시 다른 미균이 붙어 석회질 이외의 성분까지 녹여 점점 이를 침식해 갑니다. 이것이 즉 보통 말하는 충치이니, 단번에 생기는 것은 아니고 이렇게 점점 삭아버리는 것으로, 처음에는 대개 모르고 지내게 됩니다. 따라서 아픔을 깨닫게 될 때는 벌써 내부에 있는 상아질 혹은 아주 속에까지 침입한 때 입니다. 충치가 생기는 곳은 대개 이가 잘 보이지 않는 곳이므로 꽤 커다란 충치가 있어도 보통 사람으로 보기에는 아무렇지도 않습니다. 더욱 이들은 다소 아프더라도 그냥 버려두게 되므로 심한 괴로움을 깨닫게 될 때에는, 이미 간단한 방법으로는 치료할 수 없게 됩니다. 그리하여 대개는 이의 신경을 죽여야만 합니다. 이것도 결코 간단한 치료는 아닙니다. 여하튼 처음에 곧 발견하고 치료하면 별 고통도 없을 뿐 아니라 단시일에 완전히 치료할 수 있습니다. 물론 그렇게 하려면 때때로 의사에게 이의 건강진단을 받는 것이 좋습니다만, 우선 찬 것이나 더운 것을 먹을 때 이가 쑤실 때는 곧 치료를 받는 것이 좋습니다. 이럴 때에 그대로 두면 점점 더 심하게 되어 보통 때도 쑤시게 됩니다. 이때는 벌써 치수염(齒髓炎)의 증세로 좀 더 진행되면, 치근막염, 골막염을 속발하는 일도 있습니다. 따라서 충치를 예방

---

73) 판독하기 어려우나 문맥으로 봐서 '호흡기가'로 보임.
74) 미균(黴菌): 단세포의 미생물인 원핵생물의 한 무리.

하는 데는 제일 먼저 음식을 먹고 난 후 이를 닦아야 합니다. 어떠한 음식이든지 먹고 나면 반드시 이 틈에나 오므라진 곳이 다소 붙게 되므로 이를 닦으면 죄다 소제가 됩니다. 더욱 충치는 활동하고 있는 낮보다도 밤에 잘 때에 많이 생기므로 자기 전에는 반드시 이를 닦아야 합니다. 이렇게 하면 이의 위생에도 좋을 뿐 아니라 입에서 나는 냄새까지도 예방할 수 있습니다.

3. 잡지

주요섭, 「건강난 니가 상하면, 위ㅅ병 전염ㅅ병 신경ㅅ병이 생긴다. 니를 건강하게 하는 습관을 기르라」, 『동광』 제4호, 1926년 8월.

(전략)

　어린아이 적에 입안을 깨끗게 하기에 힘쓰고, 음식을 깨깨 씹고, 적당한 식물(食物)을 먹고, 젖니를 퍽 주의해 보호하며, 썩지 않도록 항상 예방하고, 이가 불규칙하게 돋지 않도록 주의하며, 어떤 병적 현상이 생기기만 하면 잠시도 지체 말고 곧 치료를 할 수 있으면 그런 아이는 커서도 아주 강하고 완전한 치아의 소유자가 될 수 있을 것이다. 이 점에 대하여 학교로서 공헌이 있으려면 학교에서 학생들에게 첫째는 입에 관한 위생을 지금보다 좀 더 충분히 교수할 것이요, 둘째로는 학교 병원에서 자진으로 치아 부패의 예방 및 치료를 맡아 시행함에 있을 것이다. 그러나 경비가 부족한 우리나라 소학교로서는 학교에서 무료 치료는 줄 수가 불가능한 상태일 것이다. 그러나 우리가 할 수 있는 데까지는 적어도 학생들에게 구강 위생에 관한 지식과 실습을 지금보다는 훨씬 낫게 할 수는 넉넉히 있다. 돈 드는 일이 아니요, 다만 당국자와 선생들의 성의 여하에 달린 것이다. 구강 위생을 똑똑히 가르침에는 아주 똑똑하게 입과 몸의 건강상 관계, 이가 썩는 연유 예방 방법들을 잘 가르쳐야 할 것은 물론이거니와 다만 귀로 듣는 지식만으로 실습이 없으면 역시 아무런 효과도 없는 것이다. 그러므로 가장 좋은 방법은 학교에서 학생마다 칫솔을 모두 가지고 오기로 명령을 내리고, 아침마다 공부 시작하기 전에 모두 선생 감독 아래서 이를 닦도록 하는 것이 제일 상책이 된다. 아침마다 공부 시작하기 전에 이 닦고, 귓구멍과 코 깨끗한가 검사하고, 손수건 가지고 왔나 검사하고, 손톱에 때 끼었나 검사하고, 여러 가지로 검사 실습하면 큰 효과가 있을 것이다. <34쪽>

김윤경, 「人格의 涵養, 건전한 인격은 가장 가치 있는 예술품이라, 그를 함양함의 기준이 되는 3대 수련의 의의」, 『동광』 제5호, 1926년 9월.

　인격은 어떠한 방법으로 수양할까. 이것을 좀 연구하여 봅시다. 어떻게 하여야 건전한 인격을 이루겠습니까. 이는 결코 일조일석에 될 일이 아니외다. 부단한 노력으로 끈기 있게 한평생 수련하여야 될 것이외다. (중략) 이제 만일 우리가 훌륭한 신문화를 건설하고 이상향의 사회를 조성하려고 할 것 같으면 건전한 인격을 수양함에 반드시 동맹의 힘으로 하지 아니하면 아니 될 것이외다. 그러하면 무엇을 수련하여야 하겠습니까. 이는 곧 덕(德), 체(體), 지(知)의 3육(育)이외다. (중략) <4쪽> (중략)

2. 체육

체육의 목적은 개인으로 보든지 사회로 보든지 건강하고 장수함이 목적일 것이외다. 아무리 고상한 덕을 가지고 심오한 지식을 가지었다 할지라도 신체가 허약하여 늘 병석에 눕게 된다든지 만사에 장해를 일으키게 된다 하면 그는 건전한 인격이라 이르지 못할 것이외다. 또는 그 덕과 지식도 무용의 장물이 될 것이외다. 신체의 건전 여부는 유전에도 달렸지마는 대다수는 후천적 체육 여하에 달렸습니다. 여러 가지 원인으로 우리는 자못 전반적으로 건강에 큰 결함을 가진 민족이외다. 우리는 이 결함을 보충하기로 크게 결심하여야 될 것이외다. "건전한 정신은 건강한 신체에 있다."함은 진리외다. 또한 우리 사회에서는 유위(有爲)의 인물일수록 흔히 요사(夭死)함을 보게 됩니다. 그러한즉 건전한 정신의 소유자를 얻기 위하여서라든지 유위의 인물의 요사를 막기 위하여서라든지 체육을 힘써야 할 것이외다. 특수한 경우에 대하여는 전문가에게 물어야 하겠지마는 일반으로 실행하여야 할 것을 몇 가지만 말하려 합니다.

1. 만사에 규칙적 생활을 하여야 할 것이외다. 사무와 휴식의 시간이라든지 취침과 기침의 시간이라든지 음식과 청결의 일을 다 일정한 시간에 행하는 습관을 만들어야 하겠습니다.

2. 식물에 대한 지식을 가지고 절제와 선택에 주의하여야 할 것이외다.

3. 의복과 거처에 대한 지식을 가지고 청결과 일광(日光)과 공기와 기후에 대한 것을 잘 조절하여야 할 것이외다. 그러한데 이것을 사치와는 혼동하지 말아야 할 것이외다. 우리는 생활 정도에 비하여 세계에 없는 사치가 행한다고 보게 되었습니다.

4. 운동에 대한 습관을 길러야 할 것이외다. 우리는 여태까지 자연적으로 되는 운동(무슨 일을 하는 김에 되는)은 있었지마는 유의적(有意的)으로 건강을 위한 운동은 자못 없었습니다. 그리하여 농업이나 기타 육체적 노동을 요구하는 직업이 아니면 운동의 부족의 큰 영향을 받았습니다. 도시인이나 상고(商賈)의 빈약한 체구는 이를 증거하는 것이외다. 또한 유의유식(遊衣遊食)하는 불한당이 잘 먹고 잘 입고 의약까지 떠나지 아니하지마는 오히려 요사, 불구, 허약이 심함은 여기에 기인됨이외다. 부호, 귀족은 그 적례(適例)라 보겠습니다.

5. 음란, 음주, 흡연, 아편 사용 같은 것은 절대로 금지하지 아니하면 아니 될 것이외다. 이는 인생의 좀이요 독약이외다. 개인을 망하고 사회를 망하고 자손까지 직접 간접으로 망

하게 합니다. 이는 신체상, 경제상, 정신상, 사회상 어느 방면으로든지 백해(百害)요, 무일리(無一利)라 할 것이외다.

6. 기타 의약으로나 정신 사용으로나 각 방면으로 위생에 <6쪽> 주의하여야 할 것이외다. (중략) <7쪽>

「健康欄-눈의 위생, 소학생 시대붙어 눈을 보호하라」, 『동광』 제6호, 1926년 10월.

(전략)

어린애가 학교에 입학할 임시(臨時)해서 불가불 그 애의 눈을 정밀히 검사하지 않으면 아니 됩니다. 그것은 눈이 좋고 나쁜 것이 그 애 일생에 성공 불성공, <23쪽> 공부에 취미, 육체의 건강 등을 크게 영향하기 때문입니다.

교육은 눈의 노동을 강요합니다. 아이가 자라감에 따라 눈의 노동시간이 차차 길어지는 경향은 있으나 짧아지지는 않습니다. 그러므로 아이들이 학교생활을 하기에 적당한지 아니한지를 알기 위하여서는 먼저 눈의 진찰이 있어야 하겠고, 따라서 그 아이가 학교 공부를 잘하겠는지 또는 계속할 가능성이 있는지를 알아내기 위해서는 때마다 눈 진찰을 아니하면 아니 될 것입니다. 학교 학생의 눈 진찰은 일종의 정기적 건강진단이 되지 않으면 안 될 것입니다. 학교 학생의 눈 진찰은 일종의 정기적 건강진단이 되지 않으면 안 될 것입니다. 아이들이 철이 듦을 따라 그 정기적 눈 진찰의 가치를 이해하게 될 것입니다.

(중략)

이런 초점의 불완전한 눈은 대개 안경을 끼므로 교정할 수 있습니다. 곧 적당한 안경을 눈앞에 세울 때에는 그 안경과 눈이 어우러져서 적당한 초점을 잡을 수가 있는 것입니다. 따라서 무슨 물건이나 더 똑똑하게 또 더 쉽게 볼 수 있는 것입니다.

어떤 사람들은 어린애에게 안경 씌우는 것을 반대합니다. 그러나 아무리 어린애가 안경 쓴 것이 보기 싫다고 하더라도 그 아이가 안경 안 씀으로 말미암아 눈이 종신 병신이 된다면 이는 안경 쓴 것보다 더 보기 싫은 일입니다. (중략)

학생 시대에 만들어 놓은 두통이 장래 그 개인의 일생을 그릇되게 할는지도 모릅니다. 근시된 아이가 필요 되는 안경을 싫다고 쓰지 않고 공부를 늘 하다가<24쪽> 그것이 장차 자란 후에 소경이 될 기초가 되기도 쉽습니다. 장래는 설혹 그런 불행사가 아니 생긴다고 하더라도 당장에 학교에서 공부하는 성적으로 보더라도 안경 써야 될 눈을 가진 아이로 안경 쓰고 공부할 때와 안경 쓰지 않고 공부할 때와 비교하면 그 차이가 대단할 것입니다. 어린아이가 안경을 써야 한다는 선고를 받을까 봐 두려워서 학생들 눈 검사하는 것을 반대하는 부모는 어리석은 사람입니다. 위험을 막기 위하여 무지를 찾는 것은 잘하는 일이라 할 수 없습니다.

그러면 아이들이 학교에 다니게 되는 때에 어떤 종류의 눈 검사를 하여야 할까? 어느 교원이나 교장이나 교내 간호원이나 혹은 교의 누구나 글자를 크고 작게 써 걸고 아이더러 한 자씩 읽어보라는 검사는 쉽게 할 수가 있을 것입니다. 이런 종류의 검사만으로도 대강한 상태와 그 구제책에 대하여서 웬만큼은 만족을 줄 수 있을 것입니다.

그러나 좀 더 상세한 검사는 안과 전문의사의 진찰이 아니면 불완전합니다. 불가불 박학하고 경험이 오랜 안과의의 검사를 받지 않으면 아니 됩니다. (중략) <25쪽> (후략)

「코와 목구멍의 건강, 더욱이 겨울을 당하여」, 『동광』 제7호, 1926년 11월.

코와 목구멍이 우리 신체 건강상 가장 밀접한 관계가 있는 것은 두말할 것도 없는 것이다. 그것은 코와 인후는 호흡하는 중로(中路)이며, 따라 호흡으로 말미암아 여러 가지 전염병을 받아들이기가 퍽 쉬운 사실로 보아 명백한 것이다.

코와 인후는 우리 몸에 들어오는 여러 가지 전염병균을 방어하는 자연적 요새가 된다. 더욱이 편도선에서 그러하니 건강한 편도선은 전염병 방어하는 가장 좋은 무기가 되나, 병든 편도선은 도리어 세균과 세균이 제조하는 바의 해독물의 저장소가 된다.

얼른 쉬운 예를 들자면 곧 편도선염은 열과 불건강을 일으키며 콧구멍이 막히면 입으로 숨을 쉬게 되어 큰 해를 몸에 끼친다. (중략)

이것으로 보아 코로 숨 쉬는 것이 얼마나 중요한지 알 수 있다. 입으로 숨쉬기를 절대로 폐하여야 하겠다. 따라서 선생은 항상 아동들이 입으로 숨을 쉬지 않도록 주의 관찰을 게을리 아니하여야 하겠으며, 만일 어떤 아이가 코로는 숨을 못 쉬는 경우인 것을 발견할 때는 곧 진단을 받게 하여 편도선이 커졌으면 이를 잘라내게 하고, 비색증(鼻塞症)이면 역시 수술을 속히 받도록 하여 아이들로 하여금 언제나 건전한 코를 소유하고 따라 코로만 숨 쉬는 습관을 기르도록 하여야 할 것이다. (중략) <53쪽>

진동성, 「運動欄-體育의 目的」, 『동광』 제13호, 1927년 5월.

(전략)

체육의 목적은 제일로 건전한 체격을 얻기 위함이라 하겠다. 또 하나는 분투력이 굳센 끈기 있는 강건을 얻기 위함이라 할 것이다. 이곳에서 반드시 건전한 두뇌와 건전한 정신을 함양할 수 있으며 정확한 판단력을 얻을 수도 있는 것이다. 신경쇠약은 절대로 건강을 가진 체육자에게서는 이 병을 볼 수 없다. 이 병명을 문명병이라고도 한다. 이 병의 발로를 말하면 병후(病後)나 혹은 운동의 결핍에서 오는 것이다. 다시 말하면 여하한 신경을 과도히 사용하였다 할지라도 강건한 체격자에게는 하등의 쇠약이 오지 못하는 것이다. 우리가 고대 영웅호걸들이 여하히 심신을 수고롭게 사용하였다 한들 그것으로 인하여 신경쇠약으로 지났다는 말을 듣지 못한 것은 다만 그네들의 체격이 완강함에 귀인(歸因)한 것이라고 믿을 수 있다. (중략) <63쪽> (중략) 건강체를 소유한 사람은 하기에는 피부가 냉량(冷凉)하고 동기에는 반대로 온윤(溫潤)하게 된다. 우리의 근육은 열도(熱度)를 보전하며, 또는 발산하는 힘을 가지고 있다. 체격이 섬약하여 근육이 적은 사람은 한난(寒暖)의 변천에 속히 감각되는 것은 이 까닭이다. 목욕탕에 가서 자기의 몸을 면경(面鏡)에 반사하여 능히 타인에게 자랑할 만한 체격을 가진 자가 몇이나 될까? 근육의 발달로 인하여 육체미를 가진 사람은 행복일 것이며, 많은 사람의 선망적이 된다. 이것은 체육을 힘쓰는 데 수확(收穫)되는 특권이다. 대자연은 우리 인류에게 건강한 신체를 주기를 허락하는 것이다. 그러므로 질병은 부자연이요, 일종의 죄악이다. (중략)

심중(心中)에서 흘러나오는 진정한 평화는 오직 건강한 사람이라야 맛볼 수 있다. 제3자의 도움으로 평화가 성립된 것은 진정한 평화라 할 수 없다. 병자나 불건강한 사람들은 왕왕 신불(神佛)의 타력(他力)을 빌어 평화를 얻고자 한다. 그러나 과연 자유스러운 평화는 올 리가 만무하다. 건강한 사람치고는 신불의 타력을 빌지 않아도 평화를 얻을 수 있다. 쌀맨은 말하기를 마음의 평화는 건강한 신체에 있다고 하였다. 건강자는 어쨌든 질병의 고난을 받지 않는다. 생리학이나 병리학의 지식이 있으므로 질병을 완전히 피할 수 있다. (중략) <64쪽> (중략)

비스마르크와 루즈벨트와 같은 거대한 체격을 만든 것도 역시 체육의 목적이라 하겠다. 거대한 체격에는 또한 거대한 두뇌가 있는 것이다. 큼직한 국화는 그와 조화되는 가지와 아울러 아담하게 피는 것이다. (중략) 여하히 거대한 체격을 가졌다 하더라도 원만한 발달을 가지지 않았다 하면 하등의 가치가 없다. 우리는 건강하다고 만족할 것은 아니다. (중략) <65쪽> (중략) 체육에 마음을 둔 제군이여! 깊이 주의하라. 한편으로 치우치는 체육을 피하라. 신체 각부를 균일하게 발육할 체육에 힘쓸 것이다. 군대적 체육을 받은 체격이야말로 당당한 보조(步調)를 가졌다 할 것이니 구미 각국인의 보행하는 동작은 대개 군대적 보조법이라 할 수 있다. 위병 기타 신체에 결함이 있는 사람의 보행 동작을 보면, 도저히 생존 경쟁이 격렬한 활무대에서 우승자가 될 만한 영예의 지위를 점령할 수 없다고 믿는다. 고로 체육자는 손·발·허리를 발달시키는 운동은 물론이거니와 손끝 혹은 발끝까지도 원만히 발달시키기를 힘쓸 것이다. 이것은 골상학 또는 인상학에서 증명하는 바이다. 이것이 인간학이 요구하는 소위(所謂)라 하겠다. (중략) <66쪽>

D·T·K, 「常識講座-其一. 삐-타민이란 무엇인가?」, 『별건곤』 제11호, 1928년 2월.

　(전략) 그래 인간 생활에 반드시 없지 못할 영양소는 무엇무엇인가?

　종래의 영양학자들의 말에 의하면, 우리는 단백, 지방, 탄수화물의 삼대 영양소와 무기염류라는 성분을 적당히 배합하여 필요한 열량을 가하여 섭취하면 가(可)하다 하였습니다. 사실 이상에 말한 바 4대 요소는 어느 것이나 모두 신체의 발육재료가 되고 신체를 활동할 때에 간단(間斷)없이 소모되는 에너지를 보충하는 성분이 됩니다. 그래서 이 학설의 적확여부(的確與否)를 확정하기 위하여 동물에서 시험해 보았습니다. 즉 이 영양소만을 가지고 그 분량을 여러 가지로 조합하여 인공적으로 동물의 발육을 시험하여 보았습니다. 그런데 그 결과가 어떠냐하면 실패라고 말하였습니다. 즉 이상의 영양소만은 동물이 생장하며 건강을 보전할 수가 없고, 또 다른 무슨 영양소의 부족이 있는 것을 알게 되었습니다. 그리하여 여러 가지로 고심 연구한 결과, 드디어 발명한 것이 오늘날 세상에서 떠드는 비타민이란 것입니다. 이 비타민이란 학설의 기초를 세운 사람은 일본의 영목(鈴木) 박사였습니다. 이 학설이 한번 창도(唱道)된 이후로 전 세계의 학자들은 일제히 신 영양소 연구에 열중한 결과 비타민은 여러 종의 성질 즉, ABCD 등의 <127쪽>종류가 있다는 것을 알게 되었습니다. 또한 최근에 와서는 비타민X가 있다는 학자도 있으나 그중에 영양상 가장 중요한 것은 비타민A라고 하는데, 우리 인류는 비타민A가 없이는 도저히 성장할 수도 없고 생존을 계속할 수도 없는 것입니다. (중략) <128쪽> (중략)

　우리의 가정에서 일상생활에 가장 인연이 깊은 식료품은 비타민A가 함유한 분량이 이상과 같이 극히 근소합니다. 더구나 우리 조선 사람이 상식(常食)하는 식물(食物)은 서양 사람의 그것에 비하여 비타민A의 함유율이 극히 적을 뿐 아니라 백미(白米)와 같이 비타민A가 없는 것을 좋아합니다. 그런즉 그 결과가 영양부족이 되고 질병에 대한 저항력이 감소되어 천명(天命)을 축소하지 아니할까 하는 것도 아주 기우라고 할 수는 없을 것입니다.

　그러나 아무리 비타민A를 섭취하는 것이 좋다할지라도 매일 어유(魚油)만 먹는다면 위장을 상할 것이요, 또한 상치나 시금치 같은 것을 7,8근씩 먹을 수는 없는 것이니, 특별히 비타민A를 보충할만한 어떠한 방법을 연구하여야만 될 것입니다. 그래서 세계의 다수한 학자들은 단순한 비타민A만 뽑아낼 방법을 경쟁적으로 연구하고 있습니다. <129쪽>

「朝鮮 사람과 여름」, 『별건곤』 제30호, 1930년 7월.

여름과 조선인의 식물(食物)(송금선)

(전략)

헌립(獻立)이라는 것은 식탁 위에 오를 음식의 품질을 선정하며 영양분의 배합과 조리법 등을 예정하는 것이다. 더구나 여름철에는 동절과 달라 음식을 매일 갈아야지, 두었다 먹지를 못하니 매일 삼시(三時) 먹는 음식을 같은 것만 먹으면 제일 물리고 또 생리상에도 좋지 않다. 그러니 매일 먹을 것을 1주간분을 미리 적어놓는 것이다.

헌립을 만들 적에는 우선 보건 식료(사람이 하루에 필요한 칼로리, 다시 말하면 이만큼은 꼭 먹어야 사람에게 해롭지 않다 하는 정량이 있다)를 표준삼아 직업, 연령, 노동의 정도에 따라 그 지반<102쪽> 경제 방면도 생각하여 실지에 적당하게 할 것이다. (중략)

헌립 만드는 것은 대단히 괴로울 것 같아도 그렇지 않다. 습관만 되면 헌립이 없으면 무엇을 할는지 망연할 때가 많으며 1주일분을 일일이 적어놓으면 그 비용과 예산 내에서 하기가 쉽다. 헌립에 생일이라든지 명절 같은 축일(祝日)에는 평상보다<103쪽> 음식을 잘하는 것이 좋다. (중략)

식물(食物)은 시간을 경과하면 부패한다. 그 원인은 공기 중에 있는 세균의 작용 때문이다. 세균은 적당한 영양분, 온도, 수분이 있으면 번식하는 고로 식물을 보존하여 그 부패를 막는 데는 세균의 침입을 막으면서 그 생존 번식에 필요한 온도와 수분을 없이하는 것이 필요하다.

제일 저장법 현재 사용되는 것은 아래와 같다. 가열법, 건조법, 냉장법, 밀폐법, 약제 방부법 등의 종류가 있다. (중략) <104쪽> (중략)

여름과 여자의 의복(허영숙)

의복의 목적은 결코 단순한 것이 아닙니다. (1)예의, (2)위생, (3)미관, (4)경제 등 여러 가지 목적이 있습니다. 그러니까 여자의 여름 의복을 말하는 데에도 이 네 가지를 염두에 둘 필요가 있습니다.

첫째 여름옷은 가려야 할 몸의 어떤 부분을 넉넉히 가리는 것이 예의라는 조건에 합합니다. 속옷까지도 모시와 같은 엷은 감으로 만들어서 그런 옷을 입은 사람이 석양의 광선을 등진 때에 길로 걸어가는 것을 길가에 앉아서 보면 전신이 환하게 비쳐 보입니다. 그러니까 여름옷은 아무리 덥더라도 속옷 한 가지만은 비치지 않는 감을 택할 필요가 있습니다.

둘째 위생적 의미로 보아서는 여름이 과히 결점이 없다고 생각합니다. 서늘하고 가볍고 싱그럽습니다.

셋째 미관으로 보아서 여자의 여름옷은 결점이 많습니다. 먼저 개성을 좀 보이도록 힘쓰는 것이 좋으리라고 생각합니다. 조선옷은 겨우 남녀노소 빈부귀천을 구별할 수 있는 것밖에는 만인이 다 한 모양입니다. 빛깔이나 모양이나 도무지 차별이 없습니다. <106쪽> (중략) 옷이 도덕적 의미와 생리적 의미를 가진 것과 같이 심미적 의미도 있다고 하면 조선옷이 앞으로 나아갈 방향은 빛깔과 모양의 복잡화라고 생각합니다.

조선 여자들의 여름옷에 시급히 개량해야 할 것은 풀을 너무 세게 입지 아니할 것입니다. 옷이 몸에 착 붙어서 몸이 움직이는 대로 옷이 물결을 쳐야 아름답지 않겠습니까. 풀이 세서 네 귀가 번쩍 들려서 그 속에서 몸이 움직이거나 말거나 장작개비 버티듯이 하고 있는 것이야말로 보기 흉합니다.

최후로 우리 조선은 지극히 가난한 나라이니까 조선 가정의 주인 되는 조선 부인들은 아무쪼록 돈 적게 들고 조선 사람의 손으로 만들 수 있는 감으로 옷을 지어 입는 것이 마땅할까 합니다. 수입을 고려하지 않는 사치―이것은 미가 아니라 도리어 추인가 합니다.

주택으로 본 조선 사람과 여름(김종량)

1.

주택도 의복과 동일한 사명을 가진 관계상 각국 각 사회를 물론하고 사회 문제화하여 혹은 국가적 사업 혹은 <107쪽> 단체적 사업으로 실제 생활에 적응하도록 연구도 하고 건설도 한다. (중략)

2. 여름철의 불량 주택과 민중의 건강 문제

우리 일상생활에 없지 못할 주가(住家)와 민중의 건강 문제 관계는 일반이 생각하는 이상 큰 관계가 있다. 그것은 주택 구조에만 있지 않고, 주택 주위 환경에도 있다. 도시 중에 건축된 양호한 주택이 공기 쾌청한 야외 작은 주택보다 보건상으로는 못한 것이다. 언제든지 거주할 주택을 구할 시에는 반드시 주택의 주위 환경을 주시할 필요가 있다. 실례로 보면 경성 도시 중 다옥정, 청진동 등지에 양호한 주택을 가졌다고 하더라도 여름철에는 채광, 통풍을 충분히 하기도 어려울 뿐만 아니라 개천, 하수도 등에 오물 등이 부패하여 전염병의 세균이 전파되기가 용이하다. 대도시의 고래 주가 부분의 사망률, 이병률(罹病率)을 점한 것은 누구든지 잘 아는 것이다. 전자의 사망률, 이병률이 고율을 보인 것은 대부분은 불량 주택에 밀주(密住)의 관계이다. 밀주 관계의 사망률을 비교한 것을 참고하면 여좌(如左)하다. <109쪽> (중략)

3. 여름철 위생상으로 본 주택에 필요한 제항(諸項)

(1) 건강을 유지함에 필요한 건전 주택으로서 없어서는 안 될 구조상 조항

1. 주택은 우로풍진(雨露風塵)의 천후(天候)의 영향을 직접 받지 않도록 할 일.

2. 온도의 극단의 차를 조절하여 여름철의 혹서를 방비하도록 할 것.

3. 온방의 구조 재료가 흙, 돌이므로 여름철에는 습기가 지상으로 모세관 현상에 의하여 침입하므로 특별 방습 방침을 취할 것.

4. 벽, 지붕, 마루 등을 항상 건조를 주의하여 방습하도록 할 것.

5. 내부 구조 재료를 청결하기에 용이하도록 할 것.

6. 방수는 거주 인원수에 비하여 여유 있도록 할 것.

7. 채광, 환기를 충분히 하도록 할 것.

8. 방 배치는 가사에 시간이 걸리지 않도록 할 것.

9. 음수(飮水), 용수(用水)의 공급 설비를 충분히 하여 오염 등을 세기(洗棄)함에 용이히 할 것.

10. 욕실의 설치의 필요.

(2) 주택의 주위 환경에 필요한 조항

1. 주택과 정원을 독립적으로 하되, 정원은 관상적 본의를 폐하고 실용적 위생적 본위로 할 것.

2. 주택의 정지 면적은 공기 유통, 태양 광선의 입사를 충분히 할 만한 것.

3. 변소의 위치를 야간 통행에 편리한 장소에 배치하고, 냄새 등이 실내에 침입하지 않도록 할 것.

4. 세탁물 의복의 건조할 설비 물치소(物置所)의 필요. <110쪽>

5. 주택의 주위 토지에 오구물(汚垢物) 등의 기치소(棄置所)를 없도록 할 것.

(3) 주택 일반의 설비

1. 주택의 주위를 항상 청량하도록 할 것.

2. 주택 위치를 화학 공장, 공중 매연, 진애(塵埃) 등으로부터 원피(遠避)할 것.

3. 주택의 위치를 교통기관에 직접 근접한 장소를 선정할 것.

4. 가옥 정지 내외를 물론하고 식목 등을 재배하여 자연미를 가미하도록 할 것.

4. 조선 사람의 장래 주택

주택을 신축하는 것과 재래 가옥을 우리 생활에 적응하도록 최소 조건하에서 개축하는 것, 두 가지를 연구해야 할 것이다. 우리의 장래 주택을 근본적으로 개선하자면 지금부터 일반 우리가 현재 우리 주택보다 좀 더 양호한 주택이 필요하다는 관념부터 시작해야 할 것이다.

조선식 주택, 일본식 주택, 구미식 주택 등을 물론하고, 빈부 귀천의 각 계급을 물론하고, 자기 생활 정도에 적당한 주택이라 할 것이다.

조선 가옥도 구조 양식 등은 그냥 두더라도 방 배치는 절대로 개선하여 채광 환기를 충분히 하여 앞으로 유감이 없도록 하여야 할 것이다. (중략) <111쪽> (중략)

건강상으로 본 조선 여름(정기섭)

우리 인생의 건강을 유지하고 증진하여 현상보다 더 건강의 생활, 행복의 생활을 하려는 것이 모두 위생의 본의(本意)이니 입는 것, 먹고 자는 것, 등이 모두 위생에 관계되지 않는 것이 없습니다. 그러나 기후, 지방, 생활 방침을 따라서 지대한 차이가 있으니 여름철에 우리의 건강을 해치려는 병마도 적지 않으며, 특히 우리 조선 사람으로서의 이 시절을 주의하여야 할 것도 하나둘이 아닙니다.

전염병 중에는 결핵, 디프테리아, 폐렴, 천연두, 마진, 유행성 감기 등 같이 호흡기로 침입하는 것도 있고, 콜레라, 장티푸스, 이질, 기생충 등이 소화기로 침입하는 것도 있으니 대체로 말하면 여름철에는 소화기로 침입하는 질병이 많이 유행되는 시기입니다. 그중에도 우리나라에서는 여름철이면 이질과 장티푸스가 제일 많이 유행하는 위험한 병입니다. 통계상으로 보면 이 두 가지 병들은 6, 7월부터 번창되기 시작하여 8, 9월에 제일 심하고, 10, 11월에 이르면 다시 감퇴하여지는 병입니다. 전염병들의 병원균이 모두 동식물계에 기생하는 것이나 그 숙주되는 인체가 약할<115쪽> 시기를 기회로 발병을 하므로 그 앞을 보균자로 하고, 그 후를 병자라 부릅니다.

여름철은 우리의 소화기가 가장 약해지기 쉽고, 가장 장해가 일어나기 쉬운 시기입니다. 따라서 매개물도 많습니다. 고로 여름철에는 의식주에 특별한 주의를 가지고 지내야 합니다. 그러나 현재 우리 조선인의 생활 상태를 살펴보면, 무엇 무엇이 우리의 건강을 증진하기에 적당한 위생 방책이라고 셀 것이 없습니다. 물론 몰라서 못하는 것보다 알면서도 형편이 허락하지 못해서 고치지 못하는 것도 없지 않다는 것은 필자도 생각하는 바입니다. 그러나 이는 예외로 두고 우리의 처지로서 고칠 수 있고 행할 수 있는 것이라면 고쳐야 하겠고 행하여야 할 것입니다.

우리나라에서 위생상의 선착처(先着處)는 먼저 각자 각 가정부터 아는 대로 고치고, 아는 대로 행하여야 할 것입니다. 즉 각자 위생은 공중위생의 제일보이므로 금일에 우리나라에서 각 개인, 각 가정에서 능히 행할 수 있는 몇 가지 실례를 들어보려 합니다.

1. 거실 – 여름에 우리나라 가정을 살펴보면 겨울에 보지 못하던 즉 파리, 빈대, 벼룩 등 미물들은 대개 없는 곳이 별로 없습니다. 그러나 그것이 심하면 안면에 장해물로 간주하는 외에 별 위험성을 염려하는 이가 많지 못합니다.

혹자는 말하기를 "나는 물 것을 안 타니까 빈대, 벼룩 같은 것은 모두 관계가 없다."고까지 합니다. 이는 실로 큰 오해입니다. 파리, 빈대, 벼룩 같은 미물의 한 마리가 우리 인생의 생명을 빼앗는 매개자인 것을 알아야 합니다. 한 잔 술, 한 개 흡연을 덜할지언정 미충 (微蟲) 방어에는 약간의 비용을 아끼지 말아야 할 것입니다. 콜레라, 장티푸스, 이질 등 위험한 전염병이 여름철에 번창하는 큰 이유는 파리입니다. 파리는 병원균을 함유한 분변(糞便) 위에 앉았다가 날개나 다리에 균체를 묻혀가지고 음식물로 운반하여 옵니다. 그러나 그 병균을 보고는 먹을 자가 없겠지마는 보이지 않는 고로 무의식중에 그 병원균은 식물 (食物)을 따라 소화기에 침입하고 말라리아(학질) 같은 전염병은 모기(蚊)로 인하여 혈행계 (血行系)에 침입하여 일정한 잠복기를 경과한 후에는 발병하여, 낫는다 하여도 수십일 간 큰 고통의 사선(死線)을 넘어야 하고 그렇지 않으면 이로 인하여 생명을 빼앗기는 <116쪽> 사람 수가 매년 허다합니다. 그러므로 여름철에는 도시와 같은 인구가 많은 곳에는 전염병 만연의 소동이 나게 됩니다.

2. 음료수 – 여름철에는 기후가 제일 고열이므로 땀 분비가 심하여 그 대용으로 음료수를 다량으로 요합니다. 고로 흔히는 빙수, 보통 냉수[장류수(長流水), 우물물, 수도], 탄산수 등을 음료수로 쓰게 됩니다. 장류수를 그대로 음료수로 쓰는 것은 크게 위험한 일입니다. 위에서 서술한 여름철 전염병 환자의 분변, 혹은 의복류를 세탁한 함균수(含菌水)가 흐르는 물을 불행히 그대로 음용할 때는 역시 전염을 받게 됩니다. 그 외에 우물물은 장류수보다는 나으나 그 수원(水源)되는 지저수(地底水)에도 병균은 빗물과 함께 지하로 숨어서 함균수가 될 수 있는 것이오. 얼음은 인조 얼음이면 안전타 할 수 있으나, 시상(市上)에 행매(行賣)하는 것은 절대의 신용은 하기 어려운 것이오. 그중 탄산수가 무균하고 신용할 만하나 다량을 음용하면 소화기를 자극할 염려가 많습니다. 그러니 아무리 냉수를 요할지라도 음료수로는 도회지에는 혹 수돗물을 그대로 사용할 수 있으나 제일 안전하기는 1차 열탕을 만들었다가 다시 식혀서 쓸 것입니다.

3. 채소 – 기후에 의하여 식물(食物)이 속히 맛이 변하므로 이에 주의는 물론이오. 특히 우리나라에서는 여름에 생채를 많이 먹게 됩니다. 이것은 근대 소위 비타민설로 보더라도 가장 합리한 것이나 상치, 쑥갓, 오이, 배추 같은 것을 식물로 쓸 때 먼저 그 씻는 법이 큰 문제입니다. 우리나라 생채로 보면 대개 십이지장충, 회충 등 기생충 알이 제일 많고, 시기와 지방을 따라서 전염병의 병균이 더 있는 것이므로 씻을 때 눈에 보이는 흙이나 티보다도 보이지 않는 충란(蟲卵)이나 병균을 주의하여 가급적 맑은 물을 택하여 의심이 없기까지 씻기를 누차 거듭한 것을 식물로 쓸 것입니다.

4. 과일 – 과일은 사계 중에 여름이 제일 많으므로 참외, 수박, 배, 사과 같은 것은 공통으로 많이 먹게 됩니다. 고로 원인 미상(未詳)한 일반 소화 장애 특히 소아의 보통 설사 같은 것은 과일의 원인이 가장 많습니다. 참외나 수박이 기호품이 되고 일시 먹는 양을 모두 이것만으로 포식하거나 더구나 덜 익은 것을 먹을 때에는 소화기를 자극하여 해가 됩니다.

완전히 성숙한 것으로 씨나 속을 다 버리고 매 식후의 부식물(副食物)로 먹는 것은 이(利)가 됩니다.

5. 음식물의 성분 – 전염성의 하등 의심이 없는 음식물이라도 여름철에는 그 성분과 분량에 큰 관계가 됩니다. 지방질이 많은 육류와 같은 불소화물을 덜 먹고, 함수탄소(含水炭素)[75]가 많은 채소 같은 것을 적당하게 식료로 써서 소화기에 장애가 없도록 도모할 것입니다.

6. 의류 – 우리나라 의복은 그 색이 대개 백색이므로 열의 흡수력이 적어서 자연적으로 여름철 위생에 적당합니다. 또한 재료로 보더라도 저포(苧布)같은 것은 성질이 깔깔하고 직조가 공기 유통하기에 적당하므로 이것만은 우리의 자랑거리가 될 만합니다. 그러나 여름철에는 땀 분비가 많으므로 공기 중에 먼지와 합하여 의복이 더럽기 쉬우므로 이는 위생에 해롭고 남 보기에 불미(不美)하기 쉽습니다. 고로 세탁의 수고가 겨울철보다 몇 배나 더하지 않으면 안 됩니다. 더구나 침구같이 혹 타인과 공용하는 것은 한층 주의를 요합니다.

이외에도 의식주에 하나도 위생상 주의치 않을 것이 없으나 필자는 이상의 몇 가지 기초(記抄)한 것을 위생 생활의 제일보요 급선무라고 보는 바이며 따라서 피차에 실행하는 의리가 되기를 기대하여 마지않습니다. (완) <117쪽>

成田夫介,[76] 「건강의 증진과 영양」, 『조선문 조선』 139호, 1929.5, 14~23쪽

1.

건강 증진과 영양 이는 실로 어려운 문제. 그러나 이를 극히 간단히 말씀하면 또 극히 간단합니다. 극히 평이하게 말씀하면 신체를 건강히 하려 함에는 무엇을 먹으면 좋겠나 하는 극히 간단하고 극히 비근한 문제입니다. 우리가 사는 동안은 아무것을 제치(除置)하고라도 식물(食物)만은 섭취하지 않으면 안 됩니다. 그리하여 그 식물을 섭취한 결과로 우리의 신체는 항상 열을 방산(放散)하고 또 운동을 영위합니다. 갓난아이가 안면(安眠)하는 동안이든지 군인이 전장(戰場)에서 전쟁하는 동안도 다 마찬가지로 이들 현상을 행하는 것입니다. 잠시 동안이라도 휴식할 리 없습니다. 빈한한 생활을 하는 노동자든지 부자의 난봉 자식이라도 마찬가지로 이 일만은 무차별하게 일률로 행하는 것입니다.

만약 우리가 이 식물을 섭취함을 그만두면 어찌 될까. 체외로부터 우리의 활동의 원(源)이 되는 즉 에너지의 원천이 되는 것을 취입(取入)할 수 없으므로 부득이 체내에 그것을 구하여 우리의 신체의 성분은 소모됩니다. 이것이 일정한 소모의 도(度)에 달하면 이미 역불

---

75) 탄수화물.
76) 1929년 5월 현재 조선총독부 경성의학전문학교 교수였다(조선총독부관보).

급(力不及)하여 아사합니다. 즉 기아의 상태에 빠져 죽음에 이르는 것입니다. 그리하여 생명을 유지하고 생활을 영위함에는 어쨌든〈14쪽〉지 체외로부터 그 원이 되는 것을 섭취하지 않으면 안 되는 것입니다. 이에 식물의 섭취가 생활의 제일 조건이 되는 것입니다. 옛말부터 "생명은 식(食)에 있다"고 한 것도 이유가 있습니다. 이와 같이 식물을 섭취함은 우리 일상생활과 떨어지지 못할 관계를 가지므로 옛날부터 오늘까지 이 문제의 연구자는 속속 현출되었습니다. 그리고 또 학자 측으로부터 보면 비상히 흥미 있고 중대한 연구의 목적이었습니다. 학자는 일부러 어려운 말을 써서 영양 문제라고 하였습니다. 먼저 식물의 성분에 대하여 잠깐 서술코자 합니다. (후략)

杉田直樹, 「두뇌의 사용법」, 『조선문 조선』 142호, 1929년 8월.

1.

다사다망한 이 세상에서 학생 시대에 있든지 혹은 사회에 나가서 무슨 일을 하든지 자기의 두뇌를 가지고 처세의 길을 구하지 않으면 안 될 것이다. 그러므로 먼저 우리는 자기의 두뇌를 극히 유용하게 사용하는 술(術)을 배우지 않으면 안 될 것이다. 물론 각 개인에 따라 두뇌의 힘은 선천적으로 차이가 있는 것이다. 그러나 두뇌를 능률적으로 사용하면 범용자(凡庸者)도 능히 자홀(自惚)한 천재의 사업을 수행하기도 결코 어려운 일이 아니다.

두뇌는 우리 인체를 구성하는 다수 기관 중에 제일 정교한 구조와 기능을 가진 것이니 정교한 것만큼 한 번 훼상하면 회복하기는 심히 곤란하다. 그러므로 사소한 뇌의 질환이라도 끝내는 일생 불치의 고질이 되는 실례는 열거하기에 불황(不遑)[77]하다. 대개 어떠한 기계든지 두뇌의 기능에 필적할만한 정도의 정교한 기계라도 그 사용법을 잘못하면 곧 파괴되고 말 것이다. 또 그대로 두면 한 번 사용하려 할 때에는 사용치 못하게 되는 것이다. 우리의 신체 기관 중 제일 정교하다는 두뇌를 사용할 때에도 제일 위생상 면밀한 주의를 요함은 말할 것도 없다. 그러나 보통 세인은 위장병이나 폐병 등에 대하여는 비상히 주의하면서도 두뇌 사용법에 관한 위생에 대하여는 심히 태만하니 실로 한심한 일이라 하지 않을 수 없다.

의학자가 최초로 신경[78] 쇠약병을 주의하게 된 것은 1870년 미국인 베어드가 미국인 중에 특별히 이 병이 많은 것을 발견하고 이것을 미국 신경병이라 칭하고 면밀히 연구한 결과를 발표하였다. 당시 베어드는 미국에 신경 쇠약병이 많은 원인을 다음과 같이 열거하였다.

---

77) 시간의 여유나 짬이 없음.
78) 원문에는 '신'자가 누락되어 있음.

미국에는 각국 인종이 혼합하여 있는 것

어떠한 방면을 물론하고 실력 경쟁이 맹렬하여 전 국민이 밤낮 그 두뇌를 과용하는 것

기후 풍토가 건강에 부적당한 것

또 그 논문 중에는 일본과 같이 풍토가 양호하고 인종이 단순하고 생〈82쪽〉존 경쟁이 심하지 않은 나라에는 '미국 신경병'이란 병은 영영 발생치 않겠다 하여 일본을 선모(羨慕)하였는데, 불과 50년에 그 일본이 세계 유수한 신경병국이 된 것은 우리가 심히 유감으로 여기는 바이다. 일본뿐만 아니요, 어느 나라를 물론하고 현재 문명 각국은 해마다 신경 쇠약자가 증가하는 현상이다. 현재 일본 청년 학생으로 신경병의 징후가 없는 자가 없다 하더라도 과언이 아니다. 이와 같이 신경병 환자가 세계 각국에 해마다 증가하는 원인이 어디에 있느냐 하면 대개 하나는 알콜, 담배, 혹은 유전의 결과요, 또 하나는 생존 경쟁 또는 여러 가지 지식욕 등으로 인하여 학교 기타의 시험 등에 국민은 어려서부터 두뇌에 대한 강한 자극을 받는 것이 두뇌의 기능을 파괴하는 중요한 원인이 아닌가 한다. 우리가 이 두뇌의 파탄을 미연에 방지하려면 제일 먼저 가지의 두뇌를 건전히 하여 가지고 이것을 합리적으로 사용하여 그 기능이 충분히 발휘하게 하고 사소한 고장이라도 생기기 않도록 주의하는 것이 필요하다.

2.

이제 극히 간단히 두뇌의 합리적 사용법 즉 두뇌를 완전히 운전하여 일생 고장이 없도록 하는 방법을 두세 가지 서술하면

제일은 자기의 근무에 대하여 흥미를 가질 것. 우리가 일상 경험하는 바와 같이 자기가 흥미를 가지고 하는 일에는 시간이 가는 줄을 모르는 것이다. 예를 들면 라디오 기계를 조작하거나 기타 재미있는 소설을 탐독하는 등이다. 이것은 자기의 일에 대하여 신경세포가 건전한 흥분을 주는 까닭이다. 그러므로 그 일이 완성되기 쉬운 것은 물론이요, 신경계 중에 피로소(疲勞素)가 발생하지도 않고 계속하여 일을 하여도 건강에 영향이 비교적 없는 것이지마는 이에 반하여 조금도 흥미를 가지지 않는 학과 등을 시험 전에 무리로 암송하려 하면 겨우 1~2시간에 견디지 못할만한 피로를 각득(覺得)하는 것이다. 다만 학과 등 일시적 일이면 적은 희생으로 일이 끝나지마는 일생 자기가 종사할 일에 흥미가 없고 보면 결국은 두뇌를 깨뜨려 버린다는 불행한 결과가 생기는 것이다. 또 두뇌 위생상 주의할 것은 임의 전환이라는 것이다. 우리의 신뇌(神腦) 세포는 이것을 사용할 때에는 그 세포 안에 피로소가 발생하여 점차 세포의 기능을 저해하여 피로감을 면하지 못하는 것이다. 피로는 어느 정도까지는 잠시 동안에 회복할 수 있지마는 그 정도를 넘치면 영원 불치의 병이 되는 것이다. 우리의 경험에 의하면 동일한 작업의 지속은 3시간을 한도로 하는 것이 적당하다. 그러나 3시간 동일 작업 지속의 결과가 두뇌를 영 사용치 못하게 된다는 의미는 아니다.

동일 작업을 버리고 다른 사업에 나아가는 것이 두뇌를 신선하게 하고 기분을 전환하는 효과가 있다. 그러므로 사무의 전환을 적당히 합리적으로 하면 1일에 10시간의 정신 작업을 지속하기도 결코 곤란한 일이 아니다.

3.

다음에 휴식하는 방법으로 말하면 작업에 대한 피로를 일시적으로 회복하기에는 휴식이 제일 간단하다. 그러나 휴식은 충분한 피로 회복법은 아니다. 충분히 피로를 회복하려면 수면에 의하지 않으면 안 될 것이다. 2~3시간의 정신 작업을 계속하여 피로〈83쪽〉를 깨달을 때에는 일을 전환하고 동시에 그 전환한 일이 휴식의 의미를 포함한 것이면 일층 유효하여 일거양득의 이(利)를 보는 것이다. 예를 들면 휴식 중에 간단한 식사, 산책, 유희, 음악 등이 가장 좋다. 혹자는 여러 가지 이유를 들어 간식의 해를 말하지마는 정신 작업에 의하여 피로를 느낄 때에 소량의 과자 옥은 차 등을 취하는 것이 소화기관에 다소의 자극을 주고 반사적으로 피로소를 중화케 하는 까닭에 비교적 속히 피로를 회복하는 것이니, 이러한 점에서 간식도 또한 다대한 의미를 가진 것이라 하겠다. 또 할 수만 있으면 1~2시간의 오수 혹은 수면하지 않더라도 신체를 수평으로 하여 가지고 각 근육을 이완케 하고 허심(虛心)한 상태로 휴식하는 것이 극히 좋다.

또 휴식은 피로의 도가 사소한 때에 하면 회복에 요하는 시간도 또한 단시간에 효과를 볼 수 있으나 작업 지속 시간과 피로 회복에 요하는 시간은 정비례하는 것이 아니다. 피로의 도가 심할수록 그 회복에 요하는 시간은 등비 배수하는 것이니 만일 과로하면 그것으로 인하여 발생한 신경쇠약증은 수십일 내지 수개월의 치료를 요하는 것이다. 그러므로 위생상으로 말하면 휴식은 가급 매시간에 10여 분씩 취하는 것이 가장 적당하다. 이 점에 관하여 특히 주의하여야 할 것은 유약한 소학생, 중학생 등의 수업시간표다.

또 근육 활동의 결과 피로를 느낄 때는 피로소가 혈액 중에 혼합되어 그 전신에 순환하는 것이다. 그러므로 자연 신경 세포에 영향하여 그 기능을 쇠약하게 하는 것이니 신체에 피로가 생길 때에는 반드시 정신적 작용도 쇠감하는 것이다. 예를 들면 장시간 여행 등으로 인하여 신체가 피곤할 때에는 주의 산란해지며 정신작용이 둔해지는 것이다.

음악 교육가가 자기의 신경 쇠약병을 치료하려고 전지(轉地) 요양하면서 매일 오전 중에는 독서만 하고 오후에는 등산 혹은 운동을 한 것이 정도를 초월하여 치료는 고사하고 수주일 후에 병세가 오히려 심해졌다는 실례가 있다. 엄중히 말하면 식사 후에는 즉시 취침하지 말고 가급 회담, 독서 등으로 휴식하는 것이 좋다. 또 정신 작업은 야간이 좋다 하는 자가 있으나 그것은 관습적 예외적이요, 결코 유리한 것은 아니다.

4.

휴일 또는 휴가라는 것은 평일의 작업 지속에서 발생한 피로와 권태를 고치는 시간이다.

그러므로 휴일 또는 휴가에는 평일의 작업을 떠나서 독서, 운동, ■기, 여행, 유산(遊山) 등에 시간을 보내는 것이 심신의 피로를 고치고 정신을 쾌활하게 하기에 크게 유리하다. 하기휴가 등에도 일시 작업을 피하여 장기 여행 등을 하는 것이 좋다. 그러나 이로 인하여 정신적 타기(惰氣)를 만들면 불가하다. 하루하루의 피로에는 수면이 제일 적당하다. 그러나 수면도 적당한 시각에 하여야 한다. 주간에는 광선의 직사를 받는 까닭에 그 효과는 많지 못하다. 적당한 시각을 택하여 수면하면 완전한 수면을 할 뿐 아니라 수면 시간의 절약도 되는 것이다. 1일 8시간의 수면이라는 것은 세인의 습관에 불과하고 별로 의학상의 근거가 있는 것은 아니다. 적당한 시각에 숙면하기만 하면 보통 건강체로서는 5~6시간이면 만족한 것이다.

또 주의할 것은 피로 회복의 수단으로 술, 담배, 커피, 차 등을 사용하는 것이다. 이들 기호품의 사용은 일시 신경세포의 흥분을 일으켜 피로감을 망각케 하는 효과는 있으나 이들은 모두 신경계에 대하여 유독한 것이니 그것을 사용함에 당하여는 상당한 주의를 요하는 것이다. 사람에 따라서 유독한 정도가 동일치 않고 매년 계속 사용하여도 해를 받지 않는 사람도 있지마는 일반으로 신경질인(神經質人), 평시에 두뇌를 열렬히 사용하는 사람 등은 이들 기호품은 중독하기 쉬운 것이므로 가급 피하는 것이 안전하다. 〈84쪽〉

남파생(南波生), 「현대 여성과 건강미, 미용 비법 공개」, 『별건곤』 제32호, 1930년 9월.

(전략)

피부에 스며 나는 지방을 제거하기 위하여 알칼리성을 띤 약이나 비누를 사용하는 것은 좀 생각할 문제이다. 중성의 비누라도 날마다 여러 번 얼굴을 씻게 되면 필경 살이 거칠어지는 것이다.

비누보다는 쌀겨를 가늘게 장만하여 그 속에 김, 계란 흰자 같은 것을 섞어서 무명 주머니에 넣어 그것으로 얼굴을 씻으면 매우 살결이 고와집니다.

얼굴을 씻는 물은 연수(軟水)가 좋고, 경수(硬水)는 그 속에 녹아 있는 많은 광물질(礦物質) 때문에 얼굴이 도리어 거칠어집니다.

빗물, 증류수, 끓인 물, 눈 녹인 물, 수돗물 같은 것은<128쪽>연수요, 우물물은 대개 경수입니다. 속담에 물이 좋으면 인물이 좋다고 합니다. 그것에도 일리가 있는 말이니 물이 좋다는 것은 그 지방(脂肪)에 경수가 적고 연수가 많다는 것이겠습니다. (중략)

주근깨는 전기 응고법(電氣凝固法)이라든가 통기 분해법(通氣分解法)이라든가 하는 것으로 색소를 일일이 파괴시키는 것입니다. 약으로 2배의 승홍(昇汞)[79] 콜쥼을 양지(楊枝) 끝에 묻혀 주근깨의 한 개 한 개에 바르면 가벼운 것은 없어집니다.

　그러나 자궁병이나 임신으로 생기는 것은 각기 그 원인을 제거하면 대개는 낫습니다. 혹 잘 낫지 아니하는 때도 있으나 전기 마사지를 끈기 있게 하는 외에 1%의 승홍 알코올이나 과산화수소를 매일 바르면 없어집니다. (중략) <130쪽>

---

79) 수은에 염소를 접촉시켜 만드는 무색의 바늘 모양 결정.

2부

『조성급만주』에 나타난
위생과 신체관

고바야시 하루지로(조선총독부의원 기생충실 주임 의학박사, 小林晴治郎),「호랑이와 폐
    디스토마의 기원」,『조선급만주』(제218호), 1926년 1월.

인간과 호랑이의 폐디스토마의 발견과 그 전염
    동물원의 호랑이와 야생의 호랑이의 비교와 발병 원인
    조선의 지방병 중에 최고인 폐디스토마병과 호랑이는 상당히 인연이 있다. 지금 그것을
소개해 보는 것도 재미있을 것으로 생각합니다.

폐디스토마가 최초에 발견된 것은 서기 1878년에 네덜란드 암스테르담의 동물원에서 사
육되는 호랑이의 폐 속에서 발견되었다. 그 후 일 년이 지나 일본의 대만에서 인체에서 폐
디스토마 충이 발견되었지만, 연대로 말하자면 호랑이 쪽이 일 년이나 더 빨랐다. 다음으
로 베를린 동물원의 호랑이에게서 발견되고 스마트라의 호랑이에게서도 발견되었고 차례
차례로 인도호랑이에게서도 이 충을 채집한 적이 있는 것 같다. 수년 전 경성의학전문학교
의 와타비키(綿引) 박사는 말레이반도의 호랑이에서 그것을 얻은 적이 있었는데 최근에는
나고야의 동물원의 호랑이에서 이 충이 발견되었다. 이 외에 나는 이것을 전문으로 하는
관계상 조선에서 이 일례와 우연히 만나게 되었다.

원래 다이쇼 10년 3월 함경남도 삼방(三防)에서 한 마리의 암컷 대호가 잡혔다. 나는 이
호랑이의 내장을 검사하는 좋은 기회를 얻었지만, 그 폐장기는 외견 포균 상태로 무지두대
(拇指頭大)의 성행이 있다. 이것을 절개하였더니 모두 폐디스토마충이 그 속에 있었다. 나
는 2, 3백 개의 충을 추출하였지만, 아직 전체의 반도 못 하였다. 총수는 5, 600개에 달하
는 것 같았다. 종래의 기록에는 한 사람의 인체 또는 한 마리의 동물의 몸속에 이러한 다수
기생하는 예의 기록은 지금까지 접해보지 못했다. 그 후 게다가 몇 번인가 호랑이를 해부
하고 싶다고 했지만, 그 적당한 재료를 만나지 못한 것을 유감으로 생각한다.

호랑이는 위에서 말했듯이 비교적 폐디스토마에 잘 침범되고 있다. 폐디스토마에 감염
되는 원인은 담수에 사는 참게를 생으로 먹기 때문이다. 산중에 사는 호랑이는 공복일 때
는 하천에 들어가서 참게를 먹을 것으로 생각한다. 동물원에서 사육 중인 호랑이에게서 폐
디스토마가 발견되는 것은 본국에서 야생의 시대에 감염된 것이다. 한 번 감염되면 수년
이상 충은 살아남는다.

폐디스토마에 감염된 사람은 기침이 나고 피가 섞인 가래를 뱉고 신체는 쇠약해지며 심
하면 죽음에 이를 정도의 무서운 병이다. 위의 삼방의 호랑이는 이처럼 다수의 폐디스토마
에 감염돼 있다. 그렇지만 어느 정도까지가 이것 때문에 그들의 맹위가 꺾였는지는 생전에
실제로 본 적이 없으므로 명확하지 않다.

호랑이해의 시작에 즈음하여 내가 전문으로 하는 폐디스토마와 호랑이의 관계를 간략하

게 기술해 보았습니다. 〈61쪽〉

요시우라 레이조(吉浦禮三), 「병에 관한 기발한 조선의 미신」, 『조선급만주』(제218호),
　1926년 1월.

　금 몇 백 몇 십 원이라고 하는 차용증서에....후일에 증서 한 장에 따라서....라는 우리
들의 동료이다. 조선인의 미신 따위를 엉터리라고 비웃지는 않지만, 머리가 인간이고 몸은
소라는 정도를 넘어선 그것이야말로 훌륭하고 엉뚱하며 터무니없이 기발한 것이지만 소위
문명개화라는 현대에 공공연하게 행해지고 있다는 점에 한순간 호기심에 이끌려 그리하여
조선의 미신에 대해서 한 번 시험해 본 것이다.
　그렇지만 한마디로 미신이라고 말 한 점에서 상당히 범위가 넓어지고 특히 조선과 같은
곳은 모든 것에 미신이 따라다니기 때문에 상세하게 그것을 연구하려면 좀처럼 쉬운 일은
아니다. 그리고 한정된 장수로 그것을 발표 검토하는 것은 도저히 불가능한 것이기 때문에
여기서는 병과 관련 있는 것에만 한정하고 다른 날에 기회가 있을 때 연구해 볼 생각이다.
　그런데 이 미신이라고 하는 것은 너무나 쓸모없는 것으로서 그다지 살펴보려 하지 않는
다. 그뿐만 아니라 몹시 냉담한 대우와 괄시를 받고 게다가 대부분은 웃고 넘겨버린다. 그
래도 우선 내친걸음이라 나는 이 미신이라고 하는 것에 대해서 「가치」를 찾아내고 이것에
대해서 그렇지 않은 이유를 설명하지 않으면 안 된다.
　원래 어느 민족이라도 반드시 무엇인가 미신이 있다. 그것은 인간적 나약함 또는 공포,
놀람, 슬픔에서 설명되고 편안함, 강함, 행복이라고 하는 것을 얻으려고 하는 요구가 기조
가 깔려 있고 많은 경우, 그 민족 특유한 미신이 생겨나는 것이다. 따라서 그 민족이 갖는
감정, 의지, 이지(理智)의 명암 강약은 그 민족의 미신에 대한 각각 특이한 색채를 띠는 것
이다. 그런데 이 논법을 거꾸로 보면 그 미신을 통해서 우리 민족의 생활을 알게 된다. 즉
그 민족의 정신생활, 더욱이 정신생활을 기초로 일어나는 물적 생활의 단면을 우리는 미신
에 의해서 상당히 깊게 이해할 수 있다. 그런데 미신이 경시되는 것을 설명할 수 없는 이치
를 한 발자국 더 들어가서 조선 통치 문제와 연계지어 생각해 본다. "견강부회"라고 말하면
안 된다. 우리는 반도 통치의 좋고 나쁨에 관계하며 제국의 장래를 위해서 등, 인제 와서
목소리를 크게 할 정도로 어른스럽지 못한 것은 아니더라도 적어도 반도 식민정책상, 조선
의 미신 연구에 상당히 중대한 사명이 있다는 그것은 분명하다고 생각한다. 또한 이러한
정치적 의미에서 멀어지려고 하더라도 공중보건, 보안 등의 방면에서 결코 소홀히 취급할
성질의 것은 아니라는 것은 확실할 것이다. 〈100~101쪽〉

사카이 기요시(의학박사, 坂井淸), 「가정위생 편도선염의 병리와 신체 발육상의 해」, 『조선급만주』(제218호), 1926년 1월.

추위가 심해지면 질수록 편도선염에 걸리는 사람이 늘어나는 것은 이 염증이 한창 극에 달하는데 가장 적당한 시기이고 특히 초겨울에 따뜻한 날씨에 이어서 그다음 날은 갑자기 추워지기도 한 것처럼 변덕스러운 날씨에 이 병증을 일으키기 쉽습니다. 특히 한랭한 계절이 되면 귀와 코의 병보다는 훨씬 많은 것 같습니다. 그리고 두려워해야 할 병이라는 점에서 주의해야 할 점을 이야기해 봅시다.

편도선이란?

인두의 양측에 하나씩 있는 것을 구개편도선이라고 부릅니다. 이것은 입을 벌리면 누구라도 바로 보이는 것이기 때문에 편도선이라고 하는 단어는 일반에게 잘 알려져 있습니다만 그러나 아직 이 외에 두 종류가 있습니다. 그 하나는 코안 쪽과 인두 사이에 있는 이것을 인두편도선이라고 하고 있으며 이 병증은 심하게 아동의 인지발달을 저해하는 것입니다. 그러나 어른은 거의 걸리지 않는다고 봐도 좋습니다. 위생에 대해서 항상 주의를 소홀히 하지 않는 분은 잘 알고 있을 터, 보통 줄여서 「아데노이드」라고 불리는데 이것을 말하는 것입니다. 근래 문화의 정도가 발달함에 따라 특히 위생 지식에 주의하도록 해 온 결과 부인이 아이들을 데리고 「아데노이드」가 있는지 없는지를 진찰받으러 오는 분이 늘게 된 것은 일반의 위생 사상의 향상된 현상이라고 보면 정말로 기쁜 일입니다. 또 하나 편도선은 혀의 가장 안쪽에 있는 것으로 이것은 설편도선이라고 부릅니다. 이것은 어른이 걸리기 쉬운 병증입니다.

그건 그렇고 이상의 세 가지의 편도선이 입의 안쪽에 있으면서 그냥 단순하게 편도선이라고 말하면 바로 구개편도선이라고 믿어버리는 것이 일반적입니다. 그러나 비교적 잘 알려진 입천장 편도선에 관한 이야기입니다. 편도선의 생리적 작용, 바꾸어 말하자면 편도선은 어떤 이유로 생기는 것일까라고 말한다면 옛날부터 여러 가지의 설이 있습니다만 지금까지도 누구도 알지 못합니다. 즉, 편도선은 여러 가지 병균이 체내에 들어오는 것을 막는 것이라고 한다. 소위 방금설이라고 또는 병균이 편도선에 침입하여 염증을 일으켜 이게 원인이 되어 전신에 장애를 초래한다고 한다. 이른바 유해설 이렇게 두 가지 설이 있습니다만 지금에 와서는 어느 것이 맞는 것인지도 아직 확실하게 알지 못합니다. 또한 최근 어느 학자의 설에서는 편도선에는 소아 때에 여러 가지 미균이 침입해서 그 미균이 체내에 면역성을 주어 아이의 신체 발육을 도와주는 유용한 것이라고 했습니다만 뭐라 해도 아주 건강한 편도선이라면 이상에서 말한 작용이 가능합니다만 병에 걸린 편도선은 이 생리적 작용이 불가능하여서 오히려 유해물이라고 하는 설이 지금에는 학자들 사이에서 일반적으로 인정되어 의견의 일치를 보았습니다. 그래서 만성으로 부은 편도선은 수술하지 않으면 안 됩니다. 그건 그렇고 인간의 피부는 상처가 없는 한은 어떤 미균이라도 들어오지 못합니다. 인후의 점막도 그렇고 어느 정도까지는 미균의 침입을 막습니다만 단 하나의 편도선만은 생리적으로 끝없이 백혈구가 밖으로 나와 그 아주 작은 상처가 있어서 이 부분은 미균이 들어가기 쉬운 곳입니다. 더욱이 바꾸어 말하자면 인체 중에 가장 저항력이 연약한 부분이라고 말하는 것에 지나지 않습니다. 호흡 역할을 하는 건전한 코는 어느 일정한 정도까지는 공기 중에 먼지도 미균도 차단하고 또한 한랭한 공기는 코 안에서 데워져서 건조한 공기는 역시나 코 안에서 적당한 습기를 준다. 그런 후에 인두에 보내는 작용을 하고 있는데 코가 막히면 자연히 입으로 호흡을 해야 해서 먼지나 미균이 섞인 한랭한 공기는 직접 그대로 입에서 인두로 닿으면 우선 인두가 감기에 걸리고 편도선도 또한 빨갛게 됩니다. 이렇게 해서 인두카타르(후비루증후군)가 됩니다. 그리고 점막이 카타르가 되고 순차적으로 병적인 것이 됨에 따라 평소에도 저항력이 약해지는 부분은 한층 약해지고 거기에 미균이 부착하면 거기에서 편도선의 내부에 침입해서 거기에 염증을 일으켜 편도선이 붓고 커지게 되며 결국에는 통증이 생기고 따라서 열도 높아지는 것입니다.

급성 편도선염은 좌우 양쪽이 동시에 혹은 한 쪽만 올 수도 있지만, 그 붓는 방법도 여러 종류입니다. 심하게 부어오르면 거의 호흡이 불가능할 정도까지 인두가 부어 막힙니다. 그리고 부은 편도선의 표면만이 그냥 빨간색을 띠고 반들반들하며 또한 그 표면의 하얀 쌀알 크기 정도의 것이 아주 많이 생기는 일도 있습니다. 하지만 얼핏 보면 「디프테리」와 같은 상태인 것도 있습니다. 이 병은 물론 여름철에도 없는 것은 아닙니다만 그러나 대부분은 겨울철에 유행하고 또한 걸리기 쉬운 것입니다. 게다가 몹시 추운 때보다도 갑자기 찬 공기가 격변할 때 더 잘 걸리는 것입니다. 이와 함께 무서운 선홍열도 처음은 편도선에 가장 처음 나타나는 것이기 때문에 인두가 아플 때는 응급처치로서 우선 편도선을 보는 것이 중요합니다. 아무리 해도 입을 벌리는 것을 싫어해서 벌리지 않는 아이가 있는데 입을 자연스럽게 열게 하는 것과 무리하게 힘으로 열게 하는 것은 진단상에도 치료상에도 커다란 차이가 나기 때문에 아이 스스로 입을 벌려서 인두를 보이도록 하는 습관을 들이는 것이 중요하다고 생각합니다. 급성편도선이 자주 반복될 때는 그 빈도에 따라 점점 편도선이 커져서 만성 편도선비대가 되고 그것 때문에 아이는 위를 보고 자지 못하고 엎드려서 자는 습관이 되며 침을 흘리거나 코를 골거나 늘 기침을 한다든지 그 외 여러 가지 증상이 있습니다. 그리고 자체 발육에 있어서는 아주 이롭지 않습니다. 만약 위와 같은 증상이 나타났을 때는 그 아이의 편도선을 잘 봐주세요. 반드시 양쪽의 편도선이 매실장아찌 정도의 크기가 되어 있을 것입니다. 그리고 지금까지 징후와는 전혀 다른 편도선염은 예를 들면 부어 있지만 입을 벌려 보는 것만으로는 인두의 내면이 돌출되어 있지 않기 때문에 잘 모르는 때도 있습니다만 이것은 매몰성 편도선비대라고 하고 몸의 조직 내에 묻혀 있는 것입니다. 이것은 초심자로서는 잠깐 봐서 잘 모릅니다. 편도선이 비대한 연령은 5, 6세에서 15, 16세 사이에 가장 많고 그보다 연장자가 되면 훨씬 줄어듭니다. 최근에 내가 조사한 바로는 조선에 있는 일본인의 아동에게는 50%의 발병자가 인 데 비해서 조선인 아동에게는 겨우 2, 3%였습니다. 편도선비대증이 아동의 뇌력과 체력의 발육에 대한 아주 나쁜 해를 끼치는 것으로 생각해서 일반의 가정에서는 물론이고 아동교육에 종사하는 소학교의 교사분들은 특히나 이점에 주의하시고 가정과 연락을 취해서 이 병에 대한 해로운 것을 제거할 수 있었으면 합니다. 〈109~111쪽〉

곤도 우메사부로(近藤梅三朗), 「소아가 걸리기 쉬운 백일해」, 『조선급만주』(제219호),
　　1926년 2월.

　백일해는 어떤 경우에 전염되는가를 말하자면, 주로 가래(객담, 喀痰)에 의해서 직접적으로 사람에서 사람으로 전염되기 때문에 이를 적말전염(滴沫傳染)이라고 하며, 그 외 간접적으로 건강한 사람에게도 의류나 그릇으로부터 전염됩니다. 주로 2세부터 6세 정도까지의 소아가 걸리는 경우가 가장 많습니다. 그러나 신생아나 유아에게도 전염됩니다. 사계절 내내 유행합니다만, 비교적 한랭한 시기에 가장 많이 걸리는 것 같습니다. 신기한 점은 홍역이 유행할 때 가장 많이 걸리기 때문에 백일해와 홍역이 동시에 걸리는 때도 있습니다. 그러므로 홍역이 유행할 때는 백일해의 엄습을 잊어서는 안 됩니다. 백일해도 홍역도 모두 유아 시기의 액운이라고 합니다만, 이 액운이 동시에 소아를 덮치면 실로 비참하기 마련입니다, 환자의 고통은 물론, 보호자의 걱정은 이만저만이 아닙니다. 이 백일해는 가정에서도 바로 진단할 수 있습니다. 이 징후는 이상한 기침을 하다가 마지막에는 점액의 가래가 코나 입에서 나옵니다. 그리고 점차 불을 뿜는 듯이 호흡을 하게 되면, 이미 백일해라는 것을 의심하지 않습니다. 그러나 이때는 백일해에 걸려서 이미 2주 일본 3주 정도는 지났기 때문에, 가정에서 백일해라고 진단하면, 이미 2, 3주 전부터 이 병에 걸렸다고 생각하면 됩니다. 또한 이 병의 초기에는 진단이 매우 어렵기 때문에, 알게 된 즉시 그대로 두지 말고 의사 진단을 빨리 받아야 더 큰 병으로 가지 않고 끝납니다. 이 병의 예방법으로는 백일해가 유행하는 징후가 있을 때는 특히 허약한 소아, 예를 들면 결핵에 걸리기 쉬운 소아, 혹은 선병질이 있는 소아는 되도록 환자에 다가가지 않도록 주의하며, 혹시 한 집안에서 이 병에 걸린 소아가 있으면, 가능한 한 빨리 격리해서 다른 사람에게 전염되지 않는 방법을 생각해야 한다. 예방법으로는 예방주사는 현재는 여러 방법이 있습니다만, 이 주사의 효과에 대해서는 동서 의학자가 이 효과에 대해서 믿는 사람이 있고, 또한 찬성하지 않는 사람도 있습니다만, 역시 예방주사를 믿고 이를 행하는 쪽이 확실하다고 생각합니다.

치료에 관한 주의사항이라고 해도, 원래 이 병은 장시간이 필요하여, 약 8주간 및 10주간 이상이 걸리는 때도 있습니다만, 현재에는 신약이 여러 가지로 많이 나오고 있습니다. 치료 기간도 역시 단축되고 있으며 사망률도 줄어들고 있습니다. 백일해의 이상한 기침을 경해(痙咳) 발작이라고 합니다. 이 경해 발작은 가볍게 걸린 사람은 하루 주야로 10회에서 15회 정도 합니다만, 중증으로 되면 80회에서 120~130회 정도 하게 됩니다. 이 기침은 환자가 화가 날 때 가장 나쁜 영향을 미치기 때문에 화가 나지 않도록 또는 울리지 않도록 주의해야 합니다. 그 외 인두부를 압박을 준다거나 환자에게 불쾌감을 준다거나 하는 일은 가장 나쁜 일입니다. 그러므로 현재 유행하고 있는 증기 흡입이 있습니다만, 이것은 환자가 기쁘게 흡입한다거나 또는 기분 좋다고 하는 경우를 제외하고는 절대 금지하는 편이 좋습니다. 더욱이 울면서 싫어하는 아이에게 무리하게 끼워 넣어서 흡입할 경우는 효과도 없습니다. 이때 소아가 조금이라도 기침을 하면 바로 증기 흡입을 시키려고 합니다만, 울면서 싫어하는 아이에게 무리하게 흡입하면 구강 상태, 혀 상태, 인두 상태가 흡입의 목적을 이루지 못하고, 오히려 울기 때문에 또한 정신적인 흥분으로 인해 병세를 악화시키기 때문에 증기 흡입에 대해서는 크게 고려할 필요가 있습니다. 이 병에 걸린 아동은 환기가 잘 되고 적당하게 따뜻하고, 건조하지 않는 방에서 수용되어야 하며, 다른 합병증이 없는 경우는 날씨 좋은 날에는 되도록 신선한 공기를 마실 수 있도록 하며, 병아에게 정신적으로 흥분을 일으키는 일은 있어서는 안 됩니다. 식이는 소화하기 쉽고 자양이 풍부한 음식물을 주는 것이 좋습니다만, 간헐적으로 오는 기침 때문에 토를 하는 때도 있으므로, 이때에는 몇 차례 나누어서 주는 편이 좋습니다. 과자나 건조하여 가루로 만든 것, 예를 들면 '볼' 같은 것은 주지 않는 것이 좋습니다. 이 병의 회복기에 들어간 소아에게는 기후가 온화한 곳으로 옮기고, 특히 결핵성 요인이 있는 아동에게는 전지(轉地)요양이 가장 적당합니다. 〈67~68쪽〉

「풍문태어(쓸데없는 풍문)」, 『조선급만주』(제219호), 1926년 2월.

총독부 전매특허인 조선 인삼은 三井(미쓰이) 물산이, 판매특허권을 가지고 있는 듯하나 15년도로 계약기간이 끝나기 때문에 일본에서는 이 특허권을 가로채고 싶어서 여러 운동이 일어나고 있다고 하는 이야기다. 1년간에 백만 원이나 벌 수 있는 일이기 때문에 쟁

탈전이 일어나는 것도 무리는 아니다. 佳井(스미이), 天野(아마노) 두 명의 작전이 어떨지 ▲東拓(도우타쿠) 후임 이사로서 총독부의 生田(이쿠타), 池田(이케다), 두 명과 時實(도키자네) 경기도지사 등이 유력하다고 하는 소문은 이 세 명은 관료로서도 회사의 임원으로서도 아무런 허물도 없는 인물이지만 역시나 時實(도키자네) 군은 지사가 적임인 것 같다. 이쿠타, 이케다 두 명은 관료보다는 회사의 임원이 더 적합할지도 모른다. ▲평소 모집 회의 석상에서 동민회라고 하는 내선 융합을 주제로 하는 모임은 상당하게 돈이 모이고 있는 모양이다. 하지만 소책자와 때때로 강연회를 열 정도일 뿐, 별로 이렇다 할 만한 일은 하지 않고 있다. 그런 소책자나 미리 정해진 강연회를 열었다고 해서 특별히 내선 융합에 아무런 보탬이 되지 않는다. 그러한 일이라면 경성에서는 얼마든지 있을 정도이다. 돈이 아무리 있더라도 지금 조금 잽싸게 실속 있는 일을 했으면 좋겠다는 이야기가 나오자 만장일치로 찬성이 나왔다. 그중에는 신문기자도 제법 있었다. 동민회의 간부 여러분 한번 생각해 보는 것이 어떨까. 노파심 끝에 지면 위에 중평을 전해 둔다. 평소 "○○회(會)"나 "○○사(社)"라고 하는 여러 가지의 "회"와 "사"가 생겨나서 그것이 전 경성의 신사 제군을 습격하여 얼마 안 되는 주머니의 돈을 강제로 징수한다. 신사세로서는 상당한 주구라고 할만하지만, 그것이 유효하게 사용되었으면 좋겠다. 발기인의 식대나 술값이 되기도 하고 너덜너덜한 잡지비가 되어 인쇄실에 봉납할 계획이라는 것은 신사세가 슬퍼할 일이다. 〈82쪽〉

세토 기요시(瀨戶潔), 「성의 의학적 고찰과 도덕적 비판」, 『조선급만주』(제220호), 1926년 3월.

생물은 본래 천성적으로 자기 보전, 종족 번식에 힘쓴다는 점은 누구라도 인정하는 사항이다. 그 조건을 자세하고 다양하게 나눌 수 있지만, 이해하기 쉽게 한마디로 말하면 식욕과 색욕이다. 즉 영양 문제와 생식 문제이다. 생물이 매우 열등한 단계면 매우 간단하다. 점차 생물이 고등동물이나 식물이 되면서 여러 가지 어려운 조건이 따르게 된다. 동식물학을 조금이나마 배운 사람들은 물론 누구라도 그 점을 주의 깊게 보면 이러한 점에 취미를 가질 수밖에 없다. 그러나 이것은 짧은 시간에 이야기할 수 없으므로 나는 바로 본론으로 들어가겠다.

예로부터 영양 문제는 큰 의미에서 해석하자면 의식주의 문제가 되지만, 좁은 의미에서 해석하면 우선 음식 문제로서 생각하더라도 이 연구는 우리가 이 장에서 다 읽을 수 없을 정도로 학자나 박식가나 비전문가로부터도 논의되고 있다. 조금 더 좁은 의미인 요리법에 관한 연구는 놀라울 정도로 발달하고 있다 점은 여러분 모두 부정할 수 없을 것이다. 그런데 생식 문제, 특히 인류의 성욕 문제는 비밀시되며 당당하게 연구하는 일을 부끄러워한다. 이에 대해서 내가 다루고자 한다.

음식 문제에 대해서는 상당히 연구된 결과, 요리법이 너무 발달하여 오히려 우리의 건강을 해친다는 말조차 있지만, 이에 미치지 못한 성에 관한 문제는 오히려 해를 받는 일도 없이 원시시대와 같이 신비적으로 남아 있다. 인류의 건강은 요리법에 따라 약해짐에도 불구하고 인구가 늘어나 곤란한 나라가 생길지도 모른다.

그런데 인구가 점점 늘어남에 따라서 문화의 정도가 진보함에 따라서 머리의 진보와 함께 생활난은 한층 심해지면서, 인간이 무턱대고 신경질적으로 되어가기 때문에 음식물의 종류나 영양가 즉 칼로리양만으로는 진정한 영양 가치로 충분하지 않다. 코나 눈으로 본 느낌과 냄새나 혀 감각이 좋아야 한다는 것은 자주 지적되지만 성 문제와 같은 매우 감정적인 일은 의외로 정신적 작용을 받기 때문에 여러 가지 잡다한 고장을 일으키며, 본인 자신의 파괴를 초래하거나 가정의 풍파를 일으키거나 사회적으로 대대적인 불행을 초래한다고 선각자가 주의시켰다. 특히 최근 2, 30년 사이에는 매우 진보하여 최근 10년간에는 무턱대고 학설이나 사실이 발표되어 세상을 놀라게 하였다. 하지만 아직 일반에게는 전혀 안개 속에 있는 느낌이다. 최근의 학설이 불확실하므로 일반인에게 인정될 때는 법률도 약간 개정해야 하는 경우도 생길 수 있다. 또한 여러 가지 풍속, 습관도 변하게 될 것이라고 나는 믿는다. 예를 들면 최근 여자의 운동 붐에 대해서 반대하는 사람들에게 다음과 같은 사실을 알리고 싶다. 즉 여자가 여자다운 체격과 여자다운 성질이라는 것은 (이를 우리는 여자의 제2차 성이라고 한다.)여자로서의 내분비 작용을 하거나, 그 내분비 운동으로 큰 영향이 없다는 점을 상세하게 설명해 두고자 한다. 성적 문제로 얼굴을 찡그리는 도(道)학자들에게 프로이트 학설을 전부 부정할 용기가 있는가를 확인하고 싶다. 아니 그 이유를 듣고 싶다. 가까운 예로 올드미스는 대체로 아무리 누가 뭐라 해도 평균적인 가정주부보다도 잘못된 점을 보이지 않을 수 없다. 잘못된 자가 올드미스가 된다는 사람도 있을 것이다. 이러한 사람의 젊은 시절을 조사해 보거나 기혼자가 결혼 전후의 성격을 보면 성적 생활이 우리에게 얼마나 작용하는가를 잘 알 수 있다. 그러므로 결혼을 어떻게 할까라고 생각하고 있는 딸을 결혼시키는 것이 보통의 부모이다. 또 약간 연구적으로 이야기한다면 한층 보통의 성적 생활이 우리의 성격에 영향이 있다는 것을 확인할 수 있다. 대체로 우리 인류는 많은 정신적 영향을 신체로 받는데 근대인과 같이 과민한 신경의 소유자에게는 분명히 더욱 심할 것이다. 그러나 종래의 의학자와 같이 우리의 병의 원인을 모든 물리 화학적으로 따져서 양으로 측정하고 싶어 하지만 불가능하다. 그러므로 '최근까지 의사는 인류가 혼을 가지고 있는 것을 잊어버리고 있다'라고 냉소를 보낸다. 우리는 알고 있지만, 일반에게는 알려지지 않았기 때문에 다음과 같은 예를 들 수 있다. 좋은 집안의 규중에서 자란 딸이 삼국의 제일의 신부로서 부모님이 선택한 남자와 화려한 결혼식을 거행했다. 그런데 여자가 아니라고 터무니없는 트집을 잡아 이혼하게 되었는데 다시 좋은 혼처가 있어 시집을 가서 실로 부부 사이가 좋다고 말하는 사람이 있는가 하면 이혼했으니 결혼은 진절머리가 난다고 하여 평생을 독신으로 살아가는 사람도 있으며, 그 외 다양 잡다한 경우가 있다.

이러한 경우는 그사이에 의사를 개입시켜 해결하도록 하는 일은 종래에 없었다. 소위 달인이라고 하는 사람들이 무면허로 최선의 판결하는 경우가 많다. 그런데 성의 학문이 나아가 그 원인을 상세하게 조사하니 양쪽 모두 고통 없이 조화롭게 살도록 할 수 있는 경우가 대부분이다. 최근 신혼부부를 모두 의사에게 성적 생활의 지도를 받는 편이 오류가 적다고 하는 사람도 있으며, 우리에게 부부가 실제로 상담하러 와서 좋은 결과를 얻을 수 있는 사람도 많다. 이곳에 올 때 간단한 실례를 들어 주는 편이 이해하기 쉽겠지만, 본지에서는 멀리 돌려서 말해야 한다. 설명이 서툴러 시원스럽지 못하면 이해가 되지 않겠지만, 우선 하나의 예를 들자면, 대부분은 처녀는 신혼의 초기에는 쾌감을 느낄 수 없다. 매우 불쾌감이 따른다. 그때 불쾌감을 강하게 느껴서, 그 후 오랫동안 또는 평생 동안 성욕이 없어져 버린 사람도 있다. 예를 들면, 좁은 집안에서 부모와 형제들과 동거하고 있다던가, 하인을 대한 기분이 든다거나 하는 경우에도 그 원인이 된 경우도 있다. 또는 극단적인 결벽이 상대방의 감정을 상하게 할 수도 있다. 때로는 성적인 무지가 그 원인이 되어 무서운 결과, 정신 이상을 보이는 경우도 있다. 옛날에 결혼 후에 머지않아 친정으로 돌아온 경우를 구체적으로 설명을 듣고, 일시적인 정신적 압박이 계속 영향을 미쳤다고 생각한다.

대체로 부부생활이라는 것이 단순한 생식만을 목적으로 한다면 자식이 없는 부부는 무의미한 생활이 되기 때문에 별도로 생각하면 좋겠지만, 옛날은 그렇다 치고 오늘날에는 자식이 없는 일이 이혼의 이유로서 아무도 인정하지 않는다. 오히려 부부 사이가 친밀한 경우가 많았다. 그런데 부부 사이에 아이가 생겼지만, 성적 결함이 있어서 부인 쪽에서 전혀 쾌감을 느끼지 못한 경우는 아무래도 가정이 원만하지 않은 경우가 많다. 즉 부부생활이라는 것이 단순히 아이만을 목적으로 한 것이 아니다. 오히려 성적 향락을 목적으로 하는 경우가 많다고 믿어야 하는 경우가 많다.

그러나 일반에게는 음식 방면을 특히 풍미에 관한 요리법은 누구나 상당히 주의하고 있다. 의복이나 주택에 대해서는 최근 혁명적인 권세로 다양하게 개량하고 연구해 나간다. 문화적 향락을 더 많이 받아들임에 불구하고, 다른 일면인 성적인 방면에 대해서는 일반인이 내심 크게 갈망하고 있으면서도 왜 연구하지 않는 것일까. 부부는 가정의 주체이며, 사회나 국가와 같은 단위이다. 부부간의 화합이 최대한 중요한 요소 중 하나인 성적 향락을 크게 하는 사회운동이 왜 일어나지 않는지 나는 의심하지 않을 수 없다.

종래의 청년 남녀를 지도해야 하며, 기숙사나 학교의 학생 감독의 사감이 이러한 지식을 가장 많이 가지고 있다고 믿지만, 현재 그 정도의 위치에 있는 사람에 대해서는 알지 못하지만, 종전에는 실로 언어도단의 무식한 사람이거나 또 약간 그 당시의 그 방면의 의학적 지식이 있는 사람도, 이것을 청년 남녀를 대상으로 지도할만한 자신과 용기가 없었다. 또 기숙사의 사감이 불건전한 사상을 불어넣어 병적인 인간을 만드는 경우가 있어 슬픈 일이 아닐 수 없다. 일반적으로 청년 남녀의 부모는 이 연구를 게을리하여 자녀를 평생 불행하게 울리는 일이 없도록 주의해야 한다. 최근 나의 친척인 어느 의학사가 모 의학 박사의 딸과 결혼했다. 그 후 나를 찾아와서 신혼 당시의 성적 생활에 주의해야 할 점을 받은 들으면서 대부분 가르쳐 주었다. 누구도 이와 같은 상세한 주의하라고 하지 않았기 때문에 크게 도움이 되었다고 하였다. 부인의 부모도 사위도 의사이지만 주의를 충분히 주지는 못했다. 마지막으로 환자들의 경우를 비율로 따지면 성적 결함을 가지고 있는 사람은 대부분 여성이 많음에도 불구하고 환자로서 치료를 받는 사람은 남성이 많다. 예부터 남존여비의 동양 모든 국가에서 어떤 경우도 그렇지만, 특히 병에 걸렸을 때는 남자는 문란한 것도 있겠지만 일종의 습관적으로 여자는 남자의 장난감으로 취급받았으며, 한편으로는 천성적으로 불치와 같이 생각했을 것이다. 더 많은 여자는 그러한 일을 호소해서는 안 된다고 하는 일종의 도덕적(?) 감정 때문에 그렇게 하지 않을까 생각된다. 그렇지만 이것은 매우 잘못된 생각이라고 설명해야 한다. 그리고 이에 관하여 오해를 피해야 하고, 다른 것을 다 버리고라도 이 기교를 배워야 한다는 것은 아니지만, 부인이 만약 이 결함이 있다면 남자를 아무리 향락시킨다고 해도 결코 충분한 만족을 줄 수 없다. 다른 사람 또는 남자의 무지 때문에 불건전함 때문에 건전한 부인이 병적으로 되는 경우가 드물지는 않으므로 주의해야 한다. 이것이 원인이 되어서 실로 전율을 울리게 하는 범죄로 나타나며, 더욱 무서운 것은 가정이나 사회에서 이로 인해 비극이 얼마나 있는가를 역설해 둔다. 그래도 이 범인이라고 할만한 부인에게 가장 동정해야 하는 사정이 있음에도 불구하고 가장 나빠해야 할 사람으로 처벌되거나 혹은 사회적으로 냉대를 당하고 있는 것은 성 문제를 비밀로 하는 것이며, 일반적으로 무지에서 일어나는 점이 슬픈 착오이다. 우리는 기회가 있을 때마다 이러한 비극을 보다 줄이기 위해서 노력하고 있지만, 이 글에서는 더욱 긴요한 점을 상술할 수 없어 안타깝다. 가까운 시일에 모든 젊은이에게 우리의 뜻을 이해시켜 우리의 생각을 있는 그대로 일반인들에게 공개할 수 있도록 바란다. 그때가 되면 경찰 등에서 사회 위생을 위해 오늘날과는 반대로 많이 장려하게 될 것이라고 믿어 의심하지 않는다. 〈38~41쪽〉

광고란, 「생명을 보호하는 혈압을 검진하자」, 『조선급만주』(제220호), 1926년 3월.

　요즈음 혈압이 일반 사람들에게 문제가 되는 듯하다. 도대체 혈압이 무엇인가를 간단하게 말하자면, 먼저 인체의 각 부위로 가는 전신에 있는 혈관이 가지고 있는 압력, 그 혈관에 차 있는 압력의 양, 심장의 혈액을 밀어내는 힘, 이 세 가지를 말하는 것이다. 건강체인 사람이 지닌 표준은 혈압계로 나타내면 100 내지 120(계산하면 사람의 나이에 100을 더한 수라고도 볼 수 있다.)

　표준에 따라서 심장, 간장의 여러 질환, 동맥경화증 및 이러한 것들과 관련된 각기, 뇌출혈 등을 명확하게 진단할 수 있다.

　이 기준에서 오르내리는 경우를 고찰해 보자.

　◇ 올라갔을 때 (1) 혈액이 증가한 경우(의료를 위해서 혈관 안에 다른 보혈액을 주입하거나 음주한 경우이지만, 전자는 보통 사람들에게는 일어나지 않는다. 예외라고 봐도 좋다) (2) 동맥의 경화(혈관경화에 의해서 압력이 없어진다) (3) 심장이 어떤 쇼크로 강하게 움직일 때

　◇내려갔을 때 (1) 심장이 쇠약할 때 (2) 다량의 출혈이 있는 경우(상출혈, 부상, 출산, 자궁출혈 등) (3) 혈관의 수축력을 느끼면 그 사람의 병이 진단된다.

　보통 건강한 사람이며, 30세 전후 성인에게는 특히 혈압을 진단받아야 할 필요는 없지만, 오랫동안 음주 등을 한 사람은 또는 노익혈증 계통을 지닌 자, 특히 동맥경화증에 관련하여 위생상 5, 60세의 노년자는 기회를 봐서 꼭 검진받을 필요가 있다. 예를 들면, 노인이 되어 머리가 무겁고 이명이 생기거나 배뇨의 횟수나 양 등의 증가로 알아차렸을 때 특히 검진이 필요한 이유이다. 이로써 무서운 뇌출혈 또는 노년에 생기는 동맥경화증에 의해서 일어나는 일을 미리 감지하여 빨리 방법을 생각한다면 노인에게 이러한 병은 없을 것이다. 〈52쪽〉

「경성소식」, 『조선급만주』(제221호), 1926년 4월.

　다이쇼 제약 경성지점에서는 모르핀의 밀매가 완성하게 이루어지고 있다는 것이 폭로되어 지점장인 田中常治郎(다나카 죠지로)와 谷(다니)라고 하는 전무는 검거되었다. 조금 전 원산에서는 조선인 간수가 조선인 죄수의 길잡이가 되어 탈옥시킨 사건이 있었다. 전주에서는 11세의 소녀를 소란스럽다는 이유로 교살한 잔인한 불량 청년이 나왔다. 조선도 상당히 일본적인 성향으로 나쁘게 변해 왔다. 그리고 광화문 우체국에서 6천 원을 훔친 범인

즉 대담해 보이는 횡령자는 마침내 오사카에서 호화롭게 지내는 도중에 잡혀서 경성 감옥에 송치되었다. 나쁜 짓을 해서 끝까지 도망치려는 자는 좀처럼 없을 것이다. 〈87쪽〉

우에노 긴타로(약학박사, 上野金太郎), 「맥주의 영양가」, 『조선급만주』(제222호), 1926년 5월.

영양소라고 하면, 대체로 그 안에 함유한 요소가 함수탄소, 단백질, 지방, 및 극소량의 광물질로 이루어져 있으며, 함수탄소는 열을 발생하는 작용을 한다. 즉 동물 활동의 원동력을 내는 에너지를 만든다. 단백질은 신체 조직을 만들고 신체 발육 성장에 결핍되어서는 안 되는 요소이다. 따라서 소아 신체 발달에는 반드시 없어서는 안 된다. 어느 정도의 나이가 되어 신체 발육의 정상에 달하기 위해서는 필요한 물질을 충족시키는 기능을 하고 있다. 철 물질은 아주 소량이 있어야 하지만, 이 필요량에 대해서는 아직 충분히 밝혀지지 않았다. 그리고 지방이다. 함수탄소는 열량계에서 실험해 보면 열을 내는 것을 볼 수 있는데, 신체 안에서도 비슷한 작용이 일어난다. 그 외 단백질이나 지방도 열량계에서 보이는 바와 같이, 신체 중에서도 비슷한 작용이 일어난다. 1g의 함수탄소를 태우면 4.1㎈ 열을 발생시키고 같은 양의 단백질은 4.1㎈, 같은 양의 지방은 4.3㎈, 같은 양의 알코올은 4.3㎈의 열량을 발생시킨다. 이러한 열량들은 맥주의 영양가이다.

그래서 인체에는 어느 정도의 영양이 필요한가에 대해 누군가가 논한 결과에 따르면, 특별한 노동을 하지 않는 사람에게는 함수탄소 500g, 단백질 50g, 지방 50g이 하루 즉 24시간 중에 신체의 건강 상태를 유지하기에 꼭 있어야 한다. 그중 앞에서 언급한 함수탄소 500g은 2,500㎈의 열량이 발생하고 단백질 60g은 240㎈, 지방 50g은 465㎈의 열량을 발생시킨다. 맥주 영양가에 포함된 함수탄소, 단백질은 보통 음식물 즉, 빵, 밥에 포함되어 있지만, 그 빵, 밥에는 당을 포함하고 있는 전분이 함유되어 있다. 그래서 전분은 소화(디아스타제) 작용을 받기 시작하면 활성화가 되어 당으로 변화한다. 그런데 맥주 안에는 당분자가 보통의 음식물에 함유된 이상의 양을 포함하고 있으므로 그대로 소화하기 쉽고 또한 소화를 위해 애쓰지 않아도 된다. 단백질 중에는 달걀의 흰자 즉 펩톤(ペプトン) 및 아르몰(アルモール) 등이 되어 인체로 들어오면 바로 소화가 된다. 그리고 알코올은 저작이 필요 없다. 따라서 알코올은 그대로 바로 영양이 섭취되기 때문에 음식물로서는 다른 것보다도 소화하는 속도가 빠르며 힘들지 않기 때문에 그만큼 에너지를 소비하지 않게 된다. 많은 에너지를 소비하지 않아서 신체를 피로하게 하지 않으므로 알코올은 음식물로서는 최상이라고 말할 수 있다.

맥주 안에 함유된 영양가를 살펴보면, 맥주 100%에 알코올 4%, 텍스트리 10%, 광물 10%, 함수탄소 및 단백질의 각 양은 엑기스로 한 만큼의 성분이 함유되어 있다. 알코올은 인체에 들어와 어떤 가치도 없다는 설과 또는 태우는 열을 발생시키기 때문에 필요하다는 두 가지 설이 있지만, 어떤 가치도 없다고 하는 설은 금주론자의 방편을 위한 설이며, 실제로 인체에 필요하다는 설을 실험 결과에 따라 증명할 수 있는데, 이에 따르면 알코올이 열을 발생시키는 신체에는 열이 필요하기 때문이다. 알코올이 신체에는 필요 유익한 물질이라는 것은 마치 함수탄소가 필요한 것과 같다. 학자 연구의 결과에 따르면, 알코올은 열량의 5분의 1만 유익하게 되므로 그 이상은 아무 가치가 없다고 한다. 따라서 알코올은 쓸데없는 섭취도 유익하지 않지만, 필요만큼 취할 때는 또한 신체 발달의 영양소로서 가치가 생긴다. 삿포로 맥주의 알코올 가치를 비교하면, 하루 즉 24시간 중에 삿포로 맥주 1ℓ 반을 음용할 때, 빵 350g을 먹는 것과 같은 가치가 있다. 적당량의 알코올은 신체 영양이 되는 함수탄소, 단백질이 더 있을수록 영양 가치는 크다.

근래, 특히 과거 30년 이래, 금주의 열풍이 일어나 금주 선전까지 하였다. 마치 알코올을 원수처럼 보고 있는데, 알코올이 좋은 점, 즉 신체에 영양이 될 수 있다는 점을 언급하지 않고, 나쁜 점, 신체에 해로운 점만을 계속 언급하면서 금주 열풍을 부추겼다. 우리와 같이 효소학 및 주조에 종사하고 있는 사람은 그 연구나 경험상으로부터 그 결과는 금주 선전자가 말하는 것과 같이 유해하고 또한 가치가 없는 것은 아니라고 알고 있다. 이 선전은 매우 부당한 것으로 생각할 수밖에 없다. 아무튼 맥주가 결코 가치 없는 것이 아닐 뿐만 아니라 신체에는 영양 가치가 있으며, 또한 눈으로 보고 느낀 바대로 말한다면, 컵에 따르면서 보이는 깨끗함이 좋다. 즉 엷은 황금색의 깨끗한 거품이 올라오며 어떻게 보든 맛있어 보인다. 그 느낌만큼이라도 소화를 도울 수 있다. 그 외 흑맥주도 역시 소화에 좋지만, 빨간색을 띠는 맥주는 그다지 느낌도 좋지 않다. 먼저 가장 좋은 색은 엷은 황금색을 띠는 것이 맛있으며, 영양 가치도 있다고 생각한다. 〈27~29쪽〉

고바야시 하루지로(조선총독부의원 이학박사, 小林晴次郞), 「말라리아의 예방」, 『조선급만주』(제222호), 1926년 5월.

말라리아 즉 학질은 누구나 알고 있는 일종의 열병이다. 일정한 간격을 두고 발열을 반복한다. 그 간격 시간에 따라서 통상 3종류로 구별하고 있다. 일본 및 조선에서는 일반적으로 격일열(또는 3일열)이라고 부른다. 하루 발열하면 다음 날은 없어지고, 그다음 날에 다시 열이 난다. 즉, 열 발생의 간격이 48시간을 필요로 하는 종류이다. 이 병은 말라리아

원충이라고 하는 일종의 미생물이 혈액안의 적혈구 속에서 기생하면서 일어나는 것으로, 그 번식을 한번 완료하는 데에 48시간이 필요하다. 그 번식이 완료될 때 기생하고 있던 적혈구가 파괴되어 그때 열이 발생한다. 그래서 열이 나는 것이다. (열대지방에서는 그 외 4일열 및 매일열로 두 종류의 말라리아가 있다)

말라리아는 모기가 매개된다. 모기 중에서 날개맥에 따라 명암의 반문이 있고, 주둥이의 좌우에 긴 수염이 있으며, 멈출 때 꼬리 끝을 올리는 특징을 가지는 아노펠레스 모기(はまだち蚊)라고 부르는 종류이다. 이 아노펠레스 모기만이 말라리아 매개의 작용을 하고 있고, 그 외 보통 모기에는 그 작용을 하지 않는다. 아노펠레스가 말라리아 환자의 피를 빨아들일 때는 말라리아 원충은 모기의 체내로 들어가 거기에서 인간 혈액 안에서와는 다르게 번식한다. 약 2주 정도 후에는 미소체(微小體)가 모기의 위벽에 생기고 이 미소체는 모기의 입 안으로 들어간다. 이때 모기가 인간을 물면 이 미소체는 입에서 인체의 혈액으로 들어가서 적혈구로 진입하여, 점차 번식하면서 그 인간을 말라리아에 걸리게 한다.

말라리아는 열대지방에서부터 온대에 이르러 넓게 분포하고 있는 병으로 특히 열대, 아열대 지방에서는 가장 무서운 지방병 중의 하나이다. 열대지방에서는 악성의 매일열(일명 열대 말라리아)이 많아서 훨씬 피해도 커서 사망률이 높다. 일본 내지나 조선에서는 비교적 양성인 격일 열만이 보이므로 그 피해도 비교적 적지만, 지역에 따라서는 매우 환자가 많은 경우도 있다. 적절하게 치료하면 죽는 경우는 비교적 적지만, 열 발생으로 인해 인간의 능률을 떨어뜨린다는 점이 큰일이다.

말라리아는 키니네라는 특효약이 있어, 한두 번의 복용으로 빨리 열이 없어지는 경우가 보통이지만, 여기에서 주의할 점은 열이 떨어져도 말라리아 원충 모두가 사멸하는 것은 아니다. 즉 치료했다고 속단해서는 안 된다. 말라리아 원충 중 어떤 종은 키니네에 저항력이 매우 강하여, 여러 차례 복용해도 살아 있기도 하다. 다시 번식하여 몇 시간 후에 다시 열이 난다. 즉 재발한다. 그러므로 이 저항력이 강한 미생체도 죽을 때까지 복용을 지속할 필요가 있다. 열이 떨어져도 약복용을 멈추면 안 된다.

이상은 이미 다 잘 알고 있다. 누구나 알고 있는 사항을 말하는 데에 불과하다. 다음 이하는 그 유행의 원인 및 예방법에 대해서 나의 사견을 덧붙이고자 한다.

말라리아가 아노펠레스 모기가 매개되는 경우는 위에서 언급한 바와 같다. 이 모기는 일본이나 조선에 있는 종류는 수초가 피어서 자라고 유기물이 많은 완만한 물결 속에서 발생한다. 모기 유충은 장구벌레이다. 즉 아노펠레스 모기의 장구벌레는 위와 같은 수질에서 살고 있다. 이러한 수질은 늪, 못, 연못, 호수의 부근 등이 해당한다. 일본에서는 그 외에 논이 있다. 즉 논은 일본이나 조선에서 아노펠레스 모기의 가장 적합한 발생지이다. 그러므로 논이 있는 지역에서는 다소 이 모기의 발생을 피할 수 없다. 즉 매개하는 동물은 대개 땅에서 존재한다. 그러나 말라리아의 유행은 각지마다 똑같지 않다. 일본에서도 어떤 지역에 특별하게 많으며, 또 다른 지역에서는 아노펠레스 모기는 상당히 많음에도 불구하고 환자가 없는 지방도 있다. 다음으로 조선의 경우를 말하자면, 모기의 발생 상태에는 일본과 거의 비슷하지만, 환자는 일반적으로 일본에 비해 많다. 남방에서 북방의 차가운 지역까지 전반적으로 만연하고 있다. 이 분포에 많고 적음이 생기는 원인은 무엇인가? 이 문제는 현재 내가 가장 주의하고 있는 연구 문제 중 하나이다. 그러나 안타깝게도 아직 확실하게 말할 수 있는 정도의 성적을 얻지 못하였다. 이 연구는 각 지역의 말라리아의 유행상태, 모기의 발생 상태, 이와 인간과의 관계 등 여러 가지 문제를 상세하고 주의 있게 연구할 필요가 있다. 이들 간의 관계는 매우 복잡하며, 간단하게 해석하면 아주 잘못된 결과를 얻을 우려가 있다. 현재 나는 이 조사를 하고 있으며 재료 채집에 몰두하고 있다. 점점 서광이 보이므로 머지않아 밝힐 수 있다고 생각한다.

다음으로 예방법이다. 이 병의 유행 원인이(앞에서 서술함) 충분히 밝혀지지 않은 현재, 다소 불충분하지만, 먼저 다음과 같이 생각할 수 있다. 말라리아의 매개는 아노펠레스 모기이다. 이 모기가 없어지면 감염법이 없어진다. 즉 아노펠레스 모기의 완전한 구제는 근본적으로 좋은 방법이다. 외국에서는 대부분 이 점에 중점을 두고 많이 예방하고 있다. 즉, 물웅덩이를 배수하여 모기 발생지를 줄이고, 남아 있는 웅덩이에 석유와 같이 장구벌레의 구제약을 정기적으로 부어서, 장구벌레를 먹는 어류, 그 외의 동물을 보호하고 양식하는 것이 그 예이다. 단지 일본에서 이 방법을 철저하게 행하기에 곤란한 점은 논의 장소이다. 논의 장구벌레의 완전한 구제는 매우 어렵다. 즉 일본이나 조선에서는 아노펠레스 모기의 완전한 구제법은 또한 앞으로의 연구 문제로 남아 있는 사항이다. 그러나 앞에서 논했던 대로 아노펠레스 모기가 있어도 환자가 없는 지역도 있다. 주의하면 모기의 상태는 그대로일지라도 말라리아는 현재보다는 훨씬 개선될 수 있다고 생각한다. 그 주의할 점으로서는

되도록 모기장 그 외의 방법으로 모기에게 물리지 않도록 할 것

말라리아에 걸린 사람은 완전히 치료되어서 병의 독을 나중에 남기지 않도록 힘쓸 것(병의 독을 다른 사람에게 옮기지 않도록)

이러한 사항은 누구도 이의 없이 행할 수 있을 것으로 생각한다. 현재는 우선 이것부터 힘쓰고 근본적인 개선은 앞에서 언급했듯이 유행 학적 연구의 완성 후에 하고자 한다.

말라리아 연구는 종래에 완성한 것처럼 생각하고 있지만, 실제 예방법의 시행은 전혀 그렇지 않다. 어떤 지역에서는 그 지방에 특유한 유행의 원인이 있고, 예방에서도 각기 적당한 방법이 필요하다. 다른 지방 특히 사정이 다른 외국의 방법을 바로 유입한다고 해도 효과는 크게 의심된다.

또한 일본에서도 대만이나 오키나와의 야에산군도(八重山群島) 등 말라리아의 유행은

완전히 다르므로 앞에서 서술한 것과는 별도의 방법으로 해야 한다. 여기에는 주로 일본과 조선의 현상에 대해서만 논하는 것으로 해 두고자 한다.

　말라리아는 여름철에 유행한다. 점점 유행기에 접어들고 있어서 이에 대해 널리 알리기 위해 말한 것이다. 〈36~38쪽〉

본지 기자, 「경기도청의 모르핀 중독환자 치료소를 방문하다-알고 보면 춘소천금(春宵千金)의 가치도 모르핀 중독된 예기(藝妓)」, 『조선급만주』(제222호), 1926년 5월.

　'모르핀 중독자 치료병원.. 아무리 만성환자라도 단 1주일, 가벼운 환자는 3일, 게다가 고통 없이 완치된다.'라는 것이 이 병원의 특징이다. 그리고 '하루 치료비는 금 30전 균일'이라는 점도 이 병원 아니고는 볼 수 없는 매우 싼 가격이다. 단지 입원할 때 보증금으로 3원을 선지급으로 내야 하지만, 걱정할 필요가 없는 점은 이 3원은 10일 방값으로 충당될 수 있다. 어디까지나 친절로 만들어진 이 병원 경영은 경기도청 위생과가 그 주인이다. 도리에 맞게 사회 구제 차원에서 설립되었으므로, 속단하여 조롱해서는 안 된다. 그렇다고 해도 스오시마(周防) 위생과장의 마음을 헤아려 본다면 처음 병원 설립할 때 매우 주저했다는 것을 알 수 있다. 이 병원의 설립은 정말 버젓한 건물, 모두가 완비된 것처럼 말했지만, 실은 한 동의 건물로 그 안에 진료 겸 약국 1실, 병실 6길. 간호소사부 1실, 합계 8실이었으며, 8실이라고 해도 방마다 달라서 한마디로 말할 수 없다. 여기에서 1실은 6조 다다미 정도이다. 이 정도로 병원을 추측하기에는 충분하다. 목소리를 낮추지 않아도 되지 않을까? 그래도 병원이라고 이름을 붙이기에는 매우 부끄럽기 때문이다. 농담이 아니다. 어떻든 위생과장으로 기대치에 맞지 않는 1년 경비를 받았다. 그 힘든 가운데에서 만사 절약하여 금 8백 원이라는 종잣돈을 만들어냈다. 광산을 업고 있는 것도 아니고, 농담도 쉬엄쉬엄해야지.. 스오시마 과장이 호통을 치면 큰일이야. 어이 누구지 거기에서 험담하고 있는 사람은? 뭔가 이 병원도 조금이라도 크게 당당한 간판을 걸 것이지... 모르핀 환자 수용 요양병원이라니. 스오시마 과장이 말하기를 '나는 병원 같은 이름을 붙인 적이 없다. 만사 절약하자고 생각하고 있으며, 현재도 환자가 너무 많은 정도이다.'라고 하였다. 그러기 때문에 적어도 환자는 총독부 병원의 반수 정도는 있을 것으로 생각했지만, 일반 치료 즉 이 병원 입원 환자는 남자 11명 여자 5명이고, 남자는 일본인 1명, 중국인 1명, 조선인 9명. 여자는 일본인 3명, 중국인 1명, 조선인 1명이다. 강제적 치료는 유치소에서 수용된 범죄 용의자 8명이다. 이들은 29일 한도에서 완치해도 형기 중은 유치해 두지만, 일반 치료는 모두 차차 퇴원시킨다.

이 병원은 작년 즉 1925(다이쇼 14)년 6월에 설립되었지만, 처음에는 유치인에게만 약을 시험적으로 행했다. 여러 가지 연구 결과, 나중에 신약 안티몰(アンチモール)을 발견하였다. 이 약이 고통 없이 매우 효과가 좋다고 하는 것은 현재 경기도청의 이 병원에서 사용하여 효과를 얻은 것이다. 이 약은 도청의 신발견이라는 점을 특히 기록해 둔다. 중증 환자는 안티몰을 3시간마다 1회, 하루에 3g을 주사를 맞지만, 경증 환자는 하루에 1회나 2회, 하루에 1g의 주사를 맞는다. 중증 환자는 10일, 경증 환자는 6일에서 3일에 완치하는 효과를 눈으로 볼 수 있을 정도이다. 안티몰은 금단증상의 중화제로서 유효한 효능을 가지고 있다. 먼저 환자에게 하루 동안은 모르핀 주사를 주고, 모르핀의 분량을 시험하여 그 분량에 따라서 안티몰의 적당량을 주사한다. 이 신약을 발견하기까지 환자는 매우 고통스러웠다. 당국도 이에 매우 어찌할 바를 몰랐다.

1924(다이쇼 13)년 전라남도에 모르핀 환자 치료소를 마련하였지만, 적당한 약이 없었기 때문에 현재에는 폐지할 수밖에 없다. 안티몰의 발견은 작년 10월이었다. 이 약은 피하주사로 다른 정맥주사의 약과 달라서 위험이 적은 것도 하나의 특징이다. 또한 먹는 약을 이용하면 매우 대량을 복용해야 한다. 그뿐만 아니라 그 효과는 매우 낮다. 현재까지 경기도청에서 사용한 약품은 30여 종의 다수이었지만, 이것저것 다 효과는 없었다. 이 신약이 발견된 작년 10월 이후, 평균 입원 환자 수는 15명을 수용하고 있다. 경기도 내 및 부근의 범죄를 살펴보면 절도와 같은 범죄는 대개 모르핀 환자이다. 모르핀 환자는 훔친 물건을 돈으로 대신하여 모르핀을 구매하기 때문이다. 현재는 모르핀 밀매를 엄중하게 단속하고 모르핀 환자로부터 조사하여 밀매가 만연한 곳을 찾아서 처벌하게 되어 있다. 어떻든 아편은 국법으로 금지되어 있어서 아편 환자는 적지만, 모르핀은 그렇지 않기 때문에 이를 이용하는 사람이 많아서 해마다 그 환자는 증가하는 경향이다. 그리고 종래 환자는 고통 때문에 치료를 늦추고 더욱더 병을 크게 만들어 나갔다. 그러나 현재는 자발적으로 치료를 희망하여 온 사람이 증가하고 있다. 입원 당시는 거의 전신불수 상태로 아무것도 할 수 없었던 사람이 보름이 지나면 자유롭게 운동을 할 수 있게 된다. 마을의 쓰레기통 주변을 배회하면서 생활하고 있는 무리를 제외하고는 환자의 대부분은 예나 지금이나 성적 생활을 향락하고 있는 사람이다. 여자 환자의 경우는 게이샤, 창기, 기생과 같은 그런 부류라는 점도 재미있는 현상이다. 수송동(壽松洞)에 있는 경기도 치료소에도 게이샤가 3명이나 입원하였지만, 지금은 건강하게 회복되어서 샤미센을 연주하고 있다. 춘소천금(春宵千金)의 가치도 아름답게 장식한 육체도 알고 보면 이러한 모르핀 중독환자가 많다. 〈42~43쪽〉

구보 기요지(조선총독부의원 신경정신과장 의학박사, 久保喜代二), 「정신병과 소질(素質)과의 관계-정신병은 봄가을에 왜 많을까」, 『조선급만주』(제223호), 1926년 6월.

인간은 예부터 감정의 동물이라고 전해지고 있다. 인간의 감정은 늘 있지만 일정하지 않으며, 순간에서 순간으로 전전하며 한이 없다. 이것이 감정의 특징이라고 할 수 있는데, 인간의 마음을 말할 때는 주로 인간의 정적인 면을 가리킨다. 게다가 너스레 말하면 마음은 소위 데굴데굴 굴러가는 대로 가기 때문에 인간의 감정이 매우 일정하지 않다. 즉 매우 불안정한 상태라고 하지만, 안팎으로의 원인은 있다. 특히 외부의 영향이 매우 큰 역할을 한다. 세상 사람들은 외계(外界)가 미치는 영향은 때에 따라서는 여러 가지로 잡다하다. 즉 무의식일 때에는 날씨가 나빠서 기분이 나쁘다고 말을 하거나 생각을 하는 사람도 있지만, 다른 사람에게 전혀 말하지도 않고 불쾌하게 있는 사람도 있다. 그리고 소위 내계(內界)의 원인은 예를 들면 집안일의 고민이나 일신상의 번뇌, 실의, 사업에 실패, 모욕 등이며, 그 외 인간적 번민, 수고가 원인이 되어서 감정을 움직이게 한다는 것은 누구나 알고 있는 사실이다. 그러나 세상 사람들은 이러한 내외의 원인을 자세히 보면서, 외계로부터 취하는 무의식의 영향을 도외시하는 경향이 있다. 예를 들면 한 사람의 정신병자가 생겼다고 해서, 그 원인을 세상 사람들에게 아주 최근의 어떤 불쾌한 사건에 귀착시키는 경향이 있다. 그러나 모든 경우에 세상 사람들이 정신병의 원인이라고 믿는 일은 진짜 원인이 아니며, 단지 유인하는 데에 불과하거나 어떤 정신병의 발병과 관계없이 우연히 생긴 경우가 아주 많다는 점을 우리는 경험하게 된다. 정신병에서는 항상 주요인과 유인 두 가지가 서로 같이 발병하는 것은 다른 병과 다를 것은 없다.

의학이 아직 발달하지 않는 시기에는 병의 원인을 최근에 명료하게 된 사건에 귀착시켰다. 그러나 의학의 진보는 사람들이 생각하는 원인이 진짜가 아니며, 오히려 진짜 원인은 멀리 있다는 것을 발견한 일에 성공했다. 근대 의학 진보는 요약하면, 유인과 진짜 요인 즉 주요인을 모든 병에서 명료하게 판별하게 되었다는 점도 위대한 성적이라고 할 수 있다. 정신병에서 거의 모든 병이 이 두 가지가 작용한 결과로서 발원한다. 그 두 가지란 아직 완전히 밝혀지지 않았지만, 소위 유전, 병적 소질이라고 하는 점이 근래 더욱더 논의되고 있다. 나는 사람들이 얼굴이 다르듯이 각각 선천적으로 특수한 소질을 보유하고 있다는 점을 보고자 한다. 단순히 미래에 병으로 유발될 수 있는 소질뿐만 아니라, 학문, 예술 모든 재능조차도 궁극적으로는 소질이 있어야 한다. 단지 그 소질을 유감없이 발휘시키고 또한 소질의 맹아를 주저하지 않게 발휘할 수 있도록 회사의 환경, 또는 교육이 크게 힘을 일으켜야 한다. 정신병에서도 누군가와 똑같은, 소질이 있다고 모두에게 반드시 발병한다고는 할 수 없다. 단지 소질을 지닌 사람이 먼저 병에 걸리기 쉬운 상태라는 것에 불과하다. 그러기 때문에 사람들이 서로 각자 소질을 존중하고 고려하여 그 소질에 따라서 적당한 경우를 두어야 한다. 사람에 따라서 교육 방법을 세운다면, 설령 인간에게 병적 소질이 존재해도 장차 화를 미연에 방지할 수 있다고 믿는다. 그렇게 되면 좋지만, 그 실행은 현재 사회에서는 거의 불가능하다고 할 수 있다.

정신병 환자가 특히 봄에서 가을 환절기에 한층 증가하는 현상이 있다. 그 이유는 매우 간단하게 설명할 수 있다. 즉 우리의 생리적 기능이 내적 신체와 정신과는 관계없이 기후에 따라서 항상 매우 영향을 받는다. 그러기 때문에 그 기후의 미세한 변화는 바로 인간의 신체의 조절 상태 또는 평균 상태에 영향을 받지 않을 수 없다. 단지 우리는 그때, 그 변화에 관해서 주관적이며, 대부분은 매우 둔감하다. 그러나 어떤 사람은 폭풍이 오는 며칠 전에 이미 일종의 기분을 느끼고, 이에 따라서 폭풍이 오는 것을 예언하는 사람도 있지만, 이것은 예외로 두고 보통 일반인은 매우 둔감하다. 둔감하다는 것은 신체의 변화가 작다는 것이 아니라 장기간의 습관, 그 밖의 원인으로 감정이 둔화되어 있는 것에 불과하다. 건강한 인간도 이와 같이 외계의 영향을 받는 사람도 있기 때문에 선천적으로 병적인 소질 즉 보통보다도 저항력을 박약한 소질을 가지고 있는 사람에게는 특히 심한 변동이 생긴다는 것은 이상하지는 않다. 특히 봄가을 두 계절에 발병하여 또한 악화하는 정신병은 완전히 소질에 따른 질병이다. 언뜻 보기에 그것이 가정 상의 번뇌, 실패, 파산 등이 우연히 동시에 일어났다고 할지라도, 결과적으로는 정신병이 발병한 계기가 될 뿐이며, 단지 발병을 촉진시켰을 뿐이기에 진짜 원인은 아니다. 보통 사람들이 알고 있는 정신쇠약은 정신병과는 다르지만, 대부분은 과도한 공부나 심신의 피로 등의 원인에 의해서 직접적으로 발생한 사람이 아니다. 100 명 중 99명까지는 소위 소질성의 신경 쇠약한 자 또한 학자들이 많이 있지만, 전혀 건강하지 않은 두뇌가 잘 견디는 경우라도, 결국 견딜 수 없어 쇠약해지는 사람은 처음부터 소질이 박약한 정신을 가진 사람이다.

그러기 때문에 봄가을 기후의 변화에 따라서 소질성 신경쇠약은 정신병보다도 훨씬 증가하는 것이다. 그러나 신경쇠약자는 긴 시간을 고민하지 않고 적당한 의약을 따르면, 하루 이틀 지나 완쾌한 것처럼 보였지만, 또 다음 계절의 환절기에 전과 똑같은 병상을 가지고 온다. 하지만 이것도 머지않아 치료된다. 우리는 계속해서 반복하여 걸리는 사람을 적지 않게 볼 수 있다. 정신병에서도 이 경우와 같이 소질이 기후변화의 영향을 받아서 발병하는 경우가 매우 종종 있지만, 이것을 예방하는 것은 현재까지는 인간이 할 수 없다.

간단히 말하면 특히 정신병에서는 기후와 발병과의 관계가 매우 확연한 것이다. 이유는 외계의 변화에 따라서 신체 내부가 현저하게 영향을 받기 때문이다.

앞에서 나는 내계와 외계로 나누었지만, 물론 이것은 그다지 정확한 분류 방법은 아니다. 단지 이해하기 쉽게 자연을 외계로 부르고, 인간의 수고를 내계로 부르는 데에 불과하다. 또한 정확하게 말하면 외조(外調)와 내조(內調)라고 구별해야 한다. 외부 요인이란 모든 외계의 원인으로부터 온 것이며, 인간의 고민 또는 기후변화, 상처, 신체의 손상, 질병 등은 모두 외부의 원인이다. 이에 반하여 내부 원인이란 전혀 이러한 것과는 관계없는 인간의 신체 내에 행하는 모든 변화를 가리킨다. 그러기 때문에 정신병의 소질이 있는 사람은 자가중독이 원인이 되어 발병하므로, 외계와의 관계는 없다. 또한 오늘날의 의학으로도 전혀 알 수 없는 원인으로 발병하는 정신병이라면 장래에는 어떻게 될지 모르지만, 일시 편의상 이를 육체성 질병이라고 해독하는 것이 보통이다. 부인이 월경기에 감정변화가 심하고 의지력이 박약하게 되어서 절도를 하는 원인도 부인의 신체 내부 안에서 일어난 성적 변화가 원인이기 때문이다. 이 경우도 신체 내부의 정신이상이라고 할 수 있다. 정신뿐만 아니라 사람들의 다양하고 잡다한 사건의 원인을 살펴보면 결코 단순한 동기가 유일한 원인으로 일으키는 것은 아니다. 일반적인 원인이라고 간과하는 것은 의학상으로는 유인에 지나지 않으며, 진짜 원인은 다른 것으로 먼 과거에 잉태한 것이라는 것은 명확하게 알려져 있다. 〈23~25쪽〉

니시키 산케이(조선총독부 위생과 기사, 西龜三圭), 「국제위생기술관이 본 일본, 조선 및 만주의 위생상태」, 『조선급만주』(제223호), 1926년 6월.

작년 가을에 일본, 조선 및 만주에서 국제위생기술관 교환시찰회의가 개최되었다. 그 회의에 참가한 국제연맹 의무부장 라히만(ラヒマン)박사의 의견을 다음과 같이 기록한다.

일본 정부는 국제 위생기술관의 시찰 여행에서 매우 환영해 주었다. 환영회의 수준은 다른 나라에서 정부의 고관이나 대사 정도에 행하는 수준으로 환영식을 해 주었다. 그리고 교환회의에 대한 모든 준비는 우리의 기대 이상으로 잘 정리되어 있어 감탄하였다. 그뿐만 아니라 일본 당국은 빈객에 대해서 되도록 일본인의 생활에 대해서 충분히 관찰하도록 노력하며 또한 기회를 만들어 주었다. 이러한 이유는 공중위생의 관찰이 공중배경을 보지 않고서는 물론 충분하게 이해할 수 없기 때문이다. 이번 교환회의의 개최는 일본에서도 다른 국가와 같이 국가적 위생 행정 그 자체의 지위를 성찰하는 기회가 되었으며, 또한 이것이 개량 발달에 대한 자극이 되었다는 것을 충분하게 인정할 수 있었다.

공중위생 사무의 기준이 되어야 하는 것은 출산, 사망, 인구동태에 관한 정확한 기록이어야 한다. 이번 시찰에서 보더라도 인구 통계기록의 완벽한 점은 세계 각국을 통해 일본에 미치는 영향이 있을 것이다. 이와 같이 공중위생 시설이 발달한 원인은 일본 전국을 통해서 교육 정도가 높다는 점과 또한 국민이 특히 청결을 중요시하는 분위기를 조장하여 촉진하고 있다고 말할 수 있다. 세계 어떤 국가를 찾아도 매일 저녁 목욕을 하는 일이 일반적인 습관이 되어 있는 국민은 아마 없다고 말해도 될 것이다. 최근 40년 동안에 거둘 수 있는 성적의 현저한 원인은 당국의 지시를 더욱 따르고, 잘 훈련된 것을 보여주고 있다. 일본 의학의 진보는 실로 놀라울 만한 상태에 있으며, 그 의학교 및 의학적 연구소는 유럽에서의 최고 기관과 비교해도 손색없고 또한 전문적인 방면에서는 훨씬 우수한 점도 있다. 또한 각 연구소를 통해서 연구에 종사하고 있는 위생기술관의 수는 실로 유럽 각 국민이 선망할만한 곳이다. 게다가 공중 위생사업에 충분한 이해와 자격을 가진 젊은이가 참여하고 있으며, 또 열심히 하는 관리가 많이 종사하고 있는 것도 공중위생의 완비를 기할 수 있는 이유이다.

예전에 국제연맹 보건위원회에 제출한 보고서에 따르면, 일본에서는 위생표준이 높은 수준에 있고 또한 전체적으로 유럽의 1, 2위 강대국보다도 높다는 것을 보여주었다. 그럼에도 불구하고 놀랄만한 위생사업의 진보를 이루고 있는 반면에, 일반 사망률이 놀라울 정도로 높다. 그중에서도 특히 결핵, 장티푸스 사망 및 소아 사망률이 높다는 점이 두드러진다. 이것 때문에 일본위생 당국의 요구에 응해서 최후의 교환 회의장에서 충분한 토론을 하였다. 이 결함은 사회의학을 포괄하는 공중위생의 진보가 잘 나아가지 못하고 있는 것으로, 의학의 진보가 주로 세균학 시대 독일 의학의 영향을 받아서 발전하였고, 공중위생이 급속하게 진보를 한 것은 매우 최근의 일로 결론 내렸다.

조선 및 만주 지방의 공중 위생시설을 보면 조선 및 만주에서 각 철도회사는 힘껏 위생의 의미를 주입한 결과로써 일본에서 위생 기술 방면을 근대적 진보를 보이고 있다. 위생기술관이 아무런 구속 없이 상당한 경비를 주면 이 정도의 일을 달성할 수 있다는 것을 확실하게 실증하였다. 세계 세균학의 권위자로서 유명한 시가(志賀) 박사의 지도하에 경성에서는 공중위생 및 의학 중심은 상당한 성공을 하였으며 또한 응용의학과 함께 세계 어느 국가와도 모범이 될 수 있다는 점을 믿는다. 종래 남만주 철도회사는 위생에 관해서 두 개의 과(課)와 일류의 위생적 연구소를 설립하였는데 최근 대련에 세계 1위라고 할 만큼 다른 곳에서 예를 볼 수 없는 매우 완벽하고 뛰어난 병원을 설립하였다. 그곳은 방역시설이 매우 면밀하고 적절하다. 그 때문에 필요한 경비는 연 2만 원을 계상하고 또한 필요에 따라서는 상당히 추가시키는 여지를 강구하고 있다. 그래서 이 경비로 극동에서 국제적 페스트 연구에 대해서 보조할 수 있으리라는 것을 믿어도 좋다고 생각한다.

극동의 여러 국가 즉 영국령 인도, 말레이시아, 해협식민지, 홍콩, 타이, 필리핀, 프랑스령 인도차이나, 중국, 네덜란드령 인도, 뉴질랜드, 호주 또한 소비에트 러시아에서의 위생기술관 교환회의 참가원을 비교하면 일본은 참가자가 다른 국가의 대표원보다도 훨씬 뛰어나기 때문에 위생적 견지에서는 유일하게 극동 제국 사이에서 나란히 할 수 없는 소신을 강조하였다. 이것만 보아도 동양에서 의학 위생의 지도적 위치는 머지않아 온통 일본 손에 달려 있다는 점을 깊게 믿는 바이다.

모든 것을 통해서 위생행정기관의 활동이 매우 유기적으로 조직되어 있어 중앙 각 관청에서 마을사무소에 이르기까지 연결을 취해서 즉석에서 편의를 준 점은 현지에 관해 연구하는 데 많은 도움을 얻을 수 있었다는 점과 인구통계 및 위생기록 방법이 매우 흥미로운 것이라는 것을 알 수 있었다. 〈26~27쪽〉

사카이 이치로(사카이부인병원장, 酒井一郎), 「의학과 관상」, 『조선급만주』(제224호), 1926년 7월.

얼굴과 정신과의 연관이 얼마나 친밀한가를 학리상의 설명보다도 상식상으로 판단하여 밝혀질 수만 있다면, 다음의 예와 같이 논할 수 있다. 옛 선인인 맹자는 '얼굴은 마음의 거울'이라고 다음과 같이 말하였다. '사람됨을 살피는 데는 눈동자보다 더 좋은 것이 없다. 눈동자는 그 사람의 악을 감추지 못한다. 마음이 바르면 눈동자가 맑고, 마음이 바르지 않으면 눈동자가 흐리다. 그 사람의 말을 듣고 그 사람의 눈동자를 보는데 사람들이 어떻게 속마음을 감출 길이 있겠는가?'라고 하였다. 단순히 눈동자 하나로 내심의 비밀이 나타날 수 있다는 것이다. 그러므로 우리는 '원래부터 이미 관상자'로서 우리의 본능은 우주 안의 삼라만상을 관상하는 데에 적응되었다. 당연히 인간에게는 각각 각자의 감정이 있으며 그 감정의 단순한 본능으로만 관상으로 보는 것은 때때로 위험에 빠질 우려가 있다. 예를 들면 사람들을 보고 나쁜 사람인가 아닌가를, 나쁜 사람인 표징을 가리키며 과연 학리상으로 증거를 세울 수는 있을 것인가. 그래도 관상술을 연구하는 것은 무엇일까?

그러므로 나쁜 사람을 지적하는 데에 약간의 실수가 있을 수 있다. 사람은 겉보기와는 다른 것이며, 외모는 믿을만하지 않다는 것은 우리가 누누이 들었지만, 결국 아무 경험 없는 무학자의 허튼소리에 불과하다. 의학 특히 정신병 전공의 의사의 은인인 스가하라(菅原) 장군은 오늘도 역시 생존하여 건강하게 활동을 하는 유명한 사람이다. 일본 도쿄에서 유일하게 칭찬받는 호걸이며, 현재 마쓰자와(松沢)병원에서 지내고 있다. 이 사람은 귀가 얇고 작다. 귀가 얇고 작은 사람은 평소 호기를 부리는 일을 할 때는 겁쟁이가 된다. 이마는 얇고 눈과 이마가 같은 수평면을 이룬다. 이마가 얇으므로 아는 바도 적다. 턱이 작아서 신체의 기초인 영양력이 결핍되었다. 즉 그는 이전에 오타루(小樽)에서 화재보험회사의 지점장이었을 때 엄청난 큰불로 집이 타버렸다. 이에 비관 낙담한 나머지 미치기도 하였다. 그러나 자존심, 강경성이 강한 코가 매우 발달되어 있어서, 자신은 세상에서 가장 우수한 사람이 된다는 관념으로 스가하라 장군이라는 명성을 올릴 수 있었다. 위와 같은 예를 보아도 어떻게 우리가 본능적으로 관찰해야 하는가를 충분히 알 수 있다. 즉 정확히 사람을 보는 것은 결국 정확하게 사람을 이해해야 하는 것이다. 따라서 적재적소의 조치도 여기에서 나올 수 있는 것이다.

옛 선인이 우리의 얼굴을 초목에 비유하여 말하기를 눈이 좋은 사람은 좋은 싹을 틔우고, 귀가 좋은 사람은 좋은 열매를 맺고, 이가 좋은 사람은 좋은 잎을 피우고, 코가 좋은 사람은 좋은 꽃을 피운다. 귀는 열매가 되고, 눈은 싹이 되고, 코는 꽃이 되며 이는 잎이 되며, 이것이 참으로 이치가 없는 것 같지만, 이치가 있는 적절한 표어가 아닐 수 없다. 이와 같이 단순하게 대체로 좋고 나쁨을 판단할 수 있다. 성상관상학(性相觀相學)이 일반적으로 통하는 것은 처세술에 매우 의의가 있다고 믿는다.

지금 의사라고 해도 치료상 이학적 요법, 화학적 요법, 정신적 요법, 다른 영양요법에 주의를 기울이는 일은 매우 진보되었지만, 일반 대중에게 일률적인 약리에 대해서는 불가능하며, 식이법이 매우 개인적이기 때문이다.

지금 관상학에서 사람을 볼 때는 비만하고 지방이 풍만한 사람은 복상대흑천(福相大黑天)으로 급하지 않고 도량이 넓고 점잖다는 영양질의 형이다. 살이 얇고 눈에 띄게 근육이 튼튼한 사람은 얼굴 신체가 매우 수장한 상을 나타내는 곤사문천(毘沙門天)은 원기 있는 자, 활동가, 강경한 의지력을 가지고 있는 사람으로서 근골질의 형이다. 골격이 크지 않고 날씬하며 피부가 아름답고 특히 하얀 얼굴은 배의 형상을 나타내는 사람은 신경과민으로 어떤 일도 민감하며, 글재주도 많고 학문도 잘하여 이 사람은 문학 미술에 뛰어난 사람으로, 즉 심성질(心性質)이라고 부른다. 이를 해부적, 생리적으로 관찰하면 곤사문은 근육, 골격, 인대, 허벅지와 같이 운동이 필요한 사람이며, 다른 내장이나 신경에 비해서 현저하게 발달하였으며, 이를 근골질 일명 운동질이라고 부른다. 이 작용을 생각하면 생리상의 설명으로도 판명될 수 있다. 영양질은 소화기 방면의 발달이며, 심성질은 뇌신경 방면이 발달하였다.

지금 또한 병리적으로 연구할 때는 뇌신경의 발육이 과대한 심성질은 신경질로 변한다. 이 질병은 항상 아주 신경질적이기 때문에 신경통, 신경쇠약, 신경염증, 중추 및 말초신경병 등의 증후를 보인다. 근육골격이 비교적 과대하거나 과로할 때 병으로 나타나는 것은 결석, 화골, 경화증, 결핵과 같은 관절과 골격 또는 혈관에 있다. 내장이 비교적 발달하여 혹시라도 과로하면 근골신경 등에 이 비례를 잃어버린 결과, 뇌격막부 및 영양, 혈액, 림프 기관에 있는 관에 괴사한 곳에 각종 질병, 마비와 출혈 등을 발생시킨다.

이상으로 3형질에 대해서 각 고유 질병별로 원인을 밝힐 수 있었다. 그래서 한편으로 정신적인 활동에 영향을 끼침과 동시에 또한 신체 건강 여부에 절대적인 영향을 미친다. 그러므로 성질이 급한 사람은 활동도, 성미 급한 언어도, 성급한 식습관도, 빠른 보행도, 급한 성질도, 노여움도, 빨리 웃는 것도, 모두 이와 같은 급한 성질의 병은 항상 급성증에 걸리기 쉬운 신체와 정신을 가지고 있다. 사고, 감정, 애정 중에 하나도 온유하지 않다. 근골질은 근육보다는 골격이 강하게 발달하였을 때는 또한 어떤 일에나 강한 의지로 결정하는 점이 있다. 반드시 행동하는 상태와 동시에 어떤 일에도 쉽게 갑자기 화내는 일이 없고, 보행, 언어, 동작, 질병, 음식 등은 조금 완만하며 여유롭다. 급한 상황에 처하였을 때는 단호하게 감행하는 의지 있는 사람으로 변한다. 그러나 각각의 사람을 확연히 근골질, 영양질, 심성질이라는 3종류로 나눌 수 있지만, 경우에 따라서 근골에 영양을 가미시키는 근골영양질, 또는 심성질과 영양질인 심성영양질 또는 근골심성 영양질의 3형으로 구성되어 있으며, 적절히 취사선택해야 한다.

다음으로, 조직적으로 인간을 연구하는 일인데, 해부적 생리적으로 구분하기 위해서 필요하다. 화학적인 모든 원소는 다수라 하더라도 인체를 구성하는 원소는 16종에 불과하다. 지금 이것을 3형질로 배합할 때 각 원소 그 자체가 주로 작용하는 곳은 뇌, 뼈, 내장이다. 음식물화학과 인체화학의 결과로서 오늘날 심성질에 속하는 것은

유황, 인요도, 망간, 마그네슘

영양질에 속하는 것은

탄소, 수소, 질소, 산소

근골질에 주로 속한 것은

칼슘, 플루오르, 규소, 염소, 나트륨, 칼슘이다.

철은 어떤 형질에나 필요하며 특이하게 어떤 형질에도 속하지 않는다. 근골질의 주요 원소는 칼슘이며 그 외는 부속이다. 심성질의 주요 성분은 인으로 지적인 방면으로 활동하고, 유황은 영적인 방면으로 활동시키는 작용을 한다. 그 외 망간, 마그네슘, 요도는 같은 뇌수나 신경상에 각종의 특이한 작용하는 심성질을 구성한다.

탄소, 산소, 질소, 수소는 전분, 설탕, 지방을 조직하여 신체의 영양부 즉 내장 각 기관 및 혈액과 림프 등의 조직을 구성한다. 즉 영양질의 주관인 소위 열량은 열량과 조직용으로 공급한다. 위와 같이 보면 근골과대는 칼슘 과대, 영양 과대는 전분, 단백질, 즉 질소, 탄소, 수소 과대, 인과 유황이 과대할 때는 심적 강도가 발달하여 거의 변태되어 신경질로 된다. 그리고 누구라도 인체 성분이 어떻게 화학적 16원소가 과불급 되는가를 그 체형에 따라서 확인할 수 있으며, 그와 동시에 그 부족한 점을 채우거나, 증감으로 동식물의 음식물의 화학적 원소 구성을 충분히 연구하는 초기 단계에 비로소 인체는 관상적, 해부적, 생리적, 조직적, 화학적으로 연구할 수 있다. 그러한 것에 명쾌하고 정확하게 인간을 해석하는 것이 성립되는 까닭이다. 〈33~35쪽〉

구보 기요지(총독부의원 신경정신과장 의학박사, 久保喜代二), 「신경통과 류마티스 및 뇌출혈에 대해서」, 『조선급만주』(제225호), 1926년 8월.

　신경통과 류머티즘은 한 치 구별하기 어려운 병이다. 신경통은 문자 그대로 신경이 아픈 것이고, 류머티즘은 근육이나 뼈에 병이 있어 근육과 뼈가 아픈 것이다. 이 두 질병은 가장 비슷한 증상으로 한 번에 판명하기 어렵다. 이 두 질병은 동시에 발생하는 때도 있다. 그러나 그 요법도 좀 비슷하다. 신경통이나 류머티즘이 미독성(微毒性)인 경우는 두세 번의 주사로 쾌유하지만, 류머티즘이나 신경통의 원인이 미독성 이외의 경우는 아직 알 수 없다. 유전도 어느 정도 있는 듯하다. 다만 미독성인 경우가 많다고 할 수 없다. 그렇지 않은 경우가 많은 것이다. 미독성이 아니어도 급성인 사람은 치료가 쉽다. 두세 번의 주사로 쾌유하지만, 만성이 되면 치료가 매우 곤란하다. 복용 약도 필요하지만, 이 병에 투여되는 약은 대개 위장을 나쁘게 하므로 위장이 나쁜 사람은 주사를 놓을 수밖에 없다. 앞에서 언급한 대로 주사를 맞아도 만성이 되면 바로 효능이 없다. 단지 투약의 효능이 없는 것은 아니기 때문에 복용 약이나 주사를 맞는 것이 좋다. 늑간(肋感)신경통이라는 흉부가 아픈 병이 있다. 이것도 갑자기 아픈 경우는 두세 번의 주사로 쾌유하지만, 2, 3회 주사로 효능이 없는 것은 다른 병의 영향이 있기 때문에 다른 발병을 충분히 진찰할 필요가 있다. 신경통이나 류머티즘에서도 앞에서 말한 대로 복용 약이나 주사 효능은 있지만, 만성이 되면 대체로 진통이 있는 국부를 따뜻하게 하는 것이 좋다. 이것에는 전기요법이 유효하다. 그러나 국부를 따뜻하게 하거나 전기를 사용해도 병의 증상은 한 군데가 그치지 않는다. 신체 전신 어디든지 나타난다. 신경통은 머리에도 온다. 얼굴에도 온다. 특히 머리가 아픈 경우를 뇌병이라고 진단하지만, 신경통으로 머리가 아픈 경우도 있다. 머리 절반에 통증이 있는 경우는 신경통이 머리로 온 경우이다. 류머티즘은 머리와 얼굴에는 일어나지 않지만, 그 대신 어깨나 손발의 뼈부터 근육 어디든지 온다. 그러므로 국부를 따뜻하게 해도 소용이 없다. 신체 전신을 따뜻하게 해야 한다. 이에 대해 온천요법이 가장 효능이 있다. 류머티즘이나 신경통은 목숨을 앗아가는 병은 아니지만, 통증이 심하면 일을 할 수 없고 불구도 될 수 있기 때문에 상당히 주의가 필요하다. 다만 만성이 되면 의사의 약보다도 온천요법 치료가 제일 좋은 듯하다.

　기자가 당신은 뇌출혈의 염려는 없습니까 하고 물으면 박사는 '아직 뇌출혈을 일으키는 나이는 아닙니다.'라고 웃는다. 그렇다면 뇌출혈은 젊은 사람에게는 없는지 반문하면 '절대로 젊은 사람에게는 없다고 말할 수 없습니다만, 혈액의 경화로 오기 때문에 대개 50세 이상의 사람이 많은 질병입니다.'라고 말한다. 그보다 뇌출혈의 증상이나 그에 대한 주의사항을 말하자면 '뇌출혈은 머리가 아프거나 목 근육이 수축하거나 어깨가 아프거나 하는 증상은 없다. 그것은 일종의 신경통이며, 신경쇠약에서나 피로에서도 온다. 그 경우는 큰 걱정은 없다. 안마를 하고 일을 쉬면 그것으로 쾌유된다. 뇌출혈은 대부분 갑자기 온다. 전조로 신체가 나른해지거나 어지러운 경우도 있지만, 갑자기 오는 경우도 있다.

　뇌출혈의 예방으로는 머리를 사용해서는 안 되는 것입니까. 그렇습니다. 머리를 사용하면 혈액이 머리로 모이기 때문에 좋지 않다. 그러나 뇌출혈의 증상이 머리를 사용했기 때문에 혈관이 파괴되었다고 말할 수는 없다. 그것보다 과음했다거나, 규방에 열중하거나 노기를 포함하여 혈관을 확장시키는 것이 가장 위험하다. 뇌출혈은 미독에서 오기 때문이다. 이것은 오히려 치료하기 쉽지만, 미독으로 온 것은 그렇게 많지 않다. 술에서 온 것도 있고, 체질에서 온 것도 있으며 유전에서 온 것도 있다. 뇌출혈은 한번 혈관이 파열하면 치료 방법이 없지만, 예방은 할 수 있다. 가장 뇌출혈의 염려가 있는 사람은 먼저 주색을 끊고 머리를 쓰지 않도록 한다. 신경이 곤두서는 일은 하지 않도록 하고 되도록 밖에서 유유하게 안정된 날을 보내도록 하는 수밖에 없다. 그래서 뇌출혈의 전조로서는 소위 혈압이 높아진다. 혈압은 보통 건강한 사람은 120도 정도가 보통이다. 혈압이 170~80도로 올라가면 주의해야 한다. 그런데 혈압을 측정할 때마다 20도나 30도, 또는 50도의 차이가 생기는 경우가 있다. 자세히 말하면, 갑의 의사에게 진료 받았을 때 120도의 보통의 건강한 사람이었는데, 을의 의사에게 진료 받았더니 180도로 뇌출혈의 위험구역으로 들어가 있었다. 어느 쪽이 진짜일까라는 판단에 혼란스럽다고 하는 이야기를 자주 들었다. 도쿄에서 상당한 위치의 신분의 재산가인 사람이 뇌출혈이 너무나 염려가 되어서, 마을 의사에게 혈압을 재었더니 170도 이상 위험계에 있다고 하는 말에 치료를 받았다. 그리고 대학병원에서 진단을 받았는데 123도의 보통 건강한 상태였다는 실례가 많다. 혈압의 계량기는 정직하지만, 이를 사용하는 인간은 부정직하기 때문에 이 점을 생각해야 한다. 따라서 갑의 의사에게 혈압을 재서 보통 사람 이상이었다면 또 다른 의사에게 진단을 받아야 한다. 한 사람의 의사에게 진찰을 받고 바로 뇌출혈 환자가 되는 것은 재미없는 일이다. 또한 혈압이 170~80도로 올라갔다고 반드시 뇌출혈이 일어나는 것은 아니기 때문에, 그렇게 우려할 필요는 없다. 혈압이 높다는 우려로 신경에서 뇌출혈이 일어날 수 없기 때문에, 그러한 걱정은 할 필요가 없다. 뇌의 혈관이 파열하는 것이 그렇게 간단한 일은 아니다. 그러한 중병에 걸린 인간이 많지는 않으므로 혈압을 재서 뇌출혈이라고 판단할 수 없다. 단지 170~80도 이상이면 되도록 심신 모두 안정시켜 정양하면 위험을 피하고 건강하게 회복할 수도 있기 때문에 그런 걱정을 할 필요가 없다. 요약하면 뇌출혈의 증상이 있는 사람은 신체도 정신도 안정을 취하는 것이 중요하다. 〈63~64쪽〉

동방생(東邦生), 「광견이라 살해당한 포치(ポチ)를 애도하는 기사, 광견병에 대해서」,
    『조선급만주』(제225호), 1926년 8월.

　　우리 집 입구에 두붓집 아주머니가 작년 봄에 작은 강아지를 가져다주었다. 갈색의 털에
얼굴 절반이 검었다. 그다지 예쁘지는 않았지만, 몽실몽실 살이 쪄서 뒹굴뒹굴하면 귀여워
서 집사람도 아이들도 반은 장난감처럼 키우며 아주 귀여워했다. 많이 크지 않는 편의 작
은 개이지만, 그래도 날이 감에 따라서 꽤 자랐다. 매우 영특한 개이며, 사람에게 붙임성도
아주 좋았다. 집안사람들뿐만 아니라 외부 사람이나 항상 오는 출입 상인들에게도 발에 엉
겨 붙어서 장난을 치기 때문에 많은 사랑을 받았다. 우리의 출입을 어떻게 감지하고 딱 맞
춰 나와 발에 장난을 치고 맞이한다. 정말 민감한 애교이다. 나는 밖에서 돌아왔을 때 이
개가 맞이해 줄 때가 무엇보다 즐거움 중의 하나가 되었다.

　　그런데 5월경이었다. 거의 다 성장하여 슬슬 달리며 꼬리를 올리고 걷기 시작했을 때부
터는 바보같이 사람을 보고 짖었다. 물론 가족이나 출입 사람들에게는 변함없지만, 모르는
사람이 오면 무턱대고 짖어댔다. 이 때문에 거지나 날치기는 접근하지 못했지만, 보통 오
는 손님에게는 미안할 정도였다. 그때마다 혼내거나 쫓았지만, 좀처럼 멈추지 않았다. 너
무나 짖어대기 때문에 부근의 조선인 아이들이 모여서 문 안에 있는 개에게 돌을 모아서
던지고 도망갔다. 또한 개는 이들을 쫓아 달려갔다. 이런 식으로 장난을 했다. 이런 일이
개와 조선인 아이들과 유희로서 매번 반복되었다. 어느 날, 같이 놀던 아이들 중 조선인 여
자아이가 개에게 손가락을 물려서 피를 흘렸다. 부모와 오빠가 와서 우리 집안사람에게 어
떻게 할 것인가 시비를 걸어왔다. 조선인의 담판은 매우 맹렬하기 때문에 내가 나가서 응
대했다. 나는 그건 미안한 일이라고 약값 정도는 댈 수 있다고 했지만, 상대편의 태도가 강
탈을 부리듯 해서, 이 사람들에게 온화하게 나가면 어디까지 기어 올라갈지 모르겠다는 생
각에 대 조선 정책으로 나갈 수밖에 없었다.

　　어떻게 할까? 어떻게 하면 좋은가를 반문하자, 17, 8세의 청년 정도의 그 여자아이 오
빠 같은 사람이 일본어로 어떻게 할까? 라니, 당신이 어떻게 해 줄 작정인지 반문하였다.
상대는 어떻게 해 주라는 구체적인 제안하지 않았고, 이쪽에서도 어떻게 하겠다는 구체적
인 제안하지 않아서 서로 추문을 반복했다. 이것으로 끝나지 않을 것 같아서 어쨌든 순사 파
출소에 가서 고소하면 된다고 쏘아붙였다. 그들은 함께 온 일가족과 물린 여자아이를 데리
고 투덜투덜하면서 돌아갔다. 잠시 후 순사가 와서 사슬을 꺼내어 개를 그 사슬에 묶어 놓
고 갔다. 이번에는 수의사를 데리고 와서 잠시 개를 계속 관찰하였다. 개는 매우 짖어댔
지만, 특별히 이상한 점이 없다고 보여서 수의사는 그대로 갔다. 광견은 아니라고 생각한 것
같다. 순사가 말하기를 광견은 아닌 것 같지만, 물린 아이 쪽에 약값이라도 대면 어떻겠는

가 하였다. 파출소에 와서 시끄럽게 한다는 것이다. 원래 우린 그럴 예정이었는데 상대방이 좀처럼 생트집을 잡는 태도였기 때문에 우리 쪽에서 일부러 강하게 나간 것이다. 원래부터 약값도 내고자 했다고 말해 두었다. 잠시 후에 조금 전의 청년이 왔다. 사례를 어떻게 해 줄 것인가를 반복하였다. 지금 순사가 수의사를 데리고 와서 이 개를 진단하였지만, 광견도 아니고 아무 이상도 없다고 하여 걱정할 필요는 없다. 그러나 물린 치료비는 낼 테니 의사에게 가서 치료받은 게 좋다고 하니 청년은 고개를 끄덕이며 갔다. 그다음 날 진단서와 약값의 영수증을 가지고 와서, 3원 정도를 주고 이 개와 조선인 아이와의 유희로 일어난 갈등은 일단락 지었다. 그 후 며칠이 지나 그 물린 아이의 상처도 나았으며, 개도 어떤 이상도 없었다. 변함없이 짖어댔다. 그러나 나를 비롯해 가족이나 출입하는 사람에게는 예전처럼 장난을 치며, 뒤엉키며 애교를 부리는 귀여운 개였다. 그런데 그 조선인 아이를 물고 난 뒤 10일 정도 되자 개는 신음을 내며 울었다. 그리고 아무것도 먹지 않고 마루 밑에 들어가 혀를 내밀고 헐떡거렸다. 빼내면 잠시 가만히 있지만, 또 마루 밑으로 들어간다. 몸을 만지는 것은 그다지 싫어하지 않는 것 같지만, 머리를 만지는 것은 매우 싫어한 듯하다. 이러한 증상을 2일 정도 계속 보이고, 밥을 먹지 않은 것이 제일 걱정이 되었기 때문에 수의사에게 데리고 가서 진료 받았다. 수의사 선생님이 심장을 진단하고, 입안을 진단하였으나 특별히 이상한 증상은 없었다. 심장이 나빠지고 있기 때문에 그쪽 처방 약을 주었다. 개를 데리고 와서 모두가 매달려서 입을 벌리고 그 약을 먹게 하였다. 밤이 되자 쓸데없이 일종의 뭐라고 말할 수 없는 기분 나쁜 신음을 냈다. 그날에도 마루 밑에 들어가 나오지 않았다. 나와 집사람이 개의 이름을 부르면, 예, 하고 나와 꼬리를 한두 번 흔들고 어떤 고통을 호소한 듯한 표정을 한다. 아무것도 먹지 않고 마루 밑에 들어가 있다. 그래서 턱이 빠졌는지, 입이 다물어지지 않는지 혀를 내민 채 침을 흘리고 있다. 점점 증상이 나빠져서 다시 수의사에게 진료를 부탁했다. 수의사는 바로 왔다. 마루 밑에서 불러내어 진료를 보더니, 이번에는 '아니, 이것은 정말 광견이네요'라고 절망과 불안이 섞인 목소리를 내었다. 나는 '어젯밤 진료를 받았을 때는 아직 광견이라는 진단은 하지 않았잖습니까?'라고 묻자, '아, 어젯밤은 아직 그런 증후는 없었지요'라고 답했다. '광견은 사람에게 달려들어 물고 그런다고 하지 않았습니까? 주인과 집안사람, 타인과 구별 없이'라고 반문하자 '그렇습니다. 대개 광견은 그렇습니다. 그러나 광견에도 격노와 마비 두 종류가 있어서 사람을 물지 않고 사람이 없는 곳, 즉 어두운 마루 밑과 같은 곳으로 찾아가 기어 다닙니다.'라고 하였다. '그러면 10일 전에 근처 아이를 물었는데 역시 병으로 그런 건가요?'라고 걱정되어 묻자, '아니요 광견이었다면 대개 3일간, 길어도 5일 또는 7일 이내에는 죽습니다. 우선은 아무것도 먹지 않기 때문에 그렇게 오래 살 수 없습니다. 게다가 병증상이 뇌로 침투하기 때문입니다.'라고 하여 '그렇군.'이라고 먼저 안심했다.

'결국 광견이 되었는데 어떻게 하면 좋을까요' '경찰에 신고하면 바로 개를 죽이는 사람을 데리고 와서 죽여줍니다만, 교살하기 때문에 차마 볼 수 없습니다. 나에게 죽여 달라고 하면 주사 1대로 할 수 있습니다' 나도 처음에 가족들이랑 의심했다. 개가 광견, 아무튼 믿을 수 없다. 그러나 그런 증상으로 턱이 빠져서 밥을 먹지 않는다. 이제 며칠째 변변한 밥을 먹지 않았기 때문에 방임해 두면 죽을 수밖에 없다. 이로써 수의사가 광견이라고 했기 때문에 어떻게 해 줄 방법이 없다. 수의사가 명의라서 진료 받은 것도 있지만, 이와 같은 일을 생각해 보면, 광견이라는 소리를 들었기 때문에 우리도 약간 나쁜 기미가 생겼다. '그럼 어쩔 수 없습니다. 주사를 놔 주세요'라고 부탁했다. 딸은 따뜻한 눈물을 눈에 글썽거리며 집 안으로 들어가 버렸다. 수의사는 개를 묶어 두고 주사를 놓았다. 개는 신음을 하며 쓰러졌다. 그렇게 2, 3분간 힘들어하다가 그 뒤는 자는 듯이 왕생성불 했다. 가족 누구도 지켜보기 힘들어하며 얼굴을 돌렸다. 겨우 가정부에게 말을 해서 향을 피우고 짧은 반년의 수명, 동정(童貞)인 채로 이 세상을 떠난 불쌍한 개를 추도해 주었다. 경찰에게 전화를 걸자 개를 죽이는 사람이 와서 그대로 거적으로 말아서 가져갔다. 나는 아침에 일어나도 외출에서 돌아와도 이젠 너의 재롱떠는 모습을 볼 수 없다. 뭔가 기가 빠지는 기분이 든다. 너는 가축이다. 그러나 요즘 인간은 축생인 너보다 훨씬 은혜를 모르는 인간도 많단다. 광견이 되어 주인을 물게 되어 광견적인 인간이 많아졌다. 이를 신인(新人)이라고 하는데 막을 수 없다. 너는 광견이라도 주인이나 가족을 물지 않고 죽을 때까지 신음하며 꼬리를 흔들며 따랐다. 네가 도무지 광견이라고 생각할 수 없다. 그러나 수의사가 광견이라고 하고, 물지는 않았지만, 일반적인 증상으로 말하면 광견병에 걸린 듯하다. 도대체 너는 어디에서 광견병에 걸린 것일까? 두붓집의 아주머니는 그 뒤로 1개월이 지나자 또 그 개와 같은 엄마가 낳은 강아지를 데리고 왔다. 엄마가 똑같은 만큼 갈색, 체격, 얼굴까지 그 개를 그대로 닮았다. 그 개가 살았던 기념탑을 생각하며 같은 이름을 지어주고 죽은 그 개와 똑같이 귀여워하고 있다. 이 개도 매우 현명하며, 애교도 많고 아침부터 밤까지 나와 가족을 따라 붙어서 걸어 다닐 수 없게 한다. 너에게는 지금보다 좀 더 크면 광견병에 걸리지 않도록 미리 예방주사를 맞게 할 것이다. 〈79~81쪽〉

동방생(東邦生), 「총독부의원의 정신병실을 살펴보다」, 『조선급만주』(제226호), 1926년 9월.

총독부 의원에 있는 숲에서 맴맴 우는 매미의 소리가 한층 무더운 고통을 더하는 7월 말이었다. 나는 총독부 의원의 정신병원을 방문했다. 총독부 의원의 큰 현관을 통과해서 북으로 내려가 전염병실의 뒤를 빠져나가니, 조금 움푹 파인 땅에 초원의 음기가 느껴지는 구획에 초라하고 넓은 병원 건물이 있었다. 바로 정신병실이다. 그 병사에 가까이 가자, 그 사람들이 원숭이와 같은 소리를 내는 소란스러움이 들린다. 그들은 이유도 알지 못하고 말을 하고 큰소리를 친다거나 화를 내고 있다는 것을 소리로 들을 수 있다. 일종의 음습한 기분이 덮쳤다. 몇 군데나 입구 같은 곳이 있어 들어가려고 했으나 모두 열쇠가 채워져 있어 열리지 않았다. 잠시 서성거리다 오른쪽으로 돌아 한 바퀴 돌자 이번에는 본 현관 같은 것을 발견하였다. 문을 밀었지만, 열리지 않았다. 호출 종을 누르자 조금 지나 사람의 발소리가 나는가 싶더니 딸깍하고 자물쇠 소리를 내며 문이 열렸다. 나를 불러들였다. 구보 박사를 묻자, 아직 이쪽으로 오시지 않았다고 한다. 누가 주임이냐고 묻자 명함을 가지고 구석으로 갔다. 잠시 흰 가운을 양복 위에 입은 30세 정도의 사람이 나왔다. 저는 이 의무실의 주임이라고 인사를 한 후, 내가 정신병원의 근황을 알고 싶다고 하자 현관 옆의 방으로 갔다. 그곳은 침대가 크게 뻗어 있어 방의 3분의 1을 차지하고 있었다. 그 한편 창 아래에 탁자와 의자가 있었다. 탁상에는 서적이나 뭔가가 불규칙적으로 어지럽게 있었다. 도자기 주전자와 마시는 찻그릇 컵이 굴러다녔다. 벽에는 바삭바삭한 조화가 늘어트려져 있다. 싸구려 유화가 걸려 있었다. 거의 가축 방 같았다. 주임은 편하게 담배를 뻐끔뻐끔 피우며 나의 질문에 유유히 답을 했다.

얼굴은 소박하고 꾸밈이 없었다. '나는 여기에서 벌써 경력 4년째 일하고 있습니다.' '정신병 환자는 말을 안 하나요?' '아니요 매우 재미있지요. 의외로 순진한 사람입니다. 보통사람처럼 거리낌이나 꾸밈없이 생각한 대로 행동하고 생각한 대로 말하기 때문에, 한편으로 말하면 미친 사람이 진짜 인간이지 않을까 하는 생각이 듭니다. 여자의 경우는 갑자기 나는 당신을 좋아한다고 말하면서 안겨버립니다. 그들에게는 번민은 없는 듯합니다, 번민이 있더라도 의식하지 않기 때문에 마음의 고통은 없을 것입니다.' 이러한 이야기를 계속하고 있을 때 누군가가 노크를 했다. 사무원 같은 사람이 얼굴을 내밀고 과장님이 부른다고 말했다. 주임은 급히 방에서 나갔다. 잠시 후에 돌아와 방금 구보 박사가 오셨다고 말하며, 나를 그 방으로 안내하였다. 실내는 양서가 잘 쌓여 가지런히 있었고 방의 절반은 양서로 덮어져 있었다. 구보라고 하는 박사는 기요지(喜代二)라고 하며 40세가량의 사람이었다. 키는 훤칠하게 컸고 얼굴이 창백하여 기분은 음기가 돌았지만, 그만큼 진정한 학문을 연구하는 풍모였다. 어떻게 보아도 정신과 박사 같다. 박사 설명에 따르면 현재 정신병실 환자는 약 70여 명이며 일본인과 조선인이 약 절반씩이다. 남녀도 절반씩이지만, 조선인의 경우는 남자가 많다. 그중에 부청(府廳)에서 위탁받은 시료 환자(비용은 부청 부담)가 반수를 차지하고 있다. 그러므로 환자는 중류 이하 가정인 사람이 많은 것 같다. 환자 중에서는 조발성치매가 전체 환자의 반수 이상을 차지하고 있다. 그 사람 다음은 마비성 치매라고 하는 것이다. 미독성정신병, 종암성 정신병, 모르핀 중독, 백치, 히스테리 등의 환자가 조금씩 있다. 페디스토마 뇌전이병도 있다. 대개 광인은 조발성치매와 마비성 치매 환자가 안에 들어가 있고, 그 외는 외래 환자가 약간 있다고 한다. 박사의 설명에 의하면 일본인 환자는 미독으로 와 있는 경우가 대부분이라 하였다. 그 외는 유전이나 술이 원인인 것 같았다. 박사는 나를 포함해서 자신들의 병실을 안내하며 환자 한명 한명에 대해서 설명해 주었다. 〈43~44쪽〉

「의사가 나쁜 것일까? 환자가 나쁜 것일까? 오진문제에 대한 소란이 많다」, 『조선급만주』(제228호), 1926년 11월.

경성에서 모 씨가 모 의사의 오진으로 귀여운 딸이 죽게 되자, 고소를 하여 최근에 1회 공판이 열렸다. 고소 측의 이유는 「열 몇 살 된 귀여운 딸이 배가 아프다고 힘들어하여서 몇 해 전부터 항상 다니던 모 의사에게 진료 받았다. 의사는 복막염이라는 진단으로 치료를 했지만, 하루 이틀의 경과가 좋지 않아서 모 의사의 소견서를 가지고 총독부 의원 외과 부장에게 진료를 받았다. 총독부 병원에서는 맹장염이라며 치료를 했지만, 때를 놓쳐서 마침내 죽었다. 이로 인해 2만 원에 가까운 손해배상을 요구한다」고 하는 것이다. 상대방의 변호사와 총독부 의원의 의사가 입회하여 제1회 재판이 열렸다. 제2회는 11월 며칠인가에 열리기로 했다. 그 결과는 어떻게 되었을까 경성인은 흥미를 느끼고 주목하였다. 그도 그럴 것이다. 이 판결에 따라서 의사 편에서 말해도 큰 문제이고, 환자 편에서 말해도 문제이다. 아무리 명의라고 해도 한 번의 진료로 병을 진단할 수는 없다. 2번 3번 진단을 거듭하여 그 병을 발견할 수 있는 경우가 많다. 그러한 경우에 의사의 오진으로 법률상의 재판까지 해야 하는지는 상당히 고려해야 할 일이다. 또한 만약 처음 진료에서 맹장염인 것을 발견하고 이것을 바로 외과의에게 넘겨서 절제 치료를 했다면 쾌유하였을 것이라고 단정 지을 수 없다. 맹장염 치료의 경과가 나빠서 죽는 사람도 있다. 그러므로 의사 때문에 치료가 늦어져서 죽었다는 추측은 단정 지을 수 없다. 의사가 오진했다거나 치료가 늦어졌다거나 하는 것으로 하나하나 재판의 문제가 된다고 의사라는 상업은 위험에서 당하는 자가 아니다. 그렇다면 오진으로 죽었다고, 때를 놓쳐 죽었다고, 계속 울 수밖에 없다면, 환자는 안심하고 생명을 의사에게 맡길 수 없게 된다. 이점이 굉장히 어려운 부분이다. 간단하게 말하면, 돌팔이 의사에게 걸린 환자가 운이 나쁘든가, 질이 나쁜 환자 가족에게 부탁받은 의사가 운이 나쁘든가 하면 포기할 수밖에 없다. 그러므로 환자는 의사의 선택이 중요하며, 의사 쪽에서는 중병의 환자는 다른 의사의 입회를 요청하여 경솔한 진단을 하지 않는다는 것을 명심하는 것이 중요하다. 역시 저 가족은 질이 나쁘니까 진찰을 그만두겠다고 하는 식은 의사법으로서도 허락되지 않는 일이기 때문이다.

최근 기자의 지인 모 씨도 딸이 열이 나서 부근의 모 의사에게 진료받으니 감기라고 해서 그 처방을 받았다. 그리고 하루 이틀 지나서 매우 더 중병으로 앓게 되자, 다른 의사에게 진료받으니 디프테리아였다. 치료의 때를 놓쳐서 죽게 되자, 그 의사를 고발하기 위해서 화가 잔뜩 난 사람을 중재자가 그만두게 하였다고 한다. 이러한 경우는 완전히 의사의 오진에서 죽게 된 경우다. 아주 소중한 생명은 의사에게 맡겨서는 안 된다. 죽은 후에 소송해도 생명만큼은 변상 될 수 없기 때문이다. 〈69쪽〉

「겨울철 건강법으로 무엇이 좋은가」, 『조선급만주』(제230호), 1927년 1월.

시노다 하루사쿠(篠田治策)
겨울철 건강법으로는 골프, 사냥, 스케이트를 가장 많이 한다. 추위의 염려로 온돌에 칩거하여 뒹굴뒹굴한다거나 불건전한 일을 하는 것이 가장 건강에 나쁘다.

이쿠다 세이사부로(生田清三朗)
나는 골프광이다. 여름의 염천의 날씨에도, 겨울의 격렬하게 얼굴을 찌르는 듯한 추위에도 청량리까지 가서 골프로 한바탕 땀을 흘리면, 관청의 피곤함도 모두 잊어버린다. 마음이 상쾌하고 의기양양하여 이보다 유쾌한 것은 없다. 가장 건강에 해가 되는 것은 긴 밤에 홍등 녹조로 홀짝홀짝 술을 마시며 노래 부르는 것이다. 나는 이번 겨울 동안에도 토요일은 반나절, 일요일은 종일 청량리의 골프장에서 운동하고 맑은 하늘의 쾌청한 공기를 마셔가면서 날아다녔다. 집에 돌아온 뒤, 밤에 난로를 벗 삼아 생각하거나 마음을 기쁘게 하는 책을 읽는 것을 겨울철에 무엇보다도 즐기고 있습니다.

야시마 스기조(矢島杉造)
겨울철 건강법은 내 경험으로는 역시 평소에 하는 골프입니다. 겨울에도 토요일부터 일요일은 반드시 골프장에 갑니다. 몸을 찌르는 듯한 추위 속에서 청량리까지 가서 꽁꽁 얼어붙은 철판과 같은 골프장에서 몇 시간을 공을 치면서 날아다니면 땀에 흠뻑 젖어 듭니다. 그러면 약간 감기 기운도 날아가 버려서, 내가 감기로 39도의 열이 있어도 아무렇지 않게 관청에 나갈 수 있는 것도, 이 골프로 단련된 체력 덕분이라고 믿습니다.

시마자키 류이치(島崎　龍一)

공설 스케이트장 또는 적당한 오락 기관을 설치해서 일반 민중을 위해서 공개하여 운동 및 오락을 자유롭게 할 수 있게 하고, 가정에서는 겨울철의 실업자 또는 직업을 가지고 있지 않은 노동계급자에게는 실내에서 할 수 있는 부업을 장려하여 생활비를 얻을 수 있게 한다. 연료를 절약하는 온돌 개량을 일반에게 강습시키고 한편으로는 저렴한 연료를 공급하는 공영연료 판매소 등을 설치할 필요가 있다고 생각한다.

와다 이치로(和田　一郎)

조선의 겨울을 아주 건강하고 유쾌하게 보내는 방법으로 특별히 좋은 고안은 없습니다. 또한 나는 겨울이 되었다고 해도 피한(避寒) 또는 다른 방법을 생각하지도 않습니다. 긴 밤 파리도 모기도 없습니다. 공부하는 것이 제일 좋은 시기이며, 가정적으로, 사회적으로 할 수 있는 만큼 이를 이용하고자 한다.

가와이 치사부로(河合治三朗)

온돌의 개조와 위생시설을 개선함과 동시에 겨울철 운동법을 장려할 것.

아다치 후사지로(安達房次郎)

조선에서 겨울을 보내기 위해서는 가정에서는 독서, 사회에서는 스케이트, 썰매 등의 운동이 재미있을 것으로 생각한다. 그러나 아직 완전한 설비가 없어서 유감이다.

이시하라 이소지로(石原磯次郎)

1. 조선의 겨울을 가장 건강하게 유쾌하게 지내는 방법

답. 나는 4계절 내내 활동을 게을리 하지 않고, 가정에서도 사회에서도 모두 무리를 하지 않고 위생과 교제에 주의하면, 스스로 심신의 상쾌함을 느끼며 가장 건강하고 유쾌하게 보낼 수 있다. 이것이 최선의 좋은 방법이다.

모리 로쿠지(森六治)

겨울을 유쾌하게 살아가는 방법은 건강에 무지한 사람도 피한을 준비하는 겁쟁이도 있지만, 추위를 피한다고 해서 유쾌 또는 건강한 경지에 이르기는 어렵고, 적극적으로 추위를 견디고 이겨내야 한다. 추위를 이겨내야 하는 방법밖에 없다고 생각한다. 나는 장년 시절에 유도 검도의 연습을 위해 추위에 연습을 계속하여 매우 유쾌하고 건강하게 하였다. 아침에 일어나면 냉수마찰로 활동하였으며 조선에 건너온 후 20여 년 동안 무도 연습을 그

만둔 뒤에도 아침에 일어나 냉수마찰을 하며, 그 외의 운동도 의연하게 속행하여 그다지 추위를 느낄 수 없고 또한 병도 걸리지 않고 매우 유쾌하게 보내고 있다. 근래 수양 단원 대신 청년단원 여러분과 함께 아침에 일찍 일어나는 것은 물론 운동 미화 작업 등의 실행 실동으로 더욱 건강하고 유쾌하게 집에서도 사회에서도 정말 밝게 보내게 되었다. 이 방법이 현재 태만한 기풍을 바로잡는 긴요한 마음가짐이라고 생각한다. 우선은 위와 같이 답신을 드립니다. 경구(敬具)

마루야마 소쿠지(丸山促治)

재미있는 과제입니다. 나는 각별하게 조선의 겨울에 위협을 느끼지 않습니다. 역병의 유행이 좀 걱정이 될 뿐이며, 건강한 계절이라고 생각하고 있습니다. 스케이트 등은 매우 장려하면 좋지 않을까. 나는 겨울에 스칸디나비아의 나라들에서 아름답고 건강한 소년 소녀들이 스케이트를 타는 모습을 떠올립니다.

오무라 도모노스케(大村友之丞)

만족을 알고 많은 것을 탐내지 않으면 언제나 유쾌하다.

이즈카 도오루(飯塚徹)

우리와 같이 실내 안에서만 일을 하는 사람에게 건강법은 겨울만이 아니라 언제나 역시 실외뿐만 아니라 시외의 깨끗하고 맑은 공기를 마시는 것이 최상이라 생각한다. 그리고 동시에 운동한다면 가장 좋다고 생각한다. 그리고 나는 승마를 한때 열심히 해 보았다. 이것도 건강법으로는 아주 좋았으나 위험이 따른다. 그래서 나이가 들면 점점 승마는 위험이 따르는 우려가 있다.

테니스도 좋지만 나이가 든 사람에게는 조금 과격하고 또한 위험이 따른다. 나는 총사냥도 꽤 해 보았다. 이것은 겨울 운동에는 가장 좋지만, 길게 계속할 수 없었다. 젊은 사람이든 나이 든 사람이든 가장 안정하고 그다지 과격하지 않은 운동법은 역시 골프이다. 처음에는 바보 같지만, 익숙해짐에 따라서 재미있게 된다. 게다가 상대가 필요 없는 운동법이기 때문에 가장 간단하다. 나는 겨울에도 일요일마다 청량리에 가서 종일 소나무 숲에 둘러싸인 넓은 골프장에서 공을 치고 뛰어다니다 돌아오면 그 밤은 죄다 모든 일 잊고 푹 잘 수 있으며, 일주일 동안 일에서 받은 태만한 기분은 완전히 없어지고 새로운 기분으로 일할 수 있어서, 신체 상태가 매우 좋은 것 같다. 소년이나 청년에게는 스케이트, 나이 든 사람에게는 골프, 이것이 겨울철 건강법으로는 가장 좋을 것으로 생각한다.

사이토 온사쿠(斉藤音作)

가. 가정에서는

1. 담배, 음주 등의 낭비를 절약해서 되도록 좋은 집에서 살도록 할 것.
 즉 특히 보온에 주의하여 설계된 마음 편한 좋은 집에서 살 것

2. 평소 규율적 생활을 하며 또한 실외 운동을 장려하고 각자 건강 증진을 도모한다. 또한 냉수마찰, 냉수욕 등은 연습 단행하여, 추위에 대한 저항력을 증대해 둘 것.

3. 의식(衣食) 개량, 특히 동절기의 옷을 개량하고, 추위 속에 외출을 힘들게 하지 않도록 할 것.

4. 일상생활은 검소하게 하고, 수입을 꾀하고 지출은 자제하여 항상 생활상의 안전을 지키고 모든 노력을 명심할 것.

5. 이타심, 애타심을 키워서 '받는 것보다 주는 것이 복이 있다'라는 금언을 신조로 삼아 매우 양심적인 기쁨이 넘쳐나도록 정진하고 노력할 것.

나. 사회에서는

1. 한층 더 겨울을 위한 옥외 운동 설비를 정비할 것

2. 기독교 청년회관, 각종 클럽 그 외에 이와 유사한 기관을 개량 확장하여 각지 각 방면에 실내운동, 실내오락, 간이도서의 열람 등에 관한 설비를 정비할 것.

3. 공사립의 도서관을 증설하고 또한 각 지역의 소학교, 보통학교 등에도 간이 도서관 열람소를 설치하여 통속독서회, 통속강담회, 활동사진회 등을 되도록 적절하게 할 것.

4. 각 지역 동절기 등산을 위해서 적당한 산에 등산할 때의 흥미를 더할 수 있게 하고 또한 등산을 편하게 할 수 있게 되도록 빨리 필요한 설비를 증가 개선할 것.

아사쿠라 도모테스(朝倉登茂鐵)

1. 가정에서의 방법 – 항상 사용하는 방은 정남향으로 하여 동쪽보다도 빛 광선이 잘 들어오도록 한다.

간단하게 말하자면 철저히 양지바르게 하고, 북측은 '온돌'을 설치하는 등 할 수 있는 한 집안을 따뜻하고 유쾌하게 한다. 또한 소위 삼한사온 형태를 잘 이용하여 사온 일 때 가능한 볼일도 잘 보게 하고 삼한 일 때는 볼일도 적게 보도록 한다. 일가도 단절적 생활을 할 것.

2. 사회에서의 방법–사정이 허락하는 한 사람을 방문하거나 초대할 때는 4온일 때에 하고 집회는 되도록 양옥에서 한다. 연회도 그렇게 하거나 난방이 구석까지 가는 요정에서 할 것.

이마무라 라엔(今村螺炎)

조선의 겨울을 가장 건강하고 유쾌하게 보내는 방법

본 문항은 어리석은 질문이 아닐 수 없다. 자본주의 세계에서 돈 없이 무슨 건강인가. 그런 것조차 생각할 여유가 없는 사람이 경성에 가득한 세상을 봐라. 〈84~85쪽〉

「동서남북」,『조선급만주』(제231호), 1927년 2월.

조선인들에게는 미신으로 자주 있는 일이지만 경북 포항 나단동 진응천의 처, 진무상 (29)이라고 하는 사람은 남편의 역병을 고치기 위해 자신의 대퇴부의 살을 잘라서 남편에게 먹였다고 하는 것으로 평판이 났다. 그와 반대로 평안북도 창성군 왕온동 지복신의 처, 김윤찬이라 하는 17살 여자는 동촌 명찬백(20)이라는 남자와 밀통하여 남편이 방해가 된다고 하여 실제로 남편 지 씨를 교살했다.

봉천에 있는 만철치과 대학교수 久保多 清光(구보타 기요미츠) 박사의 중국인 보이 천성매(19)라고 하는 사람은 주인이 부재중일 때를 노려서 보이에서 일약 강도로 바뀌어 여자 하인을 죽이고 또한 부인을 협박해서 금전까지 갈취했다. 그 틈을 타서 부인은 2층에서 도망치다가 중상을 입었지만 보이 녀석은 그 모습을 감추었다. 보이라고 하는 녀석은 아주 위험한 인물이다. 이러한 중국 보이는 상당히 많다. 〈56-57쪽〉

요시노 히코조(吉野彦三), 「불면증에 고통받는 나」,『조선급만주』(제232호), 1927년 3월.

「내가 무슨 죄를 지었는지, 내가 무슨 잘못을 했는지, 잠을 이루지 못하는 나」

이 노래는 내가 19세 가을, 처음으로 심한 불면증이 왔을 때 그 무렵의 노래이다. 맥베스 부부가 부엉이 우는 소리에도 겁에 질리며, 편안한 잠을 그들에게서 완전히 빼앗긴 것은 던컨왕(역주: 스코트랜드 왕 1034~1040)과 그 주위 사람들이 살해한 죄에 대한 보복으로 어쩔 수 없는 일이지만, 자신은 사람을 죽이지 않았다. 도적질도 하지 않았다. 그런데 잠을 잘 수 없는 것은 신도 듣지 못하구나 하고 비꼬는 노래이다. 어쨌든 19세 무렵의 생각은 대개 단순하지만, 그러나 이 기분과 비슷한 기분은 지금의 나에게도 있다. 19세의 가을부터 불면증과 나는 끊으려 해도 끊을 수 없는 사이가 되었다. 나에게는 부단히 「잠 못 이루는 밤들」이 따라다닌다. 「고루(高樓, 높은 다락집, 흔히 요정을 말함)에서 자고 일어나서 활동하는」 기분은 단지 시의 구절에서 맛볼 수 있을 따름이다.

원래 이 무렵에 일시적으로 잠을 자다가 꿈속에서 갑자기 일어나 걸어 다니는 몽유병적인 증상도 없어졌으며, 버릇이 될까 봐 밤 중 1시경부터 산책하러 나간다거나 야릇한 생각도 하지 않았다. 잠이 오지 않으면 온화하게 책이나 뒤지고 있을 따름이다. 그래서 가족에게는 큰 지장은 없다. 단지 도움받지 못한 사람은 내 자신뿐이며, 때때로 말도 안 되는 웃긴 이야기를 지어내기도 했다.

런던에서 온 목사의 집에서 하숙한 적이 있다. 그곳으로 이사하여 2, 3일 지난 어느 밤의 일, 주인이 만찬의 테이블에서 '나는 아침에 빨리 일어나는 것이 자랑이었는데, 자네가 더 빨리 일어나 놀랐네. 오늘 아침도 5시에 일어나 보니 자네 방에는 이미 등이 켜져 있었네' 하고 말을 꺼냈다. 그러자, 그 가족들은 '어머나─'하면서 감탄의 합창을 나에게 향했다. 나는 매우 쑥스러워 어쩔 수 없었다. 그리고 '실은 5시에는 아직 자지도 않았습니다.'라고 대답하자 다시 '어머나─'하고 합창을 반복하였다... 라고 말했던 예(경우)도 있다.

나는 종래 잠을 자기 위해서 종종 노력해 보았다. 눈을 감고 숫자를 세는 일은 처음에는 자주 소위 '잠자는 비결'로서 자주 했다. 수면제도 제법 먹었다. 한 종류만을 매일 계속해서 먹으면 소화기에 좋지 않다고 해서 의사에게 3종류 정도를 받아 와서 섞어서 먹어 보기도 했다. 술을 수면제로 이용한 적도 있다. 한 번 마시고는 잠이 오지 않기 때문에 조금만 더, 조금만 더 마시다가 하룻밤에 브랜디를 한 병 비워버려서 어머니에게 걱정을 끼친 적도 있다.

그러나 현재는 이러한 인공적 수면법은 완전히 포기해 버렸다. 저녁 식사 전이나 후에, 10분이든 20분이라도 상관없이 잠이 오도록 노력한다. 밤중에 잠이 오지 않으면 잠이 올 때까지 두뇌를 피곤하게 하는 것이 오늘날의 방침이다. 오늘 밤도 잠이 오지 않는다. 책을 읽는 것도 물린다. 두뇌를 피곤하게 하는 한 방법으로 '자지 않는 사람'. '잠을 이룰 수 없는 사람', '잘 자는 사람' 등으로 생각해 보자.

알세나스(アルセナス)라는 사람은 결코 침대에 들어가지 않았다. 그리고 이를 모방한 유시마스(ユウシマス)라는 수도승은 이와 같이 잠을 자기 위해서 침대를 이용하지 않고 며칠이나 벽에 기대어 졸았다고 전해지고 있다. 면벽(面壁, 벽을 대고 좌선하는 것) 9년에 달마와 좋은 한 쌍을 볼 수 있었을 것이다. 나폴레옹은 3시간밖에 자지 않았다. 에디슨은 2시간이라고 하지만, 이런 선인은 세속에 물든 사람들과는 비교가 되지 않는다. 유럽에서는 알세나스와 유시마스 수도승을 '잠을 이루지 못한 사람들'의 대표자로서 칭한다.

그러나 이러한 사람들은 고의로 잠을 자지 않았거나, 자는 시간을 적게 한 사람들이다. 그러나 세상에는 '잠을 잘 수 없는' 사람들이 있다. 실존 인물도 있고, 가설로도 그런 사람─소설, 희곡 중의 인물─도 많다. 실존의 사람은 역시 시인 등이 많은 것 같다. 스스로 덮어씌운 죄 때문에 잠을 잘 수 없는 사람은 말할 것도 없지만, 적포도주의 더할 나위 없는 맛을 충분히 즐겼으므로 목에 겨자를 넣고 마신다거나, 도취한 기분을 맛보기 위해서 7주

간 계속 취한 상태로 '술 취하지 않는 얼굴일 때'가 없이 보낸 키츠(역주: 영국 낭만파 시인 1795–1821)에게는 또한 '잠 못 이룰 때'가 많았을 것 같다. 그가 챠쓰팡(チャッブァン)역의 호머(ホーマ)를 처음으로 접했을 때는 밤새 한숨도 자지 못했다고 하지만, 이것은 단순히 그가 절대적인 동경을 이 대시인에게 가지고 있기 때문만은 아니었을 것이다. 그리고....이렇게 끊어 버린 것은 조금 무책임하지만, 어찌 되었든

   '나는 잠을 이룰 수 없어 바닥에 누워있을 때'

   라는 초사(チョウサア)의 시구를 서시에 빌려 왔다. '잠과 시'에서도 잠을 찬미하면서도 그 아름다운 잠을 잘 수 없는 것을 말하고 있는 그는 잠을 이루지 못한 한 사람이라고 봐도 지장이 없을 것이다. 키츠의 허락도 없이 우리가 좀 더 주의 깊게 그의 생애를 관찰할 때, 얼마나 많은 시인이 잠을 이루지 못하는가를 발견하게 된다.

   소설이든 희곡이든 간에 '잠을 이루지 못한 사람들'은 아주 많다. 예를 들면 포우의 작품에는 각종의 협박과 관찰로부터 잠을 이룰 수 없는 사람들이 다수 그려지고 있다. 예를 들면 '아서 가의 몰락'에서 일종의 소름이 끼치는 무서운 기를 느끼면서 고성(古城)에서 잠을 이루지 못하는 밤들을 보내고 있는 이야기 주인공이 그러하다. 그러나 소설이나 희곡 중의 '잠을 이루지 못한 사람들' 중에서 강하게 나의 흥미를 끄는 것은 '이승(현실)'에서 만난 사람들이다. 이승의 형벌은 강담사(講談師)가 부채를 꺼내어 때린 정도가 아닐 것이며, 도쿠가와 시대의 사람은 금방 보고 알 수 있다. 사흘, 나흘에라도 잠을 자려고 하면 후려치고, 간질거리며, 자는 것을 허락하지 않는 사람들을 생각하면 가설의 인물이라고 하지만 전적으로 동정할 수밖에 없다.

   그런데 이것과 반대로 '잠'이라는 방법이 스코틀랜드의 법정에서 이용되었다는 책이 있어서, 마침내 '잠재우는 형벌'이라도 한 것일까라고 생각했는데, 이것은 사건을 내버려 두고 조사가 중단된 형태로 실제의 '잠'과는 아무런 관계가 없는 것이기에 크게 웃었다.

   다음으로, '잘 자는 사람'의 이야기를 하자면, 실존한 사람 중에는 약간 바보같이 조금 부족한 듯한 사람이 많으며 그다지 흥미로운 일도 없는 듯하다. 재미있는 것은 전설 중의 인물이다. 실제로 세계 곳곳에 '잘 잤다. 또는 자는' 사람에 관한 전설이 있다.

   첫 번째로는 아잔(アーザン)의 '스케치북' 중에서 소개된 리프 반 인쿠르(リップ・ヴン・ヰンクル)가 있다. 그는 카트스킬(カートスキル)이라는 산에서 20년간 자고 나서 마을로 돌아오니 아는 사람이 모두 할아버지가 되어 있는 것을 보고 처음으로 자기 자신이 변한 모습을 알아차렸다고 하는 뚝심 있는 선생이다. 영국에서는 아서왕을 예를 들면, 아이론(アヰロン)의 전쟁에서 죽은 것이 아니다. 까마귀가 되어서 지금도 살아 있으며, 언젠가는 그 '긴 잠'에서 깨어나 대제국을 건설할 것이라고 전해지고 있다. '까마귀는 왕의 화신이기 때문에 죽이면 안 된다.'라는 전설은 이와 관련되어 생긴 것이다. 이와 비슷한 이야기는

미국 인디언의 아젝(アチエック) 왕손인 최후의 왕 몬테즈마(モンテズマ)는 완전히 죽은 게 아니라 언젠가는 잠에서 깨어나 예전과 같이 왕국을 건설할 것이라고 전해지고 있다. 1567년에 전사한 세바스챤 1세가 언젠가는 긴 잠에서 깨어나 브라질을 세계 제일의 왕국으로 만든다는 것은 남아메리카인의 신념이라고 한다. 챠레만(チャーレマン) 대제가 찰쯔부르크의 근처인 운데르스부르크에서 자고 있다는 이야기도 있다. 그 외 아라비아 사람들은 12세기의 사람인 마호메드 모하드의 긴 잠을 믿고 있으며, 주(ジュウ) 사이에서는 엘리야가 아브라함을 안고 자고 있다고 믿고 있다. 이는 무엇보다 자국민의 장래에 희망을 거는 민족적 마음가짐에서 생겨난 것이다.

로맨틱한 이야기로는 그리스의 엔데이미온(エンデイミオン, endymion)의 전설이 있다. 아름다운 젊은이가 라트모스섬에서 영원히 자고 있었는데, 그를 사랑한 여인이자 달의 여신인 세레네가 밤에 키스를 하자 자신도 잠에 빠져 버리게 되었다. 그리고 지금도 젊은이 옆에서 자고 있다고 전해지고 있다. 이 엔데이미온의 이야기는 앞에서 언급한 키츠의 시의 소재가 되기도 하였다.

긴 잠을 자는 사람에 관한 이야기로는 바그다드에 있는 아포오·핫산(アポオ·ハッサン)에 관련된 전설도 있다. 크림이 쓴 '잠자는 미녀'가 가장 유명할 것이다. 한 사람 요녀의 마술에 의해서 수백 년 동안 잠에 빠지게 된 공주가 젊은 왕자의 손에서 눈을 뜨게 되어 마침내 그 왕자와 결혼한다는 이야기는 매우 주지할 만한 사항이다. 그리고 테니슨들 비롯한 여러 시인에 의해서도 종종 언어를 달리하여 쓰이고 있다. 그럼 나는 이쯤에서 실례하고자 한다. 나는 잠을 깨기는커녕 3시라는 데도 아직 오늘 밤은 졸리지도 않기 때문이다(1929. 2. 19). 〈59~61쪽〉

「동서남북」, 『조선급만주』(제232호), 1927년 3월.

세균이 피부로 침입하는지 아닌지에 대한 논쟁

佐多(사다)라고 하는 박사가 콜레라나 티푸스균은 피부로 침입한다는 설을 발표하자 의학계를 충동하여 세상 사람에게 한층 공포감을 주었지만, 의학계에서는 일종의 의문시되었던 모 박사가 먼저 그것에 반대되는 설을 발표했다. 그리고 경성의 과 대학부에서는 志賀(시가) 박사의 지도하에 椎葉(시이바)라고 하는 의학생이 그 실험에 참여했으나 마침내 피부로는 전염이 되지 않는다는 것이 확실하게 입증되었음을 발표했다. 그것이 진실이라면 우선 한시름 놓긴 하지만 세균이 어디에서든지 침입 되어서는 절대 안 되겠다. 〈85쪽〉

이시가와 도모리(石川登盛), 「위생시설의 과거와 미래」, 『조선급만주』(제233호), 1927년 4월.

(1)위생시설의 개요

과거 조선에서 위생 상태는 매우 불량하여 곳곳에 질병에 걸린 사람이 있었으나, 의료에 의한 것을 좋아하지 않고 먼저 무당이나 점쟁이의 말을 듣는 풍습이 있다. 따라서 그 미신을 이용하여 생활하려는 무리가 많은 것에 비해서, 학식과 기능을 지닌 의사는 거의 없었다. 또한 공중위생 시설은 거의 갖추어져 있지 않았기 때문에 음료수는 매우 불량하고, 항상 각종 전염병이 유행하였다. 특히 폐 '디스토마'나 십이지장충병과 같은 병은 각 지역에 만연하여 거의 막을 수 없었다. 따라서 메이지 33(1910)년 병합과 함께 신정부가 실행될 때 이 점을 주의 깊게 보았다. 먼저 의료기관을 확장하고, 경성에서 총독부 의원 외에도 각 도에 자혜의원을 설치하여 널리 구료를 개시하였다. 또한 병합 때에 하사받은 임시 은사금을 벽지에 사는 주민들에게 구료를 행할 수 있게 하였다. 개설 13개의 자혜병원 외, 전라남도, 제주도 이하 다섯 곳에 자혜병원을 증설하였다. 또한 순회 진료를 개시하고 벽지 주민에게도 널리 구료를 행하였다. 또한 조선에서는 나환자가 많이 있기 때문에 전라남도 소록도에 나환자 요양소를 신설하였다. 이로써 요양의 길을 강구하게 되었다. 그리고 다이쇼 3(1914)년 4월부터 공의제도를 실시하여 의료기관이 설비되어 있지 않은 지역에 공의를 배치하였다. 일반에게 의약의 편의를 제공하게 되었다.

특히 종래 국경 대안 지방에 사는 조선인에게는 초산이나 회령 두 곳에 자혜병원이 순회 진료를 하게 하였다. 구료를 행할 때, 특히 간도나 회춘 지방에 있는 사람은 이주자가 다수 있으나, 의료기관이 부족한 지방으로 무고하고 가난한 사람이 많이 있기 때문에 새롭게 간도와 훈춘지방에 자혜병원을 증설하였다. 또한 회춘, 국자가, 두도강, 백초강에 위탁의사를 배치하여 그 지역 외의 가난한 사람들에게도 성은의 큰 은혜를 골고루 주셨다. 그 외 보건위생의 개선은 시각을 다투는 급무라는 것을 확인하고 경성, 인천, 부산, 목포, 전주, 군산, 평양, 진남포, 원산, 대구, 진주, 나남, 진해, 의주, 해주, 광주, 함흥, 청진, 신의주, 회령, 공주, 겸이포, 춘천, 강경, 포항 등의 시가지에 음료수 개량 방법으로 수도를 설치거나 설비하였다. 또한 한 번만 각 도를 중심으로 지방비를 보조하였다. 공동우물의 굴삭에 대한 장려와 전염병이나 수역의 예방에 대해서는 매년 많은 금액의 국책을 지출하고, 시기와 형편에 맞추어 조치하도록 한다. 오물 청소사업 및 그 외의 일반적인 보건위생의 단속에 대해서는 항상 노력을 소홀히 하지 않도록 약간의 위생 면목을 변경할 수 있게 하였다.

법제에 관해서는 종래 조선인이 가지각색으로 취급되었지만, 신정이 실행된 후부터는 민도, 풍습 및 사정의 완급 등을 참작하여 점차 통일하고자 한다. 의사와 치과의사 그 외

의료종사자에 관한 법령, 사립병원 규칙, 음식물 및 음식물용 기구 단속, 약품 영업 단속, 아편, 모르핀, 도살장, 도축, 묘지화장장 및 매화장(埋火場), 전염병 예방, 다른 지방의 병 수역 예방 등에 관한 각종 법령을 제정하여 이를 실시하여 현저하게 효과를 거두고 있다. 그리고 총독부가 다년간 현안이었던 각 도의 위생과 의료기관 확장은 다이쇼 10(1921)년 2월 지방 관제 개정의 결과, 도에는 기사(의사) 및 기수(의사와 약제사)를 배치하게 하고, 개항지에는 항무(港務)의관 또는 항무의관보를 증원시켰다. 또한 기존의 의원을 증개축, 진료 분과의 증설, 의원 직원 증원과 대우를 하였고, 간호부의 양성에 관해서는 적극적인 시설을 시행하였다. 또한 자혜의원 신설로 결정된 곳은 개성, 대전, 군산, 사리원, 신의주, 강계, 철원, 원주, 혜산진, 북청, 성진, 순천, 부산 등 13곳이며, 그중 군산, 순천, 성진, 강계, 혜산진, 개성 6개 의원은 이미 준공되었다. 신의주 의원도 다이쇼 15(1926)년 12월 1일 부터 일반진료를 개시하게 되었다. 그러나 다이쇼13(1923)년도 행정, 재정정리에 맞추어 종래의 도에 있는 자혜의원은 전라남도 소록도 자혜의원을 제외하고 전부 도 지방비의 경 영으로 이관하였고, 현재 도립의원으로서 진료하고 있다.

(1) 장래의 방침

앞에서 언급했듯이 조선에서 위생시설은 해를 거듭하면서 개선되고 있고, 특히 조선인 위생 사상의 보급향상은 주목할 만한 가치가 있다. 단, 이를 일본인이나 선진국과 비교하 면 보건위생상의 시설은 매우 유치함을 면할 수 없다. 앞으로 시설 개선을 해야 할 점이 적 지 않지만, 우선, 쇼와 2(1927)년도 시설의 주요한 점을 요약하면 다음과 같다.

(가) 의료기관 및 의료종사자의 보급

조선에서 의료기관으로는 관립병원 3(그중 하나는 나병요양소), 도립의원 30, 그 외 관 립병원 75, 계 126원(院)으로서, 위 병원에서 근무하는 의사 및 그 외 일반개업의를 포함하 여 현재 1,390명에 불과하다. 이를 총인구에 대비하면 의사 한 사람이 인구 10,486명의 할 당이 된다. 일본의 1,353명에 비해서 매우 큰 차이를 보인다. 게다가 조선은 일본과 달리, 교통이 매우 불편하며, 벽지 거주자는 거의 의사 그림자도 볼 수 없는 경우도 적지 않다. 의료기관에 대한 갈망과 생명보전에 대한 불안이 얼마나 심각한지는 벽지에 거주한 사람이 아니고서는 아마도 짐작하기도 어렵다. 그 외 치과의사, 산파, 간호부 등도 분포가 아직 부 족하다. 앞으로 더욱 우량한 의사와 의료종사자를 양성 배치하고, 일면 도립과 그 외 공립 의원을 증설하여 이로써 1,800만 명을 구생하여 안심시키고자 한다. 이 사업을 장려할 수 있는 것은 조선 통치에 있어서 매우 긴요한 일이므로 총독부는 종래의 경성 의학전문학교 외, 경성제국대학에 의학부를 개설하고, 또한 사립 세브란스 의학전문학교의 내용 설비를 충실하게 하고 이를 지정학교로 한다. 그 외 매년 2회 경성에서 의사 시험을 실행하고 또한 총독부 의원 및 도립의원 등에서 해마다 다수의 산파간호부를 양성하는 등 적극적으로 양성보급에 계속해서 힘을 쓴다고 해도, 앞에서 언급한 바와 같이 그 분포는 아직도 널리 미치지는 못한다. 앞으로 한층 공사립 의원의 증설, 공의의 증원, 의사, 치과의사 및 약제사와 함께 산파와 간호부의 양성보급을 도모할 것이다.

(나) 나환자의 요양에 관한 문제

조선에서 나환자는 최근 조사에 따르면, 병상이 나타난 사람만으로도 4,300여 명으로 추산되고, 그 실제 수는 더욱 많은 수를 더해야 한다는 점은 의심의 여지가 없다. 그리고 이 요양기관은 2, 3개의 외부 경영의 요양소가 있고, 그 외 관립요양소가 불과 250명을 수용하는 소록도 자혜의원이 있을 뿐이다. 매우 부족하여 총독부는 소록도 자혜의원을 확장하여 환자 천 명을 수용할 계획을 세웠다. 우선 다이쇼 15(1926)년도에 이를 위한 부지 약 27정보(町步)를 매수하고, 쇼와 2, 3(1926, 1927)년도에 환자 5백 명 증원하여 수용할 수 있는 새로운 경영을 하기로 결정하였다. 쇼와 2(1926)년도 예산에서 65,000엔을 산출한다. 그리고 소록도에 천 명이 수용되면 그 외 2천 명을 수용할 설비를 하여, 이로써 이 문제를 해결하고자 한다.

(다) 모르핀 중독자의 구제 문제

현재 조선에서 모르핀 중독자는 2,760명으로 추산한다. 이것은 증상이 나타난 사람으로 표면적으로 나타난 사람만을 계산한 것이며, 만약 경미한 사람들까지 합하면 위의 몇 배로 올라간다는 것은 분명하다. 그래서 한번 중독에 빠지면, 기력, 능력이 완전히 멸살 되고 이성을 잃어버려서 업무를 방기하고 집안의 재산도 탕진하여 돌이킬 수 없게 된다. 그 결과로 여기저기에서 절도하고 다니기 때문에, 인도적인 차원에서 보안을 위해서나 간과해서는 안 되기 때문에 각종 법령을 전개하였다. '모르핀'의 부정 매매나 밀수입을 금지하고 퇴각시켜야 하는데, 이것이 어려운 만큼 계속 노력해야 한다. 단지 한번 중독에 빠지면 앞에서 언급한 바와 같이 이성을 잃고 절제 능력도 상실하여 단지 찰나의 고통에서 벗어날 수 있는 욕망 외에 아무것도 생각이 들지 않는다. 형벌 같은 것은 거의 염두에 두지 않더라도, 특히 중독자 치료 방법을 강구해야 하는 것은, 한번 주사를 맞았기 때문에, 치료한 사람이 출옥과 함께 다른 중독자의 유혹을 받으면, 바로 주사 행위를 반복하게 되고, 큰 효과를 기대할 수 없다. 따라서 조선에 중독자를 일제히 치료하여 특히 근본적인 치료를 한 후에, 이를 범한 자에 대해서 엄벌을 처하는 방침하에서 쇼와 2(1926)년도에 이를 예산 2만 엔을 계상하였다. 일본은 본 사업을 위해서 상당한 지방비를 지출하였으며, 이로써 본 문제를 해결하고자 한다.

　(라) 혈청 및 예방액 제조에 관한 문제

　조선에서는 아직 법정 전염병 및 광견병 이외의 전염성질환에 대한 혈청 예방액 등의 제조, 설비가 없었으므로, 일본 또는 그 외의 지역에서 구입하고 있다. 단지 이들 약품에는 각각 일정한 보존기한이 있다. 특히 먼 지역에서의 거래 등에 따라 환자치료가 매우 불편하고 불안을 계속 느끼고 있기 때문에, 이러한 불편 불리한 것을 빼고 다른 면으로 전염성질환을 구제하는 데 필요한 예산을 계상하여 치료의 속도와 적확성을 기대할 계획이다. 〈65~68쪽〉

고바야시 하루지로(小林晴次郎), 「폐디스토마의 매개가 되는 조선의 가재 이야기」, 『조선급만주』(제234호), 1927년 5월.

　가재란 게와 새우의 중간 같은 일종의 동물이다. 조선어로 가재라고 한다. 조선에서는 매우 평범한 동물이지만, 이것은 여러 가지 흥미로운 점이 있기 때문에 다음과 같이 가재의 성질을 대략 설명한다.

　가재(ザリガニ)는 그 명칭부터 보자면 게(かに)의 일종이지만, 동물분류학상으로는 새우에 가깝다. 길이는 2, 3치이며 몸의 전부(두강부)는 등딱지로 싸였으며, 이에 이어서 비교적 큰 복부가 있다. 그리고 산속 계곡에서 살고, 대개는 돌 아래에 숨어있다. 가슴 복면에는 5쌍의 다리고 있고, 그 제1쌍은 가위 모양으로 되어 있어 공격, 먹이 섭취를 위한 역할을 한다. 복부에도 또한 마디마다 다리가 있다. 거의 헤엄치는 일과 수중을 걸어 다니는 일을 할 수 있다. 적에게 공격을 받았을 때에는 배를 급히 늘려서 뒤쪽으로 물러난다. 가위를 가지고 있는 점은 게와 비슷하고, 후방으로 물러나는 성질이 있기에 가재(시자리, シザリ)의 이름이 생겼다.

　가재는 봄 3, 4월경에 백 개 이상의 알을 낳는다. 알은 작은 구형이며, 배의 다리에 부착되어 있다. 6월경 이것이 부화하여 작은 가재로 나온다. 이 가재의 새끼는 잠시 부모의 몸에 붙어 있다가, 드디어 8월경에 모체와 떨어져 독립생활을 시작한다. 그리고 수중에 있는 벌레 같은 종류를 잡아먹는다. 겨울이 되면 흙 속 깊이 잠수하여 들어가 추위를 막는다. 2년째가 끝나면 길이 40㎜에 가깝게 되어 그다음 봄에는 산란을 한다. 즉 성숙하게 되지만, 성장은 정지되지 않고 또한 매년 커간다. 백 밀리미터에 가깝게 된 것도 있다. 10년 이상 사는 것 같다. 성장하기 위해서는 탈피가 있어야 한다. 즉 딱딱한 외피를 벗고 부드러

운 신피로 바꾼다. 이때 신장이 증대한다. 1년째에는 여러 번을 탈피하고, 그 후에도 적어도 1년에 한 번, 봄여름에 탈피한다. 새롭고 부드러운 외피를 딱딱하게 하기 위해서 석회질이 필요하다. 고로 탈피 전에는 체내의 위 양측에 한 쌍의 반구형의 석회질 덩어리를 형성한다. 즉 석회의 축적이다. 이 석회질 덩어리는 서양에서 '게의 잠'(オクリ, カクリ)라고 한다. (オクリ는 잠, カクリ는 게) 이것을 옛날에는 의약으로 이용하기도 했다.

이상은 조선산의 가재에 대한 대략적인 기재이다. 이 가재는 세계 각지에 널리 분포되어 있지만, 이 분포가 일정한 부분으로 한정되어 있다. 열대에는 없으며, 남북의 추운 지역이 서식한다. 유럽에서는 보통 각 지역에 있어 널리 식용으로 제공된다. 일본에서는 북해도와 본주의 북단부에 한해서 생식하고, 그 이남 대부분에는 이것을 볼 수 없다. 그러므로 일본인이 처음으로 조선으로 건너와 가재를 신기하다고 생각하는 경우가 많다. 그리고 조선에서는 북에서 반도의 남단까지 각 지역에서 볼 수 있다. 제주도에는 아직 서식한다는 이야기를 듣지 못했다. (만약 가재를 제주도에서 확인한 사람이 있다면 그분을 따르고 싶다) 또한 가재는 헤이룽강에도 있고 만주에도 있다. 전 세계에 가재는 100종에 이른다. 일본산, 조선산은 별종이며, 헤이룽강에 두 종이 있다. 그 한 종은 헤이룽강의 상류에 서식하는 종류로 북조선까지 볼 수 있다. 이 동아시아의 4종은 서로 비슷하게 생겼으며, 같은 속에 해당한다.

이상 분포가 일정한 원인은 일부는 기후의 차이(아마 가재는 여름의 고온에서 견디지 못하는 성질이 있다. 냉랭한 수류를 좋아한다고 생각된다.) 같다. 가재는 이뿐만 아니라, 동물 지리학상 매우 흥미로운 동물이다. 나는 이러한 점에서 현재 제주도, 울릉도에서 가재가 서식하는지 아닌지를 확인하고 싶다. 그러므로 이 점에 대한 자료를 가지고 있는 분은 가르침을 희망한다는 점, 앞에서 언급한 대로이다.

다음으로 가재는 인간의 위생과 관계가 크다. 즉 가재는 폐디스토마 병의 매개자이다. 이를 생식하면 폐디스토마 병에 걸릴 우려가 있다. 폐디스토마 병은 조선에 가장 많은 기생충병이며, 때에 따라서는 한 부락민이 거의 걸려서 경지가 황폐하게 되어 버린 경우도 적지 않다. 이 폐디스토마 병의 매개는 담수산 게의 종류이다. 조선에서는 모구쓰가니(モクヅガニ)와 자리가니(ザリガニ)가 있다. 그래서 이 두 종은 총독부령으로 채취나 수수의 금지는 사람들이 아는 대로이다. 그러므로 현재는 이를 생식하는 무모한 일을 하는 사람은 없다고 믿는다. 앞의 서문에서 말했으나 꼭 말하고자 하는 것은 가재는 세계 각지에 있지만, 폐디스토마의 매개를 하는 종류는 조선산에서만 있는 것은 왜 그럴까 이다. 이것에는 원인이 있다. 폐디스토마 병의 매개에는 일종의 매개 동물을 필요로 하는데, 그 매개가 가와니나(河貝子: 강이나 하구에 서식하여 한 치 이내의 흑색을 띠며 가늘고 긴 조개)이다. 폐디스토마 병원충은 사람–가와니나–담수게–인간의 순서로 발육하며 반드시 이 순서를

거쳐서 발육한다. 그러므로 가와니나가 살지 않는 지역의 가재는 폐디스토마 병원충의 유충이 없기 때문에 독이 없다. 많은 가재 서식지에는 가와니나가 없다. 그런데 조선에는 가와니나와 가재가 많은 수와 함께 있다. 이것이 조선산 가재가 독이 있는 이유이다.

이와 같이 가재는 동물학상으로도 의학상으로도 흥미있는 동물이기 때문에, 특별히 이 작은 동물에 대해서 한마디 한 것이다. 같은 이유를 지닌 또 다른 동물에 대해서도 다른 날에 설명하고 싶다. 〈35~36쪽〉

「십인십색」, 『조선급만주』(제235호), 1927년 6월.

경성의 도규계(의사 사회)에 부인과 전문의로 권위 있고 일반에게 인정받는 工藤武城(구도 다케키) 닥터, 다년의 심혈을 기울여 매회 경찰관 강습소에서 전 조선에서 선발된 강습생에게 부인과 법의학에 관한 과외강연을 시도한다. 그런데 어느 날의 일이다. "······ 그러나 그것에 관한 범죄의 수단으로서는 기술적인 방법과 약품적인 것이 있는데 약품적인 것으로서는 승홍(염화수은), 아비산, 살충제 등의 내복에 따라서······"라는 연설에 이르자 청강하고 있던 '사람을 봤다면 도둑이라 생각할 것'을 전문인 빨간색 줄무늬의 바다사자들, 한 사람이 툭 내뱉은 것을 계기로 일동 풋! 하하! 하고 크게 웃는다. 비웃음을 당한 이유를 모르기 때문에 눈을 깜빡이며 침묵한 닥터, 그동안 실제로 2초 "음~, 그래서 내복으로서는 승홍(염화수은), 아비산, 쥐 살충제,······ 아니고 고양이 살충제.······"라고 하자 한바탕 웃음바다가 되었다. 그래서 한 번 더 풋! 하고 웃음이 나온다. 〈69쪽〉

「동서남북」, 『조선급만주』(제235호), 1927년 6월.

의사 체포하다. 고치현 화타군 나카무라손 산부인과의사 松田彌太郎(마쓰다 야타로)(45)는 내원 환자가 설득당하기 쉬운 여자라고 생각되면 능욕하여 임신한 것을 낙태시킨 것이 발각되어 검거되었다. 능욕한 환자는 수십 명에 이를 것이라고 한다. 이 악당은 비밀리에 자신과 관계없는 여자의 낙태도 받아들였기 때문에 그 낙태를 의뢰하러 온 여자이면서 예쁜 사람은 닥치는 대로 능욕하고 회심의 미소를 흘렸다고 하는 이야기이다.

50의 매춘부가 아이의 생혈을 마시다.

대련의 소강자라고 하는 중국인 마을에 사는 시송이라고 하는 중국인 늙은이는 50살이 다 되어가고 있는데 얼굴에 하얀 분을 바르고 주름을 펴고 하층 중국인을 상대로 매춘을

돈벌이 업으로 하고 있는데 그 매춘부가 남자의 ○○을 빨아먹은 것으로도 만족하지 못하고 아이의 피를 마시면 젊어진다고 하는 미신을 믿고 이웃집의 6살 된 중국인 아이를 과자로 꾀어서 흡입 침으로 피를 빨기 시작하였고 그뿐만 아니라 그 아이의 ○○을 가지고 놀다가 부풀리기까지 했다고 한다. 과연 4억만의 중국인이다. 여러 가지 만연한 반인반수적인 인간이 있다.

또다시 병원장의 야반도주

부산 다카하시 병원장(의학박사) 田中吉左衛門(다나카 요시자에몬)(41)라고 하는 남자는 다카하시 의사로부터 그 병원을 잠시 맡아서 경영하고 있었는데 근래 갑자기 병원을 폐쇄하고 첩과 함께 도망치려고 하는 것을 본처에게 발각된 끝에 처와 첩을 함께 거느리고 야반도주 식으로 부산을 떠났다. 부산은 순치병원의 부원장의 살인사건으로 수감되기도 하고 오진사건으로 고발되기도 한 의사들이 많기 때문에 의료계의 평판이 나쁜데다가 이 다나카와 같은 남자가 나왔기 때문에 부산의 의료계는 한층 평판이 좋지 않다. 〈88쪽〉

다나베 미사오(田邊操), 「말라리아의 예방과 치료-위험한 민간(素人)요법은 피하자」, 『조선급만주』(제237호), 1927년 8월.

원래 말라리아는 전 세계에 분포되어 있는 질병 중의 하나이며, 일본에서도 예부터 모든 섬에 존재하고 있었기에 민간에게도 잘 알려져 있다. 이 병의 증후를 간단하게 설명해 보면, 말라리아는 아노펠레스 충에 물린 후(뒷글 참조) 8~10일 후에 발병한다. 즉 발병되기 전에는 먼저 전신이 피로해지면서 혹은 두통이 있거나, 등이 아프거나 또는 팔다리 등이 쑤시듯이 아프다. 이렇게 매우 불쾌한 기분으로 있다가 갑자기 오한 전율이 시작되어, 30분 내지 2시간 후에는 체온이 갑자기 상승하여 40도 내외가 된다. 그리고 이 고열이 한 시간 – 경우에 따라서는 3시간이나 계속되다가 땀이 나기 시작하면서 열이 갑자기 내린다. 말라리아의 종류에 따라서 이러한 발작이 규칙적으로 일어난다. 또한 매일 혹은 격일, 2일 간격으로 반복하는 것이 보통이다.

이 말라리아 발작은 매우 극렬하지만, 단순히 이 병에 의한 직접적인 사망은 거의 없다고 해도 좋다. 그러므로 말라리아가 유행한다고 해도 페스트나 콜레라가 유행할 때와는 달리 그 예방이나 치료방법이 조금 철저하지 못한 경향이 있다. 그러나 가령 말라리아의 발작이 직접적으로 환자가 급성으로 죽는 경우는 없다고 하더라도, 말라리아 발작 때의 고통은 상상하기 힘들다. 또한 이것이 계속 반복하면 점차 신체는 빈혈이 생기면서 전신이 쇠약해진다. 이러한 사람은 개인적으로 보면 일의 능률이 건강한 사람에 비해 확실히 생기지 않을 뿐만 아니라 전신이 쇠약한 결과 선천적인 신체 저항력이 매우 감퇴하고 다른 질병에 쉽게 침투된다. 말라리아에 걸리면, 육체적으로나 정신적으로나 크게 영향을 받아서 비참한 결과를 초래한다. 이처럼 말라리아는 아주 위험한 질병이라 할 수 있지만, 다행인 것은 말라리아는 모든 학자들에 의해서 충분히 연구되고 있어서 적당한 방법으로 완치가 가능하며 예방도 할 수 있다. 사정이 이러하기 때문에 말라리아가 유행할 때는 우리는 최선의 노력을 다하여, 또한 합리적으로 이 병을 치료하고 예방해야 한다. 이렇게 함으로써 단지 개인적인 이해문제만이 아니라, 나아가서는 사회, 국가를 위한 일이 되도록 해야 한다. 말라리아에 걸리면 어떻게 되는지에 대해서 말하자면, 이것은 말라리아의 병원체인 플라스모디움 원충이 인간의 체내에 침입하여 앞에서 말한 것과 같이 발작을 야기시키는 것이다. 그렇다면 이 병원체는 어떻게 인간의 체내로 침입하였는지를 설명하면, 이것은 아노페레스라는 일종의 모기에 의해서 옮겨진다. 자세하게 말하자면 이 모기가 말라리아 환자를 물면 병원체는 혈액과 함께 모기의 체내로 들어온다. 그리고 그 병원체는 모기의 체내에서 일정하게 발육을 하여 모기의 타액선으로 모여서 다시 인체로 침입하는 기회를 기다린다. 이러한 병원체를 가지고 있는 모기가 건강한 사람을 물때는 이 병원체는 바로 인간의 혈액 중에 침입하여 적혈구에 기생하고 다시 인체 내에서 일정한 발육을 반복한다. 즉 이러한 사람은 말라리아에 걸린 것이다. 다시 말하자면 사람이 말라리아에 걸린 것은 병원체를 가지고 있는 아노페레스 모기에게 물린 경우 밖에 없다. 이 사실을 이해한다는 것은 말라리아의 치료상 특히 예방 상에서 매우 중요하다.

조선에서 말라리아는 이 유행정도에도 농밀한 차이가 있다. 북쪽은 국경 지방, 즉 두만강 및 압록강 연안에서, 남쪽은 반도의 남단 및 제주도에 이르기까지 분포하고 있다. 즉 전 조선에 걸쳐 항상 말라리아가 만연하고 있다고 해도 좋다. 특히 어떤 지방에서는 많은 사람이 말라리아에 걸리기 때문에 주요 지방병 중 하나로 되어 있다. 원래 말라리아는 3일열 말라리아, 4일열 말라리아 및 열대열 말라리아로 3종류로 구별되어 있지만, 조선에 분포되어 있는 것은 모두 3일열 말라리아이며, 격일로 발작하는 것이 특징이다. 그러나 다행인 것은 이 종의 말라리아는 앞의 3종류 중에서 가장 성질이 양호하여 적당한 방법을 쓰면 완치할 수 있다.

말라리아 예방법

이 병의 예방법을 크게 구분하면 (1) 아노페레스 모기 박멸 (2) 모기에게 물리지 않을 궁리 (3) 키니네 예방법이다. 위와 같은 각 항에 대해서 간단하게 설명해 보겠다.

1. 아노페레스 모기를 박멸하는 것.

앞에서도 언급했듯이 말라리아의 병원체는 아노페레스 모기에 의해서 사람에서 사람으로 전파된다. 이 병독의 전파자인 모기를 잡아서 감소시키는 것은 예방법으로 가장 이상적이다. 이를 가장 쉽게 실행시키기 위해서는 모기를 유충 시기에 박멸하는 것이다. 원래 말라리아모기는 논, 웅덩이, 못, 담, 용수지 등에서 발생하기 때문에 이러한 장소를 각각 합리적으로 처리하면 좋다. 그러나 이 같은 광대한 장소를 적절하게 처리하는 것은 아무래도 국체 또는 국가적 사업으로 행해야 한다. 일단 실행하면 이 일은 말할 것도 없이 쉽겠지만, 실행해야 하는 여러 가지 단계상의 일들이 매우 곤란하다. 그래서 당장 개인적인 예방에 최선의 노력을 하는 것이 현명한 효과로 나타날 것이다.

2. 모기에게 물리지 않을 궁리할 것

병독을 가지고 있는 모기가 아무리 많이 존재할지라도 이들에게 습격당하지 않는다면 결코 말라리아에 걸리지 않는다. 이 방법으로 말라리아 유행지에서는 모기 발생하기 시작한 무렵부터 밤에 반드시 모기장을 이용하는 습관을 양성하고 이를 실행하였다. 단순히 모기장을 이용한다고 해도 주의해야 할 점은 첫째 안전이다. 즉 찢어진 구멍이 없는 모기장을 이용해야 한다. 둘째로 여름밤은 매우 더워서 힘들어서 비오는 날에는 문이나 창을 열어둔 채 취침을 하는 경우가 많다. 이러한 경우에는 수면 중에 종종 바람으로 모기장이 날려서 모기장을 사용하는 효과가 하나도 없는 경우도 있다. 이 두 가지 주의 점은 매우 평범하지만, 일상에서 예상 밖으로 잘 돌보지 않는 경우가 있다. 가옥 안이 덥다고 여름밤에 모기장을 이용하지 않고 옥외에서 자는 것은, 다른 위생상의 유해한 점은 별개로 두더라도, 스스로 자초하여 말라리아에 걸리는 일이라고 말해도 좋다. 아노펠레스 모기는 습성이 초저녁 무렵이 가장 잘 사람을 습격한다. 그러므로 저녁을 먹을 때 혹은 저녁의 서늘함을 느낄 때 모기에 물리지 않도록 주의해야 하는 것이 또한 중요하다.

3. 키니네 예방법

말라리아가 유행하는 곳에 있는 사람, 특히 그 지방에 여행하려는 사람은 앞의 주의사항 이외에도 예방법으로 키니네를 복용하면 또한 크게 효과가 있다. 물론 이것을 실행하려는 사람은 미리 믿을만한 의사에게 상담을 받고, 그 이후에 복용해야 한다. (이 키니네는 연령에 따라서 복용량도 다르고, 또한 같은 연령이라고 해도 체질에 따라 가감해야 할 것이 있다) 다음을 참고하여 한 두 방법을 기억해 두자.

(가) 염산키니네, 0.7~1.0g(성인양)을 5~7일째에 2일만 연속해서 복용한다. 예를 들면 토요일, 일요일 석식 후 바로 복용한다. 그리고 사람에 따라서는 상기 양을 1회 복용한다. 신체에 무리가 될 수 있기 때문에 1일량을 나누어서 즉 0.5g씩을 한두 번 혹은 0.25g씩을 4회로 나뉘어서 복용해도 좋다.

(나) 매일 0.2~0.5g(성인량)의 키니네를 복용한다. 어느 경우든 키니네는 식후 바로 복용하면 잘 흡수가 되고 위가 나빠지는 일도 적다.

이상 두 가지 방법 중 어떤 것을 선택해도 좋지만, 어느 방법을 실행하더라도 이것을 규칙적으로 행하지 않으면 결코 예방으로 효과를 거둘 수 없다. 또한 실행자는 유행지를 다녀온 후에도 6~8주간은 같은 방법으로 계속 복용하는 것이 좋다.

말라리아 치료법

말라리아는 예부터 민간에게 알려져 있는 질병이기 때문에 각 유행지에서 여러 가지 미신적 민간요법이 행해지면서 이겨나갔다. 그러나 이러한 요법도 진보한 현대 의학으로부터 판단하면 일고의 가치도 없다. 현재는 말라리아 특효약으로 키니네, 프라스모킨(최근 독일에서 제조된 것으로 매우 유효하다) 등이 세상에 알려져 있다. 아무리 키니네, 프라스모킨이 말라리아에 특효가 있다고 해도, 이것은 합리적으로 이용하지 않으면, 이러한 약제는 결코 효력을 충분히 발휘하지 못한다. 바꿔 말하면, 일시적으로 말라리아의 발작은 억제할 수 있어도 결코 근본적인 치료가 되지 않아서 후일에 재발을 면할 수 없다. 유행지에서 자주 듣는 이야기로는 비에 맞아서 그다음 날 발병했다던가, 또는 수영 후에 발병했다는 것은 비나 하수로부터 감염된 것이 아니라, 또한 그때에 모기에 물려서 그런 것이 아니다. 대부분의 경우는 불완전한 치료를 한 말라리아가 재발한 것이거나 또는 잠복한 말라리아(말라리아 병원체를 체내에 가지고 있으나 아직 병상으로 나타나지 않은 경우)가 때마침 발병하는 것에 불과하다.

앞에서 말한 대로 말라리아의 발작은 병독을 가진 아노펠레스 모기에게 물린 후, 약 10일을 경과하지 않으면 일어나지 않기 때문에 일반적으로 말라리아는 불완전하게 치료해도 일시적으로 발작을 억제할 수 있다. 이런 경우에 가령 일정한 시일동안 발작이 일어나지 않더라도 병원체가 조금이라도 사람 체내에 남아 있으면 그 사람은 언제까지나 예전의 건강체로 될 수 없다. 따라서 일의 능률이 오르지 않는 불쾌한 나날을 보내지 않으면 안 된다. 만약 이것이 소아의 경우라면 장해가 훨씬 심해진다. 또한 이러한 병원체 보유자를 아노페레스 모기가 물면, 이 모기는 독이 생겨서 다음에서 다음으로 말라리아가 건강한 사람에게 전파되어 유행이 언제까지 멈춰지지 않는다. 그러므로 말라리아에 걸리면 근본적으로 치료하는 것은 자기 혼자만을 위한 것이 아니라 나아가 사회, 국가를 위해서이다.

이렇게 생각해 보면, 말라리아에 걸린 경우는 가령 미신적 민간요법이 행해지지 않았더라도 대부분 유행지에서 이루어지고 있는 것처럼, 열의 발작이 있으면 바로 스스로 말라리아를 생각하고 약을 사서 가감하여 복용하고 발작이 멈추면 그것으로 충분하다고 생각하는 것이 매우 위험천만이다. 이 말라리아가 유행하는 것은 초여름부터이므로, 말라리아의 열성전염병, 예를 들면 디프스 등도 유행할 때이기 때문에 이와 혼동하여 오인하는 경우도 종종 있으므로, 스스로 말라리아에 걸렸다고 생각한 경우는 빨리 전문 의사 진료를 받고, 실제로 말라리아에 걸렸다면 의사의 처방에 따라 충실히 치료하는 것이 제일 좋은 방법이다. 한두 번 키니아를 복용하고 그것으로 만족하여 또는 불평이나 고통을 호소하며 한두 번의 복용으로 그만둔다면 자신보다도 나아가 다른 사람을 고려하지 않는 사람이다.

특히 말라리아의 발작이 자주 반복되는 경우 또는 한 번 치료한 사람이 재발한 경우에는 단순하게 한두 번 키니아를 복용했다고 해서 결코 말라리아가 치료될 수 있는 것은 아니라는 점을 거듭 말해 둔다. 〈35~39쪽〉

와타나베 스스무(渡邊晋), 『조선급만주』(제240호), 1927년 11월.

인류가 살아가는 데 있어서는 열대지방이 편하다. 어떤 노력을 하지 않고 생활할 수 있습니다. 즉 의복도 필요 없고, 가옥도 필요 없고, 농작 경작도 하지 않고도 사계절을 내내 천연 음식을 얻을 수 있습니다. 이에 반해서 적도에서 남북으로 점점 나아감에 따라서는 기온이 낮아지며, 생물의 생활이 힘들어 집니다. 같은 이유로 온대 지방에서는 여름은 생활이 편하지만, 겨울은 자연 추위에 항쟁하지 않으면 생존을 이겨낼 수 없습니다. 그러나 이 인공적 방한 법은 결국은 인간을 위한 시설이므로, 이를 운용하기 위해서는 많은 주의를 하지 않으면 가끔씩 폐해, 또한 위생상의 불이익이 생길 수 있습니다. 우리 즉 조선에 재주하는 일본인은 주로 온난한 일본의 서남지방 사람이 다수 있는 관계상, 방한에 대해서는 경험이 부족합니다. 이러한 사람들이 급하게 겨울에 특히, 추운 조선으로 이주했기 때문에 방한시설이 실로 유치하고 또한 위생상의 주의도 이루어지지 않기 때문에 겨울 건강에 유해 되는 일이 많습니다. 이러한 점은 야마토 민족발달상에 크게 불리하기 때문에 많이 연구하여 개선해야 하는 문제입니다.

그러나 본 문제는 의식주라는 광범한 범위와 관련되어 있기 때문에 나는 지금 여기에서는 겨울 실내의 공기에 대한 주의를 말하도록 하겠습니다.

일본은 열대와 가까워서 따뜻하며, 특히 습기가 많기 때문에 가옥의 구조는 방서(防暑)에 무게를 두어서 매우 개방적입니다. 문, 미닫이를 열어두면 양쪽에서 바람이 불어오는데, 예를 들면 누르면 성냥갑에서 안에 있는 상자를 빼낸 껍데기처럼 공기 유통이 정말 좋습니다. 밤에는 덧문을 닫으며, 겨울에는 문과 미닫이를 닫을 때에 덧문은 덜컹덜컹 옹이 구멍 투성입니다. 미닫이 종이는 다 아시는 대로 기공이 풍부한 넓은 면적이므로 밖 공기와의 교류가 자유자재로 되어 실로 위생적입니다. 그러나 유감스러운 일은 실내 다다미라는 비위생적인 것을 사용하고 있습니다. 다다미는 수많은 먼지를 포함하고 있으며, 그 위에서 기거동작을 할 때마다 놀랄 만큼 많은 먼지를 공기로 품어냅니다. 이렇게 비위생적임에도 불구하고 일본에서 일본가옥에 주거하는 일본인이 다행히 건강을 유지하고 있는 것은 공기의 유통이 좋기 때문이며, 실내에서 먼지가 집 밖으로 나가기 쉬운 특징 덕분이라고 나는 믿고 있습니다.

　그런데 조선에서 일본 가옥은 다소 방한적으로 만들어져 있어서, 문, 미닫이 대신에 유리문을 이용하고 또한 외관을 양식으로 지어서 공기의 교통이 끊어져 있으며, 작은 창을 사용한데다 개방시킨다고 해도 창의 크기의 절반 정도만 열 수 있게 되어 있으며, 또한 집 안에는 다다미를 깔아 놓은 집이 많습니다. 또한 학교 건축 등에서도 외관은 벽돌이며, 그 외는 당당한 양식으로 되어 있지만 안은 날림 공사로 바닥이 걸을 때마다 끼익 끼익 진동을 하면서 먼지를 공중으로 방산합니다. 외형적으로는 진보한다고 해도 위생적으로는 퇴보했습니다. 이러한 모습으로 우리의 일상생활의 마음가짐을 크게 고치지 않은 한, 형식적인 가옥 안에서 살아가는 것은 순수 일본가옥 시대에서처럼 건강을 지킬 수 없을 터입니다. 그러나 안타까운 점은 이 목적은 아직 달성되지 않았습니다. 이 개량을 위한 제일보는 실내 공기를 어떻게 정화하며 유지할까에 대한 문제입니다. 실내 공기를 먼지로 오염시키지 말라고 하는데, 여기에서 먼지는 종이 쓰레기, 성냥재, 감귤의 껍질 같은 종류를 의미하는 것이 아닙니다. 이러한 것은 아무리 많이 다다미 위에 떨어져 있어도 단지 보는 데에 문제가 있을 뿐 위생상으로는 무해합니다. 이에 반해서 눈에 보이지 않는 공중의 '먼지', 그것이 위생상 우리의 큰 적입니다. 여러분은 실내공기에 '먼지'가 없다고 믿고 있지는 않겠지요. 동쪽의 창을 열고 아침 해가 비추면 자세히 봐 보세요. 얼마나 많은 '먼지'가 공기 중에 떠다니고 있는가를 설명할 수 있습니다. '먼지'는 우리 자신들에게 많은 세균을 부착시키고 있습니다. 또한 많이 존재하는 아주 작은 '먼지'는 아침 햇빛에도 보이지 않고 부유하는 세균도 이 종류에 속합니다. 이것을 우리가 호흡할 때 코, 입, 인후, 폐까지도 흡입하기 때문입니다. 요컨대 실내에 부유하고 있는 '먼지'의 대부분은 공기의 불순물의 정도를 나타내며, 위생학적으로 세균병원균 존재의 많고 적음의 표준이 됩니다.

　특히, 조선은 일본보다는 비위생적입니다. 병원균은 일본보다 많고, 그리고 겨울이 길어서 11월부터 4월까지는 창을 밀폐합니다. 그 실내는 난방으로 인해 탄산가스, 그 외 유독가스, 연기, 회진 등이 많습니다. 4월부터 따뜻해지면 개구리가 나옵니다. 개구리 침입을 막기 위해서 다시 창을 닫는 집이 많습니다. 지금 또 하나 힘든 상황으로는 일본의 가옥 내에서 동작의 정숙함이 없어져서 먼지의 부양을 조장하기도 합니다. 우리는 다다미 위에서 미끄러지듯이 종종 걸음으로 걷습니다. 아이들은 집안을 쿵쾅쿵쾅 달리며 술래잡기까지 합니다. 문을 열고 닫음이 거칠고 쿵, 쾅 소리 내어 돌아다니고, 가구 외에 모든 취급들이 난폭하며 집안이 소란스러우며, 또한 많은 사람이 모일 때는 특히 더 심하게 소란스러워 세균이 공중에 부양하여 실로 퍼져 있습니다.

　그리고 청소 방법입니다. 우리는 방을 청소할 때 먼지떨이와 빗자루를 이용합니다. 먼지떨이로 물체 위에 가라앉아 있는 먼지를 털어내고 빗자루로 강하게 청소합니다. 이것은 다다미 틈 안의 먼지를 빼는 특별한 청소 방법일 것입니다. 마루를 청소할 때에도 이와 같이 힘있게 청소합니다. 아울러 공기도 아주 심하게 오염될 것입니다.

나는 소학교에서 6학년 정도의 남학생이 강당을 청소하는 것을 본 적이 있습니다. 겨울이었습니다. 얼음 같은 서리가 드문드문 내려 있었습니다. 남학생은 비로 힘있게 청소를 했습니다. 이 일을 하는 동안의 동작은 활발하다고 할까. 실로 맹렬하였습니다. 뿔뿔이 여기저기 돌아다니는 것이 활동적이었습니다. 아무튼 넓은 강당치고는 빨리 청소를 했습니다. 열려져 있는 창은 바로 닫았습니다. 실내 공기는 미세한 먼지로 가득 찼습니다. 모든 청소 후에는 충분한 시간 동안 창을 열어놓고 오염된 공기를 교환해야 합니다.

이를 비교하여 나는 서양에서 체험한 청소를 써 보겠습니다.

나는 미국에서도 스위스에서도 대학의 특별 연구실에 있었습니다. 그곳에 청소부가 있었습니다. 그들은 대부분 중노인의 모습으로 마른 걸레와 젖은 걸레를 가지고 왔습니다. 우리가 공부하고 있음에도 불구하고 청소를 시작했습니다. 그녀는 정말 조용하게 와서 조용하게 움직였습니다. 청소하는 것을 눈으로 볼 수 있었습니다만, 귀로는 들을 수 없었습니다. 무음 청소란 바로 이런 것이었습니다. 그들은 조용하게 닦았습니다. 걸레에 먼지가 묻으면 이중 유리창의 한 작은 창을 열고 손을 내어 걸레를 흔들어 먼지를 털어내었습니다. 젖은 걸레로 바닥을 훔쳤습니다. 일체 서양의 습관으로는 종이 쓰레기, 성냥재 같은 큰 쓰레기는 하나하나 쓰레기통에 넣었기 때문에 결코 바닥 위에 떨어져 있는 것은 없었습니다. 따라서 비로 청소할 정도의 쓰레기는 없었습니다. 나는 거듭해서 말하는 미세 먼지 — 우리가 돌아다니면 폐가 마셔야 하는 — 는 젖은 걸레로 닦아냅니다. 우리는 겨울에도 2중 유리창을 닦으며 실내에서 편안하게 청소할 수 있습니다. 우리 정도의 청소 방법이 이상적이며 종업자도 위생에 대한 이해를 하고 미세 먼지가 날아가지 않게 하기 위해서 전력을 다하고 있습니다.

요컨대 조선의 겨울철 가옥 내에서는 실내의 공기를 오염시키면 먼지가 쉽게 빠져나가지 못합니다. 다소 과장하여 말하자면, 인간의 폐 안에서 흡입하여 자연스럽게 감소할 뿐입니다. 즉 폐를 걸레로 사용했다고 생각합니다.

이상 설명한 바와 같이 겨울철 실내 공기를 청량하게 유지하는 데에 있어서 위생상의 더욱 주의하기를 바랄 따름입니다. 〈38~40쪽〉

와타비키 도모미쓰(綿引朝光), 「구강의 세균」, 『조선급만주』(제240호), 1927년 11월.

입은 화(禍)의 문이라고 하며, 또한 병의 문이라고 하여. 한번 입을 열면 여러 가지 일

들이 이야기로 나오듯이, 우리의 입에서는 각양각색의 세균이 들어와 있습니다. 이런 이유로 50년, 60년이라는 긴 기간 이러한 고민을 고민하였습니다. 즉 입은 병의 문이며, 신체의 문입니다. 입에서 장 안까지 다양한 박테리아가 통과하여 가득 있습니다. 어떻게 박테리아가 인간의 신체 안에 있는가를 말하자면, 첫째, 병을 일으키는 박테리아와 병을 일으키지 않은 박테리아가 있습니다. 병을 일으키는 박테리아는 즉 '구강병원균'으로 화농성포도상구균, 화농성연쇄상구균, 폐렴구균, 결핵균, 적병균, 매독원균, 디프테리아균, 페스트균, 티프스균, 대장균, 유생성감기균, 백일해균, 녹선상균, 아구창균 등으로, 즉 화농성포도상구균은 입속에서 각종 균을 일으키고 또한 피부에 들어가면 단독, 화농염, 봉와직염을 일으킵니다. 옛날 도키와야마(常磐山)가 전등으로 머리를 맞아서 단독(丹毒: 연쇄상 구균 감염)에 걸린 경우도 있습니다. 그 병의 세균이 바로 이 단독이었습니다. 그 외 폐렴구균은 백 명 중 30명까지는 구강에 있으며, 비당원성 상태로 있습니다. 물론 폐렴환자에게는 강한 독이 있습니다. 다음으로 결핵균을 설명하자면, 이것은 동양에서 훨씬 많으며, 한 해에 10만 명의 생명이 이로 인해 사망하고 있습니다. 즉 한 사람의 결핵 사망자가 있다면, 그 주위에는 약 10명의 결핵균을 보유할 정도로 전파력이 강합니다. 이 균은 사람의 구강에 있으면서, 전염이 되는 겁니다. 그 외 적병균, 매독원충, 디프테리아, 페스트, 티프스, 인플엔자 등 많은 것이 있습니다. 이상과 같은 세균은 병을 일으킵니다만, 특별하게 병을 일으키지 않는 것도 굉장히 많습니다. 즉, '구강비당원성균', 유산균, 유지산균, 염균, 자색균, 발광균, 청유균, 거대균, 수나선균, 선상균, 그 외 일일이 셀 수 없을 정도입니다. 그 한 예를 들자면 감자의 껍질을 벗겨서 따뜻한 곳에 두면 하루 밤 지난 후에는 이 감자전분균과 식초균이 생식합니다. 이들은 여러 가지 음식물에 들어가 그 잔여물이 남아 전분이나 당분의 효소계가 되며, 음식물의 찌꺼기가 충치를 만드는 것입니다. 현재 입 속에서만 존재하는 세균이 있습니다. 즉 충치과 세균과의 관계입니다. 이런 많은 박테리아가 입속에 들어가 특히 이를 부식시키는 힘을 가지고 있기 때문에 종종 병이 생깁니다. 다음에서 보는 바와 같이 '■치세균' 산산(酸産)생균, 단연쇄상구균, 황색사르티나(サルチナ), 황금색포도상구균, 백색포도상구균, 증황색사르티나, 백색사르티나, 괴저성아치, '치질(齒質)붕해균', 적색감자전분균, 갈색감자전분균, 암색간균, 화농성치근간균, 운동성화성형광균, 고초균, 보통변형균, 방추상균입니다. 그 외 치수(齒髓)와 세균의 관계도 '치은세균' 화농성치은구균, 화농성 은간균, 괴저성 치수간균, 구강병원균, '구강고유균' 오비구균, 타액라선상균, 구강라선상균, 구강분기균, 무명분기균이기 때문입니다. 치아의 위생에 대해서는 항상 소독을 하고 청결하게 하는 일을 명심하고 병을 미연에 방지할 수 있도록 해야 합니다. 신체의 문에 해당하는 입에 대해서 상당한 주위를 기울이는 일이 중요합니다. 우리가 진화한 생활양식은 원래로 돌아가야 하는 것이 아니라, 점점 나아가야 하는 것입니다. 구강의

세균이 얼마나 무서운 역병을 초래하고 또한 전신에 미치는 중대한 위생문제를 일으키는가는 말할 것도 없습니다. 짧은 시간에 대략적인 요점만은 말씀드립니다. 〈40~41쪽〉

「각기병 원인 발견」, 『조선급만주』(제241호), 1927년 12월.

동양의 특수병인 각기는 대체로 비타민B의 결핍에 의해 발생하는 보통의 내과적인 질환이라고 하나 최근 치바의대 교수 松村(마쓰무라) 박사는 조수인 가키누마 겐고, 가와지마 가쓰하루, 다니가와 히사하루, 오치아이 사다토시 등 4명과 함께 공동 연구한 결과 동물실험에 의해 각기에 걸린 동물의 배 속에 무수한 각기균이 있는 것을 확인하고 더욱이 인간의 각기병 환자의 분변에서도 같은 각기균을 발견하고 아직 학계의 수수께끼로 남아있던 각기의 연구에 대해 큰 공헌이 되었다.

박사는 20일 치바의대에서 열리는 치바의학회 총회에서 ■내균의 생물학적 연구를 주제로 한 연구 결과를 상세히 발표할 계획이다. 〈21쪽〉

마쓰이 곤페이(경성제대 외과교수 의학박사, 松井權平), 「의학과 인생」, 『조선급만주』(제242호), 1928년 1월.

나의 선생님은 외과사(外科史)의 머리말에 '인류가 존재하는 곳에는 반드시 질병이 있었으며, 질병이 있으면 고통이 따른다. 그리고 이미 병고가 있기에 이를 구제하는 방법으로서 의술의 발흥을 본다. 오히려 천지자연의 묘한 이치라고 말할 수 있다.'라고 기술하고 있다. 늙고 병들어 죽는 일은 현재도 가난과 함께 아마도 모두가 가장 싫어하고 또한 두려워할 것이다. 세상에 생명을 얻었을 때 누구도 처음부터 이를 알고 바라면서 태어난 사람은 없겠지만, 태어나 성장하는 동안에 어떤 이유와 원인도 모르고 생명의 집착이 스스로 끓어오른다. 사람이 보통 생각할 수 없는 일까지 파내는 철학자나, 청빈을 좋아하고 의심도 환락도 모두 사라진 성자라면, 그들에게 더러워진 세상에 생을 탐내는 것은 적당하지 않지만, 고통, 즐거움, 사랑, 무정 모두를 다 짜 넣은 이 세상에 산다면 아픈 것만큼 힘든 일은 없을 것이다. 고통도 없고, 또한 죽을 걱정도 없는 사람이라면 50년 세월 동안에 휴식 한 번 하던 중, 담배 한 모금은 맛도 있을 것이다. 하지만, 두 번 오지 않는 속세를 버려야 하는 위험이 눈앞에 어른거리게 된다면 큰 번민을 할 수 밖에 없다. 무병식재(無病息災)로 살다가 60대를 넘기면 노년으로 들어간다. 오감은 둔해지고 환락의 세상도 헛되게 되면서 과

거 추억의 재료가 될 뿐이다, 노년의 비애를 맛보면서 비참한 여생이 남아 있을 뿐이다. 5욕 7정을 해탈하여 담담하게 생애로 들어가 생사를 벗어나 있지 않은 이상, 생명을 아끼지 않을 리가 없다. 그렇다고 장수를 자랑하는 것이 노쇠를 피할 수 있는 일이라 할 수 없다. 무병을 바랄 수 있지만, 불로는 도저히 할 수 없다. 불사에 관한 상담이라면 더욱 그러하다. 하지만 바빌론 탑의 조영은 인류가 존재하는 한 끝나지 않는다. 지렛목을 얻어 지구를 움직여 보자고 말하던 과학자의 꿈은 예나 지금이나 변함없다. 2000년 전의 옛 권세가는 불로의 약을 봉래산에서 구하려고 하였다. 알고 보면 진보의 날개도 둔하다. 방황하는 인생이기 때문에 무병식재 연명장수를 넘어 불로불사를 약진할 수 있다면, 미이라를 노래하게 하고 우스꽝스럽게 살을 붙여서 마지막 재판을 기다리지 않고 춤추게 하고 싶을 정도이다. 이렇듯이 삶에 대한 집착의 번뇌는 의학 진보의 원동력이라 할 수 있다. 예방의학은 아직 완비되지 않아서 외계의 병인에 박멸의 칼을 닦고 있는 사이에 내계의 원인에 해당하는 방패를 들고 민족위생이나 우생학이 활약하고 있다. 이러한 무병의 보증이 충분하지 않는 사이에 한편에서는 늙어서 번성하길 바라는 회춘법이 들리게 되었다. 다소 일시적인 논의는 면할 수 없다. 이 비법은 주로 남자에게만 한정되어 있는 느낌이 있기 때문에 약간 기묘하게도 보인다. 물론 남녀수술상의 난이도가 원인이지만, 지금부터 38년 전에 프랑스에 있는 석학이 정액을 자신에게 주사하여 72세의 노장이 활기 넘치는 것을 느꼈다는 발표가 대관절 회춘법의 시초가 되었을 것이다. 생식작용의 미묘한 불가사의를 감지한 것은 인류가 이 지상에 존재를 증표로서 제작물을 남겼을 때에 이미 확인되었다. 여인의 토우라는 석봉이 있다는 것과 또는 외국에 있는 불가해한 원시그림 등이 이를 상징시킨다. 이러한 사고가 유구한 세월 속에서 인류의 가슴 속에 떠나지 않고 있다가, 19세기 말에 점점 과학적 실험증명에 이르렀을 것이다. 양쪽 고환의 하강이 불충분한 경우, 생식불능이 되는 경우도 있다고 한다. 하지만 성인이 되어 음모가 생기고 변성기로 소리가 낮아지면, 외관상 환관처럼은 되지 않는다. 이는 2차 자웅성을 지배하는 내분비선이 증식하여 정자로 되는 부분이 위축을 보완하기 때문이라고 해석된다. 또한 고환의 분비물 즉 정액의 배설물을 폐쇄하면 이와 똑같은 현상을 볼 수 있다. 그래서 인위적으로 내분비선의 세포를 증가시키면 정력 감퇴를 막고 이를 회복시킨다는 추론으로 쥐의 실험을 인간에게 실제로 응용한 사람이 비엔나의 스타이나쓰하(スタイナッハ)이다. 자동차 엔진의 수명은 상당히 길지만 타이어는 그렇지 않다. 이것만 교체하면 자동차는 엔진이 듣지 않을 때까지 사용할 수 있다. 그래서 늙은 양의 고환에 아들 양의 고환을 얇게 잘라서 이식해 보면 잘 유착될 뿐만 아니라 늙은 양이 회춘했다고 한다. 4~5년간 반복 시험을 하고 긴 관찰을 하여 인간에게도 시험해 보았다. 그중에서도 74세 영국인에게 1921년에 행했던 예는 멋진 성공이었다. 이것은 젊은 원숭이 고환을 이식한 것이다. 이 방법은 파리의 셀티보로노흐(セルヂボロノフ)라는 사람의 연구로 그 해 여름에 미국으로 건너가 여기저기 상연을 하자 신문에 나왔다. 자신의 프랑스어 선생님도 수술을 받았다고 하였다. 그러나 원숭이의 조직을 인간에게 이식한다는 점에서 많은 비난이 있었기 때문에 프랑스 학자들 중에는 인정하지 않았던 사람도 있었다. 인간의 원기의 원동력이 고환이라고 하면 젊은 사람의 고환을 조금이라도 받는다면 회춘한다는 점에서, 정확히 자동차 수리라고 생각하면 일반적일 것이다. 이렇게 회춘한다면 노래 가사에 있는 거울에 비춘 할아버지가 있네, 뒷모습으로 돌아보려 하지 않고 반은 죽은 백발 할아버지는 의연하지만, 결코 붉은 얼굴의 미소년은 될 수 없다. 이 근력의 증가와 피부의 광택 외에는 방 안의 비밀에 속하므로, 그 효과를 백서공중의 면전에서 말하는 것은 꺼려지는 일이며 매우 애매하고 모호하고 좋은 효과가 현저하게 나타난다고 해도 일시적일 것이다. 도저히 아직 하우스트(ハウスト)를 실현할 수 없다. 영원한 생명불사의 바람이 인류 역사와 함께 농후해 왔고, 몽상의 미래로 부활을 예기하는 것인가. 죽은 자를 매장 또는 사체 보존에 고대 이집트인은 노력하였지만, 혼의 윤회, 인과의 연쇄, 인간의 노력도 결국 하나의 기둥을 돌고 있는 것은 아닐까. 미켈란젤로가 태운 루벤스의 '최후의 심판'의 그림에서도 유럽의 성당 박물관을 둘러보면 죽음은 일시적인 가정이며 영원한 생명은 부활한다는 관념을 엿볼 수 있다. 너무나 유물적으로 현실적이 되면 병사나 가난을 염려하지만, 젊은 동안에는 이러한 부정적인 생각을 하지 않고 보내게 된다. 미래는 한없이 펼쳐져 있으며 눈앞에는 빨간 주단이 깔려져 있고 새도 울고 꽃도 웃고 사랑도 있고 술도 있다 무대에 선 기분이 되면 반드시 삶에만 집착하지는 않는다. 화려하지만 벚꽃처럼 뿔뿔이 흩어지며 자살도 하며 죽음의 승리도 있을 것이다. 사랑도 없이 아프다가 허무하게 죽게 되면 시적 정취도 부족하다. 인간의 제일의 욕망은 생존이며 이것의 보존은 의학의 사명이다. 따라서 또한 인간의 약점에 교섭이 많다. 그렇다면 이상을 크게 아름다운 불사불노를 목표로 하여 앞으로 용감하게 나아가야 할 것이다. 〈40~42쪽〉

A기자, 「백약의 으뜸, 술 이야기」, 『조선급만주』(제242호), 1928년 1월.

술이 백약의 제일이라고 하니, 술꾼들은 기뻐하지만, 술을 못 마시는 사람 즉 금주가는 주독망국론을 외치며 술통의 존재를 저주한다. 서양에서는 술은 웃음을 마신다고 귀하게 여긴다. 동양에서는 관혼제례에 없어서는 안 되는 필수품이다. 정월에는 공공연하게 마시면서 서슴지 않고 취해서 쓰러진다. 마시면 웃는 사람, 화내는 사람, 술은 완전히 미친 물이며 마술의 왕이다. 그리고 길바닥에 취해 쓰러지거나, 또한 인력거 위에서 잡화점을 열어 놓고 물건을 파는 데 그다지 좋은 물건이 없다. 확실히 조선인과 일본인의 관습에서 온 큰 결함이다.

술이란 알코올을 함유한 명정성(만취)을 지닌 음료라는 것은 아이들도 알고 있지만, 술에는 양조주, 증류주, 재제주 등의 종류가 다양하다.

양조주는 쌀, 보리, 과실을 원료로 해서 박테리아로 발효시킨 것으로 이것은 두 가지로 나뉜다. 하나는 당분을 함유하고 있는 배, 사과, 포도와 같은 액을 자연발효하거나 또는 효모를 인위적으로 넣어서 발효시킨 것이며, 또 하나는 당분이 없는 맥아, 밀을 더해서 당화작용을 하도록 하여 효모를 넣어 발효시킨 것으로 이러한 제조법으로는 맥주가 있다. 또한 원료에 당화작용을 하는 보리를 넣고 빚어내서 만든 다음 온도를 올려서 당화시켜서 자연, 공기 중에 있는 효모로 발효시킨다. 이러한 제조법으로는 일본술이 있다.

증류주는 주정을 함유하는 액 또는 거르지 않은 술을 증류하여서 만든 것으로, 브랜디, 코냑, 위스키, 소주, 아와모리 같은 강렬한 종류이다. 재제주는 양조주와 증류주를 원료로 해서 이것에 주제당분 방향 및 색조를 첨가한 것으로 리큐어나 미림 등이 있다.

일본술은 말할 것도 없지만, 중국의 소흥주, 고량주, 노주, 침주, 조선의 막걸리, 약주, 몽고의 우유로 만든 술 등 매우 다양하다. 서양술도 종류는 다양하다. 오히려 동양보다도 음료로서 조미배합은 좀 더 잘한다. 소위 프랑스나 네덜란드 방식은 음식과 함께 술의 종류도 다르게 마신다는 것이 특색이며, 앙트리에 클라렛주, 스토브에는 셰리주, 어패류에는 화이트와인주, 애피타이저에는 칵테일주, 육고기나 닭고기에는 바앙데주, 샴페인, 일본주, 디저트 후에는 고질주를 마시지만 음식이 많을 때에는 칵테일을 후에 샴페인을 마시고 또한 어류코스나 육류코스에서부터 마시는 경우도 있다.

예전에 제조주로서는 셰리, 샴페인, 위스키, 브랜디, 맥주, 화이트와인, 조합주에는 식전용으로 칵테일, 식후용으로는 리카주, 위스키하이볼, 카치하이볼, 진피스밀크펀치, 에그노그 등이 있다.

하이볼은 흔히 위스키 종류이며, 칵테일은 주로 식전과 상용주로 이용되고 있다. 그 종류는 마티니, 맨하탄, 귤즙이 들어간 브론크스, 미국인이 기뻐하는 기브슨, 계란이 들어간 고가의 크럽클럽, 크로베리스 등이 주요한 것이다.

일본에서도 청답사(靑踏社)의 여사들이 마셔서 새롭게 알려진 포즈카페가 있다. 소위 오색의 술로서 이 술은 바텐더의 수완을 보여주며, 화류계에서 이용되어 글라스 한 잔에 10종류 정도를 배색하는 솜씨도 발휘한다.

리카주는 기성품으로 브랜디, 클림멘스, 큐라소, 샤토, 베네텍틴, 로샨케모 등이 있지만, 크림멘스는 규방의 흥분제로서 알려져 있다. 그리고 여성이 마시는 것은 여름에 상용되는 계란, 크림을 혼합한 실우어피스, 뉴올린피즈 등이 있지만, 그 외 운동용으로 오렌지프로슨, 에그그, 밀크펀치가 있다. 또한 리셉션과 무도회에서는 펀치컵이 사용된다. 그리고 펀치컵에는 강렬한 것이 배합되어 있기 때문에 방심하고 술을 못한 사람이 마시면 취기가 강하다고 생각되지 않아서 무감각해 질 수 있기 때문에 주의해야 한다.

술은 이렇게 각국에서 각각 제조되어 이용되고 있지만 또한 마시는 방법도 나라마다 다르다. 먼저 중국에서는 주인이 잔을 손에 대고 주빈인 손님의 이름을 부르며 건배를 하고, 서로 눈의 높이로 들고 한 모금 마신다. 술잔은 밑바닥을 보여 주면서 교환한다. 그리고 소흥주를 최상위로 치는데 특히 소흥주는 강소성(江蘇省) 소흥부(紹興府)에서 생산된 술이 단맛과 방향이 좋다.

서양에서의 술잔을 주고받는 것은 중국과 아주 비슷하며, 건배는 그 집안의 주인, 처, 정번, 부번의 순서로 한 모금하고 건배한다. 중국처럼 술바닥을 보여주지 않는다. 조선에서는 일본과 비슷하지만, 단 술잔이 크며, 엄지와 검지로 오른쪽 옆을 잡고 단숨에 마신다. 일본처럼 홀짝홀짝 마시지 않는다. 〈58~59쪽〉

구보 기요지(久保喜代二), 「정신 건강법」, 『조선급만주』(제243호), 1928년 2월.

1

'건전한 정신은 건전한 육체에 깃든다.'라는 속담은 운동 경기가 왕성한 오늘날에도 특히 고조되어 있다. 실로 기쁜 일이다. 인간은 생명체 중에 제일 으뜸이므로, 대수롭지 않은 일에 매장되고 마는 빈약한 육체의 소유자라도 문제되지 않는다. 우리는 먼저 육체의 건전함을 헤아려야 한다.

그런데 건전이나 건강이라고 보통 간단하게 말해 버리는 이 단어는 도대체 무엇을 의미하고 있는 것일까. 일상에서 우리들은 매우 막연한 개념으로 이 단어를 사용하고 있기에 무엇이 건강이라고 하는지를 묻는다면, 순간 대답하기에 틀림없이 궁색해진다. 또는 즉석에서 건강이란 병이 없는 것이라고 답하는 사람도 있을 것이다. 또한 생활력에 충실한 상태가 건강하다고 말하거나, 또는 고통이 없는 기분 좋은 상태가 즉 건강한 상태라고 이해하는 사람들도 있을 것이다. 일례를 들면, 이 3종류의 견해를 뒤집어 본다면, 건강이라는 것이 결코 일정한 표준을 가지고 있지 않기 때문이라고 생각한다.

건강은 병이 없는 것이라고 한다면, 병이란 무엇인가를 물어 볼 수 있다. 건강하지 않는 상태라고 대답한다면 그것은 설명이 될 수 없다. 또한 생활력의 충실과는 어떤 관계가 있는지 물어보면, 또한 단순한 추상적 형용이므로 설명할 수 없을 것이다. 기분 좋고 고통이 없는 상태라 해도 반드시 건강하며 특유한 현상은 없는 듯하다. 이는 인간이 곤태하고 피로하여 꾸벅꾸벅 졸리는 기분으로 자는 것을 때때로 경험한 적이 있다.

그래서 건강이란 완전하게 갖춰진 상태이며, 병이란 갖춰진 것이 탈선한 상태라고 생각해 보면 어떠한가? 미켈란젤로가 남성 육체의 모범이며, 미로의 비너스가 여성 육체의 완전한 표상이라고 하면, 이 넓은 세계에 얼마나 남녀가 저 정도로 갖춘 골격을 하고 있을까? 그렇다고 해서 소위 완전한 체격으로부터 탈선하고 있는 우리들 모든 사람은 물론 병은 없다. 다리가 좀 짧은 사람이나 귀가 편치 않는 사람도 그것만으로 건강하지 못한 것은 아니다. 요컨대, 외관으로 본 것만으로 건강, 비건강의 표준을 구하기는 어렵다. 소위 체격검사의 건강 표준이라고 하는 것은 통계상의 약속에 불과한 것이며, 정신 능력을 측정한다고 하는 멘탈테스트와 같은 결함을 면하지 못한다.

2

다음으로 외형을 떠나서 체내 상태를 관찰해 보자. 학생 시절에 한 때 잘나갔던 운동선수가 학교를 나와 사회에 취직하였다. 그 사람은 실로 멋진 육체를 갖추고 있다. 건강한 사람처럼 보인다. 그런데 잠깐 언덕을 오르는데 숨이 차서 갈수 없었다. 건강에 자신 있던 사람이 의사의 진찰을 청해 보니, 심장 비대증이라고 한다. 즉 진짜 환자라는 것을 알았다. 그래서 그 사람에게 학창시절부터 심장이 나빴냐고 물으니 반대로 심장이 가장 튼튼한 사람이었다고 확신하였으며, 그 때문에 운동가로 통했었다. 사회에서 일하게 되면서 갑자기 운동량이 줄어들었기 때문에 그 결과 심장에 병이 생긴 것에 불과하다. 의사는 다시 운동할 것을 권유하였지만, 회사를 쉬면서까지 운동을 할 수 없었기 때문에, 항상 병적 심장을 가진 체격 우람한 신사가 되었다. 또한 어떤 유도가인 학생이 있었다. 운동하고 난 후 밥을 많이 먹기 때문에 위가 점점 눌리면서 확장되어 마침내 엄청난 위확장이라는 병이 생기게 되었다. 체격은 멋있었지만, 의학적으로 보면 위에 이상이 있는 사람이다. 또한 복식호흡을 열심히 실행한 사람이 자신의 체력이 왕성하다고 자만한 사이에, 오장육부가 모두가 아래로 쳐져 버렸다. 그것도 의학적으로 보면 병적 소위 내장수하증이라는 것이다.

이상과 같은 사실에 대해서 생각해 보면, 육체의 외형이 아무리 건강하게 보여도 내실은 병적인 경우가 적지 않다. 그러나 운동가의 위확장이나, 복식호흡 실행자의 내장수하증이 의학적으로 보면 별일이겠지만, 당사자의 생활에는 어떤 장해를 초래하지 않는 경우가 보통이다. 병이 있어도 건강한 상태의 결과를 준다.

세상에 완전무결한 건강상태에 있는 사람은 거의 없다고 생각한다. 특히 결핵 등은 백명 중 94, 95명까지는 현재 걸리고 있거나 혹은 일찍이 걸린 사람이다. 그러나 병은 본인도 알지 못하는 일이며, 어떠한 장해도 느끼지 못해 실제상으로 건강한 사람처럼 보인다.

우리들은 사회에 생존하기 위해서는 활동을 해야 한다. 심산유곡에 동거하며 신선한 공기마시고, 인간의 고통에서 벗어나 시종하는 것은 할 수 있는 일이 아니다. 특히 근대 문명은 인간과 인간과의 접촉이 매우 밀접하며, 도시를 만들고 공업을 일으켜서 인간을 그 속으로 끌어 들였다. 싫어해도 그 안에서 살아가야 한다. 또한 인정의 교섭에서는 예나 지금이나 분규는 없는 상태가 세상의 실상이다. 나는 무엇이 건강하고 병인지 꿈같은 일을 생각하는 시간이 있다면, 그 사이에 어떻게 하면 탁해진 공기, 떠들썩한 인가 사이에서 생존욕을 채우는 인정의 황량을 극복할 수 있을까를 연구하는 편이 좋을 듯하다. 그렇다고 사회적 모든 의미에서의 악화를 방지하고 개선의 열매를 거두는 노력이 헛된 것은 아니다. 할 수 있다면 그것이 가장 이상적인 것이지만, 실행이 매우 힘들다. 또한 그 이상을 인도하는 소위 지식인은 매우 소수이며 여유 있는 사람들이기 때문에, 사회의 대다수의 인간은 다음에서 다음으로 현재 일을 위해서 쫓기면서 사회를 어떻게 해야 하는가를 마음을 가라앉히고 생각할 틈조차 없는 사람이다.

개선은 위에서부터 행해야 한다. 아래로 개선이 미칠 때 까지는 아래 사람은 적어도 응급수단을 강구하는 데에 힘을 쏟아야 한다. 〈40~41쪽〉

「경성의 티푸스 창궐, 당국자의 무책무력을 동정한다」,『조선급만주(제244호), 1928년 3월.

경성의 티푸스 유행 계절은 대개 매년 추석 때가 보통이다. 그런데 올해는 1월 말경부터 티푸스 환자가 빈출하여 지금까지도 종식되지 않는 것은 아주 예외적인 일이다. 심한 급성으로 창궐하여 1월 말부터 2월 말에 이르기까지 1개월 사이에 600명을 돌파하였으며, 그 중 50명 정도가 사망하였다. 아직도 매일 20명 내외의 환자가 빈출하고 있으며, 쉽사리 종식되지 않을 것 같아 경성인은 큰 위협을 느끼며 떨고 있다. 이번 티푸스는 불결한 조선인 거리에서 유행하지 않고 비교적 청결한 일본인의 시가 구역에서 많이 나왔으며, 따라서 일본인의 환자가 그 대부분을 차지하고 있다. 처음에는 경성에서 가장 고급의 관사 거리라고 부르고 있는 야마토마치에서 발생하여 점차 시타마치로, 그리고 지금은 일본인 시내 전부로 퍼져 용산까지 이르고 있다. 대체로 인구비율로 보면 불결한 조선인보다는 청결한 일본인이 더 많이 병에 걸렸다. 이것은 풍토 기후에 익숙하지 않기 때문에 전염병에 대한 저항력이 일본인은 조선인에 미치지 못하기 때문일 것으로 생각되나, 이번처럼 대부분의 환자가 일본인이라는 것은 보기 드문 현상이다. 이 병의 근원에 대해 종종 연구가 되고 있으나 아직도 그것이 발견되지 않아 유감스럽다. 수돗물이라는 설이 많이 있다. 어쩌면 그럴지도 모르나, 수도의 수질 검사를 해도 아직 티푸스균이 발견되지 않기 때문에 수도라고 단정할 수도 없다. 그러나 이번처럼 급성으로 일본인의 시내 전체에 창궐한다는 것은 무언가 일본인 시내에 공통적인 것에 병원이 있음에 틀림이 없다.

경성에는 세균학의 대가인 시가 박사가 총독부 의원 원장으로 있다. 이번처럼 티푸스 대유행일 때에 그 병의 원인이 발견되지도 않고 아무런 손도 쓰려고 하지 않으며, 티푸스 횡포 앞에서 아무런 권위가 없다는 것은 세균학 대가도 전혀 도움이 되지 못한다는 것이다. 또 부(府)도 도(道)도 총독부에도 각각 전염병 예방의 전문 당국이 있지만, 이렇게 창궐에 빠지게 한 티푸스를 막지 못하고, 티푸스의 횡포에 무방비 상태로 있을 수밖에 없다는 그들의 무능과 무력감을 폭로함이 너무 심한 것이 아닌가. 아니 예방 주사, 아니 분뇨 검사, 환자 은둔의 검거, 그것도 티푸스 퇴치의 수단이다. 하지만 지금 약간 근본적 방면 즉 병원의 발견, 수도의 대 소독, 분뇨의 처분, 하수의 처분 같은 방면에도 최선의 응급책을 강구하는 것이 중요하다. 부와 도, 총독부의 당국을 비롯해 조금 더 티푸스 퇴치에 진지해지기를 바란다. 정치의 중요한 핵심인 인명의 보호가 무엇보다 앞서야 함을 안다면 좀 더 대대적으로 방역 방법을 강구하여, 하루라도 빨리 시민을 일대 위협으로부터 벗어나게 하기를 바란다. 전염병을 유행시키는 것은 문명 도시로서 일대 치욕이 아닌가. 신 총독 야마나시 씨의 뛰어난 솜씨를 보여줄 호기회이지 않을까. 티푸스를 퇴치할 수 없는 능력으로는 무뢰한 조선인의 퇴치도 불확실할 것 같다. 야마나시 신 총독 어떠신지요.

마지막으로 당국자에게 긴급동의로서 제출하려는 것이 하나 있다. 경성의 티푸스의 창궐로 가장 고통을 느끼고 있는 것은 하루 벌이를 하는 일일 노동자 농민과 무산계급이다. 티푸스에 걸리면 입원을 강제 집행당하고 동시에 거액의 입원비가 청구된다. 가족은 간호와 돈을 마련하기 위해 녹초가 되어버린다. 너무나 참담하다. 부는 이러한 계급에 대해서는 몇 사람이라도 무료 입원시키는 방법과 설비를 강구하면 어떨까. 이는 구빈의 사회사업으로 필요할 뿐만 아니라 동시에 전염병 방지의 일조도 된다. 입원시켜야 한다. 돈은 없다. 그래도 강제 입원이 집행된다. 이래서는 인간의 사회를 원망하지 않고 있을 수 있을까. 〈14쪽〉

구보 기요지(총독부의원 정신병과장 의학박사, 久保喜代二),「정신 건강법(전호에 이어)」,『조선급만주』(제244호), 1928년 3월.

의학이 증명하는 부분의 병의 원인과 심적 고민을 일으키는 사회 고충이 절대적으로 예방 가능한 시대가 올 때까지는 저항력을 키워 그것들과 싸워야 한다. 그리고 그 전투에서 승리를 얻는 자야말로, 진정 건강한 인간이다. 건전한 심신의 소유자인 것이다. 그를 위해서는 저항력 있는 육체와 신경을 가져야 한다.

건전한 신체에 건전한 정신이 깃든다는 말이 생겨난 것은 먼 옛날, 아직 사회 상태가 아주 단순했던 때일 것이다. 지금처럼 아주 복잡한 세상에서는 정신은 무시무시한 부담을 받고 있다. 정신은 정신으로서의 모든 종류의 훈련을 받아야 한다. 육체가 건전하다는 것만으로는 소용이 없어졌다. 정신은 육체를 떠나 특수한 방법에 의해 저항력을 키우지 않으면 안 된다. 육체 수양은 곧 정신수양이 아닌 것이다.

그렇다면 정신은 무엇인가. 그것은 별로 설명 없어도 우리가 가지고 있는 것이기 때문에 인간이라면 알고 있다. 예를 들어, 희로애락은 정이고, 지식은 지이며, 결심은 의지의 작용이다. 그러나 지정의와 심리학의 정신작용을 분류하고는 있지만 지나 정이나 의지라는 것은 따로따로 존재하며, 그것이 단지 모여 있을 뿐이며, 정신이 만들어진 것은 아니다. 인공적으로 분류하면 지정의이지만, 정신 그 자체는 이들의 단순한 총칭이 아니다. 여기에 만두가 있다고 한다면, 그 맛은 밀가루와 팥가루와 설탕을 그저 한데 모아서 먹은 맛과는 다르다는 것과 마찬가지, 재료를 지정의라 한다면, 만두 그 자체의 맛이 정신인 것이다. 즉 입으로 말할 수 없는 어떤 것이 거기에 존재하는 것이다. 그렇지만 편의상 지정의의 3종류로 나누어 생각하는 것이다.

그런데 지식이라면, 곧 학교에서 배운 것, 책에서 읽은 것을 상상하지만, 그것은 학교 지식으로 지성, 감정, 의지 중 지성의 전부를 차지하는 것은 아니다. 지정의의 지는 예지로, 소위 지식과 구별하여야 한다. 그것은 사물을 냉정하게 판단할 때 사용되는 자료 및 그 작용하는 곳인 것이다. 아무리 기억이 좋고, 아무리 많은 재료를 소유하고 있어도 그것들을 서로 연결시킴으로 별종의 어떤 것을 만들어내는 작용에 결함이 있다면 그 사람은 예지가 부족한 것이다. 또 아무리 학교 지식이 없어도, 아주 조금의 지식 즉 재료를 능란하게 짜 맞추어 어떤 것을 창출하는 능력이 잘 발달해 있는 사람은 예지의 작용에 있어서는 충분한 사람이다.

인간 생활에 우선 필요한 것은 그 최후의 예지 작용이다. 그렇기 때문에 어느 정도 학교 교육을 받아도 암기력이 떨어지는 사람은 실제로 무교육자 보다 뒤떨어진다. 그 사람의 체면이 어떻게 되든 소위 '부족한 사람'에 속하는 것이다. 학교에서 배운 것을 진지하게 열심히 암기하여 배운 것만을 묻는 시험에 만점을 받아도 그것은 그 사람의 두뇌에 작용하는 증거는 되지 않는 것이다. 아무것도 모르는 부모는 자녀가 학교에서 우등만 하면 두말없이 훌륭하다고 생각한다. 자녀가 우등의 성적을 받으면 부모들은 훨씬 더 주의할 필요가 있다. 우선, 단순히 암기력만 강한 두뇌가 아닌지 걱정해야 한다. 친구와 교제하며 유쾌하게 놀아야 할 시간을 대개 공부에 활용하고 있는 것은 아닌지. 혹은 부모의 엄격함이 두려워 전신의 노력을 다하며, 간신히 우등한 것은 아닌지 주의해서 봐야 한다.

암기력만 좋은 사람이라면 공부는 절대 엄격하게 말하지 말고 오히려 노는 시간을 늘려서 교우 또는 오락에 마음을 향하게 해야 한다. 공부만 하는 아이들에게도 같은 태도로 대해야 한다. 그렇지 않으면 일종의 정신적 불구자가 되어 버리는 경우가 있다. 부모의 엄격함이 두려워 공부하는 아이들은 언젠가는 파선하는 때가 온다. 선천적으로 두뇌 소질이 우수한 자는 어떻게 해서든지 돌파할 수 있지만, 그렇지 않은 자는 마치 추를 달아 고무를 늘리는 것과 마찬가지로, 과량의 부담으로 끊어지든지 다시 원래대로 돌아가는 탄력을 잃어버리는 자가 되는 것이다. 가정에서만 볼 수 있는 가정교사의 남용은 아직 젊디젊은 부드러운 두뇌를 크게 손상시킨다. 아이들의 두뇌가 쇠약해지면 성적이 나빠진다. 성적이 나쁘기 때문에 부모는 걱정하여 점점 더 공부를 강화시킨다. 유쾌하게 되도록 자연스러운 발육을 성취해야 하는 아이들은 오직 공부만을 강요당해 두뇌를 나쁘게 만드는 한편, 충분하게 교우, 오락의 때가 제공되지 않기 때문에, 활기찬 어린이다운 의기도 양육되지 않은 상태로 끝나버리는 것이다. 행위가 선한 언뜻 보기에 온순한 사람은 성공해도 그 사람에게는 힘도 없고 탄력도 없다. 정신이상의 소질이 있는 자는 이러한 경우에 그 정도를 높일 수 있다. 남자는 남자, 여자는 여자로, 저마다 특수한 어린이다운 일종의 사회생활을 해야 한다. 그 사이에 점점 인간으로서 남녀 각각의 특이한 성정이 양육되는 것이다. 학문에 의해 남자가 되고 여자가 되는 것은 아니다. 참으로 남자가 되고 여자가 되는 발육을 이루지 못하는 사람은 신경질적으로 가장 특이한, 혹은 극한 정신 발육 제지 상태를 형성하여, 후년의 불행을 초래하게 된다. 아무리 애를 써 봐도 정신적으로 남자가 남자답지 못하고, 여자가 여자답지 못한 경우가 있다고 한다면 그것은 선천적으로 결함이 있는 것이다. 이러한 남녀가 결혼생활을 못하게 하는 것은 커다란 죄이다. 단 안타깝게도 이 결함이 결혼 후에 점차 분명하게 반응을 나타낸다. 이러한 남녀(물론 어느 정도는 한쪽의 경우가 보통이다)는 되도록 빨리 결혼생활을 포기해야 한다. 그렇지 않으면 그 가정은 결국에는 지옥으로 변해버리는 때가 올 것이다. 이러한 예는 꽤 많은데, 세상은 그저 그 원인이 되는 진짜 이유를 모를 뿐이다. 〈18~19쪽〉

시이바 요시야(경성제국대학 의학부 조교수 의학박사, 椎葉芳彌), 「티푸스 이야기, 붙임 예방주사와 내복약」, 『조선급만주』(제244호), 1928년 3월.

콜레라보다도 무서운 티푸스

최근 경성을 중심으로 장티푸스 유행이 매우 창궐하여 일반 시민은 그 때문에 안정을 취하지 못하고 있다. 사실, 어떤 의미에서는 콜레라보다 무서운 티푸스 유행이 참으로 한심하기 짝이 없는 부분이다. 그만큼 사람들은 상식적으로도 이 티푸스에 대해 상당한 지식을 갖고 있을 필요가 있다. 그래서 티푸스 병과 그 예방법에 대해 간략히 설명하고자 한다.

이번 유행에 대한 정확한 통계는 아직 갖고 있지 않지만, 경성부 내의 환자 수는 이미 500명을 돌파한 것으로 조사되었다. 원래 티푸스, 이질, 콜레라 등의 소화기를 침범하는 전염병이 여러 가지 있지만, 티푸스와 이질은 1년 내내 끊임없으며, 일본의 향토병이라는 이름이 붙을 정도이다. 때문에, 가령 콜레라를 가지고 외국의 전염병으로 비유한다면 티푸스 및 이질은 우리의 위생적 견지에서 보면 실로 사자 몸속의 벌레라고 할 정도이다. 그런데 우리나라 사람이 움직이면 콜레라만을 특히 무서워하여 티푸스 이외의 것에 비교적 무관심 상태에 있는 것은 실로 유감스럽다. 특히 유행의 현황으로 보면 티푸스는 이질 이상으로 무서운 병이다. 우리나라 현상으로는 전국 방방곡곡에 이르기까지 티푸스병 유행을 보지 않은 곳이 없다. 해마다 대소의 유행을 반복하고 있는 우리나라의 티푸스병 만연은 실로 전율을 느낄만하다. 통계로 발표된 환자 수만을 가지고 보더라도 매년 5만2천 명 정도에 달한다. 그리하여 그 사망률은 1만 명 정도, 즉 10명에 2명 정도가 그 희생이 되는 것이다. 내가 콜레라보다 무섭다고 말한 것은 이러한 점을 지적한 것이다. 구미 선진문명국에서는 이러한 전염병 박멸에 대해 모든 노력을 아끼지 않은 결과, 구주 등에서는 티푸스는 이제는 과거의 병이 되었다. 그리고 지금은 거의 없다고 해도 과언이 아니다. 대전이 한창일 때쯤부터 다소의 유행이 있었지만 그것은 일시적 현상에 지나지 않았다. 위생의 발달이 문명의 표준이 된다고 한다면 세계 제일의 티푸스 나라 일본은 참으로 부끄러울 따름이다. 이 세계에 부끄러운 오명을 씻기 위해서는 우리들의 부단한 마음가짐을 필요로 함과 동시에 위생 당국의 노력에 의한 부분도 크다. 그러나 중요한 것은 공중위생의 기본은 개인에게 있기 때문에 각자의 위생 사상의 향상 발전이 본 문제 해결에 중요한 열쇠라는 것을 망각해서는 안 된다.

티푸스의 연혁

티푸스 병은 눈으로 보이지 않는 아주 미세한 박테리아 즉 티푸스균이 체내에 침입, 거기서 증식하여 다른 독소의 작용에 의해 우리들의 생리적 조화가 교란당해, 그 결과 일어나는 곳의 일종의 급성 열성 전염병이다. 여기서 티푸스의 역사라고 이름 부를 만한 것을 조금 서술 해보면, 티푸스라는 말은 '몽기(朦氣)'라는 의미에 해당한다. 이 병에 걸리면 정신이 몽롱해져 이러한 이름이 붙여졌을 것이다. 기원전부터 이미 이 병은 있었는데, 당시에는 물론 병원균 등도 발견되지 않았다. 유기물이 신체에 들어가서 분해 작용을 일으켜 그 결과 발생한 독소를 인간이 흡수함으로서 병에 걸린다고 여겨지고 있었다. 이 견해를 '질환(병) 설'이라고 명명한다. 그 후, 19세기부터 20세기에 걸쳐서 유명한 위생학자 벤테레콥프가 티푸스균에 관해서 '지하수 설'이라는 것을 주장했다. 이 설에 의하면, 티푸스균의 유행은 지하수의 고저와 관계가 있으며 지하수의 수위가 낮으면 이 병이 유행한다고 하였다. 또 검증 결과 그 사실이 있었기 때문에 한때는 이 학설이 당시의 학계를 휩쓸었다. 그때에는 세균학은 아직 요람의 시대였다. 때문에 콥프의 학설도 일반적으로 소통이 이루어지지 않았으며, 미생물에 관한 연구가 잘 이루어지지 않은 시대였기 때문에 어쩔 수 없는 부분이었다. 그런데, 지금부터 48년 전 1880년 독일의 에베르트가 티푸스균을 발견하기에 이르러 비로소 그 병원이 밝혀졌다. 그리고 종래의 학설은 근본부터 뒤집어졌으며 동시에 티푸스의 역학적 연구가 발달하여 그 감염의 계로 및 예방, 진단, 치료 등의 방법이 점차 개명되었다.

티푸스는 어떤 병인가

티푸스는 어떤 병인가. 그 증상을 서술해 보면, 이 병에 걸리면 처음에는 왠지 식욕이 없고 몸의 위화 권태감을 느끼며 두통이 있다. 소위 감기 기운이다. 평소에 건강한 사람은 이 초기 증상을 거의 자각하지 않고 지나는데 계속해서 오한을 느끼고 열이 나게 되면 '병에 걸렸다'라는 인식을 하게 된다. 그리고 일반적 증상이 증가하고 열은 점점 높아지며, 일주일 후에는 39도 정도 혹은 그 이상으로 올라 머물게 된다. 그렇게 되면 아무리 건강한 사람도 환자는 모두가 병으로 자리에 누울 수밖에 없게 된다. 그리고 갈증을 호소, 입술은 건조하며, 혀는 태가 끼어 식사를 전혀 할 수 없으며 대부분은 변비로 탈력감이 심하다. 또 수면이 불안정하여 정신이 혼탁하여 헛소리를 한다. 즉 생사 사이에서 방황하게 된다. 다행히 순조롭게 경과하면, 3주부터 열은 점차 내려가며, 그 후 1, 2주 지나 완전히 평상시 체온으로 돌아온다. 그러나 병마로 몹시 지친 체력은 쉽게 회복되는 것이 아니라, 회복되려면 한 달 남짓의 긴 시간이 필요하다. 당연히 위에서 말한 경과는 정형적인 병상의 모습으로, 이 병의 경우에도 또 다른 전염병에 있어서와 마찬가지로 경중의 다양한 증상이 있다. 특히 어린이는 티푸스에 대해서는 가볍게 지나가는 것이 보통이며, 또 감염 소질이 적은 사람은 일반적으로 아주 가볍게 지나며, 아주 심한 경우는 아무런 병상도 느끼지 않는 소위 보균자도 있다. 이 보균자는 방역상 특히 성가신 존재이다.

어떤 병이라도 소인요법이 위험한 것은 말할 필요도 없다. 특히 이병은 하루 종일 다투는 중병이며, 이것의 요양의 여하는 곧 생명의 위험에 관계되는 것이기 때문에, 한시라도 빨리 믿을 만한 의사에게 상담해야 한다. 본 병은 장에 궤양을 형성하여 장출혈의 경향이 있기 때문에 식사, 기거와 함께 의사의 지휘에 따르지 않으면 뜻밖의 변을 당한다. 뿐만 아니라 본 병의 치유에는 간병 방식이 무엇보다 중요하다. 때문에, 가능하면 자택요법을 배제하고 적당한 병원에 입원해서 치료하는 것을 최선의 방법이라고 믿는 것이 환자에게 있어서 행복할 뿐만 아니라 가족 전염을 막는 유일한 좋은 방법이다. 가정에 있으면 아무리 주의 깊은 치료법도, 아무리 엄격한 예방법도, 이것을 행하는 것이 거의 불가능하기 때문이다. 또 공중위생의 입장에서 보더라도 적당한 설비가 있는 전염병원에 환자를 격리하는 것은 병독의 산만을 방지함에 있어서 매우 필요한 처치이다. 그래서 개인적으로나 사회적으로도 환자를 일정의 전염병원에 속히 수용시켜, 만전의 치료를 한다. 나아가 병독의 산만을 방지한다는 것은 참으로 유익한 것이다. 나는 이 기회에 이 점을 특히 강조하여 전염병원을 싫어하는 풍습이 있는 일반 인사의 주의와 양해를 환기시키고자 한다. 왜냐하면 전술한 이유에서 이것이야말로 티푸스 박멸의 제일보이기 때문이다.

티푸스균의 잠재와 전파

티푸스 병독이 잠재하는 곳 및 그 전염의 경로를 알아두는 것은 본 병의 예방 수단을 강구함에 있어서도 매우 중요하다.

티푸스의 병원인 티푸스균은 환자의 체내에서 증식한다. 티푸스 환자는 끊임없이 분변 및 오줌과 함께 이것을 외계로 배출한다. 또 가래 안에도 섞여 나온다. 그러나 분뇨 안에서 배설되는 것이 가장 심하기 때문에 분뇨는 실로 티푸스균의 연수(중심으로서 번영하고 있는 곳)라고 해도 과언이 아니다. 그리고 질병의 경과 중에는 물론 해열 회복 후라 하더라도 3주간은 분뇨 안에서 균을 발견할 수 있다. 또 수개월이나 수년간 지속해서 균을 배설하는 소위 만성균 배설자라 불리는 사람도 있다.

그런데, 앞에서도 언급한 바와 같이 방역상 가장 다루기 어려운 것은 보균자이다. 이들은 한 번도 병에 걸린 적이 없는 건강한 자로, 게다가 분뇨 안에 왕성하게 본 균을 배설한다. 이러한 균 보유자는 일상에서 건강한 자의 축에 끼며 일상 업무에서 행동을 구속받는 일이 없기 때문에 병독을 퍼뜨릴 위험성이 많은 자이다. 그 외에 불완전성(부전) 티푸스, 또는 소요성 티푸스라 불리는 것이 있다. 아주 경증으로 단순한 장카타르(腸加答兒)이나 감기 정도로 오해하지만, 그럼에도 불구하고 그 분뇨 안에 무수한 티푸스균을 배출한다. 이 종류의 경증 티푸스도 전염병으로서의 주의와 처치를 하지 않기 때문에 별로 경계하지 않고 병독을 사방으로 퍼뜨리는 것이 완전히 보균자와 동일하다.

그래서 병이 나은 자도, 보균자 및 부전 티푸스 환자들은 방역 차원에서 진짜 환자들 이상으로 중시해야 함에도 불구하고, 사실상 의사가 진단해도 임상 상에서 티푸스균을 갖고 있는지 알 수가 없다. 복잡한 세균학적 검사에 의해서만 균의 유무를 발견할 수 있어서 방역을 실시할 때 많은 어려움이 있다.

그러면 티푸스는 어떠한 경로를 거쳐 전염시키는가. 일반적으로는 환자, 병이 나은 자, 보균자 및 부전 티푸스 환자 등의 분뇨에 오염된 신체, 피복, 침구 등이 가장 위험한 매개물이며, 그 외 이와 같은 사람이 손을 대고 입을 댄 식기 등도, 이것을 만지면 부지불식간에 병독을 삼키고 결국에는 이것에 감염되기에 이르는 것이다. 이 사실은, 특히 간병인 또는 환자의 가족 등이 자주 경험하는 부분이다. 또 파리가 병균을 매개하는 것도 주지의 사실이다.

이러한 경로에 의한 것을 직접 전염 또는 접촉 전염이라고 이름 붙인다. 그런데, 직접 전염 또는 접촉 전염의 경우에는, 일반적으로 환자의 발생은 아주 완만하며, 우리나라에서는 여름부터 가을—8, 9, 10월의 환절기에 많으며, 눈에 띄는 유행은, 그 보통의 상태의 것은 모두 그 종류의 전염 경로를 거친 것이다. 그리고 그와 같은 유행을 이름하여 만성 유행이라고 부른다.

이에 반해, 병균이 수돗물 또는 우물물 등의 음료수, 우유, 야채, 과일, 그 외 잡다한 음식물에 혼입되어, 사람들이 부지불식간에 이들을 섭취한 결과 감염되는 경우에는, 일시적으로 다수의 발병자가 나타나, 소위 급성유행을 형성하는 것이다. 특히 음료수에 병균이 들어있을 때와 같은 경우는 그러한 경향이 매우 현저하다.

실험적으로 그 1, 2의 예를 들어보면, 오스라 씨의 발표 내용에 의하면, 한 마을에서의 티푸스 환자의 배설물을 수돗물에 버렸다. 그때는 마침 결빙기였는데, 그 후 일주일 정도 지나 비가 왔기 때문에 얼음이 녹아 흐른 결과 10일 후에는 약 1,200명의 티푸스 환자가 발생했다는 것이다. 또 어떤 지방에서는 환자의 분뇨를 저수지에 버렸기 때문에 1,364명의 환자가 발생했다는 것이다. 후자의 경우 그 도시의 일부 사람들은 전부터 이 저수지 물이 아니라 우물물을 음료수로 사용하였는데, 그때 그 우물물을 사용했던 사람들 사이에서는 한 명의 환자도 나오지 않았다고 한다. 〈45~48쪽〉

모리오카 오사무(경성부 위생과장, 盛岡修) 씨 담화, 「장티푸스의 증상과 경과 및 예방책」, 『조선급만주』(제244호), 1928년 3월.

티푸스의 증상과 치료법, 경과에 대해 이러한 티푸스 대유행 시에는 일반 시민이 충분히 알고 있어야 할 필요가 있다. 그러나 도시의 의사들은 영업 근성을 나타내며 좀처럼 티푸스(티푸스뿐만 아니라 어떤 증상이라도 똑같다) 증상이나 예방 처치법 등에 대해 말해 주지 않는다. 그들은 그런 것을 말하면 영업의 비밀이라도 발표하는 것처럼 생각하니, 참으로 괘씸하기 짝이 없는 자들이다. 모리오카 씨는 부의 위생과장으로서 위생 행정뿐만 아니라 의사 출신이기 때문에 티푸스의 증상이나 경과, 치료법에 대해서도 잘 알고 있다. 하루 그를 방문해서 티푸스에 대한 여러 가지 이야기를 들었다. 여기에 그 담화의 개요를 적은 내용에서 기자가 들은 대로를 적은 것이지만 혹시 틀린 부분이 있을지 모르나 대개는 틀림없다.

티푸스균

장티푸스의 증상과 경과 및 예방책

장티푸스는 이름처럼 장에 파고들어 분뇨에 생존하는 세균이다. 열에도 강하고, 추위에도 강하다. 열이라면 섭씨 50도 정도가 아니면 사멸하지 않기 때문에 비등점 가까운 열이 아니면 정벌하기 어렵다. 그러나 마시기에 뜨겁고 입욕하기에 뜨거운 정도의 끓인 뜨거운 물이라면 대개는 괜찮다. 마시기에 적당하거나 입욕하기에 적당한 정도의 온도에서는 죽지 않을 뿐만 아니라 그 정도의 온도가 티푸스균의 생존 번식에 적당하다. 한여름의 내리쬐는 태양 아래에 방치해 두면 30분 정도에서 사멸한다. 그러나 여름날 응달의 온도는 티푸스균의 생존 번식에 매우 적당하다. 겨울에는 영하에서 번식력은 약하지만 생존하는 힘을 갖고 있기 때문에 얼음 속에도 생존해 있다. 염분에도 매우 강하다. 때문에 바닷물 정도의 염분에는 충분히 생존해 있다. 건조에도 강하다는 설이 있으나, 다소 상당한 양분을 필요로 하는 세균이기 때문에 습기가 없는 곳에서는 오랫동안 생존할 힘이 없다. 그래서 공기 전염은 없다고 할 수 있으나, 오줌 속에나 침 속에 있기 때문에 보균자의 오줌이 묻거나 대화중에 침이 튀겨 상대방 입에 들어가면 전염된다. 그리고 하수나 물 고인 웅덩이 안에도 생존해 있기 때문에 그것들에 접촉하면 전염되기도 한다. 반드시 대변뿐만 아니라 조선인처럼 몇 번씩이나 소변을 아무 데나 싸거나, 침을 함부로 뱉는 풍습이 있는 곳에서는 티푸스균의 전염은 반드시 유행하게 되는 것이다.

증상 및 치료법

증상은 처음에는 감기와 같은 증상이다. 그래서 감기인지 티푸스인지는 발열 후 수일이 지나야 알 수 있다. 무엇보다 감기 증상이라고는 하나 기침도 하지 않고 비염도 없기 때문에 보통 감기와는 다르다. 설사를 하는 경우도 있으나 대부분은 변비가 생기는 것이 보통이다. 잠복기는 1주간에서 2주간 또는 수 주간이 지나 나타나는 경우도 있다. 발열 후 1주간은 열이 계속 오르며, 2주간 째부터 3주간 째에 걸쳐서 39도에서 40도의 고열이 오르내린다. 이 2주째부터 3주째 사이가 가장 위험한 시기이다. 가벼운 경우는 3주간 째부터 열이 내려 1주간 지나면 안정된다. 그러나 보통은 2주간 정도 열이 오르내리며 4주간 째에 내려가다 1주간 지나면 평상시의 체온으로 돌아오는 것이 보통이다. 때문에 발열하고 4주간은 움직이지 않고, 평열로 돌아오면 2일마다 분뇨를 검사하며, 일주일 지나면 대개 균이 절멸한다고 되어 있다. 그러나 일주일이 지나도 균이 없어지지 않으면 2주간 정도 그대로 병원에 입원시킨다. 2주간 지나면 대개 균은 절멸하며 장도 나아지기 때문에 퇴원시켜도 된다. 그래도 아직 균이 절멸하지 않은 경우에는 보균자로서 경찰에 신고하고 자택에서 대변을 소독하게 하는 조건으로 퇴원시킨다. 보균자라도 평열로 돌아오고 나서 3주간 이상은 병원에 입원시키는 것은 본인의 희망이 아니면 강제적으로는 불가능하다. 단 보균자가 아니라도 퇴원 후 당분간은 가정에서 변소를 소독하는 것이 안전하다. 티푸스에 걸리면 장벽이 망가지기 때문에 2주간 째 정도부터 부스럼 딱지가 되고, 3주간 째 또는 4주째부터는 그 딱지가 자연스럽게 벗겨져 나아진다. 그러나 그런 딱지가 생겼을 때 딱딱한 것을 먹거나 몸을 움직이거나 하면 부스럼 딱지가 떨어져 피가 난다. 출혈이 많으면 1주간 이상의 고열로 심장이 약해지기 때문에 결국 사망하는 경우도 많다. 그래서 티푸스에 걸리면 움직이거나 딱딱한 것을 먹거나 하는 일이 가장 위험하다. 티푸스는 발열 후 1주간 사이에 혈액이나 침 속에 티푸스균이 나타나기 때문에 발열 후 수일 지나 혈액검사를 하여 티푸스라고 판명되면 즉시 입원하는 것이 제일이다. 처음에는 조금 몸을 움직여도 그다지 위험하지 않지만 1주일이 지나서 움직이면 앞서 말한 바와 같이 장벽의 부스럼 딱지가 붕괴할 염려가 있기 때문에 아주 위험이다. 또한 발열 후 일주일 지나서 분뇨에 티푸스균이 왕성하게 나오기 때문에 전염력에서도 가정에 있는 것은 위험하다. 티푸스에 걸렸다고 생각되면 스스로 자진해서 한시라도 빨리 입원하면 위험이 적다. 그리고 감기라 해도 보통의 감기와 다르다고 생각되면 처음부터 고형물을 먹지 말고 미음만 먹으면 병은 가볍게 지나간다. 여하튼 티푸스에는 움직이는 것과 고형물을 먹는 것이 최대 금물이다. 절대 안정과 음식물은 미음만 먹으며, 우유도 안 좋다. 티푸스에는 아직 묘약은 없다. 혈청요법이 있지만, 이것도 아직 실험단계이며 혈청은 발열하자마자 하지 않으면 일주일 지나 혈청해도 소용이 없다. 오히려 위험에 빠질 수 있다. 티푸스에 걸리면 4주간 정도는 절대 안정과 미음 이외에는 치료요법이 없다. 단 심장 치료와 다른 병의 발병을 막는 일에 주의하여 열의 가감을 관찰하는 것 외에는 없다. 순조롭게 치료와 요양을 잘하며 4주간 지나면 병이 나아진다. 죽는 것은 요양과 치료가 나쁘기 때문이다. 당연히 체질에 따라서도 다르지만, 처음부터 치료를 잘하면 대개는 쾌유 된다. 시기를 놓치는 것과 요양을 제대로 못하는 것이 가장 위험하다. 〈51~52쪽〉

본지 기자, 「장티푸스로 위협받고 있는 경성부의 위생상태」, 『조선급만주』(제244호), 1928년 3월.

조선도 구한국시대에는 거의 위생시설이라고 하는 것이 없었다. 무엇보다도 불결한 것은 화장실이 없다는 것이다. 지금도 아직 옛날의 인습에서 완전히 벗어나지 못했지만, 요강이라는 작은 오줌단지 안에 남자도 여자도 방뇨하였다. 게다가 그것을 소중히 여겨 온돌방 한구석에 놓아둔다. 방뇨할 때 머리맡이나 밥상 옆 등 상관하지 않는다. 그리고 항아리에 대충 가득 차게 되면 거리낌 없이 창문으로 왕래하거나 집 안에 있거나 가리지 않고 던져 버린다. 지금은 단지를 대개는 가장자리나 판자의 사이 같은 곳에 놓아둔다. 그러나 그래도 용변을 볼 때는 실내로 안고 들어가 졸졸 소리를 낸다. 정말이지 지저분한 이야기다. 오직 창문으로 끼얹는 일만큼은 없어졌다. 그것은 그럭저럭 변소라는 이름이 붙은 것이 생겼기 때문으로, 그곳에 가서 버리기 때문이다. 대변이 또 어처구니없을 정도이다. 어쨌든 변소가 없기 때문에 아무데서나 제멋대로였다. 단 적잖이 넓은 집을 가지고 있는 계급의 사람만은 그 집 안 한 구석에 있는 쓰레기장 같은 곳에서 용무를 마치고 나오는데, 그렇지 않은 사람들은 길가에서 싸버린다. (당연히 사람이 왕래하는 길가라고 하더라도 사람 세 명이 나란히 걸을 수 있는 정도의 도로는 넓은 경성 안에도 수를 셀 정도밖에 없었다.) 그것이 건너편 아저씨도 옆집의 여자도라는 식이어서 세 걸음 가면 한 덩어리, 다섯 걸음 가면 또 한 덩어리, 또는 송아지 뿔같은 것, 또는 꽈베기빵 같은 것 등이 있는 상황으로, 밤에는 가로등 하나 있는 곳 없으며, 고작 한 동네 걸으면 똥투성이가 되는 상태였다. 비라도 오는 날에는 그야말로 눈으로 볼 수 없는 상태이다. 그리고 그들이 볼일을 마치면 종이로 닦는 일은 거의 없다. 대체로 그 주변에 굴러다니는 돌멩이로 엉덩이를 문질러 닦든가 나무토막 같은 것을 주걱처럼 사용하여 약간 떠낼 뿐이다. 그들이 1개월은 고사하고 한여름이 되지 않는 한은 불과 반년이라도 목욕조차 하지 않고 지내고 있기 때문에 청결이나 불결이라고 말할 수 있는 단계가 아니다. 완전히 원시적이다. 지금도 시골에 가면 목욕하면 때가 벗겨져서 감기 걸리거나 병에 걸린다고 하여 반년이나 1년이 지나도 목욕하지 않으며, 아주 소중하게 지방 때를 바르는 사람들이 있을 정도이기 때문에 당시의 모습은 상상하기 어려울 것이다. 또 아이들을 끌어안고 변을 보게 하는 것도 흔한 이야기로, 개나 돼지가 와서 엉덩이를 혀로 핥는다고 하는 그런 상태였다. 그리고 하수도라는 것이 없기 때문에 허드렛물이나 설거지물은 적당히 근처에 구멍을 파 놓고 좍좍 버린다. 그것이 모르는 사이에 침투해 가는데, 뜻하지 않게 비라도 계속 오면 또 뿜어내는 것도 있을 거라는 것. 이러한 형편이기 때문에 파리나 모기가 엄청나다고 해도 아마 문제가 되지 않을 것이다. 평양 같은 곳은 밤과 파리가 명물이라고 전해진 정도다. 그 비율치고는 병에도 걸리지 않고, 걸렸다고 해도 거친 음식으로 겨우 정착해 왔던 것이다. 그리고 하나 더 불결한 것은 온돌재이다. 이것도 가차 없이 길가에 던져 버린다. 농가에서는 약간 비료의 보조로 사용하였지만 도시에서는 실제 길가에라도 버리는 수밖에 방법이 없었다. 그 결과 바람이 불면 눈도 입도 벌릴 수 없는 재티, 비라도 내리면 진흙탕에 풀을 섞은 듯한 상태였다.

이러한 국민성에 약간의 위생이라는 사상과 시설이 행해지기 시작한 것은, 메이지 38년 11월 한국이 일본의 보호국이 되어, 일본인의 고문과 보좌관이 설치되고 나서이다. 그리고 일본풍의 화장실이 양반집에 조금씩 설치되어 갔다. 각설하고, 데라우치 총독, 아카시 총감 시대가 되어, 경성의 분뇨도 그럭저럭 처치가 이루어졌다. 기후 현의 국회의원인 가와무라 가즈오라는 사람이 주선 역을 맡고, 나고야 국회의원인 오노 가사부로라는 사람이 발기인이 되어 그 분야(당국)의 양해를 얻어 하수처리 1차 처리소를 경성에 창립하였다. 남산상회라는 것이 그것으로 자본금은 20만 원, 광희문 밖에 공장을 세워 분뇨를 원료로 황산 암모니아(황안)을 만들기 위한 계획이었다. 그 당시 나고야를 중심으로 인분뇨 또는 마뇨 같은 것에 황산을 작용시켜 황산 암모니아를 제조하려는 기업이 꽤 계획되고 있었다. 그리고 나고야에는 가모노우라(鴨浦)에 꽤 큰 규모의 공장이 세워지기도 했다. 그때에는 세계 전쟁이 점점 격화되고 있던 때로, 독일 황안의 수입 사절, 비료의 수요 환기 등으로 황안이 상당히 비쌌던 시대였으며, 특히 마치이(町井)라는 농학사의 발명으로 종래의 황안에서만 간접적으로 재가공했던 염화암모니아(염안)을 소위 직접법에 의해 분뇨로부터 직접 만들어 낼 수 있게 되고부터 대변과 소변이 엄청나게 위세를 부리게 되었다. 그리고 이 염안(염화암모니아)는 황안과 달리 제조의 조작이 복잡하고 분량도 많이 얻지 못하지만, 건전지 재료로서 국내에 수요가 많을 뿐만 아니라 상해 쪽으로도 수출되어, 일종의 공업약품으로서 가격도 꽤 높은 편이었다. 경성의 남산상회는 염안은 만들지 않았지만 이러한 시대의 풍조에 따라서 염안 제조를 그 사업으로 탄생시켰던 것이다. 〈84~85쪽〉

스기타 나오키(杉田直樹), 「보건과 극기심」, 『조선급만주』(제245호), 1928년 4월.

보건의 기준을 세우는 일은 즉 현대문명이 이미 가지고 있는 습관과 시설을 합리적으로 파괴하고, 자신이 가지고 있는 향락적 본능, 특히 문명인에게 강력하게 나타나는 식욕, 성욕을 이겨내 이것을 선도해 가는 것을 이상으로 내세워야 한다. 자신의 본능적 경향을 극복해 가는 것은 대단한 용맹심에 의한 정신적 요양에 의하지 않으면 누구나 자연의 욕구에 맹종하여 이것을 행할 수가 없다. 인류의 본능은 이대로 방임하면 물이 낮은 곳으로 흐르는 것처럼 건전치 못한 쾌락으로 흘러 결국 몸을 망가뜨리기까지 끊임없이 흐르는 것이 보통이다. 그러고 보면 보건의 중요한 것은 그 본능 쾌락의 욕구를 합리적으로 극복 절제해 가는 것이다. 그것은 하나의 커다란 정신수양이어야 한다. 고래의 예를 보더라도 교양과 극기가 있는 사표적인 사람일수록 장수하는 사람이 많다. 석학인 홍유(鴻儒)라는 사람은 내외인 모두 대부분은 극기 수양의 힘으로 장수를 유지해 왔다. 이를 보더라도 정신수양과 극기심은 보건의 가장 중요하다는 것을 알 수 있을 것이다. 인류는 그 지능의 위대한 진보와 사회적 공생의 정연한 조직의 성립과 함께, 원시적 본능이 여러 가지 문화적 형식을 가지고 이면적으로 실생활 속으로 깊숙이 들어왔다. 그것은 원래 원시적 본능에서 흘러나오는 욕구가 다양한 사회적 기제에 의해 억압되고, 변화되고, 포장되어 야비함으로 간주 된 본능이 제법 그럴듯한 체면을 만들어 사회생활 속으로 깊숙이 들어왔기 때문이며, 결국에는 그 본능 본래의 진의는 망각하게 된다. 그리고 그 본능이 초래한 '쾌락의 실감'만이 강렬하게 욕구된다. 사려가 부족한 사람들은 이 쾌락의 실감을 에워싸고 더욱 체면에 연연하는 문화를 쌓아 올려 갔다. 예를 들면 식사는 영양 보건을 위해 필요한 행사라는 것은 말이 필요 없다. 그러나 현대 문화인은 이미 그 영양의 본래의 의의를 생각하지 않고, 식품은 단지 미각을 위해서만 존재하게 되고, 식사를 존엄하고 엄숙하여 어쩔 줄 모르는 기분으로 소화를 완전하게 하려는 향연의 의례는 단순히 식욕에 기초하여 쾌락을 함께 즐긴다는 의의에서 멀어지고, 권력을 경쟁하고 허영을 다투어 사람의 마음을 농락하는 연극으로 화해버렸다. 미각을 부추겨 식욕을 촉진시키고, 동시에 쾌감을 돕기 위한 보조로 이용되고 있는 술은 결국에는 몹시 취해 의례를 망각하게 하는 독물이 될 때까지 많은 사람들로부터 과도하게 남용되어버렸다. 조리는 영양 가치를 생각하지 않고 단지 미각과 후각과의 실감을 부추기게 식품을 변형시키는 기술이 되었으며, 연회는 영양을 망가뜨리게 하는 미각 이외의 내감성의 욕구를 충족시키는 좋은 기회가 되어버렸다.

오늘날 영양학을 주창하고 생활 개선을 외쳐, 식사의 질과 횟수, 방법의 습관을 개선하여 본래의 식욕의 필요에서 의미 있는 식사를 할 수 있는 습관으로 되돌아가자는 유식자의 논리는 참으로 지극히 당연하고 훌륭하다. 그러나 이미 사회적 운동으로서는 때가 늦은 감이 있다. 금주론도 이미 지금으로서는 악습■■의 ■■의 기세를 뒤집기에는 힘이 부족하다. 오늘날에는 인류 모두의 본능이 그 당초 필연의 의의를 망각해 버리고 새로운 미각 향락 본능이 본래의 섭식 본능의 목적에서 동떨어져 현대인이 점점 참다운 식사에 대한 자각을 잃어버려 온 결과 현대인의 소화기, 순환기, 배설기가 이 새로운 향락 본능 때문에 재앙을 입은 것은 실로 매우 안 좋은 일이다. 그 이유는 이러한 기관의 생물학 전통적으로 갖고 있는 생물적 기능은 식사에 대한 사상과 습관처럼 그렇게 급히 자재로 변화할 수 없기 때문에 역시 의사로서 '최근 식사를 할 수 없어 아사하는 사람의 수가 훨씬 많다'라는 사실을 경고하게 된 것이다.

성욕에 대해서도 또한 마찬가지이다. 예로부터 결혼의 목적은 자주 그 인습적 의미가 문화와 함께 변천해 왔다. 그러나 오늘날에는 완전히 향락을 위한 것이 되어버렸다. 그것은 성욕 그 자체의 향락을 위한 욕구도 있고, 허영 물욕을 채우지 않기 위한 정략적 혼인도 있다. 즉 우량한 종족 보존이라는 생물학적 본래의 의의가 오늘날 모든 사람의 결혼이 당면한 목적이 아닌 것만은 명확하다. 그래서 현대 새로운 생각을 하고 있는 많은 여성들은 성적 향락과 허영의 만족을 그 결혼생활에서 구한다. 그러나 임신, 분만, 육아의 고뇌는 감당하기를 바라지 않는다. '순결한 가통을 위해' 라는 종족적 자각은 남성 쪽에서도 일찌감치 잊어버려 버젓이 매우 건강하지 못한 여자를 적극적으로 신부로 골라왔다. 산아제한이라는 말이 향락으로나 순결로나 얼마나 통절하게 모든 계급의 결혼생활을 하고 있는 자의 가슴에 울렸을까. 성적 향락의 방탕은 한편으로 화류병을 세상에 만연시켰으며, 더 나아가 정신병자, 신경병자를 격증시키는 중요한 원인이 된다. 그러나 이 사실은 아직 향락자를 개인적으로 반성시키기에는 부족하다. 사상적으로는 향락적 관능존중에서 '성적 정조' 사상의 도의적 의의의 파괴가 되었으며, 적극적으로 '성기관의 기능'의 파괴에까지 이르지 않으면 개인은 결코 자신의 성욕 본능의 참 의의에까지 생각이 미치는 경우는 없을 것이다. 가정생활이 파괴되고, 자손에게 선천적 결함자(저능자, 성적 불량자, 정신병자)가 태어나면 태연하게 그 결함을 자기의 생활권 외로 추방해 버리고 조금도 반성하려 하지 않는다. 즉 사회가 대신 그 방탕한 성욕이 낳은 성가신 존재의 뒤 처리를 해야만 하는 것이다. 즉 성적 도덕의 퇴폐는 나쁜 소질의 유전적 저주가 되어 영원히 인류 전체에게 그 속죄의 형벌을 과하는 것이다.(도쿄지국). 〈23~25쪽〉

시가 기요시(조선총독부 의원장, 志賀潔) 씨 담화, 「티푸스의 병원(병의 원인)과 경성의 수도-이번 티푸스 유행의 원인에 대한 고찰」, 『조선급만주』(제245호), 1928년 4월.

지난달 조선신문에 이번 경성의 티푸스 유행의 원인에 대해 나의 의견으로서, 병균이 수도에 있다고 단정한 기사가 나왔는데 그 기사로 보는 것과 내가 서술한 것이 상당히 차이가 있다. 내가 병의 근원에 대해 말했을 때는 결코 그런 단어를 사용하지도, 그런 말투로 말한 것도 아니다. 그저 이번처럼 한꺼번에 다수의 환자가 나오는 경우에는 곧잘 수돗물에 병균이 존재한다든지 또는 야채나 과실 등에 병균이 부착해 있다고 하는 경우가 많다. 따라서 만성 유행의 경우처럼 단순한 접촉 전염에 의한 것이 아닌 것만은 분명하다. 게다가 비교적 병균의 존재를 증명하기 쉬운 야채나 과실에 병균이 존재한 것을 인정하지 않은 경우는 병균의 존재를 증명하기 어려운 수도를 의심해도 현미경 검사로 병균을 발견하지 못했다는 이유만을 가지고 그 의혹을 풀 수 없는 것이다. 그 외에 내가 상수를 가지고, 혹은 이번 유행의 근원이지 않았을까 의심한 것에 대해서는 여러 가지 이유가 있지만, 지금으로서는 아무리 노력해도 과거의 병균을 수돗물 안에서 발견해 낼 수도 없거니와 이 문제는 원인불명인 채 덮어질 것이다. 단 학자는 과학적 이유에 의해 어디까지나 상수에 원인이 있다고 가정해 놓을 뿐인 것이다.

시이바 요시야(椎葉芳彌),「담화병의 근원을 수도라고 의심하는 데에는 이유가 있다.」

　　최근 갑자기 경성을 덮친 장티푸스의 병원에 대해 정확한 조사가 이루어지고 있지 않다. 그러나 과학적인 의론에서 보면 아무래도 상수도에 병균이 있었다는 것에 설득된다. 그것은 그러한 급성유행의 경우에는 대개는 접촉 전염 혹은 직접 전염과 같은 전염 경로를 취하지 않고 병균이 상수도 또는 우물물 등의 음료수, 우유, 야채, 과일, 그 외 잡다한 음식물에 혼입되어 부지불식간에 이러한 것들을 섭취한 결과 감염되는 경우가 많다고 하는 종례의 실제 예로부터 추측될 뿐만 아니라 그 외의 여러 가지 환경이, 아무래도 상수에 병균이 있었음을 수긍하게 만들기에 충분한 상황에 놓여있기 때문이다.

　　그렇다면 언제 상수도에 병균이 있었는가, 누군가 그것을 발견한 적이 있는가라고 정색하고 물으면 답변하기 곤란하다. 무엇보다 몇 만 석, 몇 십만 석의 물속에서 1CC나 2CC의 물방울을 채취하여 검사해 보았자 균이 그리 잘 발견될 리도 없으며 사람들이 아우성칠 즈음에는 시일을 경과했기 때문에 균이 흘러가 버리거나 사멸하거나 하여 발견할 수 없는 것이다. 비전문가들은 잔해라도 발견될 것이라고 생각할지 모르나, 그러한 미생물은 생활하지 않는 이상은 형체를 남기지 않는다. 보통 여러 외국의 예를 보더라도 상수도에 병균이 있던 경우에는 결국 발견되지 않고 잠겨버리는 경우가 많다. 그 때문에 결국 이 문제는 결말이 나지 않는 논쟁으로 끝나버리는 것이다. 〈34~35쪽〉

나카오 스스무(총독부 병원의원, 中尾進),「무서운 발진티푸스의 예방에 대해-이가 매개 =불결병」,『조선급만주』(제246호), 1928년 5월.

　　바야흐로 경기도 포천군 그 외의 지역에, 맹렬하게 유행하여 경성부 내에도 발견되고 있는 이 무시무시한 발진티푸스는 어떻게 강한 전염력을 가지며, 어떻게 우리의 생명을 빼앗는가를 생각하여 이 예방을 각 개인에게 자기방어를 이해시켜 이 실행을 촉구하기 위해 조금 서술해 본다.

　　이 발진티푸스의 병원체는 아직도 명확하지 않다. 그러나 매우 강한 접촉 전염성을 갖고 있으며, 또한 이가 이 병의 매개체라는 것은 분명한 사실이다. 또 어떤 학자는 공기 전염까지 한다고 할 정도로 이 병독은 그 저항력 및 내구력이 매우 강하며, 환자가 만진 침구, 의류 등에 부착하여 1, 2개월 후에도 그 전염력을 이 의류가 가지고 있다. 옛날부터 이 병은 기근 혹은 전쟁에 관계해서 일어나기 때문에 기근티푸스 또는 전쟁티푸스라는 이름마저 가지고 있다. 배 안이나 기숙사 등의 다수의 사람이 있는 곳에 잘 유행한다. 또한 전쟁 때에도 군대 간에 유행하기도 한다. 이 병은 어린아이가 특히 잘 걸리는 경향이 있으며 한 사람이 걸리면 대개 일가족 전체가 걸릴 정도이다. 그렇다면 어떠한 증상을 나타내는가. 간단히 말하면 장티푸스의 증상과 비교해서 발진티푸스의 경우는 급속하게 심한 오열이 나 떨며 급격하게 열이 오른다. 그러나 장티푸스의 경우는 오한은 있지만 떨지는 않고 발열의 상태도 단계적이다. 맥박은 매우 빨라져 100 이상이 되지만 장티푸스의 경우는 100 이하이며 발진도 드물게 있다. 발진티푸스는 그 이름처럼 발진이 많으며 처음에는 복부, 그리고 점차 손, 발 등으로 생겨난다. 그 발진의 상태도 소위 티푸스의 경우는 뚜렷하지 않지만 발진티푸스는 뚜렷하다. 그 발열 기간은 2주내지 3주간으로 맥박이 매우 빨라지며 신경계를 침투당해 정신이 급속하게 멍해지며 정신이 이상해진다. 그리고 머리, 허리가 아프고, 식사를 할 수 없게 되며 폐렴, 혹은 기관지 카타르를 일으킨다. 또한 심장이 약해져 결국 사망에 이르게 된다. 음주가, 심장이 나쁜 사람, 또는 노인은 병에 걸리면 사망에 이를 수 있다. 그 사망률은 15% 내지 20%, 드물게는 52% 정도에 이르는 경우도 있다. 예방법으로는 지금까지 서술한 바와 같이 전염력이 강한 것을 기억하여 환자 및 그 집이나 환자가 만진 것에 가까이 하지 않도록 해야 한다. 혹시 가족 중에 한 사람이라도 발병하면 즉시 의사에게 진찰을 받고 환자를 격리하며, 대대적으로 소독을 할 필요가 있다. '이' 퇴치는 무엇보다 중요하며 집 안에 통풍을 좋게 하고 포르말린 소독을 하며 가족은 모두 석탄산수(3%)로 소독해야 한다. 또한 의류나 침구류 등은 솥에 넣어 삶는 것이 가장 안전하다. 발진티푸스는 걸리면 자신이 죽을 뿐만 아니라 가족 전부가 걸리게 되기 때문에 즉시 순사나 당국에 의뢰해서 소독 및 소치를 받아야 한다. 만약 환자를 은폐하면 법정 전염병이기 때문에 벌을 받게 된다. 〈63쪽〉

가가 겐(순화병원장, 加賀見) 씨 담화, 「전염병 이야기」, 『조선급만주』(제246호), 1928년 5월.

1월 말부터 2월 초에 걸쳐 엄청나게 기승을 부린 장티푸스를 위해 임시 병동 증축을 할 즈음 경성으로서는 근년에 없었던 기록을 깬 유행이었으며, 그 병균에 대해서는 아무튼 논쟁이 되어 여론에 오르내린 일은 독자의 기억에 아직도 생생하다. 그 후 점차 종식되어 장티푸스 이야기도 화제에 오르지 않고 폭풍 후의 정적 같은 느낌이지만 장티푸스 환자의 숫자나 다른 전염병에 대해 물어보는 것도 의미가 없을 것 같아 1일 부의 순화(順化)병원을 방문하였다.

순화병원장 말에 의하면 장티푸스가 한창일 때는 수용 환자가 300명 이상으로, 보시는

바와 같이 임시 건물을 두 동이나 지었던 상황이었지만, 현재는 장티푸스 유행의 흔적이라고 해야 할 정도로 장티푸스 환자 57명, 그 외 파라티푸스 6명, 발진티푸스 23명, 성홍열 11명, 디프테리아 2명, 총 99명의 환자가 입원해 있다. 예년에는 이맘때 약 3, 40명 정도이기 때문에 올해는 60명쯤 증가해 비교적 바쁜 모양새다. 그러나 2월, 3월은 그러한 돌발적인 급성 장티푸스의 창궐로 한때 300명쯤의 입원 환자로 인해 완전히 만원이 되어 혼잡하였으나 간신히 한숨 돌리고 있는 셈이다. 당 병원 환자 사망률을 보면 장티푸스는 약 10%로 이것을 일본(내륙) 만주 부근의 20% 정도의 사망률에 비교하면 좋은 성적이라고 할 수 있다. 발진티푸스의 경우는 그 사망률은 매우 적어서 약 1% 조금 웃돈다. 이 발진티푸스는 옛날에는 매우 무서워하던 병이었으며 지금도 그 병원체는 학자들이 연구하고 있지만 발견되지 않고 있다. 그러나 그 병독의 매개체이라는 것은 명확하다. 이가 발진티푸스 환자의 피를 빨고 나서 4일 정도 지나면 이는 완전히 보균자가 되며, 그것에 물린 자는 병에 걸리게 된다. 4일 정도가 되지 않으면 이 병균은 이의 장기 속에서 발육하지 않는다. 발진티푸스 병균은 왜 이의 장기 속에서만 발육하는가에 대한 부분에 대해서는 학자들 연구의 흥미로운 점일 것이다. 벼룩이나 남경충에는 이 병균이 절대로 발육하지 않는다. 발진티푸스 일명 기아티푸스라든가 전쟁티푸스라는 명칭이 있지만 절대로 상류사회로부터는 발생하지 않는다. 원래 이에 의해 매개되는 것이기 때문에 하층사회에서 많이 발생하며 위생상태가 나쁜 생활을 하는 사람이 걸린다. 그래서 일본인보다는 조선인에게 많은 것은 당연한 것이다. 경성에도 발진티푸스의 발생을 볼 수 있는데 당 병원의 사망률로 보아도 1% 조금 웃도는 정도이며, 예전 정도로 무서워할 만한 것도 아니다. 올해처럼 겨울에 장티푸스의 유행을 본 것은 예외적인 기록으로, 티푸스 종류는 역시 여름부터 가을에 걸쳐 환자도 많으며, 따라서 입원 환자도 많게 되는 것이다. 발진티푸스는 먼저 1월경부터 철이 바뀌는 때까지 많이 발병하며, 성홍열, 디프테리아 등도 역시 겨울철에 많이 발생한다. 성홍열의 병원체도 아직 모르며 미국의 지크(ジック) 등이 연구하고 있는 것으로 공기 감염된다고 여겨지고 있다. 이것은 모든 계급을 불문하고 발생하는 것이기 때문에 발진티푸스 같은 가난한 병은 다소 느낌을 달리하는 이유이다.

전염병이라면 왠지 무서운 기분이 들지만 그렇지는 않다. 시내라면 초밥가게에 가서 초밥을 먹고 있어도, 지금이라도 병동에 데리고 갈만한 전염병 환자가 있을지도 모른다. 모르면 아무렇지도 않게 초밥도 먹고 우동도 먹게 되는 셈이다. 그리고 보면 전염병 환자로 판명된 자만 들어가는 곳은 예방도 잘 되어 있으며, 여러 사람이 주의를 하고 있기 때문에 오히려 안전한 것이다. 전염병은 이상하리만치 문화의 정도가 높은 국민일수록 오히려 전염병에 대한 저항력이 약하여 사망률이 높고, 미개하고 야만일수록 저항력도 강해 그 사망률도 낮다. 그런 이유로 문명인일수록 위생설비를 완전하게 하여 위생에 주의하지 않으면

안 되는 것이다. 〈64~65쪽〉

도쿠미츠 후쿠에이(경성제대 의학박사, 德光福英),「장기요법에 대하여」,『조선급만주』
　　(제247호), 1928년 6월.

　　예부터 일반 미신적으로 병이 있는 장기에 대해 다른 동물의 동명 장기로 치료하려는 시
도가 있었기 때문에 예를 들어 인도 의학 같은 곳에서도 눈이 나쁜 사람에게 여우나 늑대
의 눈을 마시게 한다든지 뱀의 눈을 마신다는 따위의 미신이 있었으며, 최음제로서 다양한
동물의 생식기가 이용되거나 기타 간장의 병에는 다른 동물의 간장을 이용하며, 혹은 ■ ■
같은 원인불명의 병에는 독일 근처에서는 호걸의 생피를 마시면 좋아진다고 해서 혈투로
죽은 자의 혈액을 다투어 마시는 상태였다. 이러한 사상이 과학적으로 연구되기에 이르러
결국 40년 전에 프랑스에서 유명한 생물학자 브론세 칼이 동물의 고환에서 일종의 고환액
을 만들었다. 그리고 우선 자신의 몸에 주사를 놓는데 당시 72세였던 그가 25세 때의 원
기와 정력을 회복했던 것을 파리의 생물학계에서 발표하여 그래서 세상을 놀라게 했다. 그
러나 지금 보면 이 연구는 크게 실패한 일종의 암시가 첨가된 성적이지만, 옛날부터 반미
신적으로 전해오고 있던 생각을 과학자가 실험적으로 설명한 것으로 유명해졌던 것이다.
그렇다고는 하나 그보다 약 30년 정도 전에 독일에서 베르토르드 씨가 고환을 이식하면
그 잃어버린 기능을 그것으로 보충할 수 있다고 주장하였으며, 예를 들어 어린 닭의 고환
을 없애면 남성적 발육이 일어나지 않으며, 그것을 다른 장소에 이식하면 일반 닭처럼 발
육한다는 내용은 발표되었었다. 이러한 이유로 그 후 장기요법을 과학적으로 연구하는 사
람이 많아졌다. 그것에 자극을 받아 유명한 영국의 스탈링이라는 생리학자가 비장분비 연
구에서 특수한 물질을 필요로 하는데 그 물질을 칭하여 호르몬이라고 했다. 그 이후 한층
더 이에 관한 연구가 활발해져, 지금은 다양한 소위 내분비 장기의 제제를 사용하여 그 장
기의 질병을 치료하기 위해 많은 제제가 만들어지고 있다. 그러나 아직도 실제로 화학적으
로 순수하게 호르몬이 추출된 것은 극히 소수에 지나지 않고, 기타의 것은 모두 내분비 장
기의 건조 분말, 또는 알코올 침출액이라든지, 혹은 특수한 방법으로 단백질, 지방을 제거
한 것에 지나지 않는 것이다. 따라서 그것들의 제제를 사용하여 나타나는 반응은 순수하게
호르몬 이외의 부작용이 왕성하게 나타난다. 또한 미국의 어떤 연구에 의하면, 예를 들어
상피소체 같은 것은 자체에서 호르몬을 배출하지만 즉시 혈액 안으로 이동시키며, 그 자신
안에는 호르몬을 품지 않는다는 연구가 있다. 그 때문에 상피소체의 분말을 가지고 조치한
동물에게 일정의 반응이 나타난다고도 할 수 있으나 즉시 상피소체의 호르몬에 의존한다는

것은 단언하기가 어렵다. 그리하여 이 불순한 장기 제제를 이용할 경우에는 어느 정도 주의를 요하는 것이다. 더욱 더 주위 해야 할 것은 원래 호르몬 같은 것은 그 내분비 장기에 대해 일정의 반응을 나타내기 보다는 오히려 다른 장기에 자극이 되는 경우가 많다. 때문에 어떤 일정 장기가 병이 났을 때 그것과 같은 장기의 제제를 이용하기보다는 그 장기와 특수한 관계에 있는 다른 내분비 장기 제제를 이용하는 편이 유효한 경우가 많다. 예를 들어 난소의 기능이 떨어져 있는 것을 치료하기 위해 난소 제제를 이용하기보다는 이것과 특수한 관계에 있는 대뇌하수체전엽의 제제를 이용하는 것이 더 유효하다. 그래서 우리 교실에서 다케후지 군의 실험에 의하면 난소가 완전하게 발육하기까지에는 2주간을 더 필요로 하는 20일 된 어린 쥐에게 대뇌하수체전엽의 진액을 주사하면 5일 내지 늦어도 일주일 안에는 그 난소가 완전히 발육한다. 그러나 난소 제제를 이용한 경우는 그보다 훨씬 늦는다고 하는 것을 봐도 알 수 있다. 또 이마무라 군의 실험에서도 이 난소 호르몬 작용은 건강한 동물이나 난소를 적출한 동물에 대해서는 저명한 반응이 나타나지만 만약에 그 동물의 자궁을 적출하면 아무런 반응도 나타내지 않는다. 이 사실은 난소 호르몬이 난소에 작용하기보다는 오히려 자궁에 강하게 작용하며, 동시에 또 난소에 작용한다고 하는 것도 자궁이 있기 때문에 비로소 보이는 현상이며, 만약에 자궁이 없으면 난소 호르몬을 아무리 주사해도 이미 그것이 난소에는 작용하지 않는다는 것을 나타내는 것이다. 또 가타부치 군의 실험의 일부분에 의하면 부신피질 제제를 주사해서 일어나는 일정의 반응은 그 동물에게 부신피질의 유무에 관계없이, 오히려 상피소체 또는 갑상선의 존재를 필요로 한다. 이러한 예는 우리 교실에서도 무수하게 많다. 요컨대 내분비 장기 상호 간의 관계를 명확하게 함으로써 다양한 장기 제제의 이용 방법을 명확하게 할 수 있음과 동시에 또한 각 장기의 기능을 명확하게 할 수 있는 것이다. 다만 이 장기 제제가 그 장기에 직접 작용하지 않는 것은 아니지만 결국 다른 장기를 통해서 작용하게 하는 것이 한층 유효하다는 의미이다.

특히 일정의 내분비 장기를 잃어버린 경우에는 그 장기 제제에 의해 거의 완전하게 그 결손을 보충할 수 있는 경우도 있다. 예를 들어 교실의 윤 학사의 연구에 의하면 과민증이라는, 단백질에 대한 특수한 반응은 고환이 없는 동물에서는 쉽게 일어나지 않지만, 만약 이것에 고환의 제제를 주사하면 그러한 반응이 다시 일어나게 된다. 이와 같은 것은 상술한 것을 입증하는 것이다.

다음으로 장기요법에 대해 주의해야 할 것은 대체로 호르몬 작용이라는 것은 넓게 전신의 신진대사에 관계하는 것이기 때문에 어떤 하나의 생활현상에 대해 촉진시키는 호르몬은 많이 있다. 따라서 그 현상을 표준으로 하면 이것들의 촉진성의 호르몬은 모두 공동적으로 작용하는 것이다. 그러나 다른 현상에 대해서도 이들의 호르몬을 배출하는 내분비 장기는 동일하게 모두 함께 작용하는 것은 아니다. 그 뿐만 아니라 전혀 반대로 작용하는 것조차 있다. 예를 들면 단백 신진대사에 모두 함께 작용하는 내분비 장기도 이 함수탄소 신진대사에는 반대로 작용하는 경우가 있기 때문에 혹 장기 제제를 사용할 때에 본래 그 장기가 다른 일정의 장기에 대해서 어떤 현상에서 함께 작용한다는 것이 증명되었다 하더라도 다른 현상도 동일할 것이라고 추측해서 그 제제를 사용하면 생각지도 않은 실수를 초래하는 경우도 있다.

다음으로 주의를 요하는 것은 전술한 바와 같이 장기 제제에 의해 자극되어 분비하는 곳의 호르몬은 가령 동일한 내분비 장기에서 나오는 호르몬이라도 그 사용한 장기 제제의 종류에 의해 그 분비되어진 호르몬의 작용이 전혀 다른 경우가 있다. 그래서 내분비 장기 상호 간의 관계를 고려해서, 장기 제제를 사용하는 경우에도 한층 더 주의를 요한다. 예를 들면 상피소체의 기능이 아드레날린(부신피질 호르몬)에 의해 영향 받아 흥분시키는 결과를 나타내는 일정의 현상은 갑상선 제제에 의해 자극받아 나타내는 결과와는 전혀 반대인 경우가 있는 것이다.(글에 대한 책임은 기자에게 있음). 〈43~44쪽〉

스즈키 모토하루(의학박사, 鈴木元晴), 「의사와 엑스레이」, 『조선급만주』(제248호), 1928년 7월.

내가 여기에 의사와 「엑스레이」라고 표제를 단 것은 다음과 같은 이유에서입니다. 내가 지금부터 약 6년 전 엑스레이를 배우기 시작할 당시 지인으로부터 나의 행동이 너무나도 의사에서 벗어나서 전기기계나 혹은 기계공장에 실습하러 들어간 것처럼 의사 본연의 모습인 의치구료에서 너무나도 벗어난 것처럼 보였습니다. 그 정도로 당시 주위의 분위기는 엑스레이에 대해 무지했습니다. 또한 어떤 동료로부터는 소위 괴짜 같은 엑스레이 따위는 아마추어의 속임수 같은 조작이며 그런 것으로 인간의 병을 진찰한다는 것은 구실이고 손님 끓어 모으기 기계이겠지. 설령 그것으로 체내가 투시되었다고 한들 뼈가 부러졌는지 총알이 들어간 것인지를 보는 것은 어려운 일이죠. 신체내부에 병이 있으면 확실한 치료방침이 서있다든지 그런 것이 되어 있는지, 이 같은 경멸의 비평을 하는 사람이 많고 혹은 두려워하는 사람에 대해서는 겁쟁이처럼 뒤에서 험담이나 한다는 비평도 적지 않았습니다. 그런데 이 같은 비평도 당시의 상황으로 말하자면 정말로 무리는 아니라고 생각합니다. 그것은 왜냐고 물으면 당시는 아직 엑스레이 기계는 대학이나 그 외, 아주 소수의 유력한 병원에서 밖에 소지하고 있지 않았다는 점, 또한 설령 이처럼 병원에서 설비는 되어있어도 엑스레이에 관한 지식은 아주 일부분의 사람에 한해서였고 더욱이 학교, 그 외, 다른 곳에서 강의가 없었기 때문에 엑스레이가 어떠한 것인지 의사 일반에게 보급되지 못했던 점, 그리고 당시 다소 앞선 생각으로 엑스레이를 설비하고 혹은 앞선 생각이 아니더라도 여러 가지의 이유로 엑스레이를 매입해서 실전에서 사용하려고 했던 사람들도 그런데 설비는 했지만 이야기를 듣거나 책으로 읽거나 하는 정도로는 도움이 되지 않는다. 그처럼 구입한 처음에는 신기함에 한번 맛은 봤지만 충분하게 사용되지 못한 채 관심도 일어나지 않고 따라서 구석에 처박혀 먼지투성이로 버려져 신경도 쓰지 않게 되었습니다. 당시 이와 같은 현상은 도처에서 볼 수 있었습니다. 현재도 우리가 여행 도중, 엑스레이의 설비가 있는 곳을 방문해 보면 여전히 이러한 상태를 볼 수 있습니다. 이것은 정말로 유감스러운 일이지만 어쩔 수 없는 지금의 상황입니다. 그도 그렇듯이 보통 의학에 기초의학과 임상의학이 있듯이 엑스레이 의학에도 기초지식과 임상지식이 따릅니다. 그렇기 때문에 오늘날까지 일반에게 엑스레이에 대한 개념은 청진기는 내부의 병을 진단하는데 효과가 있다고 할 수 있고 의사의 기초지식도 임상지식도 없는 사람이 청진기를 갖고 있다한들 소용없는 것과 같이 엑스레이도 엑스레이의 기초 및 임상지식을 습득하지 않은 사람이 갖고 있다한들 소용없는 것과 같습니다. 소위 말하면 "돼지 목에 진주목걸이"입니다. 이것도 엑스레이가 다른 의학에 비해 늦게 나와서 특히 근래 이례적인 진보발달을 이루었기 때문에 오늘날에 있어서도 필수의 학과이면서 아직도 의학의 필수과목이 되지 않는 점이 이 엑스레이의 지식과 요법이 늦어지고 있는 이유라고 생각합니다. 시대의 요구는 언제까지나 엑스레이를 과외 과목이라고 할 수 없다고 확신하고 있습니다. 그렇다면 이처럼 청진기와 같은 현대에 있어서 없어서는 안 되는 엑스레이는 어떠한 이유에서 어떠한 목적으로 의학자의 진료에 없어서는 안 되는 긴요성을 가지게 되었는가라고 묻는다면 청진기도 중요하지만 살아있는 사람의 내부를 있는 그대로의 상태로 관찰할 수 있다는 점이 엑스레이의 특징입니다. 따라서 내과, 외과는 물론이고 안과, 비뇨기과, 부인과, 소아과, 치과, 이비인후과 등 어느 과든 없어서는 안 되는 기계가 되고 있습니다. 그러므로 한마디로 엑스레이 진료에 대해서 말씀드려도 상당히 범위가 넓습니다. 본 잡지상에서 이 전부를 설명하는 것은 도저히 불가능하기 때문에 아주 간략하게 말씀드리면 진단과 치료를 크게 분류할 수 있습니다. 진단이라고 하면 폐, 늑막, 심장, 식도, 위장뿐 아니라 여러 부분에 다양한 병의 진단을 합니다. 그대로 투시하여 보기도 하고 혹은 일정량의 약을 복용한 뒤 그것이 신체 내부를 통과해 가는 것과 같이 내부의 장기가 어떻게 다른지와 같은 미세한 것까지 진찰합니다. 또한 공기나 액상 약을 주입해서 목적하는 부분을 확실히 구별할 수 있도록 진찰하는 경우도 있습니다. 또한 이처럼 여러 가지의 경우를 사진 촬영해서 전의 경우와 후의 경우가 어떻게 변했는지 혹은 좋아졌는지 나빠졌는지 비교 대조해서 치료에 방향을 잡는데 아주 편리한 물건입니다. 그리고 치료방법에 대해 말씀드리면 결핵, 백선, 무좀 등이 잘 낫는 것은 누구든지 잘 알고 있지만 심부 치료라고 칭해져 아주 강력한 전기를 내는 엑스레이는 신체의 내부에 아주 깊은 곳에 있는 성질의 나쁜 종양, 예를 들면 암과 같은 것도 속되게 말씀드리는 것처럼 완전히 태워 버리는 작용을 가지고 있기 때문입니다. 그 외에도 여러 가지 질병에 활용되어 각 각의 위대한 효과를 내고 있습니다. 그러나 엑스레이의 진단치료는 만병에 적용할 수 있는지에 대해 묻는다면 거기까지는 가지 않고 스스로 진단치료 및 엑스레이는 엑스레이의 영역이 있어서 병에 따라서는 엑스레이를 적용하지 못 하는 것이 있어서 이 부분은 취사선택하는데 아주 신중하게 행해지지 않으면 안 되기 때문에 그것은 전문 지식과 경험에 기대지 않으면 안 됩니다. 이처럼 엑스레이는 현재 청진기와 함께 자동차의 양 바퀴와 같다고 할까 혹은 배에 있어 등대와 같은 존재로서 어떤 훌륭한 선장이라도 야간에는 등대를 필요로 하는 것처럼 어떤 훌륭한 의사라도 엑스레이에만 의지하지 않고 치료의 목적으로만 사용된다는 것은 어려운 일입니다. 청진기만으로 모든 병을 알 수 있었던 것은 옛날이야기로 청진기에만 의지하면 소위 오진사건과 같은 불미스러운 사건이 일어납니다. 의학의 진보는 청진기가 미치지 못하는 범위를 보조해야 만하기 때문에 엑스레이를 발명하였습니다만 앞으로 엑스레이를 광범위하게 사용된다면 의학계에 혁명이 일어나 의료 상에 아주 큰 복음을 베풀 것이라고 믿습니다. 〈36-37쪽〉

고바야시 하루지로(경성제국대학 의학부 이과박사, 小林晴治郎), 「연구의 희생자 野口 (노구치) 박사를 기리다」, 『조선급만주』(제248호), 1928년 7월.

野口英世(노구치 히데요)박사는 아메리카에서 황열(흑사병)을 연구하던 중 그 병에 걸려 돌아가셨다. 수일 후 그의 조수 영 씨도 같은 병으로 스승의 뒤를 따랐다. 정말로 학계는 통탄을 금치 못한다. 그러나 황열(흑사병)을 연구하던 중 이렇게 희생된 것은 이번이 처음은 아니다.

황열은 열대지방에서 유행하는 위험한 열병으로 위중해지면 피부가 노랗게 되므로 그래서 이름도 황열이다. 이 병은 모기의 일종에 의해 옮겨지지만 이 매개체가 모기라는 것을 발견했을 때는 영국의 두 명의 연구자가 그것에 걸려 죽었다. 그 후 지금까지 약 10년 이전에 노구치 박사는 이 병원이 일종의 스피로헤타 (미독의 원인도 스피로헤타의 일종이다. 나선형을 이룬 미생물의 한 무리를 스피로헤타라고 함)라고 하는 것을 발견하고, 그 혈청요법등도 밝혀냈다. 그럼에도 불구하고 다시 노구치 박사가 이 병을 연구하던 도중에 이 병 때문에 죽었다. 앞서 미국학자의 경우는 하나의 학계의 미담으로서 기억되고 있다. 노구치 박사의 것은 상세한 정보가 없어서 잘 모르지만 아마도 비슷한 이야기가 있을 것이라 생각한다. 지금부터 30년 전의 미국의 사례를 들어 학자의 희생적 연구의 예를 들겠다.

1900년, 서인도 규바섬 하바나에 매년 유행하는 황열을 연구하기 위해 하나의 위원단이 생겼다. 그 사람들은 텔타 리드, 제임스 카롤, 제씨 라디아 및 아리스치델스 아그라몬드 4명이다. 연구의 첫걸음은 인체를 가지고 그 당시 의심되는 모기 매개설을 현장에서 증명하는 것이 필요했다. 그 경과를 앞에 언급한 카롤 씨의 모국어를 번역해서 소개합니다.

"사업은 두 개로 나눈다. 첫째는 장의 세균조사와 혈액 및 각 장기의 혐기성 배양으로 하고, 둘째는 1881년 핀레 박사가 예언한 모기 매개설이다. 자연스런 흐름으로서 후자를 우선 연구하기로 하였다. 여기 실험에 인체를 제공하는 것이 되고 막대한 책임문제가 야기되었지만 결국, 결론부터 말하지만 그 결과가 양성이 안 나오는 것은 이것만으로 충분히 옳은 사업임에 분명하다. 즉 우리는 우선 이 위험을 범해야 할 만한 것임을 신청하고 리드 박사 및 라디아 박사의 찬성을 얻기도(주석, 아그라몬드 박사는 이미 황열에 걸린 적이 있어서 이 병에 면역이 생겼기 때문에 지금의 인체 실험의 목적에 협력해주지 않는다) 그러나 리드 박사는 미합중국에 귀국하게 되는 사고를 내서 즉시 작업은 우선 라디아 박사에 의해 시작되기도 했다. 그는 그를 포함한 약간의 다른 사람들과 함께 그 몸을 병독을 가진 모기에 일부러 물리기도 하였으나 결과는 없었다. 1900년 7월 27일 오후 라디아 박사로부터 얻은 모기를 가지고 전신에 물리기도 하고 이 모기는 실험실에서 알에서부터 부화, 성장한 것으로 황열 환자 4명의 피를 빨아드리게 하였다. 그 중 2명은 중증이고 2명은 경증이었다. 중증 중 첫 번째 환자는 20일전에 물렸고 두 번째, 세 번째, 네 번째는 각각 6일, 4일 및 2일 전에 물렸다. 두 번째 환자는 경증, 세 번째 환자는 중증, 네 번째 환자는 경증, 리드 박사에게 통신해서 모기설이 근거가 있는 것이면 그 외에는 충분한 양이다. 그래서 그것은 실현되었다. 2일 사이에 가벼운 전조증상 후에 8월 31일 병에 걸려 9월 1일 황열병 병원에 수용되었다. 그 외의 생명은 3일 사이에 어떠한 것도 기록된 것 없고 병증 일지에는 제5일째, 제6일 및 제7일째에 대략 오줌 속에 열성 단백이 8/10 및 9/10가 함유되었다고 기록되었고 아마 병에 걸린 날은 대략 1900년 8월 31일 라디아 박사는 다른 세 명과 함께 아마 같은 모기에 물렸던 것이다. 이 세 명은 비교적 경증이고 다른 사람보다도 일직 병상을 떠났다. 이렇게 해서 아마도 모기에 따른 병독 매개 증명은 첫 번째 사람이 될 것이다.

9월 17일 즉 내가 병상에서 떠난 후 5일째에 라디아 박사는 병에 걸려 며칠 동안 심각한 상태로 검은 피를 토하고 아프기를 일주일 만에 돌아가셨다. 황열은 이와 같은 것이다.

그는 시의 병원의 한 사람으로서 환자에게 다른 모기에 물리지 않도록 하려고 할 때 잠시 모기 한 마리에게 물렸다. 그는 그것을 스테고시아(주석에 그것은 매개체인 모기의 학명)라는 것을 깨닫지 못하고 크레크스(주석에 보통의 모기의 학명)로 생각하였다. 모기는 배불리 흡혈한다. 더욱이 그는 병에 걸리기까지 이 자극을 조금도 신경 쓰지 않았다고 그

때 나에게 말했다. 나는 그가 아프기 시작해서 제3일 혹인 제4일째에 만난 마지막 날, 그의 눈에 머물던 경악의 안색을 잊을 수가 없다. 횡격막의 마비적 수축은 검은 피를 토하게 하고 목전에 다가오고 그는 충분히 그 의미를 이해하고 있었다. 무서운 토혈은 즉시 일어났다. 그러나 아마도 병후 또한 루이 약으로서 그 후 그를 볼 수 없었다. 그를 구할 방법은 전혀 없었다. 라디아 박사는 부인과 두 아이를 남기고 떠났다. 그 한 아이는 생전에 결국 서로 만나는 기회는 없을 것이다."

카롤 박사는 이 시기에는 나았지만 몇 년 후에 다시 친구의 뒤를 따랐다. 그 원인은 또한 이때의 황열이 원인이라고 전해지고 있다.

그러나 그들의 희생이 헛된 것은 아니었다. 이 위원회의 성과에 따르면 일종의(그러나 유일한 한 종의) 모기가 황열을 일으키는 매개체라는 것을 증명하여 (위의 카롤 씨의 기사는 각 구절마다 그 문제에 중요한 자료가 되고 있다. 지금은 그 설명을 생략했다.) 그 결과 방법을 세웠기 때문에 지금까지 하바나시에 대유행은 즉각 멈추고 더욱이 다른 유행하는 지역에도 응용해서 같은 효과를 나타냈다. 그리고 그들의 열성적인 태도는 오랫동안 후진의 분발에 자극이 되었다.

지금은 세계적인 학자 노구치 박사가 위의 예에서 조금 비슷한 불행이 닥친 것은 학계에 있어서는 애석한 일이지만 그 성과는 카롤 씨 등의 때와 같은 것이라고 믿고 후일 기사에 오를 것을 기대하고 있다.

황열을 옮기는 모기는 조선에는 없고 그렇기 때문에 황열은 이 지역에서는 유행하지 않기 때문에 안심이지만 이 미담은 널리 전해질 가치가 있다고 생각하고 여기에 글을 올린 까닭이다. 〈38-39쪽〉

「모르핀 환자와 음락(淫樂)」, 『조선급만주』(제248호), 1928년 7월.

경성부 안에서는 모르핀 상습자가 오우곤초에서 니시고몬 사거리에 걸쳐 상당한 것으로 그 가운데서도 그들에 대해서는 몹시 해결하기 곤란한 것 같다. 상습자는 주로 조선인과 중국인이 많고 그중에는 일본인도 몇 명 있는 것 같은데 이렇게 모르핀의 상습자가 되어 애석하게도 귀중한 생명이 모르핀의 희생양이 되어 목숨을 바치는 것과 같이 역시나 그 원인은 성병과 큰 관계가 있는 것이다. 맹렬한 매독에 걸려 그 고통을 참으면서 치료하기에는 돈이 없고 심신이 다 망가진다는 것을 알면서도 모르핀은 싼값에 얻을 수 있었기 때문에 따라서 일시적인 고통을 누르기 위해서 처음에는 적량을 사용하지만 점차 중독이 되면 모르핀 없이는 보행도 못 하고 결국에는 모르핀 상습이라는 깊은 늪에 빠져들게 되어 버린다고 한다. 더욱이 모르핀을 주사로 맞아서 약 효과가 있는 동안에는 여자에게 접촉하면 모르핀 환자가 아니면 도저히 맛볼 수 없는 쾌감을 느낀다고 한다. 조선인이나 중국인에게 모르핀 환자가 많은 이유는 첫째, 이 음탕한 즐거움에 심취하려고 하는 색정에 의한 것이라는 설이다. 〈39쪽〉

아라세 스스무(경성대학 의학부, 荒瀬進), 「조선인의 신우(腎盂), 신잔(腎盞)의 연구」, 『조선급만주』(제249호), 1928년 8월.

　신우, 신잔이라고 하면 알다시피 실질적으로 신장에 생긴 소변이 모이는 비어있는 공간입니다. 전자는 넓은 삼각형과 같은 공간이고 물론 하나의 신장에는 한 개밖에 없습니다. 그런데 후자는 흡사 잔의 모양과 비슷해서 인간에게는 하나의 신장에 평균 10개 남짓 있습니다. 부록 사진을 봐주세요. "18"과 "131"이라는 숫자가 적혀 있는 부분이 신우가 되겠습니다. 그 범위, 크기도 가지각색이고 실제로 "131"이라는 기호가 적힌 분은 "18"이라고 적인 분에 비해서 상당히 크고 넓게 퍼져있음을 알 것입니다. 사진의 "18"이라고 적힌 분에게서는 끝부분에 버섯모양으로 보이는 둥근 것을 봐주세요. 이것이 신잔이라고 하는 것입니다. "131"이라고 적힌 분에게서도 부채꼴의 가장자리를 따라서 신잔이 4개만 있습니다. 그런데 위에서 언급했듯이 신우, 신잔은 동물에 따라 크게 모양이나 개수도 달라집니다. 인간이라도 인종에 따라서 상당히 그 모양이 다릅니다. 즉 백인종인 서양인과 황색인종인 우리 일본인, 중국인은 상당히 다릅니다. 그리고 또한 일본인이라도 해도 조선인과 일본인과는 또 다를 수도 있다. 그런데 앞서 말한 백인종, 본토 일본인에 대해서는 이미 힐텔 씨나 하우히 씨, 현 東北(도호쿠)대학의 長谷(나가타니) 부교수, 九州(규슈)대학의 野崎(노자키) 선배 등에 의해 훌륭한 연구가 끝났습니다. 여기서 나는 이러한 연구를 뒷받침하는 기분으로 조선인으로 해 보려고 합니다.

　그럼, 여러분 이처럼 하나의 장기(여기에서는 신장이라고 함) 속에 일정의 빈 공간을 입체적으로 관찰하기 위해서는 그 속에 밀랍 2 : 송진 1 (교토 가몬 박사의 안) 비율로 고형물, "셀룰로이드" 등을 주입시켜 그 형태를 얻는 것입니다. 나는 이 밀랍과 "셀로이드" 대신에 우드라고 하는 사람의 고안에 따라 "비스미트"(푸른 납)4.0, 납 2.0, 1.0 "카도시융"1.0이 되는 합금(융점 섭씨 60.5도)을 주입했습니다. 그리고 실험 신장에서 떼어낸 것이 부록 사진과 같습니다. 자세한 것은 너무 전문적이므로 생략합니다.

　이상으로 나의 연구의 동기 및 방법을 대략 아시겠습니까? 조선인의 신장으로 여러 번 해보았습니다만 아직 자세한 것은 정리되지 않았습니다. 그렇지만 많은 신우, 신잔의 형태를 얻었지만, 나는 앞서 말한 학자와 같이 대략 사진 "18"호와 같은 수지형이라고 칭하고, "131"호의 형태를 "앰플형"이라고 이름을 붙였습니다. 더구나 보시는 바와 같이 전자는 그 형태가 나뭇가지의 형태를 보이고 후자는 "앰플"이라고 하는 작은 병을 닮아 있기 때문에 이런 당연한 소위 "모범적" "정형적"인 표본은 스스로를 칭찬하는 격이 될지 모르나, 앞서 말한 전문가의 연구에서도 아직 관찰 안 되었습니다. 이 학문을 연구하는 학자들의 군침을 흘릴 정도로 원한다고 하는 귀중한 표본일지도 모릅니다.

여담은 그만하고 인간의 신우, 신잔은 그 형태가 천차만별이기에 대략 수지형, "앰플형"의 두 형태로 나눌 수 있고 여기서 규슈대학 노자키 선배에 따르면 본토 일본인에게서도 (나와 같이 "우드" 표본이 아니고 "피에로 그래피"로서 신우, 신잔에 "콜라골"라고 하는 약물을 넣어서 그것을 "엑스레이"로 찍고 사진에 의해 연구한다.) 수지형(동일분 삼분형)는 21.6%이고 "앰플형"(단, 그것은 기초형임) 18.9%이다. 그러나 이 수치에 대한 우리 조선인은 어떨까? 일본인에 비해서 훨씬 "앰플형"이 많지 않을까? 아니면 반대로 수지형이 적지 않을까? 나의 연구 결과는 여기에 올리지만 유감스럽게도 수치를 여기에 올릴 정도는 아니다. 독자 여러분, 후일을 기대해주길 바랍니다(1928.7.23). 〈31-32쪽〉

「최면술로 외과수술」, 『조선급만주』(제249호), 1928년 8월.

최근, 시카고 샌 루카병원의 환자인 어느 부인이 개복수술을 하지 않으면 안 되는 증상이 되어 같은 병원의 하로드 존 박사는 이 부인에게 최면술을 걸어서 완전히 마취제를 사용하지 않고 개복수술을 행하여 배를 절개하고 이것을 봉합하였습니다. 완전히 수술을 끝내고 나서 최면에서 깬 이 부인은 전혀 고통이 없었다고 말했다. 그리고 마취제 사용에 따르는 특유의 메스꺼움도 없고, 또 특유의 피로도 느끼지 않았다. 최면술을 실시한 것은 이 병원 심리과의 알프레드 솔로몬 박사로 수술실에는 외과 집도의 존 박사와 5, 6명의 간호사와 환자의 가족이 여기에 함께 서 있었다.

솔로몬 박사는 환자의 머리맡에 서서 "잠 들어라"라며 조용히 말했습니다. "당신은 바로 잠이 듭니다. 그리고 제가 손뼉을 치며 "잠에서 깨어나세요"라고 말할 때까지 꼭 편안하게 자고 있을 것입니다. 알겠습니까?"

환자는 끄덕이며 눈을 감았습니다. 수술실이 특별히 어두워진 것도 아닌데 10분 후에는 환자는 완전히 깊은 잠에 빠졌다. 존 박사는 환자의 팔에 번쩍이는 침을 찔러 보았는데 환자는 조금도 느끼지 못했다. 그러자 존 박사는 아랫배를 절개했다.

그리고 완전 솜씨 좋게 해낸 후, 봉합을 완전히 마쳤기에 솔로몬 박사는 "깨어나세요!"

라고 명하고 손뼉을 쳤다. 그러자 환자는 눈을 뜨더니 바로 "수술은 벌써 끝났습니까?"라며 물었다. "아니오, 아직 끝나지 않았습니다." 라며 두 명의 박사가 대답하고 "당신은 그냥 조용하게 누워 있으면 됩니다." 이렇게 해서 실제로 완전히 수술을 끝낸 후도 이상적인 좋은 경과를 보였다.

이 사실은 바로 미국 학계에 하나의 큰 이슈가 되고 있다. 위의 솔로몬 박사, 예일대학의 제임스 엔젤 박사 등은 미국에서 최면술의 대가로 10명 중 9명은 완전히 잠들게 할 수 있다. 이러한 유용 무해한 최면술이 완전히 외과수술 상에 응용되게 되면 의학계의 일대 혁명이다. 〈32쪽〉

히로타 야스시(경성대학교수 의학박사, 廣田康), 「성병에 대해서-"유령"과 "忠直(다타나오)경 행장기"의 일면 관찰」, 『조선급만주』(제249호), 1928년 8월.

우리나라에서도 화류병 법안이 올해 봄, 의회에서 통과되어 이번 9월부터 실시될 것 같은데 독일에서는 작년 10월 1일부터 실시되어 세계대전 이후 급격히 늘어난 성병환자에 대해서 그것을 예방하고 또한 완벽한 치료를 강구하려고 하고 있다.

성병 중에서 매독은 결핵, 한센병과 함께 3대 망국병으로 불리고 있는 것 중 하나이다. 감염된 당시 처음에는 생각보다 경증으로 등한시하기 쉬운 병이다. 그러나 이 병은 대체로 만성으로 진행되지만 때로는 이른바 전격성이라고 불리는데 상당히 급격하게 증세가 나빠지게 된다. 혹은 소위 유전 매독이라고 점차 불리고 있지만 유전이라고 하더라도 정자에 유전물질이 함유되어 난자와 결합하는 것과 같은 엄밀한 의미에서 유전은 아니다. 우선 태내 전염이라고 하는 학자가 비교적 많을 것이다. 결핵 또한 이런 의미에서 실로 유전된다는 것에 의혹이 제기될 따름이다. 폐결핵에 걸린 사람에게는 간간이 뇌의 기능이 상당히 예민해져서 다방면에서 보통사람 이상의 일을 해내는 경우가 많다. 고대의 천재라든지 위대한 사상가 등에게서도 간혹 이 병을 가진 사람도 있다. 그럼에도 매독이 뇌를 침범하면 두 번 다시 회복하지 못하는 상태에 이르게 해서 뇌의 기능을 지둔하게 만들어 이른바 바보 상태로 만든다. 그 결과 유능한 사람도 폐인과 같이 되버리는 것이다. 부모로부터 받은 강한 병독은 때때로 정도의 강약은 있더라도 이러한 병독이 있는 사람은 오랜 시간 동안 어떠한 정신적 결함으로 불행하게도 비극으로 끝나는 사람이 있다.

입센의 작품 "유령"의 주인공 오스 왈드와 그의 어머니가 나눈 대화중에서 오스 왈드가 자신을 낳아주신 부모를 저주하는 것과 같은 것이 적혀 있었는데 이것은 이 종류의 병독을 부모로부터 이어받은 경우의 비극을 취급한 것으로 많은 사람들이 알고 있다.

최근에는 菊地實(기쿠치 간)의 "忠直(다타나오)경 행장기"에 나오는 忠直 경의 여러 가지 난행은 菊地(기쿠치)는 그가 다이묘로서 주변의 사람들로부터 다루어지는 환경에 대한 혐오를 깨뜨리려고 하던 점에서부터라고 관찰한 것 같다. 실제로 그런 것도 있었겠지만, 그러나 結成秀康(유키 히데야스)의 병을 생각한다면 과연 그러한 것만으로 해석할 수 있을지 없을지 이다. 고문서에 의하면 대일본자료 중에 게이초 12년 윤 4월 8일, 結成秀康(유키 히데야스)는 34세에 죽었다고 하나 그 죽음의 기록에는 히데야스는 창병에 걸려 코 모양에 이상이 있었다. 창병이라고 하는 것은 당시 우리나라로 유입되어 이미 빈부귀천을 떠나서 전반에 걸쳐 전파된 매독이고 코 모양에 이상이 있다는 것은 매독 제3기의 고무종(여러 장기 내에 쌀알만 한 크기에서 달걀만한 크기의 결절이 형성되어 이것이 마치 고무와 같은 탄력성을 가지고 있어서 붙여진 이름)으로 불리는 가장 위중한 상태이다. 또한 가신이 아버지인 이에야스에게 히데야스의 병과 쾌유를 고했을 때 이에야스는 히데야스의 코 모양의 변함은 없는지 묻고 있다. 그러자 가신이 대답하기를 보통 때와 같지만 통증 때문에 아직도 약을 복용하고 있다. 그런데 이에야스는 뜻밖에 화를 내며 코를 잘 보이게 하기 위하여 세공을 한다는 것은 이에야스의 자식이 태어나 미카와노 가미(미카와 지방의 장관)가 되고, 한편에 대장군이 되려고 하는 자에게 아주 어울리지 않는다고 말하였다. 결국 히데야스에 대해 그날 대면은 거절했다고 하는데 그것을 보더라도 忠直(다다나오)의 아버지 秀康(히데야스)는 34살이라는 나이에 매독으로 죽은 것은 확실시되고 있다. 다다나오는 아버지 미카와노 가미의 병독 혹은 그러한 병독에 걸려 점차 변해가는 성격을 이어받아서 성장함에 따라 점차 정신상에 약점과 결함이 생겼다고 생각한다.

유전 매독은 단지 피부 이외에도 여러 종류의 증후가 일어날 뿐 아니라 이러한 사실 등을 감안해서 관찰하는 것은 그 자손의 후손에게까지도 영향을 미치는 실로 심각한 것이다. 또한 매독은 足利(아시카가) 시대부터 우리 일본에 들어온 것이다. 전국시대의 여파를 받아서 德川(도쿠카와) 가의 초기에는 이미 다이묘, 사농공상, 상하계급까지 넓게 침투해 있었다. 그래서 이 병은 아주 옛날부터 여러 가지로 연구되어 다양한 요법이 강구되어 왔다. 옛날부터 염화칼륨이 효과가 있다고 해서 사용되어졌고, 그 후 수은 요법이 행해지고, 현재는 잘 알려진 살바르산 주사가 가장 효과가 있다고 한다. 살바르산은 비소의 화합물질로 독일의 에를리히, 우리 일본의 泰(하타) 씨 두 사람이 연구해서 성공한 것이다. 최근 5, 6년 이래 창연제(비스무트가 들어간 약제)가 효과가 있다고 해서 사용되어지는 것 같은데 그 효과는 우선 살바르산 다음 가는 것이다. 또한 말라리아 요법이 최근 행해지게 되기까지 발전하고 있다. 그것은 말라리아 환자의 혈액을 매독 환자 또는 그로 인한 정신병 환자에게 적용하는 방법으로 차선요법으로서 앞서 말한 살바르산 주사 등을 자주 이용하고 있다.

각종 요법이 나와 행해지고 있지만 매독에 한하지 않고 성병은 다른 병과는 달리 인간의 약점을 폭로한다는 느낌을 가지고 있어서 그런지 일반적으로 이 병에 대한 치료 등도 제대로 되지 못하는 경향이 있다. 유럽 대전 후, 유럽에는 남자 인구가 급격히 줄고 특히 베를린은 여자 22명 대 남자 1명의 비율에 이르게 되고 자연 성병 등도 상당히 많이 분포되어 있을 지경이다. 독일에서는 매춘부의 강제적 검사에 대해 자발적으로 검사를 받아서 고치려고 하지만 이 병에 걸리게 됨에 따라 세상을 원망하고 사람을 저주하는 것과 같은 기분이 들어 빈발해지는 사람이 많아지면 사회시설상 결코 등한시해서는 안 될 것이다(글에 대한 책임은 기자에게 있다.). 〈39-40쪽〉

우라베 히로미(개업의원, 占部寬海), 「물리적 적극요법의 제창」, 『조선급만주』(제249호), 1928년 8월.

오늘날 의사는 주로 많은 급성 환자를 진료하고 있어서 그런지 어쨌든 모든 방법이 소극적이며 안전제일 우선주의로 첫째도 안정, 둘째도 안정, 음식물이라고 하면 언제든 자양물, 소화물에 노력해서 한 풍우를 피해 특히 미균을 상당히 두려워하며 그것에 접촉시키지 않기만을 고심하고 있다. 역시나 이 소극적인 방법은 급성 환자에게는 우선 무난한 방법일지 모르나 혹시나 병이 만성이 되면 소극적인 이 방식만으로는 완전히 건강한 신체로 단련시키는 것은 절대적으로 불가능한 것이다.

여전히 우습게 느끼는 것은 역시나 몸은 절대안정으로 편안하게 보이지만 만약 그 병에 걸린 사람이 자신의 내면을 본다면 너무 한가로이 있는 것은 좋지 않다고는 할 수 없지만 심중의 잡스러운 망상은 몸이 편하면 편할수록 자주 일어난다는 것이 사실이다. 그렇다면 모처럼 절대안정을 취한들 아무런 도움이 되지 않는다. 실로 절대안정이라고 하면 육체의 안정과 함께 마음속도 청정무구한 평화스러운 기분이 들지 않으면 안 된다. 완전히 득도해서 괜찮다면 몰라도 평범한 보통 인간은 육체를 절대안정을 취하고 어떠한 망상도 하지 않는 것은 좀처럼 쉬운 일이 아니다. 급성으로 위험한 환자는 어쩔 수 없이 육체의 안정을 엄수하지 않으면 안 되지만 만약 병이 만성으로 진행되어 별 위험도 느끼지 못할 경우에는 오히려 적당하게 심신을 사용해서 잡념망상을 없애고 병을 잊는 것이 중요하다. 종래의 보건, 위생이라는 소극적 사상에서 벗어나 최선을 다해 적극적이고 강한 마음가짐으로 나아가는 것은 가장 건강을 바라는 사람 모두가 꼭 놓쳐서는 안 되는 부분이다.

위나 장도 너무나도 중요한 부분으로써 계속 소화가 쉽고 자양분이 많고 좋은 음식만 섭취한다면 그 힘은 점점 약해진다. 오히려 만성의 위장병 환자에게는 조금씩 소화가 잘 안 되는 것도 어떠한 공포심 없이 섭취시키는 것이 좋은 성과를 올리고 있다. 중요한 것은 잘 씹어서 맛을 느끼며 먹을 것, 위의 80% 찰 정도로만 먹을 것, 식사 때마다 진짜로 공복을 느끼지 않고서는 절대로 먹지 않는 것이 무엇보다 중요하며 이것이 건강한 위장을 지키는 법이라고 믿고 있다. 위 건강 소화제 등은 특별한 경우를 제외하고는 거의 필요하지 않다. 적극적인 음식 절제의 단련은 지금 일본이 처한 국민병인 위장병을 근본적으로 치료하는 유일한 방법이라고 믿는다.

또한 단백질, 지방, 탄수화물의 3대 영양소 즉 칼로리 등의 문제가 너무도 고조되어 특히 단백질, 만능주의가 일시적으로 전 세계에 유행하여 19세기 후반에서 20세기에 걸친 의학은 이 영양문제로 압도되어 있었으나 그것도 지금 생각해보면 너무나도 형식적인 독일의학의 모방이었고 독일 뮌헨의 의사 포이트 씨가 발표한 성인 1일 기준 식사 열량은 2,400칼로리 등이라고 하는 설이 그대로 받아들여졌던 것이다.

이미 현재에는 일본인에게는 일본인 특유의 3000년이나 내려오는 유전적, 습관적 또는 기후풍토의 관계 등이 고려되어 그러한 것이 모든 면에서 상당히 다른 인종의 흉내를 내는 것은 근본적으로 문제라고 판단하게 되었다.

소위 육식 만능, 칼슘, 요오드 시대도 이미 지났고 최근에는 비타민이 만능이 되어 채식주의, 백미공격주의 의사도 나오고 있다.

이 음식 문제만으로도 자세하게 말하려면 끝이 없고 여기 한계가 있는 지면에서 아주 일부분을 말하는 것도 어렵지만 결론부터 말하자면 모든 것은 극단적인 것은 안 좋은 것으로 중용을 지키는 것이 가장 좋은 방법이라 생각한다. 그러고 보면 일본인치고는 풍토, 기후, 습관 등으로부터 역시 쌀과 야채를 주식으로 하고 더욱이 부인, 소아, 노인, 허약한 사람을 빼고는 적절하게 새, 동물, 어육을 섭취하는 것이 타당하다는 말을 믿는다.

영양이라고 하는 점에서도 나의 경험으로 말하자면 음식의 영양가를 운운하는 것보다 우선 그것을 소화, 흡수하는 위장의 능력을 증진하는 것이 먼저 해결되어야 할 문제이다. 즉 그 사람의 위장의 소화, 흡수력의 범위 내에서 조금 적은 듯이 음식을 섭취하는 것이 무엇보다 중요하다. 메치니코프의 자가중독설에 따르면 사람의 위장에 소화력 이상의 음식섭취와 너무 농후한 맛에 길들여지는 것은 단지 위장을 과로시킬 뿐 아니라 소화불량의 결과를 일으키는 이상발효물이 점점 장벽에서 흡수되어 그것이 혈액 중에 들어가 전신의 기관에 장해를 일으켜 심지어는 노망의 원인을 일으키기도 한다. 실제로 옛날부터 건강하게 장수를 지킨 사람들 모두가 한결같이 채식주의, 소식주의를 실천한 사람들을 보더라도 알 수 있다.

나도 이 자양만능식의 의학에 휘둘려 아깝게도 청춘시대를 멍청하게도 고생만 하고 헛된 요병생활을 지내왔던 한 사람이다.

모두 소극적, 예방적 안전 제일주의를 외치는 오늘날 의학은 점점 인체의 저항력을 떨어뜨리고 있기 때문에 세계 문화와 함께 인간의 건강이 날마다 저하되고 있는 것은 너무나 보수적, 연위생의 결과이다. 세상이 문명화 되어 교통기관이 점차 완비됨에 따라 인간들의 다리의 힘이 감퇴하는 것과 같이 의식주 모든 것이 윤택해질수록 인체의 저항력은 약해질 뿐이다.

근래 도시의 상류사회의 인간들 사이에서는 특히 흔하게 진단되는 당뇨병, 동맥경화증 것과 같은 난치의 병은 그 근원은 모두 포식, 운동부족, 두뇌의 과로라고 하는 부자연스런 생활에서 오는 것으로 오늘날 소위 문화인은 지금 조금이라도 마음에서 조의, 조식에 익숙해지고 불, 물, 흙, 바람과 친하게 지내면서 자연에 벗어나지 않도록 노력하는 것이 가장 중요하다고 생각한다. 신체의 저항력이 약한 부분에는 병균이 침입이 시시각각 그 위력을 일으켜 돌아다닌다. 그들의 걸식 등이 몇 시간이나 지난 부패한 것을 먹고도 혹독한 더위, 엄동설한에 취해서 보통사람이 도저히 견디지 못하는 생활을 아무렇지도 않게 지내는 것도 완전히 그 신체의 저항력이 단련되어 스스로 이겨냈기 때문이다.

좋다고 병균에 접근할 필요는 없지만 이 세상에 살고 있는 이상, 병균에 접촉되지 않는 것은 절대로 불가능한 일이다. 그리고 보면 어떠한 병균에 접촉되어도 그것에 저항하고 그것을 견디어낼 만한 체력을 평소부터 키워두는 것이 우선 해결해야 할 문제가 아닐까. "적이 공격해 오지 않기만을 기대하지 말고, 언제 공격해 오더라도 맞서 싸울 준비를 해두어라"라고 하는 병법의 의미가 병균과의 싸움에서도 멋진 전술이라고 생각한다. 반복해서 말하지만 정신적으로도 육체적으로도 어떠한 병마가 덮쳐도 결코 그것에 당하지 않을 만한 강한 심신의 저항력을 양성하는 것이 무엇보다 중요한 것이라고 확신한다.

또한 오늘날 의사의 임무는 일반적으로 스스로 병을 만드는 자에게 어떻게 해서든 건강한 몸으로까지 끌어올리는 것은 험난한 산과 같아서 인류의 건강을 보다 증진시키려고 하는 방면에서는 거의 손도 대지 않고 있다고 해도 과언이 아닐 정도이다. 현재 세상에 화제가 되고 있는 체육가, 심신건강법 의전사라고 하는 사람은 거의 대부분이 의사가 아니고 정말로 의학을 수료한 의사는 완전히 그것을 방관한 상태이다. 나는 의사라는 사람의 사명은 결코 소극적의 보건, 위생적인 것뿐만 아니라 백천간두 진일보하여(전력을 다해서) 어떻게 하면 인류의 건강을 보다 증진시킬까라고 하는 보건부흥, 단련의 방법을 연구하는 것도 필요하다고 생각한다. 〈40-42쪽〉

가가 겐(순화병원장, 加賀見) 씨 담화, 「말라리아와 이질」, 『조선급만주』(제249호), 1928년 8월.

말라리아는 일반적으로 "삼일열"이나 "사일열"로 불리고 있는 것으로 일본에서 말하는 "오코리(학질)"도 그것이지만 조선에서는 풍토병이라고 한다. 그러나 아프리카에서 발생하는 말라리아 정도 악성은 아니다. 말라리아에 걸린 사람은 "삼일열"이라면 하루건너 "사일열"이면 이틀 건너 40도에서 고열이 나타나고 오한을 느끼며 몸을 덜덜 떨기 때문에 초심자에게도 알기 쉬운 증상이 나타난다. 말라리아의 병원체는 판명되고 그 매개를 이루는 것은 하마다라모기(羽斑蚊)라고 하는 일종의 모기이다. 이 모기는 얼핏 봐도 알 수 있지만 보통의 모기보다 조금 커서 그 이름에서도 알 수 있듯이 날개에 점이 있고 꼬리를 들어 벽에 머무는 습성을 가지고 있다. 또한 이 모기는 아무 때나 나오지 않고 저녁 무렵에 나오기 때문에 시원한 저녁 산책이나 발코니에 누워있거나 시원한 얼굴이라도 하고 있으면 그만 물리고 만다. 어떻게 해서 매개하는가 하면 역시나 발진티푸스에 풍과 같이 이 모기가 말라리아 환자의 피를 빤 병균이 모기의 장기 속에서 발육하여 그 모기의 타액 중에 균이 나오는 것으로 이 병균을 가진 모기에게 물리면 즉 말라리아에 걸리지만 환자에게 직접적으로 전염되는 경우는 없다.

이 병에는 퀴닌이라고 하는 특효약이 있고 대부분은 치료되는데 몇 사람은 고열이 간헐적으로 나기 때문에 나빠지면 1개월이나 2개월 지남에 따라 쇠약해져서 죽는 경우도 있다. 비장이나 뇌신경 등을 침범해 다른 병을 합병증이 생길 수도 있다. 그것이 이 병이 두려운 이유이다. 또한 일시적으로 치유했다고는 하나 소위 보균자가 되어 다음해에 이월되어 그 해의 말라리아의 원인이 되기도 한다.

말라리아의 조사는 대만에서는 일찍이 해보았지만 조선에서 말라리아는 세간이 시끄러울 정도로 실제로 많은지 적은지는 조사해 보지 않으면 모르는 일이겠지.

참외가 나올 때가 되면 이질이 여기저기서 나온다. 그렇다고 해서 참외가 아주 나쁜 것은 아니고 오히려 여름철은 신선한 것을 취할 필요가 있다. 결론적으로 과식해서 위장을 혹사시켜 이질균이 침입하는 것이다. 이질균에는 많은 종류가 있지만 시가(志賀) 박사에 의해서 발견된 시가균을 본형이라 하고 그와 반대로 다른 많은 이질균을 이형이라고 불리고 있지만 본형이 일반적으로 악성이고 이형 중에도 상당히 악성인 것이 있다. 어떤 것이 꼭 악성이라고 단정하지는 못한다. 이질의 예방주사도 있는 것 같지만 실제로 사용해서 아직까지 반응이 강한 탓에 사용할 수 없다. 학문의 이론대로 실제로 사용하지 않은 것인지 아니면 이론과 실제가 서로 맞지 않는 것인지 모르겠으나 이질 예방주사는 보편적으로 사용되지 않고 있다.

조선의 방역에 대해 회고하자면 문화가 발전함에 따라 점차 성공적으로 해내 왔다. 광무 몇 년에는 천연두가 대유행을 해서 그로 인해 쓰러지는 사람을 헤아리지 못할 정도였다. 또한 십 년 전쯤에는 콜레라가 유행함에 따라 경성도 매일 1천 명, 2천 명이 쓰러졌다고 하는 역사도 있지만 근래 천연두도 콜레라도 그다지 보이지도 않고 간혹 콜레라 환자가 나와도 대유행이 되기 전에 방지하고 있다. 천연두에 조금은 접촉하고 싶다는 생각이 들지만 종두가 장려되어 완전히 예방할 수 있게 되었다. 그것도 문화의 소중한 재산이 되어 방역시설의 진전을 나타내는 것이겠지. 그러나 병의 원인도 잘 알려져 있고 예방법도 대중에게 잘 알려진 티푸스의 대유행 등이 있기 때문에 문화가 발전했다고 하나 아직까지는 방역시설을 하루라도 소홀히 해서는 안 된다.

작년 이 무렵에 비해 순화원의 입원환자는 많고 비교적 많이 바쁘다. 이질 등도 2, 3건 있지만 선홍열 환자가 비교적 많고 23명 정도 된다. 더욱이 조선인 사이에서는 그다지 볼 수 없었던 선홍열이 올해는 조선인 환자가 많다고 하는 것도 흥미로운 현상이라 생각한다. 선홍열과 디프테리아가 함께 발병한 환자도 있고 티푸스 환자도 몇 명 입원하고 있다. 순화원 뿐만 아니라 다른 병원에서도 전염병 환자가 있기 때문에 경성에 있는 전염병 환자는 상당함을 알 수 있다. 입원환자 대부분은 그 결과가 양호하고 사망률도 크게 신경 쓸 정도는 아니며 경과도 좋은 편이라 생각한다. 그러나 그 다음부터가 이질, 말라리아, 티푸스 등의 발생 계절이기 때문에 좀처럼 방심할 수 없다. 일반적으로 폭음 폭식을 해서 위장을 약하게 하는 것은 무엇보다 나쁜 것으로 그 점은 꼭 주의해야 할 것이다. 〈42-43쪽〉

「부인 양생」, 『조선급만주』(제251호), 1928년 10월.

경성 부인병원장 工藤(구도) 닥터와 잘 알고 지내는 사람이다. 구도 닥터는 유럽과 미국을 두 차례나 돌면서 각국의 부인병과 치료법을 비교 연구해 조선에서는 그 분야에 권위가 있는 사람이라면 누구나 아는 사실이다. 그 사람이 전문 지식과 다년에 걸친 실험을 통하여 쓴 것이기 때문에 본서는 얼마나 유익하고 더욱이 부인이라고 하면 병자 및 여하 불문하고 한번 읽어 둘 필요성에 대해서는 말할 것도 없다. 외음부의 질환, 유방의 질환, 질의 질환, 자궁의 질환, 난소 및 나팔관의 질환, 여성 비뇨기 계통의 질환, 여성의 항문병 및 부인과병의 반사병상, 대하(냉) 및 질 세척론, 임신론 등 10장에 걸쳐서 자세히 설명되어 있고 부인병 사전이라고 불릴만하다.(정가:3원, 발행소: 경성 기타요네쿠라 경성부인병원) 〈53쪽〉

고이케 시게루(의학박사, 小池重) 씨 담화, 「장수와 건강」, 『조선급만주』(제252호), 1928년 11월.

장수 그리고 건강

이번 가을 거행하는 중대한 의식에는 80세 이상의 고령자에게 나무로 만든 잔과 술값을 드린다는 이야기가 있습니다. 이것에 대해 생각해보면 다른 나라는 어쨌든 우리나라에서는 80세 이상을 장수로 보고 있습니다.

신문 보도에 따르면 일본 전국의 약 7천만 명 중 80세 이상의 고령자는 2만 몇 천 명, 또 100세 이상의 고령자는 2백여 명 정도 된다고 합니다. 이 중에는 장수하면서 또한 건강한 사람도 있고 혹은 건강하지 못하여 약에 의존하면서 단지 수명을 연장하는 사람도 있습니다.

올해 봄 92세로 돌아가신 大倉鶴彦(오오쿠라 쓰루히코) 어르신 같은 사람은 실제로 장수하면서 건강한 사람의 표본입니다. 현재에도 淺野(아사노) 후작, 東郷(아즈마) 백작, 石黑(이시쿠로) 자작, 澁澤(시부사와) 자작과 같이 또는 사업가로 유명한 淺野(아사노) 노인처럼 모두가 전부 장수하시면서 건강한 분들입니다.

건강 파탄이란

사람이 건강해지기 위해서는 위장(소화기)이 강건하지 않으면 안 됩니다. 호흡기가 강건하지 않으면 안 됩니다. 혈관계통(순환기)이 강건하지 않으면 안 됩니다. 이렇듯 생활에 필요한 장기가 동시에 동등하게 건강한 기능을 발휘하는 동안은 건강을 유지할 수 있습니다. 만약 그 중 어느 하나가 고장이 나서 이상을 초래하는 경우에는 건강상에 균형이 깨지는 것입니다. 그리고 그 고장이라고 하는 것은 선천적 혹은 후천적, 내면적 또는 외면적으로 일어나기 때문에 그러한 장기의 건강증진을 꾀하는 기능의 남용을 피해 휴양을 취할 수 있도록 주의하는 것이 중요합니다.

일부의 약점

40, 50세가 되기 전까지 아직 병에 걸린 적이 없고, 다른 사람도 건강을 부러워하고 스스로 강건함을 자부하고, 다른 사람의 2배, 3배나 활동하는 사람이 어느 날 갑자기 뇌일혈(뇌졸중)로 타계하는 경우가 세간에 적지 않다. 최근 나의 동업자도 이와 비슷한 경우가 두, 세 번 있었습니다. 현재도 왕성히 일하고 있는 대의(일왕의 진찰 및 의약을 담당하는 의사) 선임인 土屋(토야) 박사의 사망도 이와 같은 일례입니다. 이분은 위장도 호흡기도 건강하고 근골도 강건하였지만 혈관계통의 일부에 약점이 있었기 때문이라고 봅니다. 의사회

에서 희망 상담소 일이 끝나고 친구와 몰입해서 바둑을 두던 도중에 가슴 압박 및 답답함을 느끼고 괜찮아질 때까지 누워있었는데 1시간도 지나지 않아 그대로 저세상 사람이 되었다고 합니다. 뇌졸중이나 협심증이나 둘 다 약 55세 연령이었다.

질병의 원인

앞서 말한 것과 같이 신체 장기 어느 일부분에 한해서 약한 곳은 어떤 원인에 의해 생기는 것일까? 대부분의 경우는 유전적 관계에 의한 것이라고 설명하고 있고 그 외의 경우에는 후천적, 즉 생후, 청년 시대, 장년 시대에 비위생적 생활, 예를 들면 알코올 함유물의 폭음, 과도한 흡연, 불결한 관계, 과격한 운동, 그 외에도 다양한 불량생활이 축척되어 나중에 질병의 원인이 되고 또는 질병에 대한 저항력을 박약하게 하는 소지가 되고 있습니다.

발병의 원인

알코올 중독이라든지 매독이라든지 하는 것은 신경계나 혈관계에 나쁜 영향을 끼쳐 건강에도 수명에도 좋지 않은 결과를 초래하게 됩니다. 과도한 흡연은 호흡기에 유해합니다. 과식폭음, 과도한 방사, 그 외에도 과로 특히 정신적 과로는 종종 심신을 피로하게 해서 발병의 원인이 되기도 합니다. 그러므로 건강을 해치고 수명을 단축하는 것입니다. 최근 69세의 체격이 좋은 노인이 각기병으로 때때로 가슴 통증 및 압박을 느끼고 사업 때문에 심신과로에 불면증까지 생겼습니다. 소변에는 비정상적이게 혈당 180 이상이나 나오자 휴식이 우선이라고 조용히 누워있기를 권해드렸는데 어느 날 제멋대로인 사람이 현관에 와서 부인의 하인과 말싸움하는 것을 듣고 노인이 스스로 일어나서 나와 쫓아 보냈지만 눕는 동시에 가슴 통증을 호소하면서 결국에는 영민하고 말았습니다. 만약에 스스로 나가지만 않았더라도 이렇게까지 악영향은 없었을 것이다.

유전과 예방

사람은 용모와 모습, 피부와 모발, 성질과 체질이 유전되듯이 수명 또한 유전합니다. 정신병이나 뇌졸중의 유전적 관계가 있다는 것은 세상 사람들이 다 알고 있는 사실입니다만 그것이 언제 발병하는지에 대해서는 누구도 예지할 수 없습니다. 그러나 예방하는 의미에서 발병의 원인을 만들지 않도록 평소부터 신경을 쓴다면 발병하는 일 없이 천수를 누리든지 혹은 발병하더라도 소위 장수를 누리고 나중에 처음으로 발병한다면 그만한 인생의 행복은 없을 것입니다. 단명의 가계의 사람도 마찬가지로 한꺼번에 과도하게 체력 정력을 소모하지 않는 것이 필요하고 또한 유력한 조건입니다. 〈63-64쪽〉

무토 다다쓰구(경성의학 전문학교 조교수 의학박사, 武藤忠次), 「질병과 유전」, 『조선급
　　만주』(제253호), 1928년 12월.

　유전이라고 하면 왠지 언뜻 어려운 것 같다. 자연과학에 대해 조금이나마 공부했던 사람
이 아니라면 알지 못하는 사람도 있다. 그러나 유전이라고 하는 것은 구태여 멘델이 말하
지 않았어도 유전된다는 사실은 알려져 있다. 오래 전 일본인은 멘델을 몰라도 "부모를 닮
지 않은 자식은 도깨비 자식"이라고 하는가 하면 "오이의 씨에서 가지는 나지 않는다."라고
했었다. 즉 부모의 용모, 성질은 자식에게 전해지는 것으로 알고 있다. 더욱이 그것이 유전
학의 시작이다. 이런 속된 말은 아주 많으며 게다가 오늘날 어떤 사람이라도 알고 있는 사
실이다. 즉 유전학의 첫걸음은 누구라도 알고 있다고 할 수 있다.
　그 정도로 부모의 형태적 혹은 정신적 형질은 그 생식세포를 통해서 자손에게 대대로 잘
전해진다. 양부모가 현명하면 그 자식도 현명한 것은 당연한 것이다. 누구라도 자기의 자
손이 번영하기를 바라며 또한 자식이 현명하기를 바라는 것은 자연스러운 것이다. 따라서
누구라도 현명한 남편을 얻으려고 기원하고 똑똑한 부인을 얻으려고 노력한다. 그러나 세
상에는 그렇게 쉽게 자기가 원하는 대로 되지 않는다. 그렇지만 될 수 있는 한 우리가 민족
번영을 위해 이 방법에 맞춰 노력해야 하는 이유는 더욱이 여러 말 할 필요가 없다. 진화론
에서 유명한 찰스 다윈은 그의 아버지에게 로버트 워링 다윈의 DNA를 가지고 있어 그는
직감이나 일상의 관찰에 천부적으로 예리했다고 할 수 있다. 더욱이 그 사람은 유명한 철
학자이면서 생물학자인 아버지를 가지고 있다. 이 다윈은 아버지로부터 대대로 천재적인
형통을 이어받았을 뿐 아니라 그의 어머니 수재나 다윈은 유명한 도공의 딸이다. 부모 양
쪽으로부터 좋은 천재적인 형질을 이어받은 다윈이 천재적인 생물학자가 된 것은 당연한
일이겠지.
　그리고 이런 말도 있다. 어떤 사람이 어느 에드워드 가인 가계를 조사한 결과, 1900년에
는 그 자손의 수가 1,394명이었는데 그중 295명이 대학 졸업자이고, 13명은 위대한 학회
의 회장이고 65명은 대학교수이며 60명은 유명한 의사이고 100명은 전도사 혹은 신학 교
수이고 75명은 육해군사관, 60명은 명성 있는 여자 기자였다. 또한 100명 이상도 법률가
이고 그중 한 사람은 미국 제1호 법학교수라고 하는 사람이다. 30명도 판사이고 그 외, 다
수는 훌륭한 사람들을 배출하고 더욱이 한 사람의 범죄자도 나온 적이 없을 정도로 아주
완벽하고 좋은 가계였다는 것이다.
　그와 반대로 악질의 유전도 상당히 강력하게 나오는 것 같다. 어떤 사람의 조사에 따르
면 아메리카 평화전쟁 때 어느 청년이 저능아인 소녀와 불순한 관계를 맺어 자식을 낳았는
데 그 자식도 조금 저능하고 그것이 이후에 180명의 직계 자손을 낳았는데 그중 143명은

저능하고 3명은 ■ ■이 있고, 24명은 술을 마시고 33명은 매춘부가 되고, 3명의 범죄자도 나오고 8명은 창가의 주인이 되고 그 외에도 요절 혹은 불분명하였다.

이러한 예는 도저히 셀 수 없을 정도로 아주 많다. 이처럼 천재 또는 악당이 잘 유전될 뿐 아니라 어떤 종류의 질병도 유전되는 사람이 있다. 여기에 주의하지 않으면 안 되는 것은 태아가 자궁 내에서 생활하는 동안에 병원균이 모체에서 태반을 통해 태아에게로 옮겨져 신생아는 태어나면서부터 질병을 가지게 된다. 더욱이 우리는 자주 이와 같은 유전이라는 단어를 사용하여 유전 매독 기타 등등이라 부른다. 결핵도 이와 같다는 것은 안쉐 및 참프랑크가 보고했다. 그러나 이것은 실제로 유전이 아니다. 태반감염에 따른 것이다.

게다가 질병 중 유전하는 것에는 질병 그 자체를 혹은 병적 상태를 그대로 유전하는 경우도 있지만 많게는 그 질병을 일으키는 소질이 유전되는 경우가 많다. 즉 소질을 가진 자는 보통 사람 즉 소질을 가지고 있지 않은 사람이 질병에 걸리지 않는 것처럼 경도의 원인에 따라서 쉽게 질병을 일으키는 것이다. 예를 들면 결핵균이 체내에 들어오면 반드시 결핵을 일으킨다고는 할 수 없다. 결핵균이 체내에 들어와 아주 많은 양으로 증식하든가 아니면 한꺼번에 많은 양의 결핵균이 침입함에 따라 신체의 면역력이 약해져서 결핵병을 일으키는 것이다. 소질이 있는 사람은 이보다도 소량의 결핵균에 의해서도 질병을 일으킨다. 즉 그 질병에 걸리기 쉬운 체질을 유전하게 되는 것이다. 특히 결핵과 같이 태어날 때에는 결핵병이 없어도 결핵에 걸리기 쉬운 소질을 물려받은 것이다. 나는 그러한 예를 다수 보아왔다. 어느 가계처럼 36명 중 17명도 결핵에 의해서 쓰러지는 경우가 있다. 이런 것은 공동생활 중에 전염될 가능성이 많은 것은 물론이지만 그 소질의 유전되었다는 것은 말할 것도 없다. 우리는 예방의학에서 결핵병을 박멸하지 않으면 안 되지만 근본적으로 우리의 자신의 신체를 체질병 이론학상 개선하지 않으면 안 된다.

암도 이와 비슷하다고 할 수 있다. 암은 전염되는 것이 아니기 때문에 더욱 그 사이에 관계를 여실하게 나타내는 것이다. 또한 태어나면서부터 암(종양)을 가지고 있는 사람은 없다. 일반적으로 그런 일은 없다고 한다. 많게는 40세 이후가 되어 발생하는 병이다. 일찍이 야마기와 박사는 다이쇼 4(1915)년 일본 병리학회에서 그것에 관한 연구를 발표하였다. 그 내용 중 브로커라고 하는 사람의 보고를 기록하고 있는데 그 내용은 유방암에 걸린 한 부인에게 4명의 딸이 있는데 2명이 그 유방암에 걸리고 나머지 2명은 간장암에 걸렸고, 그중 두 번째의 간암으로 쓰러진 딸의 3명의 딸 중 3명은 유방암으로 1명의 딸은 간암, 1명의 딸은 위암으로 죽었다고 한다. 게다가 이 첫 대의 부인에 세 번째 딸의 자식, 즉 손녀는 그중 3명이 역시나 유방암이고, 1명은 간암, 나머지 1명은 자궁암으로 쓰러졌다고 한다. 이러한 것은 극단적인 예지만 비슷한 예는 상당히 많다. 즉 암은 그 소질이 유전되는 것이다.

질병이 유전하는 것은 이렇듯 소위 소질이 전해지는 것이 많다. 특히 피부의 색소침착 이상이 유전되는 경우가 많은데 또한 이런 재미있는 예도 있다. 모친의 양 볼 등에 다수의 모반(점)이 있으면 그 2명의 딸에게서 1명은 4세 때부터, 나머지 1명의 딸은 4세이지만, 어머니와 똑같은 곳에 모반이 생긴 것을 발견했다고 한다.

그러나 선천성 기형 등과 같은 병적인 상태도 잘 유전되는 경우가 있다. 그런 것은 이미 태어날 때부터 기형을 가지고 있기 때문이다. 특히 손가락의 과다증이다. 보통은 손가락이 5개인데 6개이거나 반대로 손가락이 부착되어 있기도 하고 언청이라고 하여 윗입술이 갈라져 있기도 하는 것은 잘 유전된다고 한다. 또한 피부 색소 이상과 같은 것도 내가 알고 있기로는 모친의 모반이 있었는데 그 딸에게도 모친과 완전히 똑같은 곳에 모반이 태어날 때부터 있었다고 한다. 이런 모반은 피부에 있는 멜라닌 색소가 다량으로 극지적으로 존재하는 것인데 신체 전체에 이 멜라닌 색소가 없는 소위 백아라고 하는 것이 있다. 그것도 백아와 백아의 부모로부터는 백아가 태어난다는 것이다. 그러나 백아와 보통 사람과 결혼해서 아기가 생긴 경우에는 보통의 색을 가진 아이가 태어난다. 즉 백아는 열성유전이다. 난쟁이와 거의 똑같은 관계라 할 수 있다.

여기에 또 흥미로운 유전병이 있다. 그것은 색맹과 혈우병이다. 안질환으로는 잘 유전되는 것이 있는데 색맹은 색채를 감지하는 기능의 일부 또는 전부가 결핍되어 있다. 그중 빨간색과 초록색이 회색으로 보이는 적록색맹이 가장 많다. 더욱이 이 병은 100명 중 4명 정도로 많다. 그러나 여자에게는 아주 적다. 이것은 색맹인 아버지와 건강한 어머니에게서 태어난 딸은 그 자신은 색맹은 아니지만 그런데 이 여자가 건강한 남자와 결혼해서 자손을 낳고 자손 중 남자는 색맹이 된다. 즉 딸은 아버지로부터 색맹의 유전물질이 유전되고 있다. 그리고 아버지로부터 직접 받은 남자아이에게는 전해지지 않는다. 단지 여자아이를 통해서 남자에게 나타나는 것이다.

혈우병라고 하는 것은 신체가 손상되었을 때 혈관에서 피가 나와 보통은 나온 혈액이 응고해서 출혈이 멈추지만, 이 병은 혈액 응고의 기능이 저하되어 있기 때문에 출혈이 생기면 좀처럼 피가 멈추지 않는 병이다. 그러나 동양에서는 이런 경우는 적은 것 같다. 이러한 까다로운 병이 더욱이 남자에게서만 나타난다는 것이 흥미롭다. 이것에 대해서 로센이라고 하는 사람의 보고를 보면 만페르라고 하는 가계의 5대는 207명이 있었다. 그중 남자가 111명인데 이 중 37명이 이 혈우병으로 죽었고 반면 여자는 전혀 이 병을 앓지 않았다. 그러나 이 혈우병인 남자와 건강한 여자가 결혼하면 그 자식은 모두 건강하지만, 그 자식 중 여자가 건강한 남자와 결혼하여 자식을 낳으면 그중 남자의 약 반이 이 병이라고 한다. 이것도 여자에 의해 유전인자가 전해져 자손 중 남자에게서만 나타나고 여자 자신은 병이 나타나지는 않는다. 한편 결코 남자에 의해서 유전되지 않는다. 즉 색맹과 조금 다른 것이다. 이러한 점에서 어떤 면에서 본다면 여자는 악마라고 할지 모른다. 정신병에서도 잘 유전되는 것은 만인이 알고 있기에 여기서는 생략한다.

이상과 같은 예에서 대체로 병 중 혹은 어떤 종류의 병적 상태에는 유전된다는 것을 알게 되었다. 또한 이 외에도 다양해서 도저히 여기에 다 서술할 수 없을 정도이다. 그러나 병적 유전학이나 혹은 여러 종류의 인체 형질 유전학은 오늘날 불충분한 점이 상당히 많다. 또한 유전학의 진보에 따라서 우리의 자손에게는 어떠한 우량한 종족을 만들어내는지 알 수 없다. 우리는 또 될 수 있는 한 우량종을 만들지 않으면 안 된다. 그리고 여기에 본서를 쓰기 시작한 이유는 특히 조선인과 같이 가계를 중요시하는 것은 특히나 강한 연대의식을 가진 지역에서는 결코 일본에서도 가계를 중요하게 생각하지 않는 것은 아니지만 조선에서는 족보를 만들어 특별히 중요시한다. 그러한 이유는 그 족보라는 것에 그 사람의 성질 혹은 질병 등도 함께 기록해 두면 틀림없이 인류 유전학에 큰 공헌을 했을 것이다. 이점과 관련해서 특히 지식인들의 주의를 환기시키고 싶다. 〈37-39쪽〉

와타비키 도모미츠(경성대학 의학부 교수, 의학박사, 綿引朝光), 「면역 이야기」, 『조선급만주』(제253호), 1928년 12월.

의학은 첫째로 질병을 예방하는데 그 의의가 있다. 오늘날 의학이라고 하면 주로 치료와 같은 것을 생각하지만 더 나아가서는 미리 질병을 예방하고 미연에 막는 것이 문명인이 취해야 할 길이다.

고대 그리스, 로마시대부터 질병에 대한 예방법에 대한 연구가 이루어졌으나 확실하게 증명된 것은 104년 전 영국의 에드워드 제너가 종두 요법을 발견한 이래이다. 겨우 수족의 피부에 몇 개를 접종함에 따라 그 무서운 천연두를 예방할 수 있었다. 일찍이 조선도 마찬가지로 2, 30년 전에 천연두의 대유행이 있었는데 당시는 마마자국이 있는 사람이 다수 있었지만, 오늘날에는 조선의 도시나 시골에도 마마자국이 있는 사람이 적다. 이 사실은 정말로 종두술의 은혜이며 더욱이 다른 질병, 예를 들면 결핵, 매독, 암 종양, 콜레라, 페스트와 같은 질병이 종두와 같이 피부에 접종함에 따라 예방이 된다면 인류는 더 할 나위 없이 행복하다고 할 수 있다. 이런 것이 실제 가능할까, 부단한 노력과 연구를 하지 않으면 안 되지만, 이것이 예방학이 생긴 이유이다. 그렇다면 무엇 때문에 인간은 병에 걸리지 그 이유를 알기 전에 우선 인간은 어째서 병에 걸리지 않는가를 밝히지 않으면 안 된다. 그 이오를 알고 그것을 응용해서 질병을 예방하지 않으면 안 된다. 10명의 사람이 있고 그중 5명은 결핵에 걸렸고 나머지 5명은 걸리지 않았다. 또 100명의 사람이 있는데 콜레라가 유행해도 모두가 감염된다고는 할 수 없다. 50명은 걸려도 50명은 걸리지 않는 경우가 있다. 이와 같이 질병에 걸리지 않는 사람은 무슨 이유에서 일까, 즉 병에서 벗어날 수 있었던 것은 무슨 이유에서 일까라는 이유에서 면역학이 생겨날 수 있었다. 그렇다면 면역은 어떠한 것일까? 예를 들면 사람이 한 번 천연두에 걸린 적이 있으면 두 번 다시 걸리지 않는다. 또한 선천적으로 병에 걸리지 않는 사람도 있지만 이러한 것을 면역성이라고 한다. 그리고 이 면역을 크게 분류해서 천연 면역, 후천면역으로 나눌 수 있으며 더욱이 미균에 한에서 이것을 막을 수 있는 성질을 가지고 있는 항균 면역 또는 독에 대해서 조금도 걸리지 않는 항독성 면역과 같은 특별함을 얻고 또한 이 성질을 응용하여 인공적으로 면역을 만들 수 있다. 즉 종두법, 콜레라, 티푸스의 예방주사와 같은 것도 모두 이것은 인공적 면역이다. 이것에 의해 현대 의학은 활동하고 소위 예방주사라는 것을 하고 있는데 역으로 의학 전반에서 고찰한다면 인간의 면역은 몇 살부터 생기는가? 겨우 20년 전에는 상당히 활발하게 이런 방면의 연구가 일어났고 근래 수년 동안 실시 방법 등도 혁명적 진보를 해왔으며 서구 대전과 같은 고통스런 경험은 예방법에 큰 진보를 가져왔다. 그렇다면 어떻게 해서 면역성을 얻을 수 있는가 라는 점에서는 다음과 같은 3개의 학설이 있다.

첫째, 혈액 살균설이다. 건강한 사람의 혈청 중에는 태어나면서 살균성 물질을 보유하고 있다. 즉 방어소라고 하는 성분 때문에 많은 박테리아가 죽는데 천연적 면역성에 대해서는 몇 살까지 효과가 있는지 아직 충분한 연구가 이루어지지 않았다. 그러나 후천적 면역성 즉 바꾸어 말하자면 한 번 병에 걸린 적 있는 사람, 혹은 예방접종을 받은 사람의 혈액 중에는 살균소 혹은 항독소 같은 것이 만들어져 있다. 예를 들면 티푸스에 걸리면 혈청 중에는 티푸스 살균소가 생겨서 상당히 강한 티푸스균이 들어와도 그 사람은 티푸스에 걸리지 않는다. 더욱이 이 사람의 혈청을 티푸스 환자에게 주사하면 티푸스균을 죽일 수 있다. 이것을 응용하여 티푸스균을 소나 말에 수십 번, 수개 월 주사하면 3개월 혹은 반년 후에는 그 동물의 혈청 중에는 강한 다량의 티푸스 살균소가 생기기 때문에 이 혈청을 뽑아서 소위 치료 혈청으로써 혈청치료에 사용한다. 또 젊었을 때 디프테리아에 걸렸던 적이 있는 경우에는 그 병은 디프테리아의 독소에 의해서 일어나는 중독병이기 때문에 이것을 치료하기 위해서는 디프테리아의 독소를 말에 수십 번, 수개 월 주사하면 말의 혈청 중에는 디프테리아 항독소가 다량으로 생긴다. 따라서 그 혈청을 디프테리아 환자에게 사용하면 그 체내의 독소는 중화되어 무독의 상태가 되고 디프테리아 병은 치료되는 것이다. 이 디프테리아 혈청요법은 독일의 베링과 우리나라의 北里(기타자토) 박사의 대발견으로 소위 혈청요법의 기원이다. 이에 의해 혈청요법이 점차 진행되어 처음으로 우리가 병원균 혹은 병독에 걸리지 않는 것도 이와 같은 면역체가 혈청 중에 생기기 때문이다. 이상의 설은 소위 혈청 살균설이라고 불리는 것으로 독일의 부르넬, 에를리히 두 분이 가장 잘 설명하는 부분이다.

그리고 혈청 살균력만으로는 모든 병에 드는 것은 아니기 때문에 프랑스에서는 다양한 학설이 나왔다.

즉, 두 번째 학설인 식균세포학설이다. 인간의 혈액 중, 백혈구에는 여러 종류의 다른 물질을 졸식하는 성질이 있고 특히 그중에서도 병원균을 잡는 능력을 가지고 일종의 발효소를 산출하여 그것을 죽이는 성질이 있다는 것을 발견한 것은 파스퇴르 연구소의 메치니코프이다. 즉 메치니코프는 우리의 체내에서는 2개의 식세포가 있는데 그중 대식세포는 적혈구이고 신체 내의 필요한 세포를 잡아먹는다. 인간이 노쇠 하는 이유도 이 대식세포가 신경세포, 근육세포, 색소세포 등을 먹기 때문에 정신이 온전하지 못하고 근육은 이완되고 색소는 약해져서 두발이 하얗게 된다. 그 외 소식세포라고 하는 것이 있고 그것이 많게 혈액 중에 존재하고 있는 백혈구로 병원균을 잡아먹기 때문에 이 백혈구만 건강하다면 병에 걸리지 않는다. 더구나 독일의 학설에 대해 반박하며 말하기를 이 혈청 중 살균소는 백혈구가 신체 속에서 나온 "치타제"라고 하는 발효소이고 나의 학설인 백혈구가 신체 중에서 나온다는 것이 맞다. 때문에 혈청학설에서 제창하는 혈청 속에서 생겼다는 것은 잘 못 된 것이다. 그에 반해 독일의 학설은 반박을 시고하며 아직 논란에 있지만, 이 논란 속에 영국에서 세 번째 학설이 나왔다. 즉 영국의 라이트의 옵소닌 학설이다. 바꿔 말하자면 백혈구가 병원균을 잡아먹는 것은 사실이지만 그 병원균을 잡아먹기 위해서는 잡아먹기 쉽게 하는 것이 필요하다. 즉 병에 걸리거나 예방주사를 맞으면 혈청 속에 병원균에 맛을 내서 백혈구를 만들어 먹기 쉽게 한다. 이 혈청 중에 생긴 것을 맛을 내서 옵소닌이라고 한다. 더욱이 독일, 프랑스의 절충설인데 라이트는 이것에 의해 백신요법을 고찰한 것이다. 오늘날 이러한 3개의 학설이 어깨를 나란히 하며 우리의 예방학계에 대단한 공헌을 하고 있다. 그러나 최근에는 예방학의 영역은 이처럼 인공적 주사 외에 진보하지 못하고 있기 때문에 아주 넓게 예방법이 연구되어 왔다. 첫째 실로 건강하지만 행복한 기초를 만들기 위해서는 출생하기 전에 유전학, 우생학에 의해 임신, 출산하고 정신적으로도 신체적으로도 건강한 사람들의 결혼을 권장하고 그 사이에서 태어나는 아이, 태교, 출산 후에는 육아법으로서 오늘날의 모든 과학적 지식을 동원해 완전하게 성인으로 키우지 않으면 안 된다. 소년기가 되어서는 기초적 체력을 기르고, 충실한 청년이 되고 성인이 되어 사회에 나와서는 건강한 사회인으로서 행복한 민족을 만드는데 힘쓰는 것이 예방의학의 근래의 외침이다. 커서 여러 종류의 설비를 갖추는 것보다는 태어났을 때부터 이와 같이 주의를 함으로써 얼마나 만족스러운 목적을 달성하는가는 오늘날 의학에 종사하는 의사가 환자를 진찰, 치료할 때 깊이 생각하지 않으면 안 된다. 이 병은 어떻게 해서 발생했는가, 그리고 어떻게 하면 그것을 예방할 수 있을까를 탐구하는데 까지 진보하지 않으며 안 된다. 그것이 최근 위생학계의 대세이고 자세하게 이런 상태를 서구에서 관찰하고 귀국할 즘에 느낀 점이 아주 많다. (글

에 대한 책임은 기자에게 있음) .〈40-42쪽〉

가타오카 야츠카(경성의전교수 의학박사, 片岡八束),「피부의 영양」,『조선급만주』(제
254호),1929년 1월.

　우리의 피부는 어떠한 작용을 하며 어떠한 의의를 가질까? 피부는 우리의 신체를 감싸고 있는 중요한 기관이며 그것을 가옥에 비유한다면 지붕에 해당한다. 피부를 지붕에 비유한 것처럼 지붕과 비슷한 구조를 가지고 있다. 즉 진피, 상피세포, 피층으로 이루어져 있다. 피층은 지붕의 기와라 할 수 있고, 상피세포는 기와 밑에 있는 흙이며 진피는 지붕판에 해당되는 것으로 피부는 가정의 재물에 상당하는 내장을 감싸고 있는 것이다. 그렇다면 이 피부에는 어떠한 효용이 있는가 하면 (1) 방위작용을 가지고 있다. 개개인은 피부를 가지고 있기 때문에 진흙투성이 속에서도 보호되며 어느 정도 자극에 대해서 그 작용으로 인해 신체의 내부로 들어오지 못 하게 한다. 또한 체온을 유지하는 것도 피부 덕으로 어느 정도까지는 피부에 의해 체온이 조절되는 것이다. 여름에는 피부가 왕성하게 발한작용을 해서 체내의 열을 조절하고 겨울철이 되면 피부는 전력을 다해서 열의 손실을 막는다. 실로 피부가 있기 때문에 우리들의 체온은 적당하게 조절되는 것이다. (2)호흡기로서 작용을 한다. 폐가 하는 만큼 그 활약이 크지는 않지만 피부도 역시나 산소를 어느 정도 흡수해서 탄산가스를 배출하고 있다. (3) 분비작용. 수분 등을 분비한다. (4) 다섯 장기 중 하나인 촉감의 작용을 한다. (5) 흡수작용을 가지고 있다. 피부는 이상에서 본 것 같은 작용을 가지고 있지만 그 중 하나라도 빠지면 건강한 피부라고 말 할 수 없다. 또한 신체의 피부의 1/3이 탈락하면 도저히 생명을 유지할 수 없을 정도로 중요성을 가지고 있다. 우리 사람들은 피부에 대해서는 하찮은 것으로 별로 주의하지 않는 것 같은데 피부는 작게는 개인 가정에서 크게는 사회, 국가로 관계를 가지고 있다고 말 할 수 있다. 원래 인종은 피부 속에 있는 색소의 과립에 의해서 백색, 흑색, 황색 등의 인종으로 나눠지고 있다. 그리고 이 색소의 여하에 따라서 이민 문제 등의 국제 문제를 일으키고 있기 때문에 피부의 중요성은 또한 크다고 말 할 수 있다.
　이상은 피부의 생리적인 설명이지만 피부의 병에 대해서도 개인에서 사회적으로 중대한 문제가 되고 있다. 일례로 한센병은 전신병이지만 피부병으로 인지되고 있다. 이 병은 개인뿐만 아니라 사회적으로도 생각하지 않은 안 되는 것으로 그 외, 가정적으로 피부병에서 생기는 비극이 빈번하게 일어난다. 그것에 대한 하나의 아픈 에피소드가 있다. 남조선의 어느 지방에 아름답고 정숙한 부인이 있었는데 그 가정에는 때때로 요괴 귀신이 나온다는

소문이 있었다. 어느 날 일이었는데 그 집 주인이 방 하나를 빨간 피로 물들이고 쓰러진 사건이 일어났다. 마을 사람은 요괴의 짓이라고 두려워했지만 결국에는 그 집 부인에게 혐의가 있다고 엄격한 취조를 한 결과 남편을 죽였다고 자백을 했다. 그 자백에 의하면 그 남편이 세상에서 보기 싫은 파충류 피부의 남자였다는 점에서 살해까지 하게 되었다는데 이와 같은 사실담은 매독, 한센병에 대해서도 자주 등장하는 이야기이다.

건강한 피부는 색이 하얀 것만은 아니다. 광택이 나고 탄력성이 있고 핏기가 더해지지 않으면 안 된다. 핏기는 혈액의 순환에 의한 것이고 광택은 피지선에서 분비되는 지방에 의한 것인데 적당하게 기름이 분비되고 혈액 순환이 완성한 경우이다. 즉 건강한 사람에게서 처음으로 건강한 피부가 볼 수 있다. 여기에서 주의해야 할 문제는 피부가 비타민과 관계가 있다는 것이다. 인간의 신체에는 단백질, 탄수화물, 지방, 염분 등 그 외에도 비타민이 필요하다. 이 비타민을 연구하는 학자에 의해 현재에는 A, B, C, D, E 까지 발견되었는데 비타민B는 당 중에 함유되어 있는 성분이고 그것이 결핍되면 각기병이 되고, D는 야채류에 함유되어 있고 그것이 결핍되면 괴혈병에 걸리고, A는 간지방 속에 함유되어 있고 결핍되면 야맹증 속된 말로 새 눈이 된다. 나는 "비타민 A와 B사이에는 밀접한 관계에 있다"는 가설 아래 쥐 실험을 한 결과 A를 먹은 쥐와 B를 먹은 쥐의 피부에는 확실하게 차이가 나타났다. 즉 비타민B만 먹이고 기른 쥐는 상피세포의 배열이 불규칙적이 되는 등 이러한 사실에 의해 비타민 A가 결핍하면 피부가 거칠어지고 피지선의 분비가 적어지는 사실을 알게 되었다.

우리들은 건강한 피부를 얻고 싶다는 욕심으로 운동, 마사지, 일광욕 등으로 혈액순환을 왕성하게 하는 것도 필요하겠지만 우리들이 먹는 음식 중에도 비타민 A를 섭취하는 것도 잊지 말아야 한다. "건강한 정신은 건강한 신체에서 나온다"라고 하는 말이 있는데 건강한 내장은 건강한 피부 속에 있다고 생각한다. 건강한 내장은 건강한 피부와 불가분의 존재이다. (경성에서 강연 개요). 〈49-50쪽〉

미나미 히로노리(의학박사, 南廣憲), 「조선인의 위생상태-많은 만성위장병 환자에 놀라다」, 『조선급만주』(제254호), 1929년 1월.

이 원고는 오사카 마이니치신문 자선단 순회병원이 이번 조선 전라북도 각지를 다니면서 무료진찰을 실시했을 당시, 미나미 박사가 주재 의사로서 진찰에 종사했을 때의 실제 경험담이다. 이 이야기는 이미 오사카 마이니치신문에 게재되었던 것인데 참고할 만한 점이 많아서 여기에 게재하기로 했다.

각 방면의 각 각의 관찰은 잠시 멈추고 위에서 말한 각 방면에 있어서 개략적인 관찰을 했으며 일본인의 생각으로는 조선의 기후는 일본에 비해서 몹시 한랭하고 더욱이 아침, 저녁으로 일교차가 크기 때문에 아마도 각 지방도 결핵 (특히 폐결핵) 환자가 많을 수 있다고 예상하고 있었는데 사실은 전혀 이것과 반대로 각 지방 약 2천 5백 명 내외의 환자 중, 그 대부분은 만성위장염에 시달리고 있었으며 그 대부분이 호소하는 점은 십 수 년 내지 이십 수 년 내에 고질병이라는 것을 알면서 그대로 방치하는 경우가 많았다.

그러나 조선인의 체격 체질은 내지인의 그것에 비해서 완강하기 때문에 다소의 위병과 같은 것은 개의치 않고 시료환자의 거의 대부분은 일상의 노동에 종사하고 있다. 위장병에 걸리는 큰 이유는 일면 위생사상이 아주 저급하기 때문에 통하지 않는 것은 물론이거니와 그들의 식습관이 "남반 고추", "후추" 등의 몹시 강렬한 자극적인 물질을 늘 먹으며, 식물성 날 것을 그대로 식용으로 먹고 또한 소화하기 어려운 음식을 과식하는 등에 기인한다.

다음으로 주목해야 할 만한 것은 어느 지방이든 안색이 창백하고 기력이 소침하며 기생충 병자가 누적됨에 따라 그 중에서도 대부분은 회충이 있고 십이지장충, 요충, 아메바 이질, 여기에 이어 아메바 이질과 같은 것은 조선인들은 거의 병이라고 생각하지 않고 혈변을 배출하면서도 또한 아무렇지도 않다는 듯이 작업에 종사하는 사람이 많다. 이러한 기생충 환자가 늘어나는 전파 경로는 기생충란이 함유된 인분을 비료로 사용하는 것 때문에 채소 등으로부터 전파되는 것이 대부분인 요충은 많게는 생우, 돼지고기를 늘 먹음에 따라 아메바, 이질과 같은 것이 여기저기 전답에 배변해서 이것이 생각하지도 못한 사이에 채소에서 입을 통해 전염되는 것이다. 내가 진찰해 본 아주 일부의 범위에서 이미 이와 같은 일반적인 감염을 넓게는 전 조선에 걸쳐 이것을 구제한다면 국민보건 상 실제로 중대한 문제라고 말하지 않을 수 없다.

조선인의 대다수는 이미 이러한 기생충의 침해를 받아 빈혈 혹은 너무나 무지해서 비위생적인 생활에 안주하는 그들에게 비록 한 번 이것이 구제법을 강구하더라도 병원체를 포함한 인분비료 사용을 버리고 채소류의 식용법을 개선해서 소금에 절인 음식 이외는 반드시 한 번 끓인 물에 데쳐서 충란을 박멸한 뒤, 헹궈서 식용하는 등의 구체안을 일반적으로 교육영화 또는 강연 등 형식이라도 해야 한다. 그렇지 않으면 이것이 근본적인 개선은 도저히 기대할 수 없다고 추정한다.

■산 및 함열 방면은 12, 13세 아동이 벌써 임질을 앓고 매독에 감염된 자가 많다는 점은 내가 가장 경악하는 부분이다. 그것의 원인이 일면 그들 사이의 음란한 풍습에 의한 것이라고 할 만하다. 조선인 습관으로서 야간에 한기를 피하기 위해서 소변은 밤에는 정해진 변소에 가지 않고 놋쇠로 만든 변기를 사용하고, 그것도 중류층 이상의 가정이 되어야 각자 한 개씩 소변 요강을 사용하는 것이지 하류층 사람의 대다수는 공동으로 그것을 사용하

기 때문에 부모, 형제가 이 요강을 통해서 임질이 감염되는 경우가 많다.

만약 그렇게 된 것이라면 이것은 아주 용이하게 개선할 수 있는 나쁜 습관의 하나로서 그들은 보건 상 하루라도 빨리 개선해야 할 것으로 생각한다. 이 점은 특히 당국의 연구를 바라 마지않는 바이다.

그리고 이들 나병 조선인은 거의 전혀 아무런 치료를 받지 않고 병마의 맹위에 휘둘린 채 방치해두는 것 또한 한심하기 짝이 없을 정도이다. 이미 말했듯이 이 조선 땅에 폐결핵이 적은 것은 비록 삼한사온에 의한 삼한의 한랭한 것도 가을에서 겨울에 걸쳐 내리는 비는 아주 적고 그 대부분은 쾌청한 공기, 신선 혹은 잘 건조한 ■■도 적은 것이 그 큰 원인이라고 확신한다. 더구나 그들의 대부분은 일본인에 비해 체격, 체질 모두 완강하고 덧붙여 말하자면 그들 대부분은 노동에 종사하고 거친 옷과 거친 음식에 익숙해 저항력이 아주 강하기 때문에 자연히 전염병에 대한 저항력이 일본인에 비해 특별히 우수하다는 것은 부정할 수 없는 사실이다.

때마침 한랭한 시기가 다가옴에 따라 이른바 급성전염병이 관찰되고 유감스럽게도 장티푸스와 같은 4차 유행을 발견하고 지금 또한 이것을 은폐하고 자연감염에 대해 아무런 공포와 상식이 없는 조선인 위생상 이것 또한 한심하기 짝이 없는 바이다. 하수의 불비로 여름철에는 "말라리아"의 유행이 창궐하고 여름철은 각 성전염병의 예방과 함께 일반 조선인 구제를 위해 하루라도 빨리 예방 시설의 급무가 해결되길 바라마지 않는다. 지금도 조선인의 대부분은 단지 한방을 가까이 하고 합리적인 의료에 아무런 이해가 없고, 뜻 있는 인사를 개죽음으로 만드는 것은 안타까운 일이다. 위생사상 같은 것은 일본인과 비교해보면 메이지 유신시대에 견줄 만한 것으로 이것이 개발은 맡아두고 있지만 당국자의 지도여하에 따른 것으로 이번 오사카 마이니치신문 자선단의 순회 진찰에 의해서 조금이라도 그들에게 서양의 의학에 친숙함을 가지게 하고 또한 서양 의학의 효과를 인식해서 재래 한방에만 의존하지 않고 더 나아가서는 일반 위생사상 향상에도 일조가 된다면 더할 나위 없이 고마울 따름이다. 〈66-67쪽〉

와타비키 아사미츠(경성제국대학교수 의학박사, 綿引朝光) 씨의 이야기, 「질병과 미신」, 『조선급만주』(제255호), 1929년 2월.

오늘날 의학은 과학이 발달함에도 불구하고 현재도 역시 여러 곳에 미신이 존재하고 인간생활에 큰 불행을 초래하고 있다. 그 중에서 병에 관한 미신이 가장 많고 미신 때문에 병이 만연해지고 비참한 상태를 보여주는 것이 종종 있다. 우리는 이것을 어떻게 해서 구해야 할지를 생각하지 않으면 안 된다.

　오늘날 미신은 여러 가지가 있고 정말로 무지하기 때문에 병이 어떻게 하면 낫는지에 대한 지식이 없어서 비위생적인 치료를 행하거나 나을 수 있는 병인데도 불구하고 그대로 방치하여 살아가는 사람도 있고, 또한 나을 수 있는 병을 불치의 병으로 생각해서 인생을 끝내는 사람도 적지 않다. 물론 사람이 불시에 불행과 조우한다면 자신보다 위대한 힘에 의해 구원받고 싶어 하며, 아주 간절한 마음으로 종교에 의지하는 것도 당연한 일이다. 그러나 그 바람 및 기원이 맹목적일 경우에는 올바른 신앙, 올바른 종교와는 거리가 멀다. 올바른 신앙, 올바른 종교를 떠나는 순간 미신이 되기 싶다. 그렇기 때문에 자신의 운명을 미신에 맡기는 사람도 있다. 이것이 병인 경우에는 많게는 신의 저주라고 생각하고 또는 악마가 노했다고 생각하고, 또한 천지의 방향 혹은 동식물 그런 것들의 저주라고 생각해서 그에 대한 구제를 바라는 사람이 많다. 또 그 중에는 말로서 금기시해야 한다는 말에 사로잡혀 재수를 말하는 사람도 있다. 예를 들면 상인이 스즈리 바코(硯箱)를 아타리 바코라고 하고 혹은 사루가쿠(猿樂)를 에데가쿠라고 하며 이처럼 문자 어조만으로 헷갈려 하는 사람도 있다. 그 예로 동경의 谷中(야나카)에 유명한 신선 다실이 있는 笠森神社(가사모리신사)라고 하는 곳의 신은 매독 환자를 고친다고 하여 상당히 번영하고 있다. 이것은 가사(매독)를 지킨다는 말의 어조인 미신에서 온 것이다. 또한 須磨(스마) 근처에 人丸神社(히토마루신사)가 있는데 이 신은 안산의 신이라고 해서 부적을 판매하고 있다. 안산의 신이라고 불리는 이유는 아무래도 히토마루는 시를 읊는 사람이기 때문에 아이와 관계가 없을 텐데 특히 남자라면 출산과 아무런 인연도 없는데 그 히토마루라고 하는 말로부터 아이가 태어날 때 안산한다는 의미에서 출산의 신이라고 한다. 이것 등은 모두 해가 적은 것이지만 조금 더 해가 많아지면 도쿄의 淺草觀音(아사쿠사 관음)에게 "오빈즈"라고 하는 목상이 있는데 사람들이 여기를 찾는다. 이 오빈즈루 신은 예를 들면 위병이 걸린 사람이라면 오빈즈 신의 위 부분을 문지르고 나서 그 손으로 자신의 위를 문지른다. 또, 폐병이 걸리면 오빈즈 신의 폐 부분을 문지르고 나서 그 손으로 자신의 흉부를 문지른다든지 또한 눈병이 걸리면 오빈즈 신의 눈을 문지른 손으로 자신의 눈을 어루만지고 좌골신경통이 걸리면 오빈즈 신의 허리를 만지는 등과 같이 환자가 병이 생긴 부분 부분을 문지르고 오빈즈 신의 부분을 문지르기를 반복하기 때문에 아침부터 밤까지 수십 명의 사람이 오빈즈루 신 문지르기를 하고 있다. 이것은 곧 오빈즈루 신을 통해서 병균을 서로 전염시키고 있는 행위이다.

　이런 행위로 병을 고치려고 한다는 것은 무서움 그 자체이고 비위생적인 행위일 뿐 아니라 조금도 병이 낫지 않는다. 지금 그 해독을 생각만 해도 소름이 돋는다. 그러나 이런 잘못된 신앙은 오랫동안 도쿄의 중앙에 널리 퍼지고 수십 년 동안 빈번하게 행해졌었는데 마침내 최근 경시청은 주위에 철조망을 쳐서 그런 행위의 방지에 힘을 쓰고 있지만, 여전히 참배하러 오는 사람들 중 상당히 많은 참배자는 철조망이 쳐져있음에 불구하고 철조망 밖에서 동전(신불에 참배하여 올리는 돈)을 던져 참배하게 되었다. 즉 기원하는 마음은 철조망조차도 끊을 수 없는 것이다. 이러한 미신은 일본에도 수없이 있지만 역시 조선에도 적지 않다. 각 지방마다 다른 것도 있고 또 비슷한 것도 있다. 오래전부터 전해지는 미신이지만 조선에서는 소변을 마시는 것이 상당히 전해지고 있다. 그 소변이라는 것도 아이의 소변을 마시는 것이 보편화 된 것 같다. 아무리 소변을 마신다고 해서 몸에 탈이 나는 것은 아니지만 특별히 유익한 것도 없다. 지난번 내가 남쪽 지방의 시골에서 본 일례인데 환자가 상당히 눈이 부어서 농이 나오고 있어서 이것저것 물어보니 처음에는 눈이 안 좋아서 소변으로 눈을 씻었더니 그 다음부터 붓고 농이 나오게 되었다고 한다. 이런 것은 소변으로 씻으면 낫는다는 미신에서 온 것으로 그 소변이 어른의 소변으로 임질이 섞여 있어서 임질균에 감염되어 병을 키우게 된 것이다. 또한 대변을 종이에 발라서 타박상이 있는 곳에 붙이는 예도 있다. 만약 그 대변에 전염병이 섞여 있을 경우에는 엄청난 일을 초래하게 된다. 한센병(문둥병)에는 사람의 간이 좋다고 하여 묘지를 파헤치기도 하고 또한 심지어는 살인까지 하면서 결국은 재판이 벌어진 일도 있다. 이러한 것은 모두 실로 터무니없는 미신상의 해독이다. 또는 정신병을 치료하기 위해 남쪽 방향에 있는 복숭아나무의 가지를 잘라서 정신병자를 채찍질 하여 거의 무의식의 상태까지 때려 냉정한 기운으로 바뀌었을 때 악마가 빠져나갔다고 믿고 있는 것처럼 채찍질을 당한 정신병자는 병이 낫기는 커녕 반대로 큰 상처를 입어 결국에는 죽음에 이르게 된다. 일본에서는 기츠네츠키(정신이상자)라고 해서 푸른 소나무 잎을 태워서 없애거나 또는 기도하거나 하지만 이 경우 연기 때문에 질식하여 호흡기병에 걸리게 되고 결핵병에 걸린 환자라면 기침 때문에 중태에 빠지는 예도 아주 많다. 그리고 말라리아에 걸린 사람은 놀라게 하면 좋다는 미신으로 환자를 눕혀서 그 위를 소가 올라타게 하거나 근래는 기차 레일 위에 눕혀서 놀라게 하기도 하고 또한 콜레라라는 병은 쥐에 의한 병이라고 생각해서 고양이를 잡아먹는 곳도 있다.

각각의 예처럼 한없이 미혹된 것임에도 불구하고 미신은 널리 퍼져있다. 생각해 보면 인간은 상당히 약한 존재이다. 그래서 인간 이상의 큰 힘에 의지하고 자신의 고통에서 벗어나고 싶어 하는 것은 당연한 것으로 동정하지 아니 할 수 없다. 그러나 이것이 무지에 의해서 일어난 경우는 미신이 된다. 이것은 사회시설 상에도 상당한 폐해도 있을 것이다. 이에 대해 우리는 어떻게 하면 도울 수 있는가를 생각해 봐야겠다.

나는 미신을 믿는 사람, 미신으로 병을 고치려고 하는 사람에게 깊게 동정을 하지 아니 할 수 없다. 그러나 동시에 동정과 함께 깊은 한숨이 나온다. 오늘날과 같이 낫는 병을 고치지 못하고 미신에 의지하는 사람에 대해서는 힘을 다해 도와주지 않으면 안 된다. 여전히 중요한 점은 일반인들이 과학의 지식을 이해하고 그 보급을 꾀하며 우선 위생이란 무엇인가라는 사상의 보급에 노력해야 할 것이다. 또한 학술이 진보하고 사회인들의 지식이 평준화되어 미신의 발흥을 멈출 수 있도록 노력하지 않으면 안 된다.

사람은 지식만으로는 살아갈 수 없다. 신앙이 없이 살아갈 수 없는 사람이라면 행복하게 살기를 바란다면 잘못된 미신을 버리고 바른 신앙을 믿도록 해야 한다. 이러한 바른 종교에서 오는 도덕에 의해 미신은 약해지게 된다. 학술의 진보와 종교는 서로 발맞추어 나가야 할 것이며 바른 종교와 진보하는 학술은 자동차의 두 바퀴처럼 서로 맞물려서 나아가야 인간의 진보가 있다. 인간이 인간다운 점은 그 정신적의 진보가 있기 때문이고 그 지식과 정신이 바른 길을 걸어간다는 점에서 문명도 생기고 병에 대한 미신도 적어지고 해독도 적어지고, 그리고 풍부한 인생을 살아갈 수 있게 된다. 그러나 지금의 미신을 믿는 사람에 대해서 재판관이 죄인을 추궁하는 태도로 대하고 싶지 않다. 같은 인간이며 같은 병의 고통에서 벗어나고자 바라는 인간들이라면 나는 동정심을 가지고 그리고 잘못된 길로 헤매게 하는 신앙의 폐해로부터 구하고 싶다.

아무래도 이 조선에는 많은 사람들에게 보통교육의 보급이 필요하고, 일반 과학사상의 평준화가 필요하다고 생각한다. (글에 대한 책임은 기자에게 있다). 〈45-46쪽〉

오기하라 요이치로(의학박사, 荻原良一郞), 「건강의 비결」, 『조선급만주』(제255호), 1929년 2월.

인간의 활동능력에는 일정의 제한이 있습니다. 아무리 열정적인 사람이라도 생리적인 작용을 거스른다면 신체가 고장이 납니다. 옛날부터 영웅 위인이라고 숭상되고 존경받는 사람들의 생애를 엿보면 어떤 사람도 대업을 이루고 이름을 후세에 남겼기 때문에 오래 사는 것에 절망을 했습니다. 즉 진나라의 시황제는 불노불사의 영약을 구하려고 고심하였고, 오쿠마 시게노부 후작은 인생 125세설을 고창했습니다. 그 진리를 풀어 해석해 보면 연명장수의 요결을 터득하고 인생 최고의 희망을 관철하고 싶다고 하는 것 외에는 없었습니다. 실제로 인간으로서 생을 이 세상에서 누리는 이상, 어렵지만 오래 살고 싶다는 바람을 가지지 않는 사람은 없습니다. 이 생애의 집착이야 말로 인간으로서 절대적 가치가 있는 것입니다.

나는 여기에 의학적 견해에서 관찰한 수명 연장과 장수의 요지를 총괄해서 참고로 제공하고자 합니다.

인간은 태어나면서부터 음식과 공기 두 요소에 더해서 수면작용을 필요로 합니다. 물론 그 외, 부대조건도 중요합니다만 이 3개에 비교하면 하찮은 것입니다. 그렇다면 일본인의 음식에는 어떠한 주의가 필요한지 이것은 일본에서 몇 천 년이나 내려오는 역사의 근본으로 계통 유전학적으로 이어져온 주식인 쌀을 최대 영양소라고 하지만 부수적인 음식의 문제에 이르러서는 전혀 어려운 상태라고 말하지 않으면 안 됩니다. 오늘날 일본은 서양요리, 중화요리의 대혁명에 강타되어 육식의 과잉 섭취에 따른 지방과다 섭취를 하고 있다. 문명이 나라를 망하게 하고 개화가 인종을 퇴폐시키는 것은 그리스와 로마의 오랜 역사를 거슬러 올라가면 명료한 사실입니다만, 나는 오늘날 일본인 특히 도시의 부수적인 음식은 바로 육식 중독으로 신체에 해를 끼친다고 해도 과언이 아닐 것이다. 핑계는 빼고 육식을 하면 단백질을 과하게 섭취하는 것으로 지방의 부착을 초래해 장의 연동운동이 줄어들어 단백질의 부패작용을 일으켜 신체는 비만해지고 혈압은 올라가서 변비가 생깁니다. 그래서 육식은 가급적이면 제한해서 채식과 어육식을 많이 한다. 그리고 음식을 잘 씹어 먹는 것입니다. 이것은 아주 중요한 사실로서 동일한 영양가를 가진 음식인데도 충분히 씹어서 먹는 사람과 대충 씹어서 먹는 사람과는 극단적인 차이가 있습니다. 음식의 저작이라고 하는 것은 인간이 장수하는데 중요한 조건입니다.

공기의 신선함이 얼마나 우리가 생활하는 상황에서 중요한지는 말할 필요 없습니다. 성급한 이야기인데 우리는 한 끼나 두 끼를 거르더라도 죽는 일은 없지만 공기 없이는 1분 1초도 살 수 없습니다. 즉 산소가 풍부한 공기가 폐에 가스교환이 잠시도 없으면 안 되고 주요 성분인 증빙입니다. 그래서 나는 매일 아침 기상 시와 야간 취침 시에 반드시 심호흡을 권장합니다. 수목이 많은 장소에 멈춰 서 아주 천천히 심호흡을 한다. 그리고 날숨은 가급적 천천히 하고 들숨은 신속하게 한다. 이 방법을 10회 내지 14, 15회 연속해서 한다면 처음에는 가벼운 현기증이 날 수도 있기 때문에 그때는 그 정도로 그만 둡니다. 매일 아침 매일 밤 속행하면 20회 연속으로 해도 아무렇지도 않습니다. 이것은 건강한 폐를 만드는 가장 좋은 방법이기 때문에 꼭 일반인에게 그 실행을 추천합니다. 그러나 호흡기병을 앓았던 사람이나 현재 괴로워하는 사람은 우선 하지 않는 편이 안전합니다.

그리고 폐기와 신체의 피로를 회복하기 위해서는 수면이 필요합니다. 수면은 숙면하는 것이 가장 좋습니다. 수족을 길게 펼쳐서 몸의 안정을 취하고 잠드는 것이 좋습니다. 그리고 밤에는 빨리 자고, 아침에는 빨리 일어나는 것이 건강법에 가장 좋은 것 같습니다. 〈68쪽〉

구도 다케키(경성부인병원장 닥터, 工藤武城), 「임신과 결핵」, 『조선급만주』(제256호), 1929년 3월.

평소에 지병이 있는 사람이 임신을 하게 되면 반드시 그 병이 심해져서 모체를 위험에 빠뜨리게 하는 경우가 상당히 많다. 예를 들면 위장염·각기·바제도병과 같은 것이 바로 그것이다. 그 중에서도 임신과 합병해서 가장 나빠지게 되는 전환점이 되는 것이 심장병과 결핵이다.

최근 5년 동안에 일본에서는 여자의 결핵 사망수가 평균 1년에 39,928명, 즉 약 4만 명 정도이다. 닥터 크루겔 씨의 다년에 걸친 연구 결과 결핵의 사망률과 발병률의 비례는 1대 10이라고 발표하고 있다. 이것에 의하면 일본은 해마다 여자가 결핵에 걸리는 수가 대략 40만 명 정도라고 봐도 문제는 없다. 사망자 4만, 발병자 40만이라고 한마디로 말하지만 이것을 다른 것에 미루어 보면 정말로 놀랄 만한 수치이다.

경성-인천 두 지역 간의 거리는 14리 이다. 이 사이에 여자를 한 간격에 한 사람씩 베개와 같이 나열하면 2만 명이면 충분하다. 4만 명의 부인을 죽인다고 하면 한 번 왕복해야 된다. 40만 명이 철도사고 부상자라 하고 경성- 인천 사이를 5번 왕복하는 열차라고 하고 일렬 차에 백 명의 여자가 깔려나가는 부상을 당하더라도 1개월하고도 열흘 걸린다.

경성주재의 일본인은 약 8만 명, 이 중 반은 여자이다. 이보다 어린 여자와 나이든 여자를 빼고 현재 임신 가능한 여자를 반으로 잡으면 2만 명이 된다. 그 배의 수가 해마다 사망한다는 분명한 사실에 직면하고 있다.

단지 한 사람의 교통사고 사망자가 있다고 신문은 2면 활자에 제목을 내걸고 떠들썩하다. 그러나 이것도 다수의 사망자와 부상자수를 내고 있는 것에 대해서는 전혀 관계없다는 듯 한 태도를 취하는 것은 어떠한 이유에서일까?

하물며 이것이 임신부라고 한다면 그 연령은 장년기에 속하고, 국가의 핵심을 형성할 만한 연령으로서 그 뱃속에는 다음 세대의 국민이라 할 만한 사람을 포함하고 있다. 따라서 이것이 죽음에 이르게 하는 상태에 빠지게 한다면 정말로 두 사람의 생명에 관한 문제가 된다. 국가로서도 정말로 중대한 사회문제이고 한 가족의 핵심인 주부와 차세대의 후손에 관한 가정상의 대문제가 아닐 수 없다. 그래서 자신은 28년간의 경험을 바탕으로 선배, 동료의 연구를 통해서 결핵과 임신이 얼마나 중요한 관계가 있는지 언급하고 세상의 식자에게 호소해 보려고 한다. 부인과 학자가 임신과 결핵의 관계에 대해서 연구를 시작한 것은 아주 오랜 전 일이다. 어떤 시대에는 결핵병에 걸린 임부가 식욕도 늘어나고 혈색도 좋아지는 일이 있어서 이 두 개의 현상은 결코 피해야 할 것은 아니라는 견해를 가지고 있다.

그러나 점점 연구를 함에 따라 이것들은 단순히 일시적인 현상에 지나지 않고 반드시 결핵병은 심해지고 위험한 영향을 줄 것이라는 것이 확실시 되었다. 무슨 이유에서 임신이 결핵병에 안 좋은 악영향을 미치는지 그 이유에 대해 간단하게 설명해 보면 임신한 결과, 모체 내에 일종의 변화가 일어나고 결핵균의 번식하기 쉬운 상태가 된다. 결핵병 환자의 혈액 중에 존재하는 결핵 면역체가 임신에 의해 생기는 물질과 화학적 결합이 되어 그 결과, 면역력이 떨어지고 결핵균은 그 틈을 타서 맹위를 떨친다.

태아가 발육함에 따라 태아의 신체 구성에 필요한 철분 및 칼슘분을 모체에서 보내지 않으면 안 된다. 이 두 개는 사람 신체와 결핵균이 싸우는데 없어서는 안 되는 물질이다. 그 결과, 결핵균의 번식은 급격하게 왕성해진다. 임신 중에 칼슘분 결핍의 결과, 치아 중의 에나멜질이 줄어서 갑자기 충치가 늘어나는 것도 같은 이유에서 이다.

임신 달이 진행됨에 따라 자궁은 점차로 그 용적이 커지고 흉부와 복부 사이에 있는 횡격은 흉강 쪽으로 올라감에 따라 폐장이 그 활동 구역이 감소되어 결핵균의 번식에 좋은 상태가 된다. 분만할 때에는 태아 및 그 부속물은 밖으로 만출 되어 자궁은 빠르게 그 용적을 줄이고 횡격막은 원위치에 돌아가고 이와 함께 얕은 곳에 있던 결핵균군은 심부에 흡입되어 그 번식구역이 급격히 증가한다.

결핵 환자는 그렇지 않아도 결핵균의 번식에 따라서 생기는 독소 즉 토키신 때문에 신체 모든 기관이 이미 그 균형을 잃었기 때문에 더욱이 여자 신체의 일대혁명이라고 할 수 있는 임신으로 일어나는 변화가 이것이 더해지면서 신체의 쇠약은 가속도가 붙어 진행된다.

이상 설명한 바와 같이 결핵독은 우리 자신에 신체의 쇠약을 초래하는 성질을 가지고 있으며 임신초기, 즉 임신 2개월 째, 3개월째에는 다소 가벼운 입덧, 심하면 제2기, 제3기의 씹지도 못하고 오심, 구토와 함께 식욕이 감소하기 때문에 쇠약은 점점 더해져서 신체의 저항력은 감소하고 결핵균은 더욱 그 맹위를 떨친다.

다행이 결핵 환자가 임신말기까지, 그 생명을 유지할 수 있었으나 분만 시에 배에 힘을 주는 것, 통증, 출혈 때문에 결핵증상은 갑자기 나빠지고 전신이 속립결핵(많은 결핵균이 피의 흐름에 따라 몸 각 부분의 장기와 복막, 뇌막 등에 운반되어, 그곳에 무수한 좁쌀만한 결핵 결절을 만드는 질환)이 되어 죽음의 길로 들어서는 경우가 많다.

이상 위와 같은 이유로 결핵 환자가 임신하면 크든 작든 반드시 심하게 나빠지게 되는 경우가 있는데 지금 세계적으로 권위 있는 닥터 반코 씨의 연구 발표에 의하면 결핵정도 및 그 빈도, 임신 개월 수와 관계는 대략 다음의 표와 같다. 〈45-47쪽〉

우에무라 쇼(植村生), 「방문인상-경성제국대학 의학부장 志賀潔(시가 기요시)박사」, 『조선급만주』(제258호), 1929년 5월.

'연구실에서 만나자'고 했기 때문에 이상한 약품 냄새에 얼굴을 찡그리며 들어가니 박사는 계속 시험관에 약을 따르고 계셨다. "야" 기자의 인사에 잠시 눈길을 주었을 뿐, 여전히 계속 시험관의 약품을 넣었다가 비웠다가 한다. "무슨 일로?" 시험관을 뚫어져라 본채로 짧게 자른 은발, 귀티 나는 옆모습, 하얀 상의, 그리고 집중한다기보다는 무심하게 빛나는 눈동자, 그 모습을 보고 있으면 나는 이 사람에게 말을 해서는 안 될 것 같은 기분이 든다. 이 사람이 집중하고 있는데 이 분위기를 흩트리기 싫은 것이 솔직한 마음이다. 그것은 마치 신성한 고승이 삼매에 들어가서 설법에 열중하는 듯한 모습이다. 박사의 귀중한 발견, 그것은 이 진지한 연구 중에서 나온 것이라고 생각한다. 연구실에서 박사의 태도를 보고 있으면 오히려 저 발견이 당연한 거라고 생각이 든다. "요즈음 발견한 한센병에 대해서라도 여쭈어 볼 수 있을까 하여" 가만히 있을 수만은 없기 때문에 조심스럽게 물으니, "그것은 말이야" 의연하게 손과 눈은 움직이고 있다. "좀처럼 시간이 없네요." "지금은 바쁘니 다음에 물어봐주세요." 박사가 그렇게 말했지만 나는 별로 실망하지 않았다. 오히려 이곳에 오래 머무르면서 박사의 신경을 쓰이게 하는 나의 행동에 괴로운 마음이 들었다. 이 연구실 안에서 나와 같이 쓸데없는 존재는 한시라도 빨리 사라지는 것이 낫다고 생각했다. "그럼 다시 언젠가 한가할 때 오겠습니다." 나는 그 정도만 입속말로 하고 정중히 인사하고 도망치듯 방을 나왔다. 돌아오는 길마다 나는 몇 번이나 박사의 모습을 떠올리며 존경의 마음과 동시에 왠지 옆에 다가가기 힘든 답답함이 있다. 이 사람에게서 원고나 이야기를 나누는 것이 곤란함을 느꼈다. 나는 지금도 그 때의 박사의 모습을 떠올리면 고승을 만난 것 같은 기분이 든다. 〈55쪽〉

마쓰이 곤페이(경성대학 외과 의학박사, 松井權平), 「암 이야기」, 『조선급만주』(제258호), 1929년 5월.

생명을 빼앗는 종양이라고 하면 암과 근종으로 이것에 걸리면 결국에는 살아나는 사람이 적다. 아니, 방임한다면 백 명이면 백 명 모두의 생명을 앗아가는 것이다. 한마디로 암종이라고 하더라도 비교적 양성인 것도 있고 십년 이십년이나 경과해 노인이 되어 천수를 다 누리는 경우도 있다. 이처럼 특별한 암종을 치료해서 그 성적이 아주 좋고 그래서 모든 암종도 고친다고 하여 근본적인 치료법의 특효약에 대해 무지함에 의해서인지 아니면 고의적인 것인지 일시적이기는 하나 세상을 떠들썩했던 적이 있다. 물에 빠지면 지푸라기라도 잡는다는 심정으로 불치병에 시달리는 사람에게는 이러한 것도 정신적인 위안이며 생의 집착에 대한 희망이기도 하다. 그러나 반드시 실망이 동반된다. 내일을 모르는 생명이라도 알지 못하면 번뇌도 없다. 자신이 죽을병이라는 것을 알고 나면 의욕도 없고 재미없는 인생이 된다. 中江兆民(나카에 쵸민) 씨도 일 년 반을 고통스러워 하다가 죽었다. 뭐라 해도 삶에 집착했으나 마지막에는 자신의 마지막임을 감지하였다.

자주 암종은 유전된다고 한다. 영웅 나폴레옹 가의 암종은 유명한 것으로 세상 모든 사람이 알고 있는 사실이다. 지금은 옛날이야기이지만 한 때 번영했던 독일 황제 윌리엄 2세 폐하의 부군은 암종에 걸렸던 분이다. 조부는 그 이름도 유명한 윌리엄 1세이고 장수한 군주이었다. 그 재위 기간 중에는 아버지인 황태자는 인두암에 걸렸다. 어머니인 왕비는 영국 빅토리아 여왕의 공주이다. 윌리엄 2세를 출산할 시, 난산에다 더욱이 왼팔은 마비되어 당장이라도 장애가 올 것 같았다. 어머니는 그것을 독일의 의사가 미숙했기 때문이라고 믿고, 그리하여 부군의 병도 결국 영국의 의사를 불러 암이 아니라는 진단 하에 치료를 맡겼지만 결국 기관절개를 해서 벙어리처럼 되어 즉위하자마자 바로 붕어하였다. 순간 큰 사건으로 왕일가의 소동으로 우울해하고 있다.

1, 암종은 현재 혈지병과 같이 유전병이라고 보고 있지는 않지만 ■등은 혈족 간 결혼을 반복하면 암의 유전되기 쉬워진다.

2, 체질로 말하자면 소화기 계통의 암은 뇌졸중에 걸리는 것 같이 통통한 사람에게 많고 폐병 환자와 같이 마른 형의 사람에게는 적다.

3, 연령은 40, 50대에 가장 많고, 장암만은 젊은 사람에게도 비교적 많다.

4, 남자에게는 위장암이 많지만 여자에게는 유방암이나 자궁암이 많기 때문에 전체로 말하자면 여자 쪽이 많은 것 같다.

5, 가장 많은 것은 소화기관 계통이고 다음으로 여자생식기이다.

6, 인종으로 말하자면 스칸디나비아나 스위스 사람에게 많고, 불가리아 사람은 적고, 문명인에게 많고, 아시아인이나 미개인에게 적다고 서양인은 말하고 있다.

7, 도시의 주민이 시골의 주민보다 더 많다. 흑인이라도 아메리카에 사는 사람은 아프리카에 사는 사람보다 훨씬 많다고 한다.

8. 자극적인 음식을 아주 좋아하는 국민에게 많다고 한다.

서양인은 무슨 일에나 스스로 타민족과 구별하려고 노력하고 있다. 맹장염도 중국 주재하는 서양인에게는 있지만 중국인에게는 적다고 말하고 있다. 그 외에도 많지만 때로는 동양인 보다 어떤 점에서 원숭이에 가깝다는 결론도 없지 않아 있다. 그러나 근대 문명의 원조인 만큼 역시나 암종도 많은 것은 사실인 것 같다. 또한 일반적으로 암종이 증가했다고 한다. 그것은 진단이 확실해졌다는 것과 인간이 증가했다는 것, 그리고 교통편이 좋아졌기 때문에 환자가 한꺼번에 도시로 나와서 진찰을 받는 등, 외관적의 증가도 있겠지만 실제로 증가했을지도 모른다. 문명이 발달하는 만큼 많은 것 같으니까

원인으로서 첫째, 콘하임 씨의 종양 발생의 미아설라고 하는 것이 있지만, 그것만으로는 암종의 원인으로 충분히 설명하기 어렵다.

둘째, 전염설은 결핵이나 매독과 같이 미생물이 체내에 침입해 기생하고 그 자극으로 조

직이 증가한다는 것이다. 암종은 임파선이나 또는 혈행으로 전이되어 식민지를 만들고 또한 동물에서는 이식도 된다는 점 등을 설명하는 데에는 적절하다. 그렇지만 암종의 전이는 그 작은 조각이 임파선 혈행 중에 들어가 일어나는 식민지이며 철두철미하게 그 사람의 몸에서 생겨서 그 사람의 영양분을 흡수하여 커지는 것이기 때문에 결코 밖에서 온 것이 아니다.

셋째, 루돌프 비르호 씨의 자극설은 다양한 자극으로 정상인 조직이 규칙에서 벗어나 종양으로 변성한다는 것이다. 山極(야마기와) 선생과 市川(이치카와) 씨가 끈기 있게 토끼의 귀에 콜타르를 지속적으로 도포하여 결국 인공적으로 암을 만드는데 성공하여 자극설의 실험적 증명을 해냈다. 암이나 ■가 따위를 의심하였지만 지금은 일반 학계에서 인정되어 일본법에조차 올라가 인공암 발생법으로써 넓게 응용되고 있다. 흡연가의 구순암. 후추를 씹는 세이론 부인의 구강암, 노년기에 접어든 부인의 유방암. 연통청소업자의 음낭암. 아닐린 직공의 방광암. 카슈미르 토착민의 칸구리 암 (장벽화상에서 나온 암) 그 외 동물의 암도 이 자극설에서 설명할 수 있다. 자극에 따른 만성 염증이 일어나 그 장소에 흔적을 만들고 상피세포가 끊어지지 않아 증식하여 그 상태가 계속유지하면 결국 완전히 이기적인 증식물, 즉 종양이 생겨 그리하여 전체의 조화는 깨져서 죽음을 초래한다. 그 사람의 몸에서 나와서 그 영양을 흡입하여 발육하고 더욱이 그 생명이 줄어들면 따라서 자기도 그것에 순응하여 멸하는 것이다. 교묘한 조화이기 때문에 소우주라고 칭찬받는 인체에 생기는 암종과 같은 것은 자연의 좋은 기능에서 없어야 할 반역물이다. 어째서 이와 같은 반역자가 생겼을까? 옛날 유행병이 일부가 절멸하고 난후에 자연적으로 종식된 것처럼 어떤 인종을 극감하기 위한 병으로 소돔이나 고모라를 태운 정화와 같은 것인가? 더욱이 인종에게 걸리지 않는 병은 없기 때문에 감염자는 반드시 멸해야 한다는 이유로 인류의 번영도 정상에 가까워졌고 자연 절멸이 내적 원인이 확실해지고 있어서 일까? 그것은 현재 풀리지 않는 수수께끼이다.

왈플히라고 하는 학자는 암종의 세포는 혈액에서 산소를 빼앗고 산화작용을 꾀하고 적게 당을 분해서 유산을 만드는 상태 등은 태어날 때 세포에 닮아있다는 것을 발견했다. 조직세포를 인공배양하고 나서 차차 이런 경우에 순치하면 암종 세포가 생기는 이유이다. 이미 말했듯이 두꺼운 상처자국, 오래된 상처에서 암종이 생긴다는 것은 알려져 있다. 이러한 조직은 혈관에 부족하고 산소의 공급이 충분하지 않아 오래간다. 이러한 상태가 된다면 암종이 생기게 되는 것은 당연하다. 예방으로서 불규칙한 상처가 생기지 않도록 외과의사의 치료를 받아야 한다. 나이가 들어감에 따라 혈관에 경화가 생긴다. 소화기계통의 암은 뇌졸중의 체질과 같은 점 등, 동맥의 경화와 암종은 일종의 인과관계가 있다고도 예상이 된다.

암종 환자의 혈청 중에는 어떤 지방산이 결핍되어 있기 때문에 건강인의 혈청처럼 암종 조직을 용해하는 힘이 없다. 오히려 건강한 사람의 혈청이 용해작용을 방해한다. 젊은 사람에게 있고 후에는 없어지는 흉선 중에 이 지방산이 다량으로 있고 건강한 사람에게는 장에서 흡수된다. 암종 환자 혹은 그것에 걸린 사람에게는 장의 소화가 변형이 와서 어떤 유기산을 만들어 지방산은 생기지 않는다고 한다. 흉선이 있는 젊은 사람에게는 암종이 적다는 것도 수긍이 간다. 그렇지만 젊은 사람에게 암이 생기면 아주 악성일 경우가 많다. 암종의 경과는 길게는 4년, 짧을 경우에는 1년 미만이다. 체력이 쇠약해지고 등불처럼 생명의 불씨가 꺼진다. 고통은 암의 발생한 장소만큼이나 전이에 따라 전부 똑같지 않다. 부패 분해해서 악취가 나는 환자 자신 때문에 음식을 먹지 못하는 경우도 있고 식도나 위의 유문(위의 말단부에서 십이지장에 연이은 부분) 등에 생기면 음식이 통하지 않아 아사하는 경우도 있다. 신경을 압박하면 격한 통증이 있고 혹은 전혀 고통이 없고 힘이 빠져서 죽는 경우도 있다. 사인은 그저 몸속에 양분을 낭비하는 식객이 있는 것에 비유할 수 있는 것 같이 단순한 것이 아니고 영양장애 빈혈과 같은 외적인 암에서 무언가 불분명한 일종의 독극물이 분비된 것이라 예상된다.

진단은 병원에서 현대 알려진 모든 방법으로 가능한 단시일에 확정해야 한다.

요법은 단지 하나의 외과요법이 있을 뿐이다. 그것은 결코 아전인수가 아니다. 그것도 조기가 아니면 효과가 없다. 의심스러운 때에 하지 않으면 시기를 놓친다. 작을 때에 충분히 종양과 그 주위의 외관상 건강하다고 생각했던 부분을 제거하고 또한 부근의 임파선도 거기에 들어간다. 임파관이 있는 부분을 과감히 제거한다. 그것은 암종은 보리나 벼의 뿌리와 같이 퍼져나가 전이가 임파선에 우선적으로 일어나기 때문이다. 이 종양을 떼어내도 전이가 혹시 있으면 급속하게 발육한다. 이처럼 과감하고 충분히 제거해도 폴크맨 씨가 말한 것처럼 3년 안에 재발이 없을 경우 우선 완치라고 보기 때문에 그때까지 근치라고 말할 수 없다. 커지고 전이가 확실한 것은 수술도 들지 않는다. 바꿔 말하자면 치유의 희망이 없는 것이다. 못 본체 할 수도 없고 또한 때로는 상상했던 정도로 퍼져있는 것도 아니기 때문에 가능한 범위에서 수술해서 더욱이 강력한 엑스선 라듐으로 여전히 치료하는 것 외에는 방법이 없다. 엑스선 라듐으로 치유된 사람은 있다고 한다. 그러나 그것은 수술로써 물론 근본적인 치료가 된 것이다. 그렇기 때문에 이 요법은 수술과 병용해서 만전을 다 하던가 수술이 불가능한 경우, 즉 수술이 곤란한 경우, 그 암종의 성장을 억제해서 대증적 요법(단절하여 통증을 억제하는 요법, 블록요법)이라도 해야 할 것이다. 미래는 모르겠지만 현재는 칼이 유일무이한 암 치료법이라고 할 수 있다. 그것은 저자 한사람만의 주장은 아니다.

연구와는 별개로 수술 가능한 것에 다른 요법을 행하는 것은 태만하다는 비난에서 벗어나지 못 한다. 수술 경과는 유감스럽게도 나쁘다. 이렇게 말하는 것은 3년 이내에 다수 재발이 되고 결국 다시 암에 걸려 쓰러진다. 서양에서는 조기에 수술하는 경우가 많고 예후 또한 꽤 좋다. 이전에 파리에서 곳세 씨의 수술을 방관했을 때 외과의학에 권위가 있는 三宅(미타쿠) 선생도 탄식이 나온 적이 있다. 그 외, 약물요법, 혈청요법 등은 여전히 연구 중이고 이 모든 것에 대한 것이 실제 현장에서 응용하는 영역에까지는 진전되지 않는다. 〈56-58쪽〉

야마우치 다모츠(의학박사, 山內保), 「뇌일혈의 이야기-원인=치료=예방법」, 『조선급만주』(제258호), 1929년 5월.

뇌일혈로 쓰러지는 사람은 상당히 많다. 가까운 예로는 後藤新平(고토 신페이)백작, 地上(이케가미) 조선정무총감도 이 병으로 결국에는 목숨을 잃었다. 그렇다면 뇌일혈이라는 것은 어떠한 병일까? 오랫동안 프랑스에 있으면서 이 연구를 마치고 일본에서는 당뇨병 및 동맥경화증의 권위 있는 야마우치 박사를 방문해서 뇌일혈의 원인, 증상, 치료, 예방법 등을 상세하게 이야기를 들었기 때문에 세상 사람들도 참고하였으면 한다. 덧붙이자면 야마우치 박사는 도쿄시 치요다구 히라카와초 6-15에 병원을 개업해서 당뇨병 및 동맥경화증에 시달리는 사람을 구하고 있다.

지난달 31일 낮, 築地(쓰키지) 여관의 한 방에서 방문객을 대상으로 5~6병의 술을 따르며 아무 탈 없이 점심을 마친 이케가미 조선정무총감은 식사를 하자마자 갑자기 쓰러지더니 곧 의식불명이 되고, 좌반신에 마비가 와서 혼수상태에 빠져서, 일주일 뒤에 끝내 목숨을 잃었다.

고토 신페이 백작은 가차 안에서 쓰러져 끝내 13일 만에 교토에서 돌아가셨다. 백작은 도쿄를 출발하기 전날, 자택 현관 앞에서 대충 옷을 걸쳐 입고 소년단의 분열식을 하고 소위 고토 식의 힘을 발휘하여 유쾌하게 출발하였다고 한다.

뇌일혈은 5분 전에 건강했던 사람이 5분 후에 돌연히 쓰러져 생사의 길을 헤맨다고 한다. 이 무서운 뇌일혈은 사실은 동맥경화증이 그 원인이다.

동맥경화증은 탄력성을 가진 건강한 혈관조직이 여러 가지의 원인으로 병적 변화를 일으켜 취약하게 하고 파열하기 쉬운 상태로 된다고 한다.

'노쇠는 동맥경화에 따른 병적 현상이며 생리적인 것이 아니다. 사람은 결코 자연스럽게 노쇠해서 죽는 것은 아니다'라는 대담한 결단 하에 불노장수의 연구에 그 일생을 바친 것은 그 유명한 메치니코프 선생이다.

선생은 파리의 파스퇴르의 연구소에서 매일 아침 일찍부터 늦은 밤까지 일요일 국경일도 쉬는 날 없이 인류의 행복을 위해서 부지런히 이 대문제의 연구에 몰두하셨지만 안타깝게도 연구 중반에 74세 나이로 사망하셨다.

선생을 스승으로 섬긴 것도 10여 년, 최근까지 같은 연구소에서 같은 문제에 대해 연구를 지속해 온 나는 당시를 상기하면 감개무량하다.

선생의 사체는 유언에 따라서 해부에 기부하였는데 심장에 영양을 주는 동맥 등은 완전히 굳어져 있고 심장 근육은 수축 퇴화해서 소생불능에 빠져 심장 마비를 일으켰기 때문이었을 것이다. 어느 날, 심장으로 고통 받고 있는 선생을 보고 무심히도 그 병의 원인은 "무엇입니까"라고 물어보니 선생은 의연하게 대답하기를

"나는 청년시절, 술과 담배를 과도하게 하고 어떨 때는 거의 정신을 잃고 자살을 하려고도 했던 적도 있다. 오늘날 나의 동맥경화증의 원인은 전적으로 빨리 시작된 청년시절의 방탕한 생활에서 기원하고 있다."라고 탄식하였다. 그리고 말을 이어 "나는 병을 가지고 있어 유감스럽게 성공하기 힘들지만 너는 나이도 젊고 건강하기 때문에 스스로 의지를 가지고 이 문제를 연구해서 널리 세계 인류를 위해서 공헌을 했으면 좋겠다."라고 말씀하셨다. 그때의 정경은 위대한 감동으로 오늘도 여전히 어제처럼 역력히 뇌리에 남아서 내 마음을 요동치게 한다.

이케가미 총감이라든지 메치니코프 선생이라든지 어느 분도 동맥경화증 때문에 쓰러지셨고 그 원인은 알코올이다.

알코올과 동맥경화와의 관계를 증명하는 실험으로서 개, 혹은 원숭이를 시험동물에 사용하여 매일 소량의 알코올을 투여하였는데 수개월 후, 예상대로 그 혈관은 동맥경화를 일으키고 있는 것을 볼 수 있었다. 이것은 오랫동안 알코올이 혈액에 섞여서 순환하며 혈관 조직에 병적 변화를 일으킨 결과이다.

장내의 세균 때문에 발생한 독소는 혈액에 흡수되어 마침내 동맥경화의 원인이 된다. 즉 대장균, 프로테우스균, 브리페린겔균 등의 작용에 의해서 생기는 유독물질인 인돌, 스카톨, 페놀 등은 장벽에서 혈액 내로 흡수되어 동맥의 경화를 일으킨다. 이것은 이제까지 소량의 독소를 동물에게 지속적으로 줌에 따라 쉽게 증명되었다.

변비증상의 사람이 빨리 나이 들어 보이는 것은 즉 이러한 이유에 의한 것이다. 일반적으로 변비의 경향이 있는 어떤 나라의 부인이 비교적 나이는 젊은데 피부에 윤택이 없고, 잔주름이 생기고, 체력저하를 탓하는 것도 이 장내 독소의 자가 중독에 의한 것이다. 또한 육류를 다량으로 먹는 사람도, 육류의 분해에 의해 생기는 독소 때문에 같은 현상이 나타나기 때문에 주의를 해야 한다.

이 장세균에 의한 독소와 노쇠의 관계에 대해서 흥미로운 실험이 있다.

그것은 앞서 말한 파리의 파스퇴르 연구소에서 일했던 젊은 부인이 때마침 맹장염에 걸

렸을 때 그 대장을 절제해서 직접 소장과 직장을 붙여 연결한 것이다. 이 부인은 그 후 15년간, 내가 직접 관찰하였는데 언제나 젊고 외견상으로는 나이 들어 보이지 않았다.

동맥경화증의 중대한 원인으로 매독을 들 수 있다.

선천성 매독 즉, 조상으로부터 유전, 후천성 매독 즉, 자신으로 부터 생긴 감염에 따른 것, 두 가지 모두 매독은 반드시 혈관을 침범해서 동맥경화증을 유발하는 원인인 것이다. 전날 겨우 28세의 청년이 뇌일혈로 쓰러진 것을 진찰했는데 그것은 유전 매독에 의한 강도의 동맥경화증을 일으킨 결과였다.

나의 연구실에서 최근 5년 동안에 3천 5백 2십 명의 동맥경화증 환자를 진료하였는데 그 다수는 과거에 매독에 걸렸던 사람이었다. 실로 매독은 무서워할 만한 병이고 단순히 자기 혼자만 고통스러울 뿐 아니라 자식에서 자손까지 3대에 걸쳐 매독이 유전되므로 비참한 것이다.

과로 또한 동맥경화증의 원인 중 하나로서 주의를 해야 한다.

피로의 결과 체내 모든 장기에서 배출된 피로의 독소는 상당히 유해한 것으로 이것이 퇴적됨에 따라 동맥경화증을 일으키는 것이다.

이 피로 독소가 동맥경화의 원인이 된다는 것에 대한 흥미로운 실험은 개에게 수십 일 동안 거의 잠을 못 자게 하여 극도로 피로한 상태를 만들어 그 근육을 잘라내서 식염수에 담가서 그 침출액의 소량을 다른 건강한 개에게 주사하자 그 개는 곧바로 피로상태에 빠지고 여전히 주사를 투여함에 따라 그 개의 뇌혈관은 쉽게 경화되는 것이 보였다. 이 실험으로 알려진 것 같이 우리들은 피로한 후에는 적당한 휴양을 취하고 피로 독소의 배출을 충분히 하지 않으면 안 된다.

영국의 속담에 '여자는 6시간, 남자는 7시간, 미친 사람은 8시간 잠을 잔다'고 하는 것처럼 인간은 하루에 6시간 내지 7시간의 수면을 필요로 한다.

불규칙적인 생활 때문에 밤낮으로 심신을 과격하게 활동하는 사람은 다른 어떠한 병적 원인이 없더라도 동맥경화증에 걸리게 된다. 이 세상에 규칙적으로 생활하는 사람이라고 불리고 그렇게 술을 마시는 것도 아니며 또한 도락도 즐기지 않고 그냥 매일 매일을 아침부터 밤까지 꾸준히 일하는 사람으로 상당히 외견상 늙어 보이는 것은 즉 과로에 의한 노쇠의 좋은 예이다. 그렇기 때문에 과도한 노동 행위는 일종의 자살이라고 말할 수 있다. 그러나 반대로 나태한 것 또한 병에 걸린다. 이처럼 호의호식, 귀중한 시간을 쓸데없이 공허하게 보내는 것은 운동부족의 결과, 체내 여러 곳에 지방질이 넘쳐나서 결국에는 혈관조직까지 침범해서 동맥경화증이 나타난다. 〈58-60쪽〉

사카가미(坂上) 박사 이야기, 「혈압과 뇌일혈」, 『조선급만주』(제258호), 1929년 5월.

　　혈압이란 무엇인가라고 묻는다면 혈관 안을 흐르는 혈액이 혈관 벽에 영향을 주는 압력, 즉 혈압이란 심장의 작용에 따라 생긴 동맥벽의 긴장도를 가리키는 것이다. 생명보험에 가입한 사람에 대해 조사하자 사망자의 2/3는 혈압항진에 의한 것이다. 지금 건강한 사람의 혈압을 평균으로 해서 보면 20세 남자의 혈압을 120mmHg(수은주) 라 하고 거기에 한 살 더 할 때마다 1mmHg를 더하면 약 그 표준을 구할 수 있다. 또한 일반적으로 평균 혈압을 약 128mmHg라고 하고 20세에서 65세까지를 3개로 나누어 그 평균수는 20세에서 35세까지가 123mmHg, 36세부터 50세까지가 128mmHg, 51세부터 65세까지가 133mmHg 이다. 그리고 혈압은 운동 및 정신의 과로, 흥분에 따라서 높게 나오고 수면을 취하면 낮게 나오고 반대로 잠을 못 자면 높게 나온다. 또한 이른 아침은 낮고 오후 5, 6시경에는 하루 중에 최고에 달하며 밤은 다시 낮게 된다. 기온이 높을 때는 혈관이 확장되기 때문에 혈압은 내려가고, 기온이 낮을 때는 혈관이 수축하기 때문에 혈압은 높게 나온다. 목욕할 때에는 처음에는 혈관이 자극으로 수축하나 조금씩 확장하기 때문에 따라서 혈압은 처음에는 오르고 나중에는 내린다. 때문에 혈압이 높은 사람은 처음에는 서서히 몸을 따뜻하게 하고 나서 입욕하도록 해야 한다. 갑자기 뜨거운 물에 들어가는 것은 위험한 것이다.

　　혈압의 이상이 오랫동안 지속될 때는 혈관은 경변하고 동맥경화증이나 뇌일혈을 초래한다. 혈압이 이상으로 항진하는 경우는 혈압 항진증, 동맥경화증의 있을 때는 협심증 및 만성신장염과 비슷한 위축신장 등의 있는 경우이다. 그 중에서 혈압 항진증은 위축신장은 없고 혈압이 높게 지속하는 것이 특이한 점이다. 많은 중년기 즉 45세 내지 55세의 남자로 강한 체격에 영양 상태가 좋은 사람, 특히 뇌일혈성 체질인 사람에게 오는 것이다. 혈압은 때로는 180㎜에서 200㎜로 올라가는 경우가 있다. 이러한 경우는 뇌일혈을 일으키는 위험이 있다는 것을 예상하지 않으면 안 된다. 혈압이 높아진 다음에 오랫동안 지속되면 서둘러서 보행하거나 계단을 오르거나 했을 때 가벼운 호흡 곤란을 느낀다. 그것이 첫 번째 징후이다. 다음으로 심장부에 다소 압박감이나 두근거림을 느낀다. 또한 두통이나 현기증이 나기도 하고 수면 장애를 초래한다. 기억력이 감퇴하고 현저한 정신적 피로를 느끼게 되어 마침내 혀와 입술의 감각능력에 이상을 호소하는 경우도 있다. 그 외에 변비, 이명, 야뇨라고 해서 밤중에 2번이나 3번이나 소변을 보러 다니게 된다. 밤중에 소변으로 일어나는 것을 별일 아니라고 생각하는 사람이 있지만 그것은 훌륭한 병의 징후와 같아서 평소 방심을 하지 않고 주의를 한다면 적어도 병세가 심하게 진행되지 않는 사이에 알게 되면 쉽게 그것을 치료할 수 있다. 〈62쪽〉

우에무라 쇼(植村生), 「방문인상(2)-경성대 의학부교수 杉原德行(스기하라 노리유키) 씨」, 『조선급만주』(제259호), 1929년 6월.

조선인삼예찬

연일 경성일보 지면을 흔들고 있는 박사의 명문은 놀랍게도 누구라도 흥미를 가지고 읽고 있을 것이다. 경성대 약물학 교실, 그의 방에 들어가면 여러 가지 인삼이 병에 담겨져 있기도 하고 말려져 놓여 있기도 하다. "이봐, 조선인삼이 얼마나 불노장수의 묘약인지 잠시 이것을 읽어 보게." 그렇게 말하고 기쁜듯이 원고를 가리키며 방긋방긋 웃는 박사의 머리까지 벗겨진 넓은 이마는 잘 보니 얼핏 인삼과 닮은 곳이 있다. 내가 중학생이고 박사가 중학교의 선생님이라면 금방이라도 "인삼"이라고 하는 닉네임을 붙여드리지만 역시나 약에 관한 연구만 하고 계시는 만큼 둥글둥글 하며 건강해 보이는 듯 살찐 박사는 인삼의 신묘한 효력에 의해 불노장수를 유지하고 계시겠지. 그러나 유감스럽게도 연구자인 박사가 매일 빠짐없이 인삼을 드셨는지 안 드셨는지 여쭤어보는 것을 잊어버렸다. 혹은 약을 연구하는 사람은 오히려 약을 복용하지 않을지도 모른다. 과자가게 주인이 과자를 먹지 않는 것, 스님이 신앙이 없는 것처럼 - 이것만은 다음에 만났을 때 한번 여쭤어 보아야겠다. 첫인상은 부담 없고, 아주 젊고 친절하며 그 맛이 조선인삼의 엑기스와 같을 뿐 . 〈45쪽〉

스기타 나오키(의학박사, 杉田直樹) 씨의 이야기, 「두뇌와 인간」, 『조선급만주』(제259호), 1929년 6월.

(1) 오늘날, 학생 시절에도 혹은 사회에 나와서라도 어떤 일에 대해 자기의 두뇌의 힘으로 자기 삶의 길을 닦지 않으면 안 된다. 그렇게 하기 위해서는 자기의 두뇌 실력을 극대한으로 사용하는 기술을 배우지 않으면 안 된다. 물론, 사람에 따라서 두뇌의 운동에 다소 차이가 있는 것은 피할 수 없지만, 그 두뇌를 능률적으로 사용하면 평범한 사람이 오히려 자만에 빠진 천재에게 이길 수 있는 업적을 이루는 것은 결코 어려운 일이라고 말할 수 없다.

두뇌는 우리의 신체를 구성하는 다수의 기관 중 가장 정교한 구조와 기능을 가지고 있는데 그 기관이 정교한 만큼 한번 손상하면 그 회복은 오히려 곤란하다. 사소한 뇌의 질환이 결국에는 한 생애의 불치로 끝나는 것과 같아서 실제 그런 예도 결코 드물지 않다. 아마도 어떠한 기계일지라도 두뇌 기능에 필적할 만한 정도의 정교함을 가지고 있는 것은 없다고 말할 수 있는데 아무리 정교한 기계일지라도 그 사용법을 실수했을 경우에는 그것을 파괴해버린다. 혹은 내버려두었을 경우에는 막상 사용하려고 할 때 사용하지 못하기도 한다.

그것과 마찬가지로 우리의 신체 중 가장 정교한 기관인 두뇌를 사용하기에 앞서 가장 세밀한 위생상의 주의를 요하는 것은 말할 것도 없다. 그러나 많은 사람들은 위장병이나 폐병에 대해서는 주의를 소홀히 하지 않는데 반해 두뇌의 사용법에 대한 위생에는 무관심한 것은 이상하다고 말하지 않을 수 없다.

신경쇠약증이 의학자로부터 처음으로 특별한 주의가 야기된 것은 1870년에 아메리카의 비야드라고 하는 사람이 아메리카인 사이에서 이것을 발견하고 그것을 "아메리카 신경병"이라고 이름붙이고 상세하게 연구 발표한 것에 의한다. 당시 비야드는 아메리카에는 많은 인종이 섞여 살고 있는 점, 그리고 어떠한 방면에서도 실력경쟁이 심하고, 사람들은 밤낮으로 두뇌를 과로시킨다는 점, 게다가 아메리카의 기후풍토가 건강에 적합하지 않다는 점 등을 들어, 그 신경병의 원인이라고 하고 있다. 또한 그 논문 내용 중에는 일본과 같이 풍토가 좋고, 인종이 한 민족이고 생존경쟁이 심하지 않은 나라에서는 아메리카 신경병과 같은 것은 아마도 영구히 발생하지 않을 것이라고까지 말하면서 우리나라의 상태를 부러워하였는데 그로부터 50년이 지난 오늘날, 우리나라도 또한 세계 유수의 신경쇠약국이 되고만 것은 너무나 유감이다. 더욱이 우리나라뿐 아니라 세계의 어느 문명국이라도 해마다 신경병자, 정신병자는 계속 증가하고 있다. 지금은 우리나라의 청년 학생에게 신경쇠약의 징후가 없다는 것은 거의 없다고 말해도 좋다.

이와 같이 신경병자가 세계 각국에 해마다 증가하고 있는 원인은 어디에 있을까라고 한다면 아마도 한편으로는 다양한 종류의 알코올, 담배 혹은 그 외에 기호품의 자극, 또 다른 한편으로는 유전 결과이며, 더욱이 다른 한편으로는 사회적으로도 생존경쟁이나 다양한 지식욕 등 때문이다. 혹은 학교의 시험제도 등 때문이다. 국민이 유소년 때부터 두뇌에 대한 강한 자극을 받아서 두뇌의 기능이 파탄을 초래한 중요한 원인이 아닐까? 우리는 이 두뇌 기능의 파탄을 막기 위해서는 자기의 두뇌 구조와 기능을 정밀하게 연구하고 그것을 합리적으로 사용하고 그 기능을 충분히 발휘시켜 조금이라도 그 기능에 고장을 일으키지 않도록 미리 주의하는 것이 대단히 중요하다.

(2) 지금, 아주 간단하게 두뇌의 합리적인 사용법, 즉 두뇌를 완전하게 사용해서 게다가 일생 전반에 걸쳐 그 기능에 조금이라도 고장이 생기지 않도록 하는 비결을 2, 3개를 말씀드리고자 한다.

첫째는 자신의 일상에 하는 일에 흥미를 가지는 것이다. 우리는 늘 경험하듯이 자신의 좋아하는 일에 몰두하고 혹은 재미있는 소설에 몰두하고, 혹은 라디오 기계의 조립 등에 고민하고 또는 마음이 맞는 친구들끼리 모여서 논의를 할 때에는 식사하는 것도 잊고 게다가 그다지 크게 피로를 못 느낀다. 이것은 자기가 흥미를 느끼는 작업에 대해서는 신경세포가 건강한 흥분을 주기 때문이다. 즉 그 작업이 순조롭게 될 뿐 아니라 신경계 속에 피로소를 발생하는 것도 적다. 따라서 어떤 작업을 계속해도 건강상태에 비교적 덜 영향을 미친다. 그것과 반대로 조금이라도 흥미가 없는 과목 등을 시험 전에 무리하게 머릿속에 주입시키려고 할 때는 겨우 1, 2시간의 공부로도 견디기 힘든 피로를 느낄 뿐 아니라 고생한 것에 비해 공부한 것이 남지 않아서 아주 안 좋은 결과가 나온다. 학창시절 중이라면 겨우 작은 희생으로 끝나지만 일생에 걸쳐 종사해야 하는 자신의 직업이 만약에 자신에게 흥미가 없는 것인데 무리하게 계속 일을 한다면 두뇌를 해치게 되어 오히려 능률이 오르지 않는 불행한 결과를 초래한다.

다음으로 두뇌위생을 위해 주의해야 할 것을 언급하자면 일의 전환이라고 하는 것이다. 우리의 신경세포는 그것을 사용할 때에는 그 세포 내에 피로소를 발생시켜 점차 세포의 기능을 저해하여 소위 피로감을 피할 수 없다. 피로는 그것이 너무 심하지 않은 경우에는 아주 짧은 시간에 피로가 풀리지만 만약 어느 정도를 넘어서 과로를 했을 때는 결국 회복하지 않으면 병적 상태에까지 빠지는 위험도 있어서 오늘날 우리의 경험에 의하면 우선 동일 작업의 지속은 3시간을 한도로 하는 것이 적당하다고 생각한다. 단, 3시간이 지나면 두뇌가 피로해서 전혀 아무런 도움도 되지 않는 것이 아니라 지금까지 종사하던 일과 전혀 성질을 달리해서 다른 일에 종사하면 그것에 관여하는 신경세포는 전에 피로했던 세포와 같지 않다고 인식하고 다시 신선한 기분으로 그 두뇌를 움직이는 것이 가능하다. 따라서 일의 전환을 적당히 합리적으로 한다면 하루 중에 수십 시간에 걸친 정신작업을 계속하는 것도 그다지 곤란하지 않다. 이 일의 지속의 한도는 위에서 말하자면 예를 들면 박람회나 전람회와 같은 것도 2시간 정도로 한 바퀴 돌 수 있을 정도의 것이 좋다. 연극이나 활동사진 등도 2시간 정도로 한 편이 끝나도록 하는 것이 적당하며 서양의 극장에서는 대략 그 표준에 따라 하고 있는 것 같은데 우리나라의 연극은 한가한 사람이 많은 탓인지 우리들 정신노동자가 하루의 노동 후에 위안 삼아 연극을 구경한다고 할 때 등, 오히려 그 연극, 영화 관람 때문에 피로가 쌓인다는 결과가 나오는 경우가 많은 것 같다. 〈85-86쪽〉

우에무라 쇼(植村生),「방문인상-경성제국대학 법문학부 교수, 今西龍(이마니시 다츠) 박사 경성제국대학 의학부 교수 綿引朝光(와타비키 아사미츠) 박사」,『조선급만주』(제260호), 1929년 7월.

선생의 방은 마치 인물 사진의 전람회와 같이 벽 한 면에 위인, 걸사, 석학, 철학자의 초상이 붙어져 있다. 방 한가운데 책상을 놓고 자리를 잡아 앉아 계시는 곳은 정말로 위인 걸사의 보호를 받고 있는 기분이라고 할까, 혹은 그들의 우두머리의 모습이라고 할까, 그것은 확실히 모르겠지만 어쩐지 조금 거무튀튀한 얼굴은 벽에 붙여진 얼굴보다도 애교가 있다. 위인이라고 하는 사람은 모두 쓴 벌레를 씹은 것 같은 무서운 얼굴을 하고 있는 것처럼 보인다. 여름이 되면 식당에서 음식을 먹으면 위험하다고 하기 때문에 다음 방의 책상 위에서 자신이 직접 지었다고 하는 밥을 밥솥 채 설치해 놓고 젊은 조수 선생과 즐겁게 식사를 하고 계시다. '의사라고 하는 분은 뜻밖에 세균을 무서워하는구나'라고 순간 독사를 보고 놀라지 않는 위용을 생각해 본다. "최근에 뭔가 재미있는 사건은 없습니까?"라고 질문하셨다. "일본에서는 자주 山梨(야마나시) 씨에 대해 나쁘게 이야기 하고 있는 것 같네요"라고 하자 "야마나시 씨는 좋은 사람입니다. 정직하고 야욕도 없고"라고 대략 현 총독을 예찬하셨다. "정직하고 야심이 없는 것 같은 정치가는 현대에서는 평판이 나쁘다고 하네요."라고 하며 "정말로 그렇습니다."라며 대단히 감탄하셨다. 드디어 "젠나의 추억"이라고 하는 이야기를 해주셨다. (이 원고는 다음 달 호에 게재함) 선생은 처음에는 좌담처럼 이야기를 하셨는데 그것이 점점 강연처럼 되어 연설처럼 들렸다. 나는 그 리드미컬 한 목소리를 들으면서 열심히 써 내려갔다. 이곳에 연설자와 속기자만 있을 뿐이고 청중은 없는 것이나 마찬가지다. 필기를 끝내고 겨우 고개를 들고 알게 된 것인데 선생은 벽에 걸린 위인들을 향해 이 강연을 하고 계셨던 것일지도 모른다고 생각했다. 〈43–44쪽〉

스기타 나오키(의학박사, 杉田直樹), 「생물학과 인생관」, 『조선급만주』(제260호), 1929년 7월.

부단한 진화를 계속하는 것은 생물계의 이상적인 현상이다. 그러나 우리는 이제야 생물 진화의 흔적을 더듬어 간다. 그 동안 행해져 온 법칙을 생각해서 그것을 근거로 현재 및 미래에 생물계가 어떠한 상태에 있고 또한 어떻게 될 것인지를 생각하는 것은 생물의 진보의 흔적을 본 후에 생긴 당면한 문제이다.

모든 역사는 과거의 사실을 되돌아보고 미래를 점치는 지식 체계를 부여하기 위한 자료가 되는 것이다. 그러므로 생물계에 의해서 알게 된 생물계의 현상 법칙에 따라서 이후 생물이 나가야 할 경로를 대략 예상하는 것이 가능하다. 우리는 생물학의 가장 흥미 있는 법칙으로서 헤켈의 법칙을 들 수가 있다.

헤켈은 독일의 자연과학의 대가로서 십년 정도 전에 죽었다. 그에 따르면 "개체 (즉 그 맥종에서 성체가 되기까지) 그 신체의 모든 기관이 더듬어 온 경로는 정확히 인간이 단세포동물 시대에서 오늘날의 인간까지 진화해 온 그 몇 십억 년의 역사를 그대로 축소한 것이다." 즉 그것을 학문적으로는 "개체 발생은 종족의 발생을 가리킨다."라고 말한다.

그 증거로 인간을 비롯해 다른 종류의 동물들이 어미 태내에 있을 때 형상을 보면 확실하게 알 수 있는 것인데 정확히 인간에게는 수태 후 4개월 정도, 쥐라면 70일 정도, 그 외 새와 짐승 각 각 어는 일정한 일시까지의 태아의 발육을 보면 그 크고 작음은 있어도 어느 것이 인간의 아이인지 쥐의 새끼인지는 실로 구별하기 어렵다. 그 일정한 시기 이후의 발달에 따라서 처음으로 인간의 자식은 인간이 되고, 쥐의 새끼는 쥐로 성장한다. 생물학은 다른 동물의 태중에 인간의 자식이 들어서는 것을 인정하지 않는다. 즉 헤켈의 법칙에 따라서 인간의 태내의 발육의 경로가 인격 전체로서 발육을 가리키고 있다는 원칙에 의해서 인간도, 새도, 짐승도, 어느 시대까지는 같은 형태를 하고 있다는 것을 알 수 있다. 이른바 태생학이라고 하는 학문은 태아의 발달의 상황에 따라서 그 종족의 발달 모습을 연구하려고 하는 학문이다.

위에서는 신체상에 행해지는 헤켈의 법칙인데 이 법칙은 결코 신체상의 현상에만 적용되는 것이 아니고 정신적으로도 똑같이 적용된다. 즉 원시인 시대에서 문명 시대 현재까지 인간은 늘 진보해 왔다. 그 정신적 방면의 진화는 아이의 발육 과정에서 나타난다. 따라서 아이의 심리 상태가 어떻게 발전하는가를 생각하는 것은 즉 인류 정신적 방면의 진화의 흔적을 더듬어 찾는데 적합하다. 즉,

1. 사교심의 결핍

4, 5세 정도의 아이에게서 그것이 가장 현저히 나타난다. 자신이 하고 싶은 대로 끝까지 하려고 하고 사람 말에 귀를 기울이지 않는다. 그것은 우리의 정신상태가 가장 유치했을 때를 재현한 것이 아닌 다른 것이다. 즉 우리의 선조는 아주 원시적인 시대에 있어서는 유목민 시대가 있었다. 즉 노마드(살 곳을 찾아 끊임없이 이동하는 유목민)의 생활로 알려진 것으로 사람들은 일정한 토지에 정착하지 않고 물과 풀을 찾아서 여기저기로 방랑하며 생활했었다. 그러한 상태에서는 인간은 사회적 동물이라고 할 정도의 것은 아직 나타나지 않았다. 단지 그 작은 개체는 자신의 부모, 자식, 손주, 아내, 형제라고 하는 아주 좁은 의미에 혈족의 개체뿐이었다. 그리고 비옥해서 곡물이 잘 자라는 땅, 또는 어로에 편리한 땅을 찾아, 그곳에서 이러한 음식을 충분히 얻을 수 있을 만큼만 생활하고 다시 좋은 토지가 발견되면 즉시 그곳을 떠나서 다른 장소로 이동한다. 주거는 동굴, 더 나아가서는 휴대가 가능할 정도의 변변치 않은 움막집을 지어서 사냥, 어로, 나무 열매 채집 등이 주된 방법이었다.

그러나 이러한 시대에서 조금씩 발전하여 일가족이 어느 편리한 토지를 발견하여 여기에 정착하여 살자 곧 다른 사람도 그것을 모방하여 정착 생활을 하는 사람이 생긴다. 이러한 일개의 사람의 가족과 가족 간에는 늘 다른 것을 배척하는 것, 즉 투쟁적인 행위가 항상 일어나고 그 무렵에 학습된 정신작용이 유전에 의해 오늘날에 와서는 아주 어린 아이에게 그대로 "제멋대로" 하기 좋아하고, "싸움을 좋아하는 것"이 되어 나타나기 때문이다. 바꿔

말하면 그 노마드의 생활을 해 온 우리의 조상의 지능 발달 정도는 아이들의 지능에 필적할 정도의 것이었다. 예를 들면 유년 3, 4세 정도의 아이에게 과자나 그 외에 좋아할 만한 것을 쥐어주면 하루 종일 손에 들고 다니다가 결국에는 옆에서 뭐라고 말해도 듣지 않는 것이 이와 같다. 그러나 아이 자체는 그것에 좌우될 정도로 애착을 느끼는 경우는 드물고 단지 다른 사람 말을 거역하는 것에 하나의 만족을 느낀다는 심리가 나타나는 것이다. 투쟁의 본능, 적개심과 같은 것은 어린 형제간에는 지극히도 일상적으로 일어나는 현상이다.

  2. 소유 본능

  사유재산을 자기의 소유로 인정하게 된 것은 이 소유본능과 서로 인과관계가 있는 것이다. 그 외, 문명의 진보한 오늘날에 있어서도 소유본능이 얼마나 강한지는 아이의 소유본능을 말할 것 까지도 못 된다.

  3. 잔인 본능

  뭐든지 산 생명을 보면 그것을 죽이지 않으면 용납하지 못 하는 때가 있다. 즉 우리들의 조상도 어느 시대에는 자기보다도 열등한 종족, 부락에 대해서는 끝까지 그것을 멸망시키지 않으면 만족하지 못 했다. 아이에게서도 죽인 후에 후회하든 안 하든 간에 그것과는 별개로 대략 산 생명체는 죽이고 못 살게 구는 것이 일반적인 현상이다. 자연스럽게 아이에게 조상으로부터 유전된 본능이다. 주위의 것부터 이 본능을 없애는 것은 우선 불가능할 것이다.

  4. 배회 본능

  돌과 같은 우리들의 조상은 소위 노마드로서 각지를 유랑하며 걸었다. 그때 정신작용을 유전 받은 우리는 배회라고 하는 것에 상당히 동경하기 때문이다. 예를 들면 아기라도 아주 심하게 울어도 문 밖으로 데려나가 바깥 공기를 쐬어주면 대부분의 경우 아기는 울음을 그친다. 그 외, 아이가 목욕을 하고 나서 옷을 입는 것을 싫어하는 것, 언제까지나 맨몸으로 뛰어다니고 싶어 하는 것은 이때 우리의 조상의 생활을 그대로 실현하고 있기 때문이다. 신발 같은 싣는 것을 싫어하고, 모자를 싫어하는 것처럼, 모두 맨몸으로 생활을 했던 때의 재현이다.

  5. 방화 본능

  인간이 불을 발견하게 된 것은 인류 역사상 상당히 후에 일로 상당히 문화도 발전하고 나서 일이었다. 이 대발명에 의해 인간의 문화는 더욱 큰 약진을 이루었다. 따라서 불을 기뻐하는 심리는 우리의 조상의 깊은 경이로운 점이었다. 이 상태는 아이의 심리작용에도 나타나 보통 성냥의 발화나 불꽃 등을 볼 때마다 특별한 흥미와 만족을 느끼는 것이다.

  6. 사교 본능

  즉 인류가 단결, 사회라고 하는 것을 조직하고 군집생활을 영위하게 된 후로 또, 그 단결생활, 사회생활에 필요한 특수한 작용을 만들지 않으면 안 되었다. 사교 본능이라는 것은 그 결과인 것이다. 그것은 인류의 문화가 상당히 발전하고 나서의 것으로 우리 인간에게 있어서도 사교 본능, 즉 우정과 같은 것이 정말로 일어나게 되는 것은 아이라도 상당히 성장하고 난 후부터이다.

7. 모방 본능

사회생활의 상태가 아주 발전하면 모방 본능이 생길 필요가 있다. 이유인 즉, 모방 본능은 타인이 하는 것을 자기도 하고, 자기가 하는 것을 타인에게도 시킨다. 그러므로 그 사회 전체의 조화를 이룬다는 목적에서 생긴 것이다. 즉 그에 따라서 각 사회조직원의 사이에 결합이 생기고 나서 개인으로서의 인류 문화에서 인류 사회로서의 문화로 큰 진전을 이루는 것이 목표이다. 만약 모방의 의지 대신, 사사건건 사람이 하려고 하는 것에 반대하는 본능이 있었더라면 사회생활, 즉 다수의 사람에 의한 공동생활체라고 하는 것은 아마도 성립되지 않았을 것이다. 〈46–50쪽〉

스기타 나오키(의학박사, 杉田直樹), 「여름과 정신작용」, 『조선급만주』(제261호), 1929년 8월.

공기의 온도나 습도 그리고 기압 혹은 기류의 상태나 일광의 채도, 열도 등, 그 외, 다양한 환경상의 변화가 각각 각자의 뇌의 혈액 순환에 영향을 주고 또한 정신세포의 기능상에도 영향을 주고 그 사람의 정신활동에 다양하고 특별한 변화를 일으키는 것이다. 이처럼 일반 생물계에는 스스로 사계절의 변화라는 기후에 순응하고 각각의 고유한 본능에 특별한 변화가 나타난다. 예를 들면, 초목도 봄, 여름이 되면 비, 바람이 조금은 부족해도 싹을 틔우고 꽃을 피게 하는 것을 잊지 않는다. 인간도 마찬가지로 여름철에는 다양한 본능이 자연스럽게 발동하여 그것이 원동력이 되어 여름에 사람들의 행동에 영향을 준다. 즉 통계상, 여러 가지 범죄나 가출, 유괴, 자살, 그 외, 풍기를 어지럽히는 좋지 않은 것이 늦은 봄에서 여름철에 걸쳐서 급격히 많아지는 것도 이러한 자연의 영향에 따른 것이라고 생각한다.

더워지면 손발의 근육에 비교적 혈액이 풍부해져서 일하지 않아도 처지는 느낌이 든다. 또한 동시에 내장 기관의 혈액이 부족해져서 그 외 교감신경계의 영향으로 내장의 기능이 둔해진다. 특히 소화기에서는 식용도 줄어들고 소화액 분비도 줄어 장의 운동도 약해져서 소화력이 떨어진다. 게다가 외부에서 섭취한 음식에는 부패균 등이 많이 내재되어 있기 때문에 어쨌든 사소한 원인으로 위장병이나 소화불량, 전신의 전염, 병열병, 특히 콜레라, 티푸스 등의 무서운 병을 불러일으키기 쉬워진다. 빙수 등으로 내장을 차게 하는 것도 내장의 모든 기능을 방해한다. 그에 반해 근육은 혈의 흐름이 아주 왕성해져서 운동 욕구와 같은 것이 점점 증가하여 병이 없는 사람이라면 그냥 가만히 있을 수 없을 기분이 든다.

한편 뇌체의 혈관은 어떨까? 더운 기운의 영향으로 일반적으로 뇌의 혈관이 열려 뇌는 충혈 상태가 된다. 그리고 더욱이나 여름은 땡볕이 흔해서 오랫동안 일광을 쬐고 있은 것 같은 경우에는 한층 뇌의 충혈도를 높인다. 신경질적인 사람은 일사병을 일으키기도 하고 큰 뇌일혈을 일으켜 쓰러지기도 하는 경우가 많다.

여름 생활의 특징이라고 말 할 수 있는 것은 첫째는 여름에는 어쨌든 생각이 안정되지 않으며 여름 기운 때문에 뇌에 충혈되어 주의력의 응집을 방해하기 때문에 누구나 집중이 안 되고, 주의가 산만해진다. 따라서 정신을 집중시켜 끈기 있게 하나에 열중하는 것이 불가능해져 마음이 차분해지지 못한다. 그에 반해 공상력이 올라가서 잡념이 멋대로 일어나 다양한 꿈과 같은 분방한 연상이 계속해서 왕성하게 일어난다. 그렇기 때문에 여름 독서로는 모험적인 이야기라든가 문예가 가장 적합하다. 건실한 또는 정밀한 학술적인 것이나 심오한 철학적인 것은 부적절하며 이러한 서적을 탐독하더라도 체득이 잘되지 않는다. 그러므로 여름 직업병이라고 해서 그 정밀한 정신활동을 할 수 없는 사람들은 기후가 좋은 고원지 등으로 피서를 가는 것으로 그 사회를 지속하려고 한다. 즉 피서라고 하는 것은 일을 지속하기 위해서 더위를 피하는 것이 본 의미이므로 기후가 좋은 피서지에 가서 편안히 누워 노는 정도라면 도시 한복판에서 한가롭게 지내더라도 싫증이 난다.

둘째로는 여름은 도덕심이나 극기심이 떨어진다. 여름은 뇌의 충혈과 그리고 본능의 변화 때문에 이성에 의해서 행동을 통제해 나가는 능력 즉 "긴장감"이 감퇴된다. 그 결과 엄숙한 기분이나 성실한 기분은 없어지고 방치되어 타인에 대해서 거리낌도 없어지고 의리나 예식 같은 형식적인 것에 예민해지고 아무렇지 않게 모든 습관을 버리고 적나라한 기분이 된다. 노력으로 쌓아올린 지금까지의 문화적 규범, 좋은 생활적 습관 등을 모두 스스로가 짓밟아놓고 조금도 반성하지 않는다. 즉 인간이 거칠고, 될 대로 되라는 마음이 든다. 따라서 다양한 본능적 욕구가 거리낌 없이 일어나서 더욱이 이것이 훈련되어 억제하는 이성이나 의지력이 약해지고 있는 틈을 타서 이 본능과 제멋대로 하려고 하는 것이 강하게 나의 생활을 지배하게 된다. 즉 폭력, 파괴의 본능에서 피비린내 나는 사건 등이 일어나기 쉽고 쟁투의 본능에서 경쟁 경기 등이 왕성해진다. 또한 한편으로는 유목 배회의 본능에서 등산, 운동, 여행 등의 욕구가 자연스럽게 일어난다. 만약 이러한 자연적 욕구가 전부 완전히 만족될 때에는 우리는 속박에서 벗어난 듯한 자유 쾌활한 기분이 들고 말해도 알지 못하는 유쾌함을 경험하는 것이다. 그것이 하나에 여름철 우리의 신체적인 활동을 촉진하는 자연의 원동력이 되고 있다.

다음으로 원래 피로라고 하는 것은 근육노동이나 정신노동이나 노동이 많아지면 저절로 느껴지는 것으로 이 이상 일을 하면 과로하게 된다는 경고이다. 그것이 일어나는 이유는 근육노동이라면 그 일한 근육의 내부에 물질대사의 결과, 피로소라고 하는 어떤 물질이 발생해 그것이 일하면 할수록 아주 많이 생겨 어느 정도까지 축척되면 근육세포의 활동을 방해해 결국에는 다소 신경 쪽에서 노력해도 근육 스스로가 더 이상 일할 수 없도록 해버린다. 그때 잠시 근육의 활동을 멈추고 조용히 휴식을 취하면 혈액 순환에 의해서 생겼던 피로소를 분해해 점점 그곳에서 제거되어 배출되고 근육은 다시 활동을 할 수 있는 상태로 돌아간다. 그것을 피로의 회복이라고 한다. 그러나 피로회복에 필요한 시간은 결코 피로를 일으키기까지 시간과 정비례하는 것이 아니라 피로의 정도가 늘어나면 늘어날수록 그 회복에 필요한 시간은 더욱 많아지게 된다. 예를 들면 한 시간 노동으로 피로회복 하는데 20분 걸린다고 한다면 2시간 연속으로 일했을 경우에는 그 피로 회복하는데 약 50분이 필요하다. 3시간 계속해서 일했을 경우에는 그 피로회복에는 90분이 필요한 것처럼 연속해서 일을 하는 것은 오히려 능률상 경제적이지 못하다. 그것을 1시간마다 휴식을 취하면 합계 3시간의 노동에 대해서 20분씩 3번, 즉 60분으로 충분히 족하다.

과도하게 피로가 축척되면 마침내 신경쇠약이라고 하는 불쾌하고 낫기 어려운 병에 걸리는데 그것이야말로 회복하는데 수개월, 수년이 필요하게 된다. 이 병은 어쨌든 봄과 여름 사이에 발생하기 쉬운 병으로 정신활동 방면에서 역시나 마찬가지로 사고 작용에 의해 대략 신경세포 내에 피로물질이 축척되어 그것이 점점 신경세포의 기능을 방해하여 소위 나른하다. 권태, 피로의 감정을 일으켜, 힘이 없어지고 그 피로소가 혈의 흐름 중에 섞여 뇌로 흘러가 신경세포에 작용되어 그것도 피로하게 만든다. 또 반대로 신경세포 중에 생긴 피로물질도 그것이 체내에 이동되어 근육세포에 작용하면 역시나 근육에 피로를 일으키는 것이다. 격렬한 정신적 작용을 할 때에는 정신만 피로해지는 것이 아니라 그것과 동시에 일을 하지 않은 근육까지도 동시에 피로해져 온다. 또 신체근육이 피로해졌을 때에는 정신 작용도 저절로 권태를 초래한다. 그러므로 종래 많은 사람이 생각한 것처럼 사색으로 피로해진 두뇌는 운동하면 낫는다. 노동으로 피로한 신체는 가벼운 독서로 치유된다는 것은 실험상, 사실과는 맞지 않은 것으로 그것은 일시적으로 일을 전환하면 마음 즉 흥미를 전환하는 것으로 기운이 나는 효과는 있겠지만 진정한 휴식은 절대적인 것으로 일을 전환해서 피로가 회복되는 것은 결코 아니다. 〈30-33쪽〉

아사리 사부로(총독부 경무국장, 淺利三朗), 「조선의 경찰과 위생-3. 위생시설」, 『조선급만주』(제263호), 1929년 10월.

3. 위생시설

(1)

이전에 조선의 위생 상태는 아주 불량해서 여기저기 병에 걸리는 사람이 있어도 의료에 의한 치료를 하지 않고 우선 무녀 등의 말을 듣는 풍습이 있다. 따라서 그 미신을 이용해서 생활하는 사람들이 많은 것에 비해서 학식과 기술을 갖춘 의사는 거의 없고, 또한 공중위생시설도 몹시 부족한 탓에 식수와 같은 것도 아주 불량했다. 항상 각종의 전염병이 유행하고 특히, 폐디스토마 및 십이지장충병과 같은 병이 각지에 만연하여 거의 끝이 보이지 않았다. 그것은 메이지 43(1910)년 한일강제병합에 따른 새로운 정치를 시행하기에 앞서 깊이 이 점을 주의해서 우선 의료기관을 확장하기로 했고, 경성에는 총독부 의원 외에 각 도에 자혜의원을 설치해서 널리 구료를 개시하고 또한 병합할 때 받은 임시 은사금으로 벽지에 사는 사람에 대해 빠짐없이 모두에게 구료를 행하는 것으로 이미 설치된 13개 자혜원 외, 전라남도 제주도 이하 5곳에 자혜의원을 증설하고, 또한 순회 진료를 개시해서 벽지 주민에 대하여 널리 구료를 행하고, 또한 조선에는 나병환자가 다수 있기 때문에 전라남도 소록도에 나병환자 요양소를 신설하는 것으로 요양의 방도를 세우게 되었다. 그리고 더욱이 다이쇼 3(1914)년 4월부터는 공의제도를 설치한다. 의료기관이 불비된 곳에 공의를 배치해서 일반적으로 의약의 편리를 부흥하고 또한 공의제도 설치 후 여러 차례의 증원을 하여 쇼와 3(1928)년 말 공의원이 3백 3십 2명이 되었고, 지방에는 중요한 의료기관으로서 계속 활동하고 있다. 특히 종래 국경 대안지방 주재 조선인에 대해서는 초산 및 회령 두 자혜원을 통해 순회 진료를 행하여 구료를 행했는데, 특히나 간도 및 훈춘 지방 주재인은 이주자가 다수였고 의료기관이 취약한 지방으로서 무고한 궁민이 다수 존재하는 사정이 있어서 새롭게 간도에 자혜원을 증설하고 또 훈국자가, 두도구, 백초구에 위탁의를 배치하고 구역 밖의 가난한 사람에 대해서는 황은을 균형 있게 베풀었다.

그 외, 보건위생을 개선하는 것이 시급한 급무임을 인정하고 식수 개량법으로서는 경성, 인천, 부산, 목포, 전주, 군산, 평양, 남포, 원산, 대구, 진주, 나남, 진해, 의주, 해주, 광주, 함흥, 청진, 신의주, 회령, 공주, 겸이포, 춘천, 강경, 포항, 통영, 평강, 금천, 청주, 성진 등의 시가지에 수도를 부설하고 혹은 부설시켜 또 한편으로 각 도가 지방비의 보조를 받도록 하여 공동 우물의 채굴을 장려하였다. 또 종래 조선에는 각종 전염병이 늘 존재하고 그에 더해 "콜레라", "페스트" 등 외부 전염병에 대한 위협 또한 적지 않기 때문에 그 예방과 박멸에 관해서는 전력을 다해 실시해왔으며 더욱이 예방방법의 완전을 기하기 위해 지난 쇼와 3(1928)년 6월 전염병 예방령이 전반에 걸친 대개정을 통해 보균자의 검색, 세균검사의 시행 등 예방방제에 만전을 기하고 있다. 또한 가축의 전염병 예방에 관해서는 국경 우역 면역지대의 구성, 기종저(소의 전염병의 하나) 예방액의 증가 제조 등 각종의 방법을 세우고 예방장치의 완전을 기하여 오물 청소사업 및 그 외, 일반 보건위생 개선에 힘

쓴 결과, 점점 그 상태를 바꿀 수 있게 되었다. 법제에 관해서는 종래 일본인과 조선인을 구별하여 취급을 하였으나 신정치 시행 후는 백성의 문화생활 풍속 및 사정의 완급 등을 참작하여 통일하기로 하고 의사, 치과의사 그 외, 의료기관에 관한 법령 사립병원 규칙 음식물 및 음식물 용기의 그 단속, 약품 영업의 단속, 아편 "모르핀" 도살장, 도축, 묘지, 화장 및 매장, 그리고 앞서 서술한 전염병 예방 및 면역예방 등에 관한 각종 법령을 제정하고 착착 그것이 실시되어 효과를 올리고 있다.

그리고 본 총독부 다년의 현안이었던 각 도 위생 및 의료기관의 확장은 다이쇼 10(1922)년 2월 지방관 관제 개정의 결과, 도에 기사(의사) 및 기수(의사 및 약제사)를 배치하고 개항지 항무의관 또는 동의관보를 증원했다. 또한 기설의원의 증축 및 개축 진료 분과의 증설, 의원 직원의 증가, 우수 간호부의 양성에 관해서는 적극적 시설을 실시하고 더욱이 자혜의원 신설에 결정된 개성, 대전, 군산, 사리원, 신의주, 강계, 철원, 원주, 혜산진, 북청, 성진, 순천, 부산의 13개소 중 군산, 순천, 성진, 강계, 혜산진, 개성, 신의주 등 7개 의원은 이미 준공되었다. 대전, 사리원, 철원 등 3개 의원은 지금 건축 중에 있다. 그러나 다이쇼 13(1925)년도에 행정, 재정 정리 할 때 종래의 도 자혜의원은 전라남도 소록도 자혜의원을 빼고 그 외, 전부 도 지방비의 경영에 이관하여 현재 도립의원으로서 진료를 하고 있다.

(2)

앞서 서술한 것과 같이 조선의 위생시설은 해를 거듭함과 동시에 개선되어 특히 조선인 위생사상의 보급과 향상은 주목할 가치가 있다고 말 할 수 있다. 그것은 일본 및 여러 선진국에 비하면 그 보건위생상의 시설은 여전히 아주 미미한 단계에서 벗어나지 못하고 장래의 시설 개설을 기다릴 만한 것이 적지 않다. 그래도 그 주요한 것을 요약하면 아래와 같다.

가) 의료기관 및 요■의 보급

조선에 의료기관으로는 관립의원 4개(중 1개 요양소) 도립의원 30개. 그 외, 공립병원 10개, 사립병원 79개, 합계 124개의 의원이 있고, 위의 병원에 근무하는 의사 및 그 외, 일반 개업의를 합하여 현재 1,515명이고, 지역 한정 개업의 156명을 더해도 1,671명에 불가하다. 그것을 총인구에 비하면 의사 한 사람 대 인구 12,632명 비율이며 일본의 1,353명에 비해 현저하게 차이가 난다. 더구나 조선은 일본과 달라 교통이 몹시 불편해서 벽지 거주자와 같이 거의 의사를 볼 수 없는 사람이 적지 않다. 의료기관에 대한 갈망과 생명의 보전에 대한 불안이 얼마나 심각한지는 충분히 짐작할 수 있다. 그 외, 치과의사, 산파, 간호부 등도 분포가 아직 보급되지 않아서 장래 더욱 우수한 의사 및 요■을 양성 배치하였다. 한편 도립 및 그 외, 공립의원을 증설하여 2천만의 백성을 편안하고 그 직업에 종사하도록 하는 것은 조선 통치상으로 봐도 긴요한 것이기 때문에 총독부는 종래의 경성 의학전문학교 외에 경성제국 대학에 의학부를 설치하고 또한 사립조선 약학교의 내용설비를 충실하게 하여 그것을 지정학교로 하여 그 외, 매년 2회 경성에서 의사 시험을 시행하고, 또 경성제국대학 부속의원 및 도립의원 등에서 매년 다수의 산파, 간호부를 양성하는 등, 적극 그것의 양성, 보급에 힘쓰고 있으나, 앞서 말한 바와 같이 그 분포는 아직 일반화되지 않고 장래 한층 공사립 의원의 증설, 공의의 증원, 의사, 치과의사 및 약제사 및 산파, 간호부의 양성보급을 계획하고 있다.

나) 나병환자의 요양에 관한 문제

조선의 나병환자는 최근 조사에 의하면 병 상태가 현저한 사람만 해도 5,400여 명 나오고 그 실제 환자 수는 더욱 많이 나온다는 것은 거의 의심할 여지가 없다. 그리고 그것은 요양기관으로서 두세 사람의 외부인이 경영하는 요양소이다. 그 외 관립요양소로서는 겨우 250명을 수용하는 소록도 자혜의원이 있을 뿐이고 아주 불충분하기 때문에 총독부는 소록도 자혜의원을 확장하고 환자 1,000명을 수용하는 계획을 세우고, 우선 다이쇼 15(1926)년도에 그것이 소요지 약 28정보를 매수하여 쇼와 2(1927)년, 3(1928)년 두 해에 환자 500명을 증원하여 수용하고 새롭게 경영하기로 결정하고, 본 연도부터 환자 750명을 수용하게 되었다. 그리고 소록도 1,000명 수용 후에는 더욱이 다른 2,000명을 수용하는 설비를 가지고 본 문제를 해결하려고 하고 있다.

다) "모르핀" 중독자의 구제 문제

지금 전 조선에 "모르핀" 중독자는 2,760명을 달하고 있다. 그렇다고 말해도 증상이 현저하게 표면에 나타나는 사람뿐이고 만약, 모르핀 중독의 경미한 자까지 더하면 간단히 위의 수치보다 몇 배로 오른다는 것은 의심할 여지가 없다. 그리고 한번 중독에 빠지면 기력, 능력이 완전히 멸살되어 이성을 잃고 업무는 내팽개치고 가산은 탕진하고 반성은 하지 않고 그 결과, 여기저기에서 도둑질을 하여 사람의 도리상, 보안상 간과할 수 없기 때문에 각종 법령을 엄하게 하고, 따라서 "모르핀" 종류의 부정한 판매 및 밀수입을 금지하고, 그것의 폐해의 뿌리를 제거하는데 노력하고 있다. 그래도 한번 중독에 빠지면 앞에서 말했듯이 이성을 소실하고 절제심을 잃고 단순히 찰나의 고통에서 벗어나려고 하는 욕망 외에 어떠한 사념도 없고 형벌과 같은 것은 거의 생각하지 않는다. 특히 중독자 치료의 방법을 생각하지 않는다면 일시적으로 주사를 폐기했기 때문에 치료한 자도 출옥과 함께 다른 중독자의 유혹에 빠지면 바로 모르핀 주사 사용을 반복하기에 이르러 큰 효과를 기대하기가 어렵다. 그 때문에 전 조선에 중독자를 일제히 치료해서 완전히 근본적인 치료를 하여 이후 여전히 그것을 범하는 자에 대해서는 처벌에 임하는 방침 하에 쇼와 2(1927)년도에 그것에 대한 예산을 2만 원으로 책정하였다. 한편, 본 사업을 위해 상당한 지방비를 지출하였으며 그것으로 구료사업을 개시하여 상당한 효과가 있음을 인정하여 더욱이 본 연도부터 그것을 확장하기로 하고 이후 10년을 기해 중독자를 근절하는 계획을 세우고 현재 각 도에 실시중이다. 〈51-53쪽〉

고바야시 하루지로(경성제국대학의학부 이과박사, 小林晴次郎), 「조선의 기생충병의 회고」, 『조선급만주』(제263호), 1929년 10월.

조선에는 기생충이 많아서 인체가 그로 인해 피해를 보는 경우가 아주 많다고 할 수 있기 때문에 그 연구를 위해 내가 이 지역에 부임한 것은 다이쇼 5(1917)년이었다. 이후 오늘날까지 14년 동안 나도 부족하지만, 힘이 닿는 한 노력했다. 또한 유익한 연구 및 시설이 다른 연구자나 당국에 의해 행해진 것이 많고 현재는 당시와는 사정이 크게 달라졌다. 이제 주된 인체 기생충에 대해서 당시와 지금을 비교해 본다.

　1. 페디스토마병

조선에서는 토질이라 해서 가장 많고 또는 중요한 기생충병의 하나로 어느 지방에서는 그 지역의 인구에 2/3 이상이 걸리고 일부 촌락이 사실상 전멸한 예도 드물지 않은 상태였다. 그러나 현재는 그것이 어떻게 하여 감염되는지 예방 및 치료는 어떻게 해야 하는지 등 연구가 완료되어 총독부는 그 매개동물(제2 중간 숙주 참게 및 가재)의 채집 및 수수를 법령으로 금지하고 예방법을 선전하여 일부에서는 매개동물(앞서 기술한 제2 중간 숙주보다도 주로 제1 중간 숙주의 다슬기)을 구제하여 한편으로는 환자의 치료를 무료로 실행하는 등 노력의 결과, 이전보다 환자는 줄고, 새로운 환자는 아주 적고 어떤 지역은 완전히 무독(즉 토질의 근원이 단절되어)이 되었다. 점차 계속 줄어들 것이라고 생각한다.

　2. 간디스토마병

이전에는 이 병의 유무조차 충분히 알려지지 않았지만 경성 이남에는 상당히 많은 병으로 일본인이 비교적 잘 걸리고 있는(이것은 전의 페디스토마병은 민물게 생식으로 인한 것으로 그 풍습이 있는 조선인에게 많은 것에 반해 이 간디스토마병은 민물고기 생식이 원인이다. 이 때문에 민물고기 생식을 좋아하는 일본인이 걸리기 쉬운 것이다.) 것이 근래 들어 알게 되었다. 그 매개동물도 확실해졌다. 지금 그 예방법의 선전에 힘쓰고 있다.

　3. 회충병과 십이지장충병

이전 조선에는 십이지장충이 상당히 많고 거의 전 조선인 모두가 그것에 걸린 것 같다는 보고조차 있었지만 그것은 이야기일 뿐이다. 현재 알려진 바로는 회충은 전 조선에, 십이지장충은 남조선에 많다는 것을 알았다. 그것의 근본적인 예방으로서 연구된 방법은 분변 처분법의 개선이다. 즉 분변은 잘 부패시켜 후에 퇴비로 쓴다고 하는데 있다. 지금은 각지에서 계속 실행되고 있다. 한편으로는 이러한 기생충의 구제에도 힘을 쓰고 있다. 또한 야채를 생으로 먹는다거나 절여서 먹는 경우에는 충분히 씻는 것도 일반에게 주의시키고 실행되어 오고 있다. 이러한 점이 점차 널리 실행되고 있다는 현황에서 보면 장래는 점차 이러한 기생충은 사라질 것이라고 생각한다.

4. 아메바 이질

일명 조선 이질이라고 부를 정도로 조선에 상당히 많은 것처럼 이야기하고 있지만 실제로 연구해 보면 그것은 환자는 적지만 병독은 의외로 넓게 또한 뿌리 깊게 분포해 있는 것이 최근 알게 되었다. 지금 그 근본적인 조사(원인, 예방, 치료의 각 방면에 대해서) 중으로 대부분 완료했다. 이것이 실제로 시행되는 것도 멀지 않았다. 그때까지 예방법은 제3항의 기생충병과 동일하기 때문에 현재 자연스럽게 점차 개선되고 있다.

5. 말라리아

이전에는 말라리아는 조선에 많다고 그냥 막연히 알고 있었다. 근래 연구 결과는 일본에 비해서 말라리아가 특별히 많을 만한 지리적 사정은 조선에 없다. 그런데도 일본에 비해서 조선은 말라리아가 확실히 많다는 것이 알려졌다. 그 원인, 예방법은 지금 연구 중이다. 여전히 이 병의 유행 원인은 조금 복잡하고 평범하게 생각할 정도로 간단하지 않다는 것을 알았다. 그러나 예방은 어렵지 않다고 생각한다. 치료약에 키니네가 있다는 것이 잘 알려져 있는데 그것이 반드시 근본적인 치료약이라고 할 수 없고, 이 약의 실시법은 장래 개선되어야 한다는 것도 근래 알려지게 되었다.

6. 이 외, 회충이나 필라리아나 그 외에도 있지만 지금 여러 설은 생략한다.

연구가 필요한 이유는 여전히 아주 많고 종래의 방법보다도 한층 좋은 방법이 장래에 알려지는 것도 있겠지만 대체로 이상에서 말한 것처럼 그 예방(및 대부분은 치료도)법이 확실해지고 있고 이대로 지나가도 점차 병독은 줄어들 것이 분명하다. 그것을 수십 년 전에 어떻게 감염되는지 불분명하기도 하고 그 병의 유무가 명확하지 않다. 따라서 혹은 그 병독이 있다는 것을 모르고 그것에 감염되어 또는 위에 나열되지 않은 병들이 상당히 많을 것으로 오해해서 쓸데없는 걱정을 해 온 것과 비교하면 큰 진보이다.

원래 일본은 기생충국으로서 유명한데 그중에도 조선에는 기생충병이 많다고 전해지고 있다. 그러나 현재에는 반드시 그렇지만도 않다. 또한 연구와 실시라는 점에서 일본과 조금이라도 뒤떨어지지 않을 뿐 아니라 실시했을 때 어떤 점에서 요령을 얻는 방법에서는 한 발 앞서 있는 것도 있다. 〈59-60쪽〉

3부

광고에 담긴

의료와 신체 이미지

1. 고통받는 신체

〈그림 1〉
치통. 『동아일보』1926년 1월 24일

〈그림 2〉
『동아일보』1926년 2월 26일

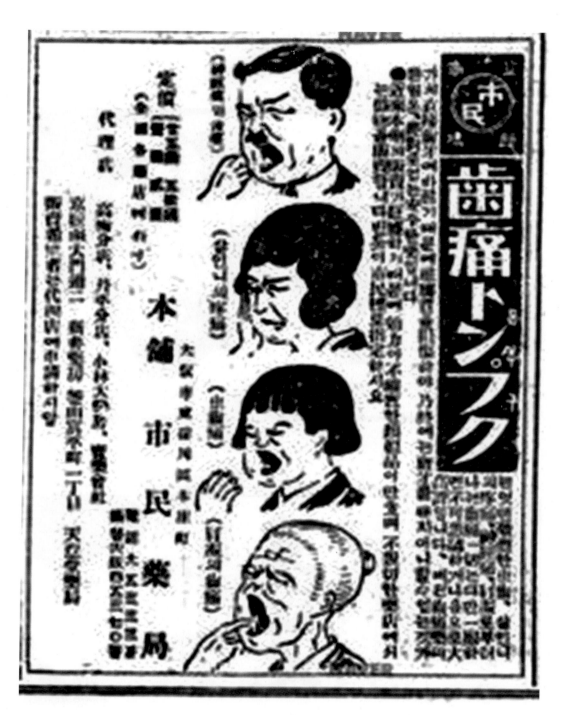

〈그림 3〉
치통. 『동아일보』 1926년 6월 25일

〈그림 4〉
감기와 고열, 『동아일보』 1926년 9월 15일

〈그림 5〉
감기는 만병의 원인, 『동아일보』 1927년 1월 27일

〈그림 6〉
기침과 천식, 『동아일보』 1927년 2월 9일

〈그림 7〉
견딜 수 없는 치통에, 『동아일보』 1927년 7월 24일

〈그림 8〉
피부병 신약, 『동아일보』 1927년 9월 21일

〈그림 9〉
피부병, 『동아일보』 1927년 9월 27일

〈그림 10〉
피부병, 『조선일보』 1927년 10월 18일

〈그림 11〉
괴로운 임질, 『동아일보』 1927년 11월 20일

〈그림 12〉
치통, 『동아일보』 1927년 11월 20일

〈그림 13〉
전율할 신경쇠약의 마수, 『조선신문』 1928년 4월 20일

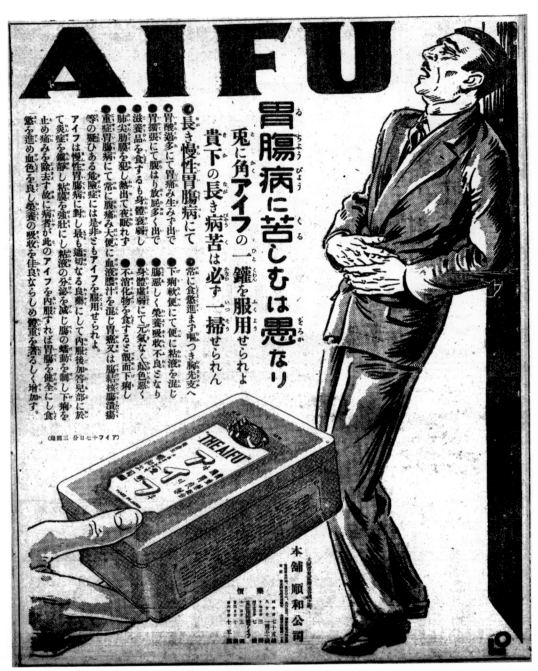

〈그림 14〉
위장병의 고통, 『조선신문』 1928년 12월 12일

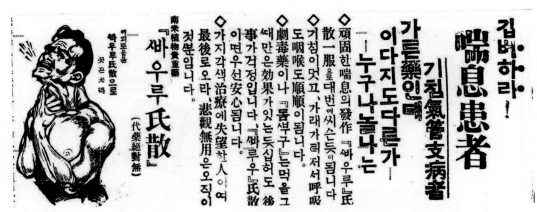

〈그림 15〉
천식의 고통, 『조선일보』 1929년 11월 22일

〈그림 16〉
위장병의 고통, 『경성일보』 1930년 2월 6일

〈그림 17〉
감기 신열에, 『동아일보』 1930년 3월 30일

〈그림 18〉
두통, 『조선신문』 1930년 7월 16일

2. 전기·전자 의료기

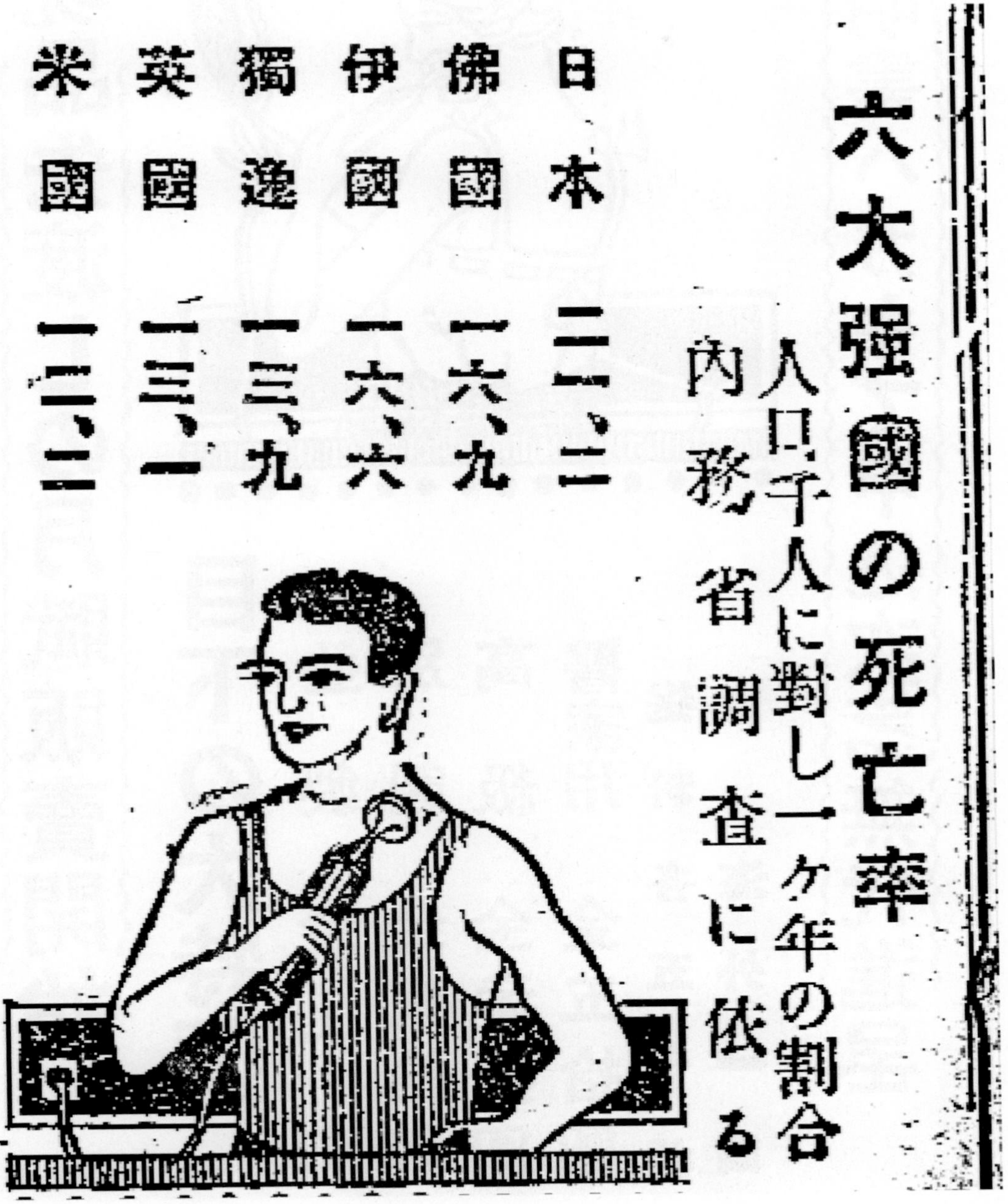

〈그림 1〉
광고 부분, 『조선신문』 1926년 10월 9일

〈그림 2〉
광고 부분, 월부판매 개시, 『조선신문』 1926년 10월 9일

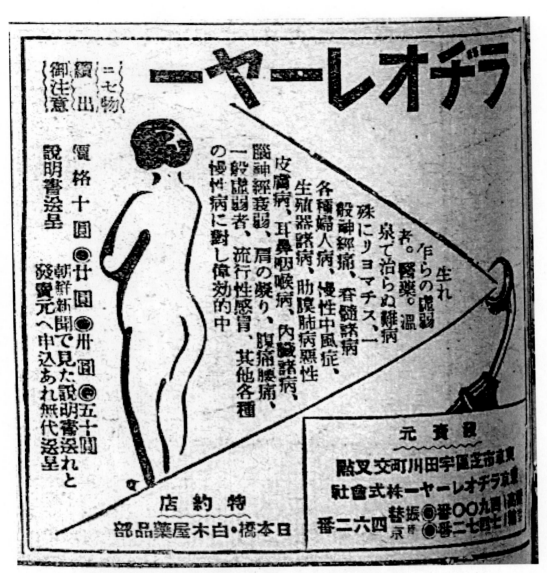

〈그림 4〉
만병통치, 방사선 제약. 『조선신문』 1929년 3월 12일

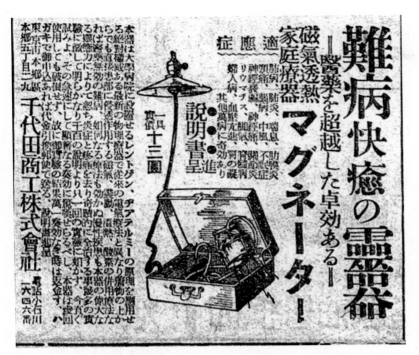

〈그림 5〉
자기투열 가정치료기, 『부산일보』 1929년 3월 23일

〈그림 6〉
온구 치료기, 『조선신문』 1929년 5월 15일

3. 구충·살충제

1) 농사용 살충제

〈그림 1〉
농업용 살충제, 『조선신문』 1927년 5월 25일

〈그림 2〉
농작물의 해충, 『경성일보』 1928년 6월 20일

2) 해충 살충제

<그림 3>
『동아일보』 1927년 5월 21일

<그림 4>
『동아일보』 1927년 6월 4일

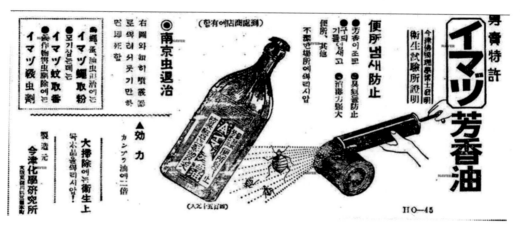

<그림 5>
변소 살충과 냄새 제거제, 『조선일보』 1929년 5월 22일

〈그림 6〉
변소 살충과 냄새 제거제, 『조선일보』 1929년 7월 22일

〈그림 7〉
『경성일보』 1930년 5월 13일

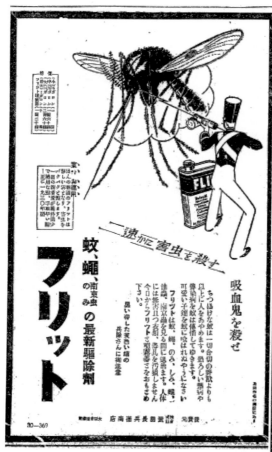

〈그림 8〉
『경성일보』1930년 5월 7일

〈그림 9〉
『경성일보』1930년 5월 17일

〈그림 10〉
모기향, 『경성일보』 1930년 5월 8일

〈그림 11〉 회충 인체 침입 경로도. 원래 포스터로 제작한 것을 광고로 다시 실었다.
『경성일보』1928년 6월 10일

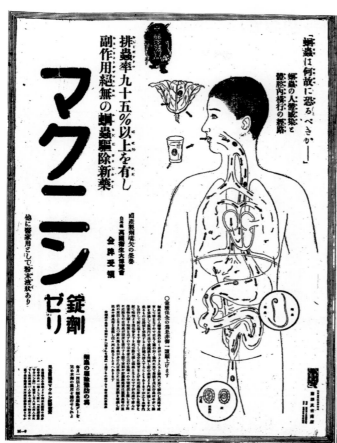

〈그림 12〉
회충약, 『경성일보』 1928년 7월 19일

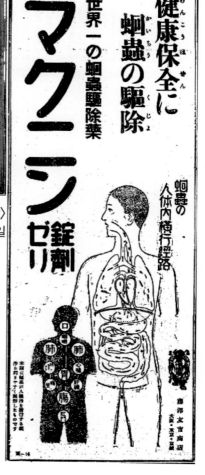

〈그림 13〉
『경성일보』 1928년 9월 28일

4. 화류병(성병) 약 광고

〈그림 1〉
임질균의 모습, 『동아일보』 1926년 2월 10일

〈그림 2〉
악성 피부병 치료와 화류병을 예방하는 '가정상비약', 『조선신문』 1926년 3월 12일

〈그림 3〉
"아름다움 뒤에 숨어있는 임질균", 『동아일보』 1926년 9월 21일

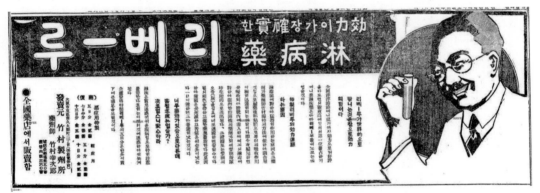

〈그림 4〉
임질약, 『동아일보』 1927년 3월 19일

〈그림 5〉
임질 매독약, "효과 없으면 돈을 돌려줌", 『조선일보』 1927년 7월 10일

〈그림 6〉
임질신약, 『동아일보』 1927년 9월 13일

〈그림 7〉
"신기하게 몸속의 독과 매독을 제거함", 『동아일보』 1930년 2월 11일

〈그림 8〉
임질 치료의 기쁨, 『경성일보』 1930년 3월 7일

〈그림 9〉
임질 치료의 권위, 『동아일보』 1930년 3월 13일

〈그림 10〉
'스피드 시대'의 임질약, 『조선신문』 1930년 4월 16일

〈그림 11〉
"임질 지옥의 안전지대". 교통경찰을 모델로 했다, 『경성일보』 1930년 7월 19일

5. 뇌건강

〈그림 1〉
'건뇌강정', 『조선신문』 1926년 2월 26일

〈그림 2〉
'신경 정력', 『경성일보』 1926년 7월 17일

〈그림 3〉
'뇌병 양약', 『동아일보』 1927년 5월 16일

〈그림 4〉
뇌와 성욕, 『동아일보』 1927년 7월 28일

〈그림 5〉『경성일보』 1928년 3월 26일

〈그림 6〉
"발랄한 원기, 명쾌한 두뇌", 『동아일보』 1929년 6월 21일

〈그림 7〉
"시험지옥과 신경쇠약", 『조선신문』 1930년 2월 2일

〈그림 8〉
'강건, 민활, 명쾌' 『경성일보』 1930년 2월 19일

〈그림 9〉
"두뇌의 개조!" 『동아일보』 1930년 4월 6일

〈그림 10〉
'시대병' 『조선일보』 1930년 8월 20일

〈그림 11〉
'최면 진정제', 『경성일보』 1930년 9월 11일

〈그림 12〉
"신경쇠약의 근본적 치료",
『경성일보』 1930년 10월 15일

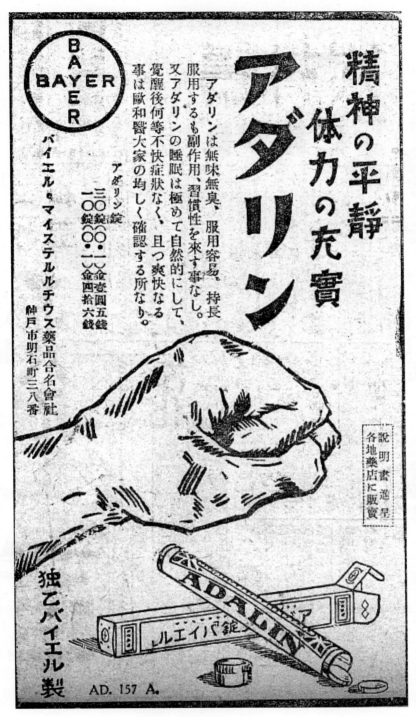

〈그림 13〉
"정신의 평정, 체력의 충실", 『경성일보』 1930년 11월 16일

6. 자양강장제와 신체 이미지

〈그림 1〉
'생식기능 강정', 『경성일보』 1926년 3월 10일

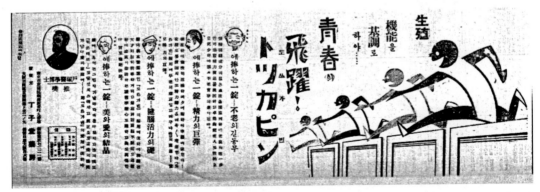

〈그림 2〉
'청춘의 비약', 『매일신보』 1926년 10월 21일

〈그림 3〉
강장제, 『동아일보』 1926년 10월 31일

〈그림 4〉
'정력증진', 『동아일보』
1926년 11월 24일

〈그림 5〉
'활력소', 『동아일보』 1926년 11월 26일

〈그림 6〉
'생식기능 영양제', 『경성일보』 1926년 12월 5일

〈그림 7〉
"생식기는 활력의 원천", 『동아일보』 1926년 12월 10일

〈그림 8〉
『조선일보』 1926년 12월 19일

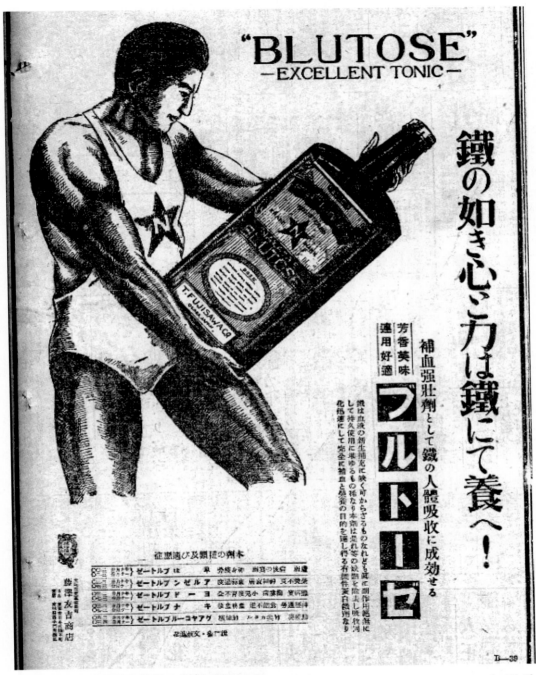

〈그림 9〉
"철과 같은 마음과 힘", 『조선신문』1927년 7월 26일

〈그림 10〉
"폭염을 돌파하는 힘",
비타민 A, 『조선신문』 1927년 8월 16일

〈그림 11〉
"건강에 도달하는 한 길",
『조선신문』 1927년 10월 8일

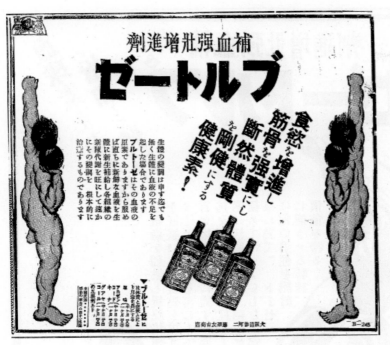

〈그림 12〉
'보혈강장증진제', 『경성일보』 1930년 5월 10일

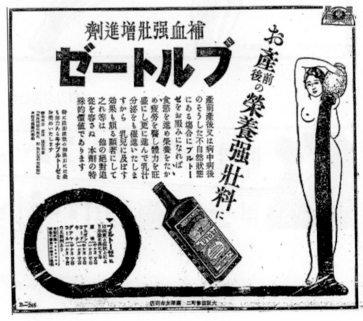

〈그림 13〉
'보혈강장증진제', 『경성일보』 1930년 5월 17일

〈그림 14〉
'보혈강장증진제', 『경성일보』 1930년 5월 25일

〈그림 16〉
'강정 강뇌', 『동아일보』 1930년 10월 31일

〈그림 15〉
"정력감퇴 심신쇠약에", 『조선신문』 1930년 10월 27일

7. 전염병과 아편중독, 성인병

1) 전염병

<그림 1>
"기후 불순으로 악성 전염병 유행", 『경성일보』 1928년 8월 14일

<그림 2>
"결핵성 질병의 치료 예방", 『조선신문』 1929년 4월 23일

〈그림 3〉
"악성 전염병 유행". 『경성일보』 1930년 8월 11일

2) 아편중독

〈그림 4〉
'모루히네 아편 중독치료', 『동아일보』 1928년 12월 11일

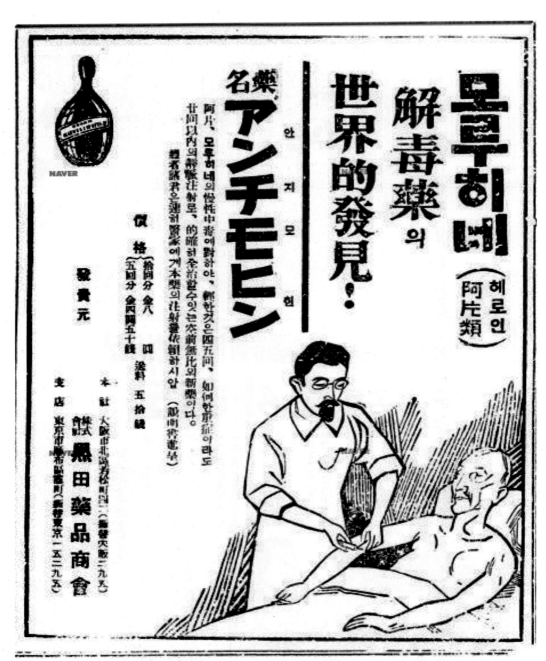

〈그림 5〉
'모루히네 해독약', 『동아일보』 1926년 9월 1일

3) 고혈압과 동맥경화

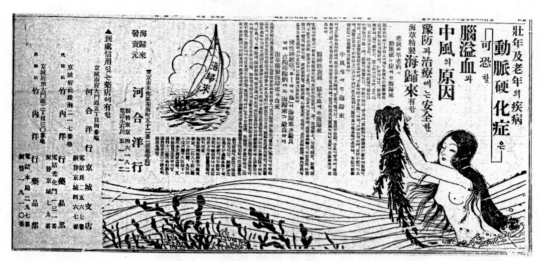

〈그림 6〉
해초로 만든 뇌일혈과 중풍의 예방과 치료제, 『매일신보』 1926년 8월 29일

〈그림 7〉
'가공할 노쇠병, 동맥경화증', 『동아일보』 1927년 1월 20일

〈그림 8〉
『동아일보』 1927년 2월 26일

〈그림 9〉
'뇌일혈과 동맥경화', 『조선일보』 1928년 4월 22일

〈그림 10〉
'혈압강하', 『조선일보』 1930년 5월 7일

4) 신경통 류머티즘

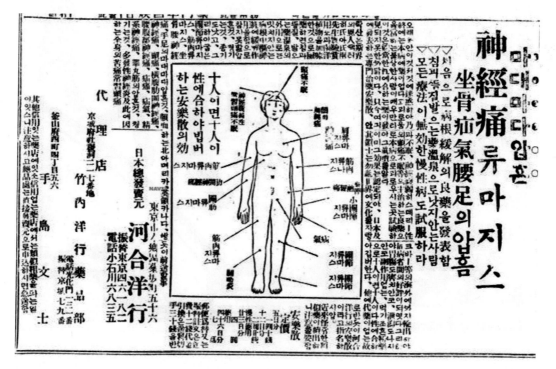

〈그림 11〉
"마디마다 아픈 신경통 류머티즘", 『동아일보』 1926년 1월 21일

〈그림 12〉
'신경통 류머티즘', 『동아일보』 1927년 4월 19일

〈그림 13〉
온천으로 가다가 반신불수의 중풍과 신경통 류마치스에 대한 가전약을 본다.
『경성일보』 1928년 3월 1일

〈그림 14〉
"각 온천으로 돌아다녀도 낫지 않는 사람은", 『동아일보』 1928년 10월 30일

〈그림 15〉
'신경통 류머티즘', 『조선일보』 1929년 11월 17일

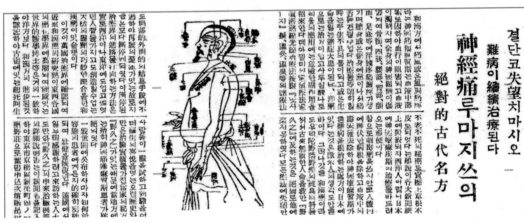

〈그림 16〉
광고 부분, 『조선일보』 1930년 5월 24일

5) 근육통

<그림 17>
"피로가 곧 사라진다. 안마의 병조림." 『조선신문』 1926년 3월 10일

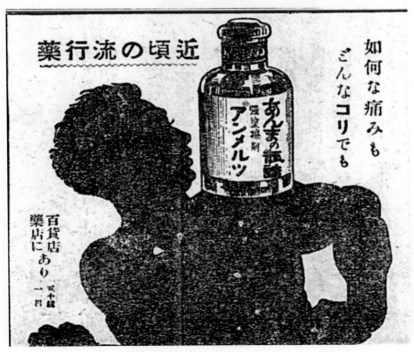

<그림 18>
"통증과 결림에." 『조선신문』 1927년 3월 10일

〈그림 19〉
'안마약', 병에서 안마사가 나온다, 『조선신문』 1927년 5월 13일

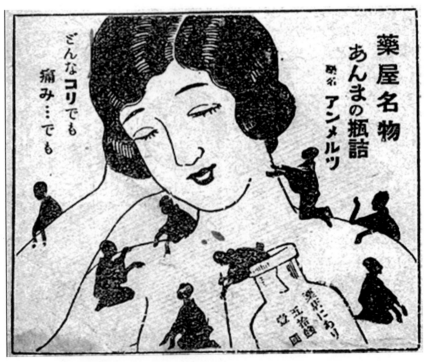

〈그림 20〉
"어떠한 결림과 통증에도, 안마의 병조림.", 『조선신문』 1927년 6월 14일

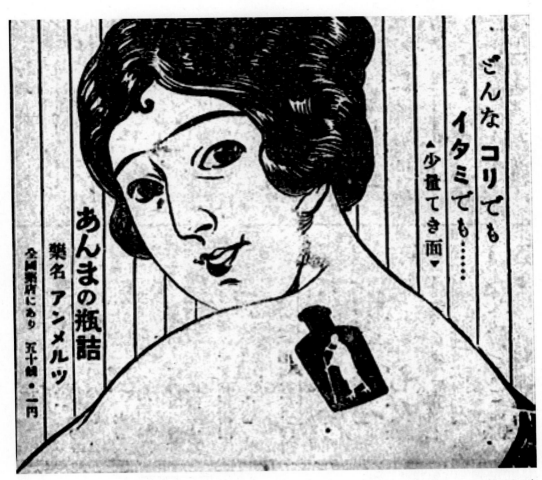

〈그림 21〉
근육 결림과 통증에 바르는 약. 병 안에 시각 장애인 안마사를 그렸다.
『조선신문』 1927년 10월 24일

8. 위생과 신체

1) 비누

〈그림 1〉
머리 감는 비누, 『조선일보』 1927년 2월 23일

〈그림 2〉
"흰 눈처럼 풍부한 거품이 생긴다." 『조선일보』 1928년 2월 28일

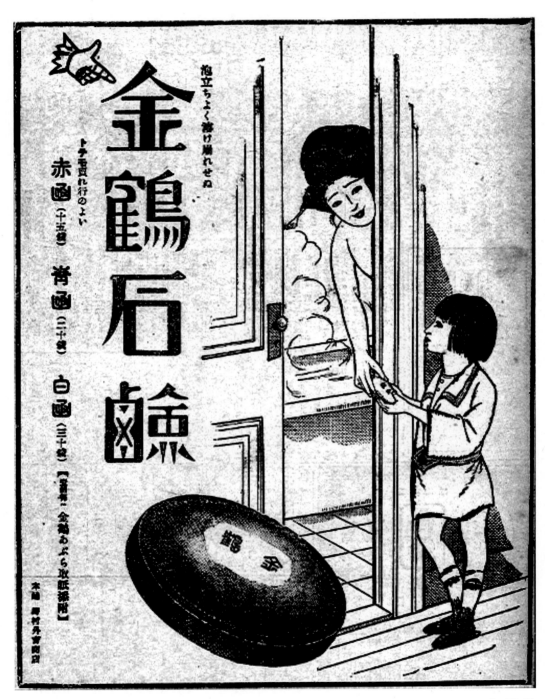

〈그림 3〉
『조선신문』 1928년 3월 7일

〈그림 4〉
『경성일보』 1928년 6월 5일

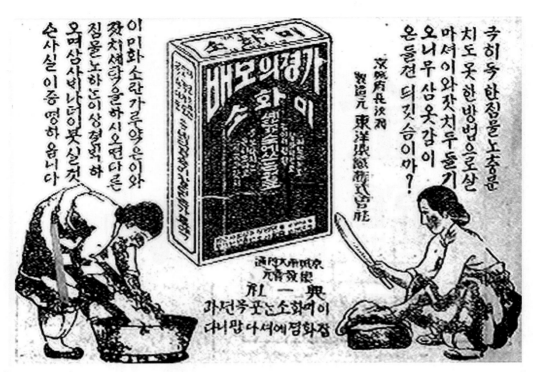

〈그림 5〉
세탁비누, 『중외일보』 1928년 7월 14일

〈그림 6〉 보기 드물게 석감(石鹼)이 아닌
비누를 전면에 내세웠다.
『매일신보』 1928년 12월 12일

〈그림 7〉
"시대의 첨단을 간다." 『경성일보』 1930년 2월 7일

〈그림 8〉
"스피드 시대의 비누", 『조선신문』 1930년 2월 27일

2) 치약·칫솔

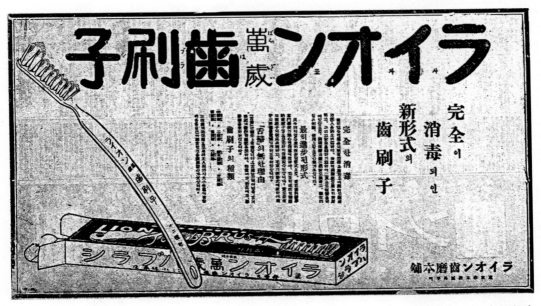

<그림 9>
"완전히 소독한 새로운 형식의 칫솔", 『매일신보』 1926년 3월 26일

<그림 10>
'크리스마스와 세모에',
『매일신보』 1926년 12월 15일

〈그림 11〉
'완전 소독' 칫솔, 『조선신문』 1927년 5월 24일

〈그림 12〉
"아침저녁 두 번", 『조선신문』 1927년 6월 7일

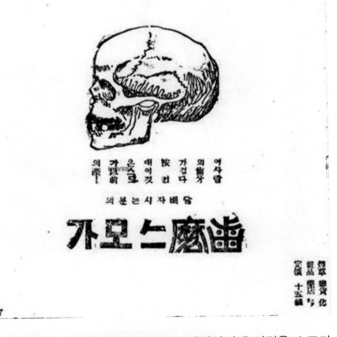

〈그림 13〉 "이 사람의 치아가 검다. 생각하기에 이것은 스모가
(치약) 이전의 것이다." 스모가 치약은 담배 피우는 사람을 위
한 치약이다. 『동아일보』 1928년 7월 26일

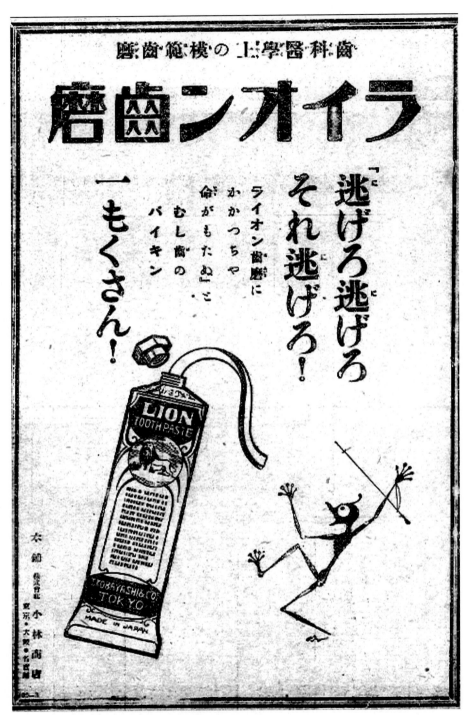

〈그림 14〉
"도망가는 충치균", 『조선신문』 1928년 11월 28일

〈그림 15〉
"라이온 치마분 애용자 우대 활동사진대회 개최", 『조선일보』 1930년 6월 8일

3) 치통

〈그림 16〉
『동아일보』 1926년 1월 24일

〈그림 17〉
『동아일보』 1926년 7월 21일

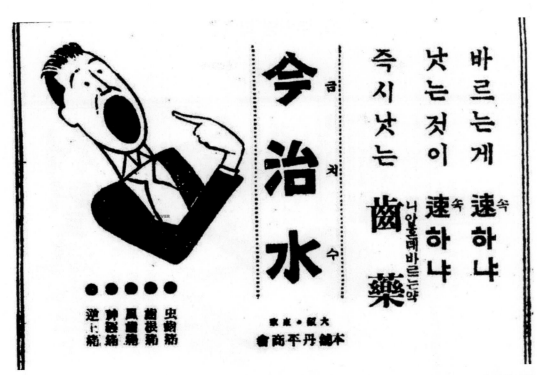

<그림 18>
『조선일보』 1926년 8월 19일

<그림 19>
"하나 둘 셋 할 동안에 치통이 낫는다". 『동아일보』 1928년 8월 10일

9. 부인병 의약품

〈그림 1〉
"처녀로 부활함", 『동아일보』 1926년 10월 5일

〈그림 2〉
"미는 건강의 상징", 『동아일보』 1926.11.28.5면

〈그림 3〉
"손발이 찬 것은 부인병의 징후",
『동아일보』 1927년 2월 25일

〈그림 4〉
"따뜻한 부인약", 『동아일보』 1927년 3월 30일

〈그림 5〉
'미의 전형', 『동아일보』
1927년 4월 24일

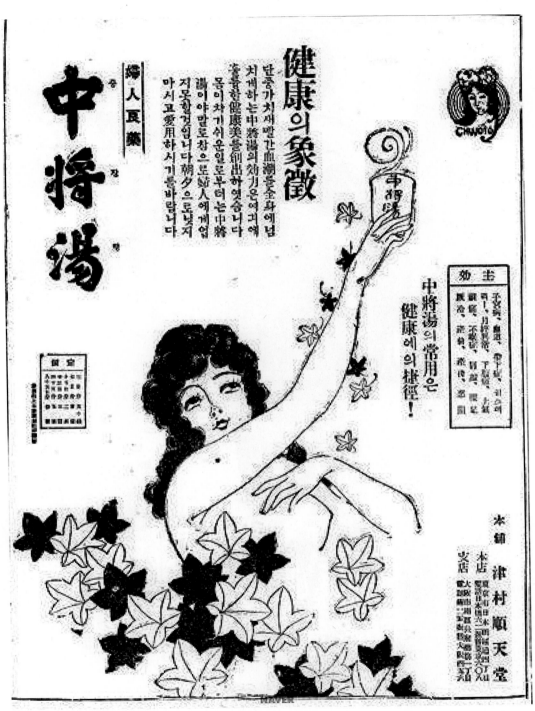

<그림 6>
"건강의 상징". 『동아일보』 1927년 11월 25일

〈그림 7〉
"모피로 몸을 두르는 것보다는" 여우 목도리가 눈길을 끈다. 『조선신문』 1928년 1월 21일

〈그림 8〉
"2월의 남은 추위와 부인병". 『조선신문』 1928년 2월 17일

〈그림 9〉
"자기 전에 한잔, 편안한 잠과 보온." 『조선신문』 1928년 2월 21일

〈그림 10〉
'발랄한 건강', 『동아일보』 1928.04.29.

〈그림 11〉
'일가의 환희'. 『경성일보』 1928년 5월 8일

〈그림 12〉
"가장 좋은 부인의 젊어지는 법", 『경성일보』 1930년 4월 29일

〈그림 13〉
"유부녀의 미", 『조선신문』 1930년 5월 26일

10. 피부병 약과 발모·제모제

1) 피부병 약

<그림 1>
검은 주근깨와 여드름, 『동아일보』 1926년 2월 16일

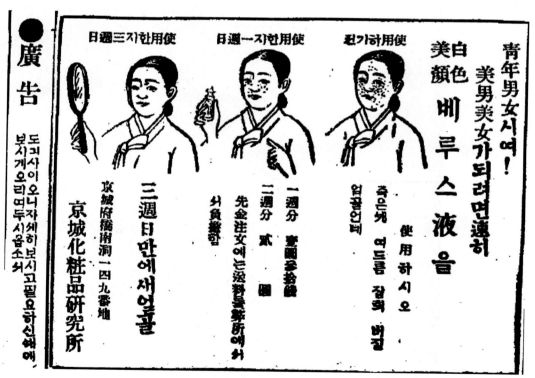

<그림 2> "광고도 기사이오니 자세히 보시고 필요한 때에 보시게 오려두시옵소서",
『조선일보』 1926년 3월 5일

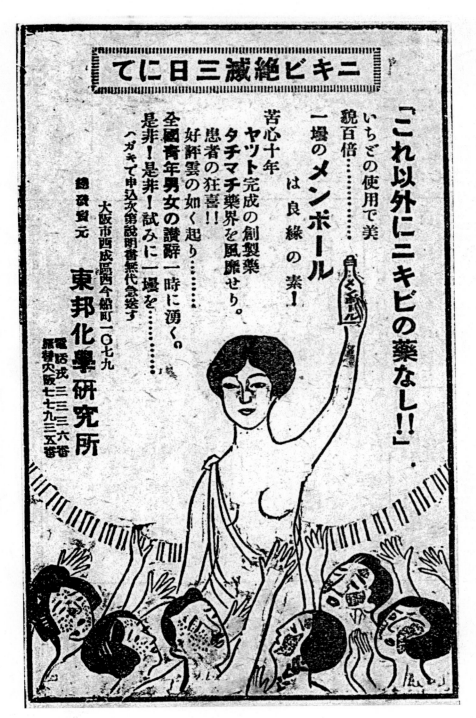

〈그림 3〉
"여드름 절멸, 3일에". 『조선신문』 1926년 7월 16일

〈그림 4〉
여성이 피부병을 가리키고 있다. 『조선일보』 1926년 7월 19일

〈그림 5〉
"악성 피부병에". 『동아일보』 1926년 9월 8일

〈그림 6〉
"살 터진 데", 『동아일보』 1927년 12월 19일

〈그림 7〉
"피부를 먹는 무서운 세균", 『조선일보』 1928년 10월 17일

〈그림 8〉
"버려두면 생명이 위태", 『동아일보』 1929년 5월 25일

2) 고약

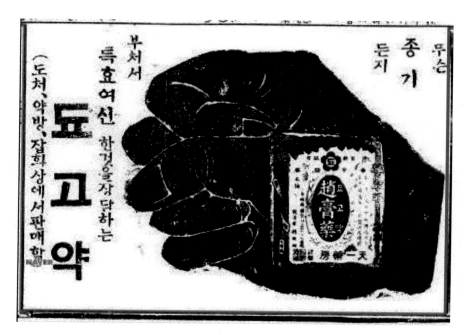

〈그림 9〉
"무슨 종기든지", 『동아일보』 1927년 5월 31일

〈그림 10〉
『동아일보』 1927년 10월 14일

〈그림 11〉
『중외일보』 1928년 8월 12일

〈그림 12〉
『동아일보』 1928년 8월 28일

〈그림 13〉
'종선고, 백발백중', 『매일신보』 1928년 9월 7일

〈그림 14〉
『중외일보』 1928년 10월 1일

〈그림 15〉
『동아일보』 1929년 3월 6일

〈그림 16〉
『조선일보』 1929년 6월 23일

〈그림 17〉
"종기의 명약은 조고약 뿐". 『동아일보』 1929년 10월 15일

3) 발모제·제모제

〈그림 18〉 발모촉진 탈모방지.
('현화' 관련 기사는 청암대
『신체정치 자료집(2)』
198쪽에 실려있음).
『경성일보』 1926년 1월 19일

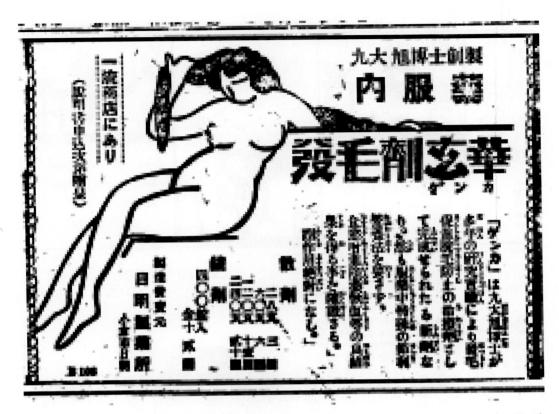

〈그림 19〉
『경성일보』 1926년 2월 21일

〈그림 20〉
발모제 내복약. 『매일신보』 1926년 8월 15일

〈그림 21〉『동아일보』 1926년 9월 8일
A) 모발의 신과 평판의 '겐와' B) 매일 3회씩만 계속 마시면 C) 벗겨진 머리가 이 아이처럼

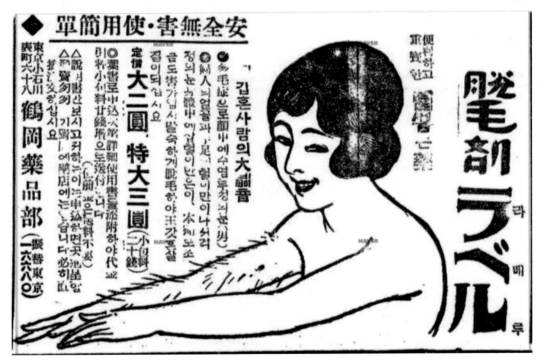

〈그림 22〉
탈모제 『조선일보』 1929년 6월 4일

〈그림 23〉
털이 많아도 고민, 없어도 고민. 『조선일보』 1930년 6월 15일

11. 눈병·귓병·콧병

1) 안약

〈그림 1〉
『동아일보』 1926년 2월 10일

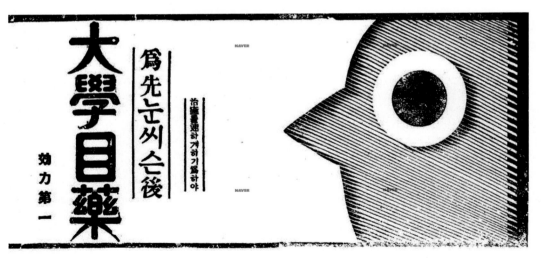

〈그림 2〉
광고 부분. 『동아일보』 1926년 10월 6일

<그림 3>
'진정한 안과약'. 눈 씻어내는 약. 『조선일보』 1929년 9월 11일

2) 귓병·콧병약

<그림 4>
"뇌병의 원인은 코의 이상으로부터". 『경성일보』 1926년 11월 17일

〈그림 5〉
"코의 개조, 능률증진". 『경성일보』 1927년 3월 6일

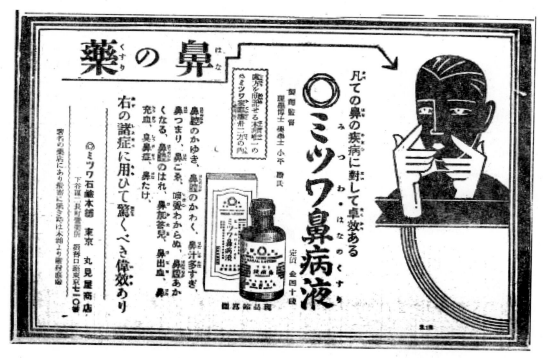

〈그림 6〉
'코의 약'. 『조선신문』 1929년 5월 17일

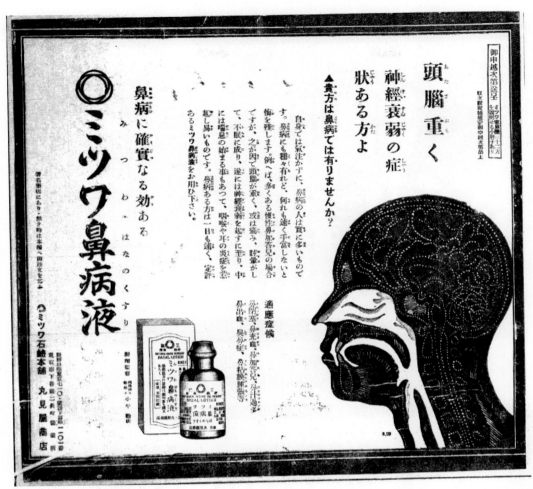

〈그림 7〉
"뇌가 무겁고 신경쇠약의 증상이 있을 때". 『조선신문』 1930년 4월 2일

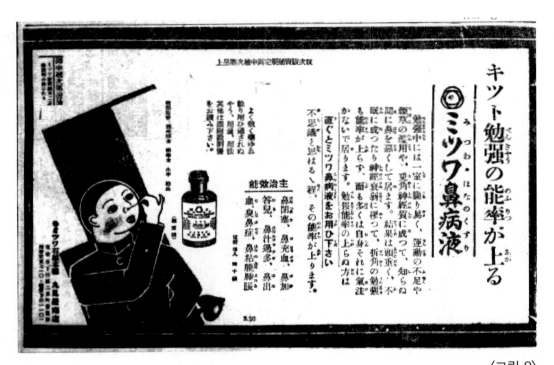

〈그림 8〉
콧병을 치료하여 공부의 능률을 높인다. 『조선신문』 1930년 4월 3일

〈그림 9〉 "학교는 열심히 다니지만, 성적이 나쁜 '죄'는 어디에 있는가.
코와 뇌는 서로 밀접한 관계가 있다". 『조선신문』 1930년 4월 7일

〈그림 10〉
"코의 질병에는". 『경성일보』 1930년 5월 3일

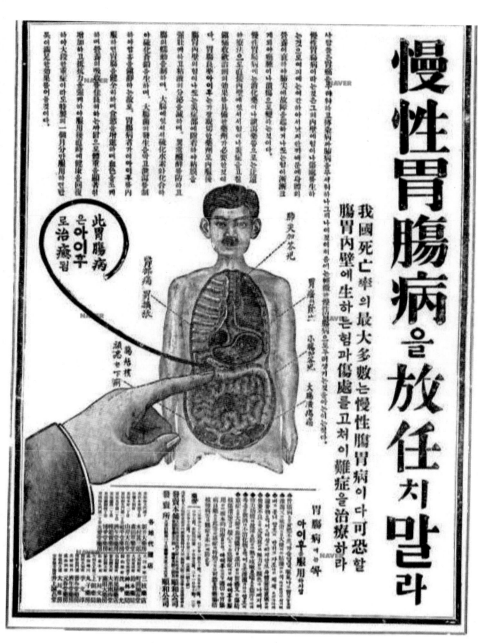

〈그림 1〉
"만성 위장병을 방임하지 말라". 『동아일보』 1926년 1월 14일

〈그림 2〉
"약은 별표, 별표 위장약". 『매일신보』 1926년 4월 11일

〈그림 3〉
"만성 위장병을 앓는 사람은".
『동아일보』 1927년 4월 19일

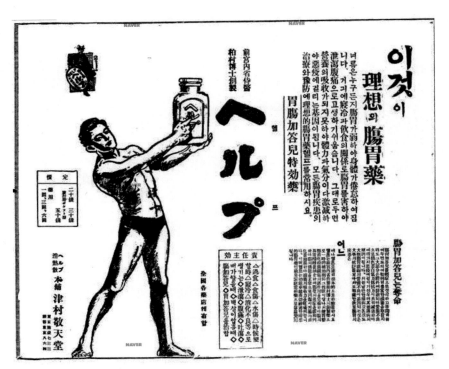

〈그림 4〉
"이것이 이상(理想)의 장위약". 『동아일보』 1927년 7월 24일

〈그림 5〉
'전기 재생, 활명액'. 활명액은 활명수를 모방한 약이다. 『조선일보』 1927년 11월 21일

〈그림 6〉
'호시 위장약'.『조선신문』1929년 5월 22일

〈그림 7〉
"이것이 이상(理想)의 장위약". 『동아일보』 1929년 5월 25일

〈그림 8〉
"충실한 위장의 소제역".
『조선신문』 1929년 7월 16일

〈그림 9〉
활명수. "이 약을 사실 때는 반드시 부채상표를 주의하시오." 『조선일보』 1929년 7월 10일

〈그림 10〉 "만성 위방병으로 고통받는 사람은 반드시 '아이후'를 복용하시오".
『경성일보』 1930년 10월 11일

〈그림 11〉
"맛 좋은 위장약". 『동아일보』 1930년 10월 23일

13. 호흡기 질병과 의약품

〈그림 1〉
감기 열병 신약. 『동아일보』 1926년 10월 25일

〈그림 2〉
"유행성 독감 만연". 『동아일보』 1927년 2월 23일

〈그림 3〉
'천전이'를 '전전엿'으로 번역하여 적었다. 『조선일보』 1927년 3월 4일

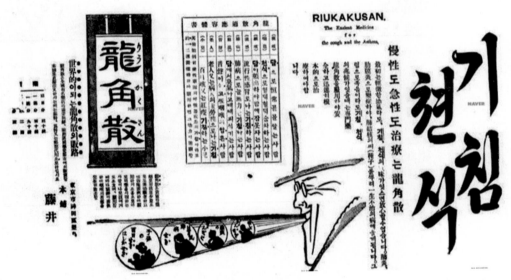

〈그림 4〉
"기침 · 천식에 용각산". 『동아일보』 1927년 11월 30일

〈그림 5〉
"유행성 독감의 계절". 『조선일보』 1927년 12월 22일

〈그림 6〉
"김기열에는 감기해열특효약", 『조선일보』 1928년 2월 12일

〈그림 7〉
"감기 해열 특효약". 『조선일보』 1928년 2월 23일

〈그림 8〉 '감기 귀신'.
『동아일보』 1929년 1월 16일

〈그림 9〉
"호흡기 질환". 『동아일보』 1930년 2월 26일